当代大学生
心理健康与训练

杨洪泽　陈　亮　庄郁馨 ◎ 主 编

辽宁人民出版社

图书在版编目（CIP）数据

当代大学生心理健康与训练 / 杨洪泽，陈亮，庄郁馨主编 . — 沈阳：辽宁人民出版社，2023.9

ISBN 978-7-205-10862-5

Ⅰ.①当… Ⅱ.①杨… ②陈… ③庄… Ⅲ.①大学生 — 心理健康 — 健康教育 Ⅳ.①G444

中国国家版本馆 CIP 数据核字（2023）第 182644 号

出版发行：辽宁人民出版社
　　　　　地址：沈阳市和平区十一纬路 25 号　邮编：110003
印　　刷：辽宁星海彩色印刷有限公司
幅面尺寸：185mm×260mm
印　　张：19.5
字　　数：395 千字
出版时间：2023 年 9 月 第 1 版
印刷时间：2023 年 9 月 第 1 次印刷
责任编辑：张天恒　王晓筱
封面设计：山月设计
版式设计：田永琪
责任校对：吴艳杰
书　　号：ISBN 978-7-205-10862-5

定　　价：42.80 元

目 录

绪 论

大学生的健康成长离不开健康的心理,学习掌握基础心理学常识,提高适应社会生活的能力,培养良好的个性心理品质,促进心理素质与思想道德素质、文化素质、专业素质和身体素质的协调发展,对培养大学生健全的人格,增强承受挫折、适应环境的能力大有益处。

第一节 心理学概述

一、心理学的性质

(一)心理学的概念

心理学是研究心理现象的科学。它以自己特有的研究对象与其他学科区别开来。心理学既研究动物的心理,也研究人的心理,并以人的心理现象为主要研究对象。人是作为个体而存在的,个人所具有的心理现象称为个体心理。个体心理异常复杂,概括起来可以分为认知、动机和情绪、能力和人格三个方面。

认知是指人获得知识或应用知识并进行信息加工的过程,这是人的最基本的心理过程。它包括感觉、知觉、记忆、思维和语言等。人接受外界输入的信息,并将这些信息经过神经系统的加工处理,转换成内在的心理活动,进而支配人的行为,这个过程就是信息加工的过程,也就是认知过程。

人类的认知和行为是在动机的支配下进行的。所谓动机是指推动人的活动并使活动朝向某一目标的内部动力。动机的基础是人类的各种需要,即个体在生理上和心理上的某种不平衡状态。人有生理的需要,也有社会的需要,如劳动的需要、人际交往的需要、成就的需要、自尊的需要等;人有物质的需要,也有精神的需要。正是在各种需要的基础上形成了人的不同动机。动机具有性质和强度的区别,例如学习动机强度与学习效率之间呈倒"U"形曲线,对于困难的课程来说,中等程度动机强度取得的学习效率最佳(如图1)。动机不同,人们对现实的态度以及相应的行为方式也不一样。

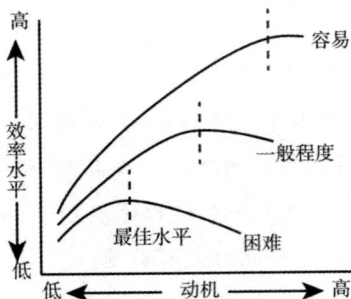

图 0-1　动机与学习效率关系

　　情绪,是对一系列主观认知经验的统称,是多种感觉、思想和行为综合产生的心理和生理状态。最基本的情绪有喜、怒、哀、惊、恐、爱等,也有一些细腻微妙的情绪如嫉妒、惭愧、羞耻、自豪等。情绪常和心情、性格、脾气、目的等因素互相作用,也受到荷尔蒙和神经递质的影响。无论是正面还是负面的情绪,都会成为引发人们行动的动机。

　　人在获得和应用知识的过程中,或者说在信息加工过程中,还会形成各种各样的心理特性,显示出人与人之间的心理差异。人的心理特征有些是暂时的、偶然出现的,有些是稳固的、经常出现的。这些稳固而经常出现的心理特性,叫个性心理特性或个性。心理特性包括能力和人格两个方面。正是这些心理特性,将一个个体的心理活动与另一个个体的心理活动彼此区别开来。

　　总之,认知、动机和情绪、能力和人格是个体心理现象的三个重要方面,是心理学的主要研究对象。这三个方面不是割裂的,而是互相联系、互相依存的。例如,认识的需要会推动人去探索世界,交往的需要会推动人去建立各种人际关系,并获得各种各样的情绪体验。同样,人的需要的产生和发展又依赖于认知。一个科学家正是由于积累了丰富的知识,认识到自己的工作对于造福人类有重大意义,并且有了对自己工作的强烈责任感,才会产生炽烈的研究动机,并为实现自己的研究目标而奋斗。同样,人的能力和人格是在获得和应用知识的过程中产生和表现出来的,这些心理特性又调节着人脑信息加工的过程,并赋予这些过程以个体的特色。

　　认知、情绪和动机、能力和人格是存在于个体身上的心理现象,被称为个体心理。

但是，人是社会的实体，人作为社会的成员，总是生活在各种社会群体中，并与其他人结成各种各样的关系，如亲属关系、朋友关系、师生关系、阶级关系、民族关系、国家关系等。由于社会关系的客观存在，便产生了社会心理和行为。在一个社会群体中，存在不同的社会需要、社会规范、社会舆论和社会目的，个人又在其中扮演不同的角色，并具有不同的价值观念和态度，因此形成了复杂的社会心理和行为。

社会心理和个体心理的关系，是共性与个性的关系。社会心理是在该社会的共同生活条件和环境中产生的，它是该社会内个体心理特征的典型表现，而不是个体心理特征的简单总和。社会心理不能离开个体心理，但它对于个体来说，又是一种重要的社会现实，直接影响个体心理或个体意识的形成与发展。例如，当个体意识到自己与群体的行为、规范不一致时，很容易发生"从众"行为，这就是社会群体对个体行为的影响。因此，社会心理及其与个体心理的关系，也是心理学的重要研究对象。

（二）心理学的分类及探索途径

心理学历经100多年的发展，其间心理学家将他们的研究集中于行为与经验的各个不同方面，形成了诸多分支和流派。但从总体上来说，心理学的学科可以分为基础型学科和应用型学科两大类。基础心理学致力于发现一般心理现象与心理规律，而应用心理学则致力于将有关的心理学原理、方法和知识应用于实践。两者有机联系、相互融合并相互促进。

拓展阅读　心理学是一门中间科学

在学科分类学中，通常将学科分成自然科学和社会科学两大部类。心理学要研究心理现象的物质本体，即心理的神经生物学基础，这包括不同心理现象的脑机制，脑损伤与各种心理疾病的关系，脑发育对心理发展的影响，遗传在人类行为中的作用等。心理学还对在计算机上模拟人类的行为进行研究，如知觉和问题解决，其研究成果在人工智能的研究中发挥着重要的作用。在这个意义上，心理学的研究手段和目标都和自然科学一样，因而具有自然科学的性质。

但是，人又是社会的实体，生活在一定的社会环境中，心理的发生和发展不能离开社会环境的影响。离开了人与人的交往，人的语言能力就不能发展起来，也不能获得高度发达的思维能力。即使是人的感觉和知觉，如敏锐的观察力和音乐听力，也是在社会实践中发展起来的。人的性格是"自然和社会的合金"，在性格的形成和发展过程中，社会环境有重要的作用。此外，心理学还研究社会心理和行为，这些心理现象和行为更是社会生活的产物。在这个意义上，心理学的研究又具有社会科学的性质。因此，在整个科学大家庭中，心理学处在中间的位置，因而可以叫作中间科学或边缘科学。

1.基础型学科

心理学基础型学科主要研究心理学基本原理和心理现象的一般规律,涉及广泛的领域,包括心理的实质和结构、心理学的体系和方法论问题,以及一些基本的心理现象和有关的生物学基础。包括普通心理学、实验心理学、发展心理学、社会心理学、认知心理学和生理心理学等。

(1)普通心理学

普通心理学研究心理学的基本原理和心理现象的一般规律,主要包括以下几个领域:感觉与知觉,学习与记忆,思维与言语,情感与意志,人格与个别心理特征,等等。它所涵盖的内容既包括其他各分支学科的研究成果,同时又为各分支学科提供理论基础,普通心理学是所有心理学分支中最基础和一般的学科,是学习心理学的入门学科。

(2)实验心理学

实验心理学研究心理实验的基本理论、技术,以及个体心理的特点和规律,需要从收集到的实际材料中分析、综合,具有很强的实证性。实验心理学的产生和发展使心理学成为真正意义上的科学,其所用的实验法在心理学中具有重要的基础作用。

(3)发展心理学

广义的发展心理学是指研究种系和个体心理发生与发展的科学,而狭义的发展心理学则是研究个体从受精卵开始到出生、成熟直至衰老的生命全程中心理发生、发展的特点和规律的科学。包括人的认知过程发展的特点和社会性发展的特点,如兴趣、能力、性格等。

(4)社会心理学

社会心理学研究个体和群体在社会相互作用中的心理和行为发生及变化的规律,探索个体社会化过程,社会环境对个人的影响,社会群体的认知和行为、风俗习惯和文化等内容,从心理层面上对人类社会行为的流行性反应进行总体把握。

(5)认知心理学

认知心理学是一门研究认知及行为背后的心智处理(包括思维、决定、推理和一些动机和情感的程度)的心理科学。广义上是指研究人类的高级心理过程,主要是认知过程。狭义上相当于当代的信息加工心理学,即采用信息加工观点研究认知过程。

(6)生理心理学

生理心理学研究心理现象的生理机制,系统介绍人脑及整个神经系统的相关知识体系,观察个体在不同生理状态下的行为或心理活动的变化。

2.应用型学科

心理学应用型学科的研究内容主要是心理学基本原理在实际领域中的各种应用,涵盖市场消费、工业工程、社会生活、心理卫生、医疗保健、人力资源开发、组织管理、体育运动、环境保护、军事法律等各个领域。包括教育心理学、咨询心理学、管理心理学、消费心理学、工程心理学、健康心理学、运动心理学和音乐心理学等。

（1）教育心理学

教育心理学是研究教育者和受教育者在教育和教学过程中发生的心理活动现象，以及这些心理活动产生和变化的规律。

（2）咨询心理学

咨询心理学的研究内容主要包括心理咨询的原则、过程、技巧与方法。咨询心理学可以帮助那些有适应不良或者心理困扰的人，了解和调适他们的心理困惑，完成积极人生的重新建构，从而增进身心健康，达到更好地适应家庭、社会与环境的目的。

（3）管理心理学

管理心理学以组织中的人作为特定的研究对象，探究他们在管理活动中所发生的心理活动的规律，探索如何提高工作效率，最大效度地调动人们在组织中的积极性，完成自我实现。

（4）消费心理学

消费心理学研究人的消费行为，主要包括消费者购买、使用商品过程中的心理和行为规律等，涉及与商品和消费者相关的研究。

（5）工程心理学

工程心理学研究的是人与机器、环境相互作用中人的心理活动及其规律。其目的是使机器设备和工作环境的设计适合人体的各种要求，从而实现人、机、环境三者之间的合理配合，使处于不同条件下的人能高效、安全、健康而舒适地工作和生活。

（6）健康心理学

健康心理学是运用心理学知识和技术探讨和解决有关保持或促进人类健康、预防和治疗躯体疾病的心理学分支。它主要研究心理学在矫正影响人类健康或导致疾病的某些不良行为，尤其是在预防不良行为与各种疾病发生等方面所应发挥的特殊功能；探求运用心理学知识改进医疗与护理制度，建立合理的保健措施，节省医疗保健费用和减少社会损失的途径，并对有关的卫生决策提出建议。

（7）运动心理学

运动心理学是研究人在进行体育运动时的心理特点及其规律的心理学分支。它也是体育科学中的一门新兴学科，与体育学、体育社会学、运动生理学、运动训练理论和方法以及其他各项运动的理论和方法有着密切的联系。

（8）音乐心理学

音乐心理学是研究音乐与人的行为和心理过程的互动关系及其规律的学科。也就是说，音乐心理学作为心理学的分支，具有普通心理学的共性，即把研究人的心理和行为的规律作为学科的研究基础；同时音乐心理学具体关照的是音乐与人的行为、心理的互动关系和规律。该学科不仅要探索音乐活动中人的心理现象和行为规律，还要分析音乐作用于人的心理功能，以及人的心理结构对音乐形成与发展的影响。

近几十年来，由于计算机和互联网技术的发展，技术创新形态发生转变，这使得用户体验也就是重视用户的主观感受、动机、价值观等方面的内容在人机交互技术发展过程中受到了相当的重视。此外，服务设计、工业设计、新媒体艺术设计、人机工程学等学科，都更加重视关注人的需求、动机、感受、观点等心理学因素。在重视产品的有用性这一基础需要之上，更加注重产品的易用性、友好性，让使用者与产品之间形成良好的互动与情感联结。这是心理学在当代与其他学科融合的新发展。

二、心理学的发展历程

心理学是一门古老又年轻的科学，在心理学独立成为科学以前，有关"知识""观念""心""心灵""意识""欲望"和"人性"等心理学问题，一直是古代哲学家、教育学家、文学艺术家和医生们共同关心的问题。

在欧洲，心理学的历史可以追溯到古希腊柏拉图、亚里士多德的时代。亚里士多德（Aristotle）是一位学识渊博的哲学家，对灵魂的实质、灵魂与肉体的关系、灵魂的种类与功能等问题从理论上进行了探讨。他的著作《论灵魂》是历史上第一部论述各种心理现象的著作。亚里士多德把心理功能分为认知功能和动求功能。在他看来，认知功能有感觉、意象、记忆、思维等，外物作用于各种不同的感官产生感觉和感觉意象。简括的意象构成经验，从经验抽出概念，构成原理，就是思维。在感觉与思维之间，意象具有重要的作用。他说"灵魂不能无意象而思维"，思维所用的概念是由意象产生的。动求功能包括情感、欲望、意志、动作等过程。自由而不受阻碍的活动会产生愉快的情感，这种情感有积极的作用；相反，活动受到阻碍将引起不愉快的情感，它的作用是消极的。亚里士多德的这些思想影响了后来心理学的发展，对当代的心理学思潮也有重要的影响。

心理学在19世纪末独立成为一门科学。现代心理学的诞生和发展有两个重要的历史渊源，即近代哲学思潮的影响和实验生理学的影响。

（一）近代哲学思潮的影响

近代哲学是指17—19世纪欧洲各国的哲学，其中主要指法国17世纪的唯理论和英国17—18世纪的经验论。

唯理论的著名代表人物是17世纪法国著名哲学家、杰出的自然科学家让内·笛卡儿（Rene Descartes）。笛卡儿只相信理性的真实性，认为只有理性才是真理的唯一尺度，后来的人称他的哲学为唯理论哲学。在身心关系的问题上，他承认灵魂与身体有密切的关系，某些心理现象如感知觉、想象和某些情绪活动，都离不开身体的活动。

笛卡儿把人体和动物看成一部自动机械,它们的活动受力学规律的支配。他还用反射概念解释动物的行为和人的某些无意识的简单行为。但他认为,用身体的原因不足以解释全部的心理活动,为了引起心理活动,还必须有灵魂参加。这样,笛卡儿就把统一的心理现象分成了两个方面,其中一个方面依赖于身体组织,而另一方面是独立于身体组织之外的,因而陷入了二元论。笛卡儿还相信"天赋观念",即人的某些观念不是由经验产生的,而是由人的先天组织所赋予的。笛卡儿关于身心关系的思想推动了对动物和人的解剖学和生理学的研究,对现代心理学的诞生有直接的影响。他对理性和天赋观念的重视也影响了现代心理学的理论发展。

经验论起源于英国哲学家霍布斯(Hobbes)和洛克(Rock)。前者被认为是经验论的先驱,后者被认为是经验论的奠基人。洛克反对笛卡儿的"天赋观念"说。在他看来,人的心灵最初像一张白纸,没有任何观念,一切知识和观念都是从后天经验中获得的。洛克把经验分成外部经验与内部经验两种。外部经验叫感觉,它的源泉是客观的物质世界。物质世界的属性或特征作用于外部感官,因而产生外部经验。内部经验叫反省,它是人们对自己的内部活动(思维、意愿、爱憎等)的观察。洛克的思想有明显的矛盾,它摇摆在唯物主义和唯心主义之间。洛克重视外部经验,承认客观的物质世界是外部感觉的源泉,这是唯物的;但他同时承认反省和外部感觉一样,是观念的独立源泉,因而他的思想又具有唯心主义色彩。

18世纪,英国经验论循着两个对立的方向继续发展。英国哲学家哈特莱(Hartley)和法国哲学家康狄亚克(Connecticut)发展了洛克思想中的唯物主义方面,他们强调感觉在认识世界中的作用,并且认为感觉的源泉是客观世界。英国哲学家贝克莱(Berkeley)和休谟(Hume)则继承和发展了洛克思想中的唯心主义方面,贝克莱只承认感知觉经验的实在性,否认客观世界的存在。他有一句名言:"存在即是被感知。"在他看来,不仅观念是感觉的复合,而且物体也是感觉的复合。离开了感知觉经验,离开了感知的主体,物体以及它们的种种性质也就不存在了。

英国经验论演变到18—19世纪,形成了联想主义思潮。代表人物有詹姆斯·穆勒(James Muller)、约翰·穆勒(John Muller)、培因(Pein)等。他们把联想的原则看成全部心理活动的解释原则,认为人的一切复杂的观念都是由简单观念借助联想逐渐形成的。例如,由砖头的观念借助联想形成墙的观念,由泥灰的观念借助联想形成地面的观念,由玻璃、木条的观念借助联想形成窗户的观念,而由墙壁、地面和窗户的观念借助联想形成房屋的观念等。人的心理大厦就是由观念按上述原则建构起来的。

哲学上唯理论与经验论的斗争一直持续到现代,并表现在现代心理学各种理论派别的斗争中。在个体心理发展的问题上存在遗传决定论和环境决定论的争论,这种争论实际上反映了唯理论与经验论的斗争。同样,联想主义对现代学习、记忆和思维的理论也产生了深远的影响。巴甫洛夫的条件反射学说、华生的行为主义,都直接受到了联想主义的影响。20世纪80年代中期产生的新联结主义也和联想主义有着密切的关系。

(二)实验生理学的影响

近代哲学为西方现代心理学的诞生提供了理论基础,而现代心理学的实验方法则直接来源于实验生理学。

19世纪中叶,生理学已成为一门独立的实验科学。生理学的发展,特别是神经系统生理学和感官生理学的发展,对心理学走上独立发展的道路产生了重要的影响。1811年,英国人柏尔(C.Bell)和法国人马戎第(F.Magendie)首次发现了脊髓运动神经与感觉神经的区别。1840年德国人雷蒙得(Du Bois-Reymond)发现了神经冲动的电现象。1850年,德国著名科学家赫尔姆霍茨(H.Von.Helmholtz)用青蛙的运动神经测量了神经的传导速度,这项研究为在生理学和心理学中应用反应时的测量方法奠定了基础。1861年,法国医生布洛卡(Paul Broca)在尸体解剖中发现,严重的失语症与左侧额叶部分组织的病变有关,从而确定了语言运动区(布洛卡区)的位置。1869年英国神经学家杰克逊(H.Jackson)提出了大脑皮层的基本机能界线——中央沟前负责运动,中央沟后负责感觉。1870年德国生理学家弗里茨(G.Fritsch)与希兹(E.Hitzig)用电刺激法研究大脑功能,发现动物的运动性行为是由大脑额叶的某些区域支配的。这些研究不仅加深了人们对大脑机能分区的认识,而且为研究心理现象和行为的生理机制开辟了广阔的前景。这个时期生理学家和物理学家在感官生理学方面的一系列重要发现,也为心理学用实验方法研究感知觉问题奠定了基础。

(三)重要心理学派别

1879年,德国著名心理学家威廉·冯特(Wilhelm Wundt)在德国莱比锡大学创建了第一个心理学实验室,开始对心理现象进行系统的实验室研究。在心理学史上,人们把这个实验室的建立看成是心理学脱离哲学的怀抱、走上独立发展道路的标志。

拓展阅读 **人物介绍**

威廉·冯特(Wilhelm Wundt,1832—1920),德国心理学家、哲学家,现代实验心理学的著名创始人之一。冯特出生在德国巴登的一位牧师家庭里,早年习医,1856年在海德堡大学获博士学位。1857—1874年在该校任教,曾开设生理心理学课程,并出版《生理学原理》。1875年改任莱比锡大学哲学教授,1879年创建了世界上第一个心理学实验室。冯特是构造主义心理学的奠基人,他主张心理学研究直接经验,心理学的研究方法只能是实验性的自我观察或内省。冯特用这种方法研究了感觉、知觉、注意、联想等过程,提出了统觉学说。还根据内省观察提出了情感三维说。他还主张用民族心理学的方法研究高级心理现象,这对社会心理学的产生和发展有重要影响。冯特的哲学思想是混乱的,在身心关系的问题上,他主张精神和肉体是彼此独立的序列和过程,因而陷入了二元论。他一生的著作很多,代表作有《生理心理学原理》《民族心理学》《对感官知觉学说的贡献》《心理学大纲》等。

19世纪末到20世纪二三十年代,是心理学派别林立的时期。在心理学独立之初,心理学家们在建构理论体系时存在着尖锐的分歧,出现了构造主义、机能主义、行为主义、格式塔心理学、精神分析、人本主义等学派。

1.构造主义

构造主义(structuralism)的奠基人是冯特,著名的代表人物为铁钦纳(E.B.Titchener),这个学派主张心理学应该研究人们的直接经验即意识,并把人的经验分为感觉(sensation)、表象(image)和情感(affection)三种元素。感觉是知觉的元素,表象是观念的元素,而情绪是情感的元素。所有复杂的心理现象都是由这些元素构成的。在研究方法上,构造主义重视内省,这是一种自我观察的方法,但他们主张将内省与实验方法结合起来。在他们看来,了解人们的直接经验,要依靠实验过程中被试者对自己经验的观察和描述。

1884年,詹姆斯(William James)为《心灵》杂志撰写了一篇文章,题为《论内省心理学的某些忽略》。在文章的附注中提到"心理构造"一词,原文是:"纯粹的红色或黄色的感觉元素,及其他心理构造的元素没有存在的根据,因为它们都不是心理的事实。"詹姆斯于1898年发表《构造心理学的基本原理》一文,阐述了构造心理学的基本立场和主张,正式提出"构造心理学"一词与机能心理学相对立。

铁钦纳的构造心理学虽然与冯特的内容心理学在研究对象、方法和研究问题上基本相似,但在具体看法上并不尽相同。冯特讲统觉,认为注意是一种心理过程,除具有选择性外,还有创造性的建造功能,铁钦纳不讲统觉,用注意代替统觉这个概念,认为注意是一种心理状态;冯特把心理现象分析为感觉和简单的感情两种元素,铁钦纳则把它分析为感觉、意象和简单的感情三种元素;冯特认为每种心理元素都有两种基本属性,即性质和强度,铁钦纳则认为心理元素的基本属性除性质和强度外,还有持久性、清晰性、广延性等;冯特认为情感包括愉快和不愉快、激动和沉静、紧张和松弛,也就是情感三度说,铁钦纳认为情感只有"愉快"和"不愉快"两种。

构造心理学的基本理论观点如下:

第一,冯特把经验分为直接经验和间接经验,认为心理学研究直接经验;铁钦纳则把经验分为独立经验和从属经验,认为心理学研究从属经验,即依赖于经验者的经验。

第二,坚持心身平行论的观点。认为神经过程和心理过程是两种并行、相互对立的活动,两者相互不干涉。

第三,冯特的实验内省法只用于研究简单的心理过程,如感知觉、注意等;铁钦纳则试图用精确控制实验内省的条件来研究高级心理过程,如思维、想象等。

第四,心理学是一门纯科学,不属于应用科学。心理学不关注和讨论心理的意义或功用,只观察和研究心理内容本身的实际存在。

第五,心理学的基本任务是分析和说明心理元素以及它们相互结合的方式和规律。构造主义的贡献在于使心理学独立、创立实验心理学和建立心理学专业队伍。但构造主义又存在元素主义和内省主义的倾向,故最终因遭到人们的反对而逐渐消失。

构造心理学是心理学史上第一个从哲学中独立出来的心理学派,它为新兴的心理学提供了一些符合实际的实验资料。但是这个学派的主要代表把一切科学的研究对象都归结为经验,并且坚持心身平行论,他们实质上不承认意识是人脑对客观现实的反映。

2.机能主义

机能主义是与构造主义相对立的一个学派,它与实用主义哲学紧密联系在一起,产生于19世纪末的美国。机能主义的创始人是美国著名心理学家詹姆斯(William James),其代表人物还有杜威(John Dewey)和安吉尔(James Angell)等人。

詹姆斯认为心理学研究的对象是意识,心理学是对意识状态的描述和解释,意识处于一种川流不息的状态,是思想流、意识流和主观生活流,他反对把意识分解为基本元素的做法,认为这种做法容易破坏心理的整体性。詹姆斯关于意识的观点包括:每一种意识都是个人意识的一部分;意识是经常变化的;每个人的意识都是可感知的、连续不断的,每个人的意识状态都是意识流的一部分;意识的选择性。

安吉尔认为心理学的方法是内省法(主观观察法)和客观观察法,尤其看重内省法,他认为内省法是心理学的基本方法。他主张心理研究的领域应包括一切心理过程及其生理基础和外部行为,并看重心理学的应用性研究,如教育心理学、工业心理学和医疗心理学等。

杜威也是机能主义学派的代表人物,他指出,孤立地研究一个元素单元(包括一个S-R关系)纯属浪费时间,因为它忽视了行为的目的。心理学应该以研究行为适应环境的意义为目标。机能主义心理学对学习理论的主要贡献在于他们不是去研究一种孤立的现象,而是研究意识与环境的关系。他们反对结构主义内省法的原因并不在于结构主义研究意识,而在于它将意识还原为元素的还原主义。他们不反对研究心理过程,而是坚持应该研究这些过程与生存的关系。

总体来看,机能心理学也主张研究意识,但是,他们不把意识看成是个别心理元素的集合,而是把它看成是川流不息的过程。在他们看来意识是个人的、永远变化的、连续的和有选择性的,意识的作用就是使有机体适应环境。如果说构造主义强调意识的构成成分,那么机能主义则强调意识的作用与功能。以思维为例,构造主义关心什么是思维，而机能主义则关心思维在人类适应行为中的作用。机能主义的这一特点，推动了美国心理学面向实际生活的进程。20世纪以来，美国心理学一直比较重视心理学在教育领域和其他领域的应用，这和机能主义思潮是分不开的。

3.行为主义

行为主义作为一种观点，形成于20世纪初期，50年代和60年代盛行于美国和其他西方国家，它主张对政治行为进行科学的研究，特别是通过使用定量方法，创立完全以经验数据为基础的政治科学。作为一种研究方法，它把政治行为作为政治的出发点和政治分析的基本单元，主张政治应从对国家制度、法律、政治权利的性质的研究，转向对政治行为的研究。反对传统主义政治学历史的、法律的研究方法。主要理论有阿尔蒙德的结构-功能主义以及决策理论等。

拓展阅读   **人物介绍**

约翰·华生(John Broadus Watson，1878年1月9日—1958年9月25日)是美国心理学家，行为主义心理学的创始人。1915年当选美国心理学会主席。主要研究领域包括行为主义心理学理论和实践、情绪条件作用和动物心理学。他认为心理学研究的对象不是意识而是行为，主张研究行为与环境之间的关系，心理学的研究方法必须抛弃内省法，而代之以自然科学常用的实验法和观察法。他还把行为主义研究方法应用到了动物研究、儿童教养和广告方面。他在使心理学客观化方面发挥了巨大的作用，对美国心理学产生了重大影响。

20世纪初期，华生出版了《一个行为主义者心目中的心理学》一书，主张心理学的价值在于对行为的研究，而不是研究意识。这根本性地推翻了当时将内省作为主要研究方法并轻视行为研究的构造论心理学。与他们相比，华生研究人体之于环境的变化，或者更明确地说：研究特定的刺激会使人体做出何种反应。华生的大多数研究都属于比较心理学，比如他常研究动物的行为。华生深受俄国生理学家伊万·巴甫洛夫的影响，巴甫洛夫在研究狗的消化系统时，无意间发现了古典制约现象，并在接下来的研究里记载了细节。华生的理论强调生理学，认为以刺激能得到条件反射——对比其他所有器官也会有类似的反射作用。也因此，华生被称为S-R(刺激—反应)心理学家。

理论：本能理论、情绪理论、思维理论、人格理论、感觉理论。

代表作品：《行为主义》《行为——比较心理学导言》。

1913—1930年是早期行为主义时期，是美国心理学家华生在巴甫洛夫条件反射学说的基础上创立的，他主张心理学应该摒弃意识、意象等太多主观的东西，只研究所观察到的并能客观地加以测量的刺激和反应。无须理会其中的中间环节,华生称之为"黑箱作业"。他认为人类的行为都是后天习得的,环境决定了一个人的行为模式,无论是正常的行为还是病态的行为都是经过学习获得的,也可以通过学习而更改、增加或消除。他认为查明了环境刺激与行为反应之间的规律性关系,就能根据刺激预知反应,或根据反应推断刺激,从而达到预测并控制动物和人的行为的目的。他认为,行为就是有机体用以适应环境刺激的各种躯体反应的组合,有的表现在外表,有的隐藏在内部,在他眼里人和动物没什么差异,都遵循同样的规律。

然而,华生过分简化的刺激—反应公式并不能解释行为的最显著特点,即选择性和适应性。1930年,出现了新行为主义理论,新行为主义者修正了华生的极端观点。他们指出,在个体所受刺激与行为反应之间存在着中间变量,这个中间变量是指个体当时的生理和心理状态,它们是行为的实际决定因子,它们包括需求变量和认知变量。需求变量本质上就是动机,它们包括性、饥饿以及面临危险时对安全的要求。认知变量就是能力,它们包括对象知觉、运动技能等。

新行为主义以斯金纳(Skinner)为代表,斯金纳在巴甫洛夫经典条件反射基础上提出了操作性条件反射。他自制了一个"斯金纳箱",在箱内安装一个特殊装置,压一次杠杆就会出现食物,他将一只饿鼠放入箱内,它会在里面乱跑乱碰,自由探索,偶然压了一次杠杆就得到了食物,此后老鼠压杠杆的频率越来越快,即找到了通过压杠杆来得到食物的方法,斯金纳将其命名为"操作性条件反射"或"工具性条件作用",食物即是强化物,运用强化物来增加某种反应(即行为)频率的过程叫作强化。斯金纳认为强化训练是解释机体学习过程的主要机制。

斯金纳认为心理学所关心的是可以观察到的外表行为,而不是行为的内部机制。他认为科学必须在自然科学的范围内进行研究,其任务就是要确定由实验者控制的刺激和继之而来的有机体反应之间的函数关系。当然他不仅考虑到一个刺激与一个反应之间的关系,也考虑到那些改变刺激与反应关系的条件,他的公式为:$R=f(S,A)$,其中 R 为反应、S 为刺激、A 为实验者在研究中所控制的实验变因。然而,他对行为的研究只着重对单个被试进行严格控制条件下的实验研究。

斯金纳从20世纪30—50年代主要是从事实验性的比较心理学研究。他发展了一套不同的行为主义哲学,被称为基本教义派行为主义(radical behaviorism)。在出版了《生物个体的行为:一种实验分析》(*The Behavior of Organisms:An Experimental Analysis of Behavior*)后,他被认为创造了另一种新的心理学变化形式——行为分析学(behavior analysis)或行为的实验性分析学(experimental analysis of behavior)。

行为主义学派的主体思想是对19世纪末美国的另一个土生土长的心理学派——詹姆斯的机能主义学派的心理理论观点的进一步发展。行为主义心理学在20世纪20年代发展到高峰,成为从20年代到50年代整整30年在美国心理学研究,以及美国心理学史甚至世界心理学史上一直处于统治位置的一大学派。

名言荟萃

给我十几个健康而没有缺陷的婴儿，让我放在自己的特殊世界中教养，那么我可以担保，随便选出其中的任何一个婴儿，无论他的能力、嗜好、趋向、才能、职业及种族是怎样的，我都能够把他训练成为一种特殊人物，例如把他训练成为医生、律师、艺术家或商界首领等，也可以把他训练成为一个乞丐或窃贼。

——华生（John Watson）

4.格式塔心理学

1912年，德国心理学家韦特海默（Wertheimer）在法兰克福大学做了似动现象（phiphenomenon）的实验研究，并发表了文章《移动知觉的实验研究》来描述这种现象。这一般被认为是格式塔心理学派创立的标志。由于这个学派初期的主要研究是在柏林大学实验室内完成的，所以有时又被称为柏林学派。格式塔心理学的创始人还有柯勒（Wolfgang Kohler）和考夫卡（Kurt Koff ka）。格式塔心理学和行为主义都靠批判传统心理学（构造主义和机能主义）起家，但在一系列基本问题上，两派又有截然不同之处。

20世纪初，由于种种原因，心理学的中心开始由欧洲向美国转移，但是格式塔心理学却出现于德国，这在很大程度上应归因于当时德国的社会历史背景。在资本主义发展史上，德国的资产阶级革命进行得相对比较晚，但是自1871年德国统一后，德国的经济迅速发展，到20世纪初，德国已经赶上并超过英、法等老牌资本主义国家，一跃成为欧洲乃至世界强国；德国整个社会的意识形态也都强调统一，强调主观能动性。当时的政治、经济、文化、科学等领域也都受到这种意识形态的影响，倾向于整体研究，心理学自然也不能例外。

格式塔（Gestalt）在德文中意味着"整体"，它代表了这个学派的基本主张和宗旨。格式塔心理学反对把意识分析为元素，而强调心理是作为一个整体、一种组织的意义存在的。格式塔心理学认为，整体不能还原为各个部分、各种元素的总和，部分相加不等于全体；整体先于部分而存在，并且制约着部分的性质和意义。例如，一首乐曲包含许多音符，但它不是各个音符的简单结合，因为一些相同的音符可以组成不同的乐曲，甚至可能成为噪声。因此，分析个别音符的性质，并不能了解整个乐曲的特点。格式塔心理学很重视心理学实验，在知觉、学习、思维等方面开展了大量的实验研究，以组织完形法则为基础的学习论，是格式塔心理学的重要组成部分之一。它由顿悟学习、学习迁移和创造性思维构成。

顿悟学习(insightful learning)是格式塔心理学家所描述的一种学习模式。所谓顿悟学习,就是通过重新组织知觉环境并突然领悟其中的关系而发生的学习。也就是说,学习和解决问题主要不是依靠经验和尝试错误,而在于顿悟。

学习迁移(learning transfer)是指一种学习对另一种学习的影响,也就是将学得的经验有变化地运用于另一情境。对于产生学习迁移的原因,桑代克(Thorndike)认为是两种学习材料中的共同成分作用于共同的神经通路的结果,而格式塔心理学家则认为是由于相似的功能所致,也就是由于对整个情境中各部分的关系或目的与手段之间的关系的领悟。例如,在笼中没有竹竿时,猩猩也能用铁丝和稻草代替竹竿取香蕉,这就是相似功能的迁移。

创造性思维(productive thinking)是一种具有开创意义的思维活动。韦特海默认为创造性思维就是打破旧的完形而形成新的完形。在他看来,对情境、目的和解决问题的途径等各方面相互关系的新的理解是创造性地解决问题的根本要素,而过去的经验也只有在一个有组织的知识整体中才能获得意义并得到有效的使用。因此,创造性思维都是遵循旧的完形被打破,新的完形被构建的基本过程进行的。

中国心理学家叶浩生认为格式塔心理学有以下几点贡献:

(1)批判元素主义。格式塔心理学最突出的贡献之一就是对以构造主义心理学为代表的元素主义心理学的批判。格式塔心理学家称构造主义心理学为砖泥心理学,即心理是砖,由联想(泥)黏合在一起。他们认为构造心理学用内省把人的心理还原为元素的过程是人为的,并不能揭示心理的实质。

(2)促进人本主义兴起。格式塔心理学强调整体论,这一观念对人本主义心理学的发展有很大的影响。比如人本主义心理学的创始人马斯洛就曾在韦特海默的指导下学习整体分析的方法,并最终形成了人本主义心理学的整体研究的方法论原则。同样,人本主义的几个著名代表人物也都强调对对象的整体体验和描述。这些都表明了格式塔心理学对人本主义心理学的影响。

(3)对认知心理学的贡献。格式塔心理学对认知心理学的贡献分为两部分。首先是对狭义的认知心理学即信息加工认知心理学的贡献。信息加工认知心理学重视研究心理的内部机制,强调从整体上对信息的输入、加工和输出进行模拟研究,这一点可以说是深受格式塔心理学的影响。其次是对广义的认知心理学的贡献,如知觉心理学、学习心理学等。可以毫不夸张地说,正是格式塔心理学卓有成效的知觉研究推动了知觉心理学脱离感觉心理学而成为一个独立的分支。同样,格式塔心理学的学习理论也很有成就,顿悟说也成为人类历史上较有影响的一个学习理论。

(4)对社会心理学的贡献。场的思想最早是由格式塔心理学家们引入心理学的,这一思想后来在社会心理学中得到了广泛的应用,许多社会心理学理论的建立都以此为出发点。同时,格式塔心理学卓有成效的实验现象学方法为后来的社会心理学的发展提供了方法论基础,实验现象学方法及其变种已成为现代社会心理学研究普遍采用的有效方法。

5.精神分析学派

精神分析学派是欧美现代心理学派别之一,也是广泛影响西方美学、文艺批评和社会学的流派之一。1895年奥地利医师弗洛伊德(S.Freud)和布鲁耶尔(Bloyer)合著出版《关于歇斯底里的研究》,1900年弗洛伊德发表《释梦》,为精神分析(psychoanalysis)学说的产生奠定基础。其后,弗洛伊德又创办学会、年鉴、公报、杂志、国际出版社,大力宣传精神分析学说。精神分析学说逐渐由精神病治疗的理论和技术,扩大为心理学的思想体系,进而扩大到人生哲学和宣传研究领域。该学派亦称弗洛伊德主义,代表人物还有阿德勒(Alfred Adler)、雅克·拉康(Jacques Lacan)。

弗洛伊德认为,人的心理是由本我、自我和超我三层结构组成的。"本我"是一个无意识的结构,是同肉体相联系的本能和欲望,按"快乐原则"活动;"自我"是一个意识结构,是认识过程,按"现实原则"活动,感受外界影响,满足本能要求;"超我"是一个由社会灌输的伦理观所形成的结构,按"至善原则"活动,用来制约自我。

精神分析学说认为,人类的一切个体的和社会的行为,都根源于心灵深处的某种欲望或动机,特别是性欲。欲望以无意识的形式支配人,并且表现在人的正常和异常的行为中。欲望或动机受到压抑,是导致精神疾病的重要原因。所谓精神分析是指一种临床技术,它通过释梦和自由联想等手段,发现病人潜在的动机,使精神得以宣泄(catharsis),从而达到治疗疾病的目的。

"防御机制(defense mechanisms)"也是精神分析学派的专业用语,最早由弗洛伊德提出,是指自我将可怕的东西控制于意识之外以减少或避免焦虑的方法,同时也是个人在精神受干扰时用以避开干扰,保持心理平衡的心理机制。常在无意识状态下使用,主要有如下几种方式:压抑、升华、替代、拒绝、反向形成、理智化、投射。

防御机制有以下几个特征:

第一,防御机制不是有意使用的,它们是无意识的或至少是部分无意识的。固然,我们时常会做一些有意识的努力,但真正的防御机制是无意识进行的。

第二,防御机制是通过支持自尊或通过自我美化(价值提高)而保护自己及防护自己免受伤害。从它的作用和性质来看,可分为积极的防御机制和消极的防御机制两种。

第三,防御机制似有自我欺骗的性质,即以掩饰或伪装我们真正的动机,或否认对我们可能引起焦虑的冲动、动作或记忆的存在而起作用。因此,自我防御机制是借歪曲知觉、记忆、动作、动机及思维,或完全阻断某一心理过程而使自我免于焦虑。实际上,它也是一种心理上的自我保护法。

　　第四,防御机制本身不是疾病,相反,它们在维持正常心理健康状态上起着重要的作用,但正常防御功能作用改变的结果可引起心理病理状态。

　　第五,防御机制可以单一地表达,也可以重叠地表达。例如,某工人在车间受到组长批评,于是说:"我才不在乎呢!"随后在工作中有意无意地摔摔打打,制造废品以泄心中之愤,就是合理化与迁怒的双重作用。

　　此外,弗洛伊德提出"力比多(libido)"概念。力比多即性力,这里的性不是指生殖意义上的性,而是泛指一切身体器官的快感。弗洛伊德认为,力比多是一种本能,是一种力量,是人的心理现象发生的驱动力。

　　弗洛伊德早在1894年就开始运用力比多这个术语,力比多定理是指一个人的力比多(性的欲望)是有限的,如果他/她将力比多用在一个人身上,那么用在另一个人身上的分量就会减少。

　　弗洛伊德认为本能的大本营居于本我,而本我是精神内部主要的无意识结构中的本能能量或动力。他指出这些力比多驱力可能与现有的文明行为规范相抵触,这些规范在精神结构当中表现为超我。而力比多在荣格作品中被表述为个体指向自身发展或个性化过程中的自由创造力,或称为心灵能量。

　　精神分析学派重视动机和无意识现象的研究对心理学的发展具有重要贡献,但是却过于强调无意识的作用,并且把它与意识的作用对立起来;精神分析早期理论具有泛性欲主义的特点,把性欲夸大为支配人类一切行为的动机。

名言荟萃

　　精神过程本身都是无意识的,有意识的精神过程只不过是一些孤立的动作和整个精神生活的局部。

——弗洛伊德(Sigmund Freud)

　　总之,19世纪末20世纪初,各派心理学在研究对象、研究领域和方法以及对心理现象的理解等方面都存在分歧。在心理学作为独立科学的早期发展中,由于某些新的事实的发现,这些事实在旧的理论体系中不能得到正确的解释,因而产生了对新的理论的需要,这就导致了新的思潮和新的学派的产生(例如潜意识的发现导致精神分析学派的产生与发展)。每个新学派都从一个侧面丰富和发展了心理学的宝库,对心理学的发展起到了积极的作用。

6.人本主义

马斯洛(Abraham Maslow,1908—1970)是社会心理学家、人格理论家和比较心理学家,人本主义心理学主要创建者之一。在著名心理学家哈洛(Harry Harlow)的指导下,于1934年获博士学位。1935年在哥伦比亚大学任桑代克学习心理研究工作助理。1937年任纽约布鲁克林学院副教授。1951年被聘为布兰代斯大学心理学教授兼系主任。曾任美国人格与社会心理学会主席。1967年当选为美国心理学会主席。他是《人本主义心理学》和《超个人心理学》两个杂志的首任编辑。马斯洛认为在心理学研究中,当涉及人格、伦理价值观念和高级心理过程时,整体分析要比元素分析更为有效。他对人的基本需要进行了研究和分类,认为人通过自我实现满足多层次的需求,最终达到高峰体验,实现个人的价值,构建完美人格。

理论:动机论、自我实现理论、需要层次理论、整体分析方法论。

代表作品:《动机与人格》《存在心理学探索》《宗教价值观和高峰体验》《科学心理学》《人性能达的境界》等。

人本主义是当代心理学的主要学派之一,人本主义心理学(humanistic psychology)是20世纪50年代兴起于美国的西方心理学思潮和革新运动。近年也称为现象学心理学(phenomenological psychology),成为西方心理学发展的一种新的取向。人本主义心理学反对行为主义环境决定论和精神分析生物还原论的思想,主张研究人的本性(nature)、潜能(potentiality)、经验(experience)、价值(value)、创造力(creativity)及自我实现(self-actualization)等,故在西方被称为心理学的第三势力(third force)。该学派的主要代表人物是马斯洛和罗杰斯(Carl Rogers)。马斯洛对人的基本需要进行了研究和分类,认为人通过自我实现满足多层次的需求,最终获得高峰体验,构建完美人格。罗杰斯主张以来访者为中心的心理治疗方法,强调人具备自我调整以恢复心理健康的能力,对心理咨询与心理治疗的发展具有非常重要的积极意义。

人本主义心理学的主要特点如下:

(1)在研究对象上,它不是从动物、患者或一般人中去选取,而是从精英、名人或心理健康者中去抽样。

(2)在研究内容上,它主要不是探讨心理现象和认知历程,而是专门研究人的高级的整合的动力心理,如人的本性、潜能、价值、尊严、创造力和自我实现等具有意义的根本问题。

(3)在研究原则上,它不拘泥于传统心理学的学院式研究,而重视结合广泛的社会问题开展应用心理学的研究。

(4)在研究方法上,它不热衷于自然科学的实验方法,而采用整体分析(holistic analysis)和现象学方法(phenomenological method)。

人本主义心理学的基本观点如下:

(1)坚持以人的经验为出发点,强调人的整体性、独特性和自主性。

(2)坚持以机体潜能为基础,强调人的未来发展的可能性及其乐观前景。

(3)坚持以人的价值和人格发展为重点,强调把自我实现、自我选择(self-selection)和健康人格作为人生追求的目标。

(4)坚持以广泛的社会问题为内容,强调实施心理治疗、教育改革、犯罪防治和社会改造。

人本主义心理学的主要贡献如下:

(1)抨击了传统心理学的生物还原论和机械决定论,把人的本性和价值第一次提到了心理学研究对象的首位,开拓了心理学研究人类许多高级精神生活的新领域。

(2)批判了传统心理学中把人兽性化、非人格化和无个性化的倾向,阐明了动机的巨大作用和需要层次理论,突出了人特有的高级需要所具有的更大价值。

(3)批判了传统心理学中的方法论和实验主义,提出将实验(客观)范式和经验(主观)范式统合起来的新构想,突出了开放研究、整体分析和多学科研究方法的重要意义。

(4)提出的以人为中心的理论、动机层次理论、受辅者中心治疗法,对加强组织管理、教育改革和心理治疗均有重要的应用价值。

第二节　大学生心理健康概述

一、大学生的心理发展特点

当代大学生正处于青年期,青年期是个体生理和心理迅速发展的时期,也是个体心理迅速走向成熟而又尚未完全成熟的一个过渡时期。大学生正处于这一个体成长的黄金阶段,心理发展既呈现出一般的规律特征,又呈现出不同阶段的特点。

(一)大学生心理发展的一般特点

1.自我意识增强,但容易出现偏差

进入大学以后,大学生有了更多的自由活动和交际的空间,开始了更深入和丰富的自我探索与发现。随着学习、生活方式的改变和心理的发展,大学生的自我意识有了明显的提高,自我体验更加丰富,自我认识逐步全面,自我控制水平不断提高,出现了"理想自我"和"现实自我"的分化,并且迅速发展。但是由于生活阅历、社会实践有限,自我意识方面仍然容易出现一定的偏差,在自我认知方面表现为过度的自我接受或自我拒绝;在自我体验方面表现为过强的自尊心或自卑感。会开始特别在乎别人对自己的评价,担心暴露自己的缺点。另外,大学生自我意识中"投射自我"的成分明显增强,对他人的态度和评价更加敏感,人际关系也因此而变得较为复杂,担心自己不为别人所理解和认可。大学生的自我意识要经历一段"自我偿付期",在实践活动中不断认识自我、调整自我,才能逐渐走向成熟。

2.思维迅速发展,但缺乏成熟的理性思考

由于大脑机能的不断增强、生活空间的不断扩大、社会实践活动的不断增多,大学生的认知思维能力获得了长足的发展。这个时期,他们的逻辑、抽象、创新思维能力不断提高,思维的流畅性、变通性、独立性达到了较高的水平。能通过分析、综合、抽象、概括、推理、判断来反映事物的关系和内在联系并能从一般的逻辑思维向辩证思维过渡。但这一时期的思维并没有达到完全成熟的水平,思维的广泛性、深刻性还存在不足,大学生还缺乏实践经验,有时容易出现主观片面、固执己见、脱离现实等问题,这需要在学习、实践中不断修正。

3.情绪体验日益丰富,但波动性大

大学阶段往往也是人生中情绪体验最丰富的时期。随着知识经验的增多、生活空间的扩大、业余生活的丰富、自我意识的增强,大学生情绪内容越来越丰富,情绪体验也越来越强烈。但由于大学生生理、心理发展的不平衡,对社会复杂性、个人需求合理性缺乏足够的正确认识,加之他们的自尊感强烈而敏锐,导致大学生情绪容易出现波动,有起伏不定、情绪转换明显等特点,常常是热情激动、抑郁悲观、沉着冷静、躁动不安等情绪交替出现。再加上自我意识增强不稳定,情绪表达方式单一且自我控制能力较弱,尤其在受到刺激时容易情绪失控,呈现出冲动性的特点。

4.人际交往需求增加,性意识发展,但容易交往不当

人是社会性动物,人与社会的联系是通过一系列人际交往活动来实现的。大学生渴望与他人建立亲密关系,以满足感情上的互助需要。通过人际交往获得友谊,也是适应新环境的突出需要。然而,许多大学生对人际关系的追求往往带有较浓的理想色彩,以友谊的理想模式为标准来衡量生活中的人际关系,导致高期望值与高挫折感并存;还有些大学生的人际交往方式欠妥、交往能力有限,容易导致交往失败。

对情感交流的渴望,对异性的好奇,也使很多大学生开始探索爱情,与异性的深入交往丰富了大学生人际交往的经验。很多大学生开始思考恋爱问题,并试图建立相对稳定的恋爱关系。同时,大学生的性心理已经逐渐发育成熟,性意识觉醒,但有的学生因缺乏科学的性知识和对性观念的不同认识和理解,会引起对自身性问题的困惑和焦虑。

(二)不同阶段的大学生心理发展特点

大学生从入学到毕业一般要经历3~5年时间,根据其学习、生活的不同阶段可以分为入学适应、稳定发展和准备就业三个阶段,由于不同的年级所面临的发展课题不同,心理状态也呈现出不同的发展倾向或特征。

1.入学适应阶段

这是大学生从中学过渡到大学的适应关键期。刚进入大学,满怀信心的大学生们首先要面对的是全新的大学生活,生活环境、身份角色、人际关系、学习方法和生活方式等都发生了巨大的变化。在面对这些新变化时,大学生会感到既新奇又陌生,有相当一部分新生的心理平衡被打破,这使得他们在心理上一时难以适应,从而引起一些心理矛盾和冲突。这一阶段是大学新生入学后最先遇到的心理困难期,也是最重要的时期。如果适应不好,可能会影响整个大学时期的学生生活。

2.稳定发展阶段

这是大学生全面成长和深化发展的关键阶段。在适应大学生活后,随着年龄的增长和知识的增多,大学生的视野在不断开阔,思想也日渐成熟,大学生开始进入稳定发展的阶段。这一阶段的大学生会面临许多新情况、新问题,对人生有了更深入的思考,开始有自己的理解和判断,不再单纯和盲目,重视各种能力的培养,不断探索进而确立自己的奋斗目标,并为之努力,不断完善自我。面对遇到的许多问题与困难,他们可能体会到克服困难、解决问题后带来的满足和喜悦,也可能会因处理不当而产生焦虑、困惑、气恼、矛盾等心理并难以自行调节。然而,大多数学生正是经历了这些磨炼而成长起来的。

3.准备就业阶段

这一阶段的大学生面临的主要任务是做好走向社会、成为社会独立成员的心理准备。经过几年的学习,大学生认识问题、分析问题和解决问题的能力有了较大的提高,个性趋于稳定。面临即将完成学业,踏入社会的现实,他们一方面对未来的美好生活充满向往,另一方面要面对求职择业、恋人去向等诸多思考和选择,严峻的就业现实、理想与现实的差距等都容易引起心理压力与矛盾。这个阶段对大学生来说是各个方面的综合考验,同时又进一步促进了大学生心理的发展和成熟。

二、大学生心理健康的主要标准

（一）心理健康的概述

一个人的心理素质好坏取决于自身的心理健康程度。大学生要想把自己培养成为新世纪的优秀人才，必须学习心理健康知识，优化自身的心理素质，使自己从容不迫地迎接人生的各种挑战。

1.健康的科学含义

长期以来，人们对健康的传统认识存在着许多片面性。比如，一谈起健康就认为是医学的事，只注重生理健康而忽视心理健康。所以在日常生活中往往只注重锻炼身体，而不重视培养健康的心理。

人们对健康概念的认识是随着社会的发展以及人类自身认识的深化而不断丰富的。从历史发展到现代，人类对健康的认识发生了飞跃，不再局限于生理机能的正常、衰弱与疾病的减少。1948年，联合国世界卫生组织成立，其宪章中明确指出：健康不仅仅是没有疾病，而且是身体上、心理上和社会上的完好状态或完全安宁。这是对健康较为全面、科学、完整、系统的定义。这种对健康的理解就意味着衡量一个人是否健康必须从生理、心理、社会、行为等因素来进行分析，不仅看他有没有生理方面的异常，还要看他有没有主观不适感，有没有社会公认的不健康行为。

因此，科学的健康概念包含了躯体健康、心理健康、社会适应良好。健康的目标是追求一种更积极的状况、更高层次的适应和发展，是一种身心健康、社会幸福的完满状态。

2.心理健康的定义

一个人的心理怎样才算健康，以什么作为心理健康的标志，这是一个非常复杂的问题。世界心理卫生联合会提出了心理健康的标准：身体、智力、情绪十分协调；适应环境，在人际关系中彼此能谦让；有幸福感；在工作和职业中能充分发挥自己的能力，过高效率的生活。

具体来说，我们可以从广义和狭义两种角度来定义心理健康。从广义上讲，心理健康是指一种高效和满意的、持续的心理适应状态，人在这种状态下能做良好的适应，具有生命的活力，能充分发挥其身心的潜能。从狭义上讲，心理健康指人的基本心理活动过程内容完整、协调一致，即认识、情感、意志、行为、人格完整和协调，能适应社会，与社会保持同步。

根据中外心理健康专家们的研究，可将人的心理健康水平大致分为三个等级：

第一，一般常态心理者：表现为心情经常愉快，适应能力强，善于与别人相处，能较好地完成同龄人发展水平应做的活动，具有调节情绪的能力。处于这一水平的人，情绪不愉快的时间持续较短。

第二,轻度失调心理者:表现为不具有同龄人所应有的愉快,与他人相处略感困难,生活处理有些吃力,若主动调节或通过专业人员帮助可恢复常态。处于这一水平的人,情绪不愉快能持续一段时间,但一般不超过3个月。

第三,严重病态心理者:表现为严重的适应失调,不能维持正常的生活、工作,如不及时治疗可能恶化,成为精神疾病患者。处于这一水平的人,情绪不愉快能持续较长时间,一般能维持3~6个月甚至更长时间。

心理不健康是指一种持续的不良状态。偶尔出现一些不健康的心理和行为并不等于心理不健康,更不等于已患心理疾病。因此,不能仅从一时一事而简单地给自己或他人下心理不健康的结论。此外,心理健康与不健康不是泾渭分明的对立面,而是一种连续状态。从良好的心理健康状态到严重的心理疾病之间有一个广阔的过渡带。在许多情况下,异常心理与正常心理、变态心理与常态心理之间没有绝对的界限,只是程度的差异。随着人的成长、经验的积累和环境的改变,心理健康状况也会有所改变。每一个人在自己现有的心理健康水平基础上做不同程度的努力,都可以追求心理发展的更高层次,不断发挥自身的潜能。

一般说来,健康心理的内容包括以下几点:

(1)个人心理活动的规律与特点同多数正常人相符合。

人的心理活动存在相同的规律和特点。心理健康的人,心理活动的规律和特点与多数正常人心理活动的规律和特点相符合。比如,别人如何感知事物,他也如何感知事物;别人如何记忆、思维,他也如何记忆、思维;别人遇到伤心事感到悲痛,他遇到伤心事也感到悲痛。这说明他心理活动的规律与特点同多数正常人相符合,表明他的心理是健康的。反之,别人都没听见有人咒骂,而他听见;别人看见小孩落水都紧张呼救,而他见了却拍手称快;别人的思维符合逻辑,而他的思维却荒诞离奇,不符合现实。这些都表明他的心理活动不符合多数正常人心理活动的规律和特点,是心理不健康的表现。

但是,单凭个人的心理活动是否同多数正常人的普遍规律与特点相符合这一条,显然不足以判定人的心理是否健康。例如,某个先进人物,可能会因思想不符合某些世俗的潮流而被视为不正常。再比如,智力超常的人是少数,品德超群的人也是少数,但是,并不能因为他们是少数,同多数人有差别,就认为他们是不正常的。恰恰相反,智力和品德超群的出类拔萃者,心理更加健康。

(2)个人心理活动的倾向与行为表现符合社会共同的规范。

每个人都是社会特定的一员,他的心理倾向与行为举止自然要与这个社会共同的伦理、道德规范和文明的要求相符合,否则就会被视为心理不健康。

但是,不能把心理健康的标准同符合社会规范混为一谈,以为符合社会规范就是心理健康,而不符合社会规范就是心理不健康,二者并不是这样简单的对应关系。一个遵守社会规范的人不一定就是心理健康的人(如某种精神病患者并无背离社会规范的行为),而某些同社会规范相违背的人却是心理健康的人(如某些罪犯)。更何况社会规范是发展变化的,因时、因地、因社会而异。在一个历史时期、一个民族被视为符合社会规范的正常行为,在另一个时期、另一个民族却可能被视为是心理不健康。在中国封建社会,妇女以死殉夫被视为节烈,如果现代中国女性仍加以效法,必然会被视为心理不健康。可见,把心理健康同符合社会规范画等号也是不行的。

(3)个人心理活动的机能能保持对环境的灵活适应。

个人同环境保持良好的适应关系,这是衡量人的心理健康的重要标准。个人越能运用心理的能力和策略来适应复杂变化的环境,就表明其心理健康水平越高。那些患有心理疾病的人,往往也是由于心理适应能力差,承受挫折的能力弱,无法抗御外界环境的打击所致。

然而,不同的人对"适应"的概念却有不同的理解。在市场竞争中,有的人发财致富,有的人下岗失业,谁的适应性更好?有人以自我保全、自我发展作为适应的目标,有人以维护社会的、民族的利益而牺牲自我,谁的适应性更强?一个人为了国家人民的利益而不惜得罪人,另一个人则为了个人的升迁而四处取悦于人,谁的适应性更强,谁的心理更为健康?可见,适应性的概念是受人的价值观支配的,对适应性的含义必须进行社会的价值分析。

(4)个人的主观感受良好。

有心理障碍的人常会有头痛、失眠、食欲不振、情绪紧张、注意力不集中等身心不适的主观感受,这些主观感受常常是心理不健康或患有心理疾病的征兆。但是,也不能以主观感受作为衡量心理健康的绝对标准,因为心理健康的人也会产生暂时性主观感受不适的症状,而有些真正的精神病患者却自称感觉良好。

心理健康的判定标准既受历史与文化制约,又受性别与年龄制约。女性的眼泪比男性多,不能认为女性的心理健康水平低于男性;儿童的自制能力比成人差,不能认为儿童心理健康水平比成人低。

心理健康是一个发展的概念,从儿童到老年,从没有心理疾病到心理素质的高度发展,心理健康会表现出不同质的水平。随着社会的发展,人们的精神文明水平提高,人们心理健康的水平也会相应地提高。

拓展阅读 **心理亚健康的七个征兆**

你是否发现自己近来反应迟钝,常常在关键场合脑子瞬间空白,郁郁寡欢,并对自己的存在价值感到怀疑?你是否心理浮躁,总有吵架的冲动?当身体上的亚健康肆虐泛滥时,心理亚健康已经悄然袭来了。那么,心理亚健康的表现究竟有哪些呢?

1.记忆力明显下降。在关键场合脑子会一瞬间空白,词不达意还抱怨别人不理解,忘记自己曾经非常熟悉的朋友的名字,经常下达前后矛盾的指示。

2.反应迟钝。被动接受或拒绝接受新鲜的事物,身体的灵活性下降,判断能力受到影响,做任何事情会比以前慢一拍。

3.抑郁。这是比较常见的心理亚健康症状,若不加以重视进行调节或治疗,会对自己的存在价值产生怀疑,甚至最终把自杀作为摆脱困境的唯一办法。

4.强迫。比如有洁癖倾向,常常反复洗手,做一件事情之后会反复地确认很多遍,做某件事情必须要按一定的程序来做,否则心里就会很不舒服等。

5.烦躁不安。坐卧不安,站着累,坐着也不舒服,任何响动都会引起烦躁情绪,有与人吵架的冲动。

6.心神不定。焦虑万分,对任何以前很容易处理的问题现在都没有把握,眉头紧皱,若有所思,过度担忧,认为马上就大难临头了。

7.恐惧心理。害怕和同事、朋友、亲人交流,更不用说陌生人了,见到他人就心跳加速、满脸通红。

3.心理健康的特征

心理健康的基本要求是心理各个方面的均衡发展,是个体与社会的协调发展,最终形成完整统一的人格品质。积极塑造个体的心理健康发展,必须明确个体心理健康状态所应具备的基本特征。

(1)相对性。心理健康不像生理健康那样具有精确的、易于测量的指标。心理健康是一个相对的概念。心理健康与不健康不是绝对的,一个心理健康的人并不意味着完全没有不健康的心理和行为。心理健康是较长一段时间内持续的心理状态,一个人偶尔出现一些不健康的心理和行为,并不意味着这个人一定心理不健康。判断一个人的心理健康状况,不能简单地根据一时一事下结论,应视具体情况而定。

(2)连续性。人们常把心理状态分为健康和不健康两种情况,然而实际情况却复杂得多。心理健康与不健康之间并不存在一条绝对的分界线,二者也并非对立的两极,而是一个连续的状态。人的心理健康水平可以分为不同的级别,从心理状况良好,到一般心理问题、严重心理问题、各类精神障碍,是一个连续的过程。

(3)可逆性。心理健康状态始终处于不断变化之中,既可以从不健康转变为健康,也可以从健康转变为不健康。例如,一个心理健康的人在遭受连续的挫折和失败打击时,如果不注意心理调适,就可能情绪低落、精神萎靡,甚至产生心理障碍;同样,一个有心理障碍的人,也可以通过心理咨询和心理治疗恢复到心理健康状态。我们所做的每一次测量或评估都只能反映某一段时间内的心理健康状态,既不代表过去,也不代表将来,但与过去和将来都有一定的联系。

(4)动态性。心理健康状态始终处于动态变化过程之中,大多数人即使在心理健康的状态下,也会因各种原因引起情绪状态波动。若个体遭遇较大的压力、变故或挫折,则会引起内心的冲突从而处于心理失衡状态,当困扰问题得到解决后,又会自行恢复到健康状态。但若困扰问题长时间得不到解决,就有可能发展成为心理障碍或精神疾病。

(二)心理健康的判断标准

由于心理健康问题的复杂性,心理健康标准既有文化差异,又有个体差异。迄今为止,关于心理健康的标准国内外还没有一个统一的概念。一般而言,判断个体心理健康与否,主要依据以下四个方面。

1.统计学标准

统计学标准是依据对大量正常心理特征进行测量取得一个常模,把个体的心理与常模进行比较。通常假设个体的各项心理特征的测量值在群体中接近正态分布,当个体的心理特征的测量值接近总体平均值时,就认为他是一个相对健康的个体;当个体的心理特征的测量值偏离总体平均值时,就可以说明他的心理相对不健康。一般来说,我们都要将个体的心理测验结果与常模对照,来判断其心理健康状况。

然而,统计学标准也有其局限性,例如一些生活中极其快乐的人,虽然他们的测量值也偏离总体平均值,但并不能认定他们是"心理不健康"的人。

2.社会规范标准

根据社会规范标准,个体的心理与行为如果符合社会规范、得到多数人的认可,其心理与行为被认为是健康的、正常的;而那些偏离社会规范的心理与行为就会被判断为异常的、不健康的。但是,按照社会规范来衡量个体心理健康与否也存在一定的局限性,因为不同的国家其社会规范是不一样的,不能以其他国家的社会规范来衡量某一个国家的人群的心理健康状态;即使处于同一个社会中,社会规范也可能会随着时间的推移而发生变化。

3.主观经验标准

经验标准即个体按照自己的主观感受来判断健康与否,研究者凭借自己的经验对当事人的心理健康进行判定,重在关注当事人的主观心理感受。由于个体先天的遗传及后天的环境不同,经验标准更强调其个体差异。同样的生活事件,由于当事人自我认知不同、自我体验不同,其自我评价也不尽相同。

4.社会适应标准

社会适应标准以社会中大多数人的常态为参照标准,观察当事人是否适应常态而进行其心理是否健康的判断。若个体能够很好地适应社会生活,我们可以认为他是健康的;若个体难以适应社会生活,甚至干扰别人或影响整个社会安全,那么他会被认为是不健康的。

需要注意的是,上述判断标准都仅仅是从某一角度来判断个体的心理是否是健康的。心理健康是一种复杂的心理状态,应该从多角度、多层面综合去判断,并从实际情况出发,具体问题具体分析。

国内外许多心理学家曾经从不同角度对心理健康的标准进行了归纳和总结,其中美国心理学家马斯洛和米特尔曼经过多年研究,在1951年提出了心理健康的十条标准:

(1)有充分的自我安全感;

(2)能充分了解自己,并能恰当评价自己的能力;

(3)生活理想切合实际;

(4)不脱离周围现实环境;

(5)能保持人格的完整与和谐;

(6)善于从经验中学习;

(7)能保持良好的人际关系;

(8)能适度地宣泄情绪和控制情绪;

(9)在符合团体要求的前提下,能有限度地发挥个性;

(10)在不违背社会规范的前提下,能适当地满足个人的基本要求。

这十条标准受到世界卫生界的普遍重视,被公认为是最经典的标准而广泛引用。从这些标准中可以看出,界定心理健康与否,应该从环境适应能力、情绪调控能力、挫折耐受能力、社会交往能力以及自我意识水平等方面进行衡量。

(三)大学生心理健康的标准

根据大学生这一特殊群体的年龄特征、心理特征和社会角色特征,结合我国大学生的实际情况,一般认为,我国当代大学生心理健康的基本标准如下。

1.智力正常

智力是人们运用感知觉、注意、记忆、想象和思维等分析问题和解决问题的能力。

智力正常有两个主要的标志:一是指人们具有正常的感知觉、注意、记忆、想象与思维的能力。如果人们不能进行正常的感知觉而产生幻视或幻听,不能像正常人一样记忆事物,不能进行合乎逻辑并符合现实的思维,就是心理不健康的表现。二是指个人的智商在中等水平以上。如果智商(IQ)在80以下,不能像一般人那样学习、工作与生活,也属于心理不健康。

我国大学生都是经过高考录取入学的,智力基本上在中等水平以上,极少有不正常的表现。但是,每个学生实际的智力水平是有差别的,这也是心理健康水平不同的表现。为了确切判定每个学生的智力水平,必须通过智力测验和完成实际的智力任务来加以考核和鉴定。

大学生思维的创造性虽然不等同于智力的概念,但与智力的发展密不可分。大学生思维的创造性发展是心理健康水平更高的表现。

2.情绪正常

人的情绪和情感是对待事物的一种态度的体验。情绪正常有三个重要的标志。

一是乐观的倾向。人有喜怒哀乐，犹如自然界有春夏秋冬，乃属正常现象。情绪正常的人不是没有悲伤和忧愁没有烦恼和愤怒，而是他们发泄有度、善于调节，能在多数的时候保持乐观的心境。

二是稳定的状态。保持情绪稳定是情绪健康和成熟的重要标志。婴儿情绪发生的频率最高、最不稳定。随着年龄的增长、思想的稳定、自控能力的增强，情绪逐步趋于稳定。有的人对环境适应不良，情绪极易波动，喜怒无常，这是情绪不健康的表现。但是，有的人对周围事物失去兴趣，对别人感到激动的事物也无动于衷，这同样是情绪不健康的表现。

三是控制情绪的能力。情绪健康的人也是善于以理智控制情绪的人。如果不善于根据生活的目标有意识地调节自己的情绪，而是任由情绪发作泛滥、失去控制，就不可能保持健康的情绪状态。

大学生处于青年的初期或中期，仍然是情绪容易激动和波动的时期。因此，增强意识和自我意识的水平，加强对情绪的自觉控制十分重要。

3.意志健全

意志，是指人有意识地实现一定目的任务的心理过程。实现某种目的任务，常会遇到内心的障碍和外部的困难，而这种克服内外障碍的过程正表现出意志的坚强力量。一个心理健康的人，就是能克服内外障碍而坚持达到目的的人。

意志健全有两个主要标志：一是明确行动的目的，即对自己要达到什么目的和为何要实现这一目的有清楚的意识；二是能按照行动的目的坚持行动，能排除内外的障碍，并能控制不符合目的的动机与冲动。

有的人做事不知道要达到什么目的，行动中失去对任务的意识，碰到困难时胆怯恐惧、畏缩不前，或者不顾后果、盲目冲动，这些都是意志不健全的表现。

4.自我观念端正

自我观念是个人对自身的一种认识和评价的观念体系。每个人说话做事、待人接物都要以自我观念作为参照的依据。

自我观念是否端正，一是看个人的自我观念是否同本身的实际状况相符合；二是看个人的自我观念是否同他人客观的评价相一致。如果一个人的自我观念同本身的实际状况，或与他人的评价严重不符，就会使个人陷入自我观念的矛盾中，不但导致其待人接物、处理各种关系同现实不符，而且影响其心理健康。

大学生处在自我观念趋向成熟的时期，但他们的自我观念同样存在着各种矛盾，了解大学生自我观念的特点和问题，是促进他们心理健康发展的重要环节。

5.人格完整

人格完整是指构成人格要素的气质、能力、性格、理想、信念和世界观等方面的平衡发展。人格是否完整是构成大学生心理是否健康的内在特征。

大学生人格完整一般表现为：一是人格结构的各要素完整统一；二是具有正确的自我意识，不产生自我统一性混乱；三是以积极进取的人生观作为人格的核心，并以此为中心把自己的需要、愿望、目标和行为统一起来。

6.人际关系良好

良好的心理状态是形成良好人际关系的重要条件，而良好的人际关系又是形成良好心理状态的保证。因为人们日常都是生活在各种人际关系中，人际关系的好坏直接影响着人的情绪，影响着人的心理健康。

人际关系良好的标志，不是指关系广、朋友多，而是看他能否同所交往的人互相接纳、互相理解与互相关怀，从而获得爱的体验。相处融洽、充满友爱的人际关系，使人心情愉悦，并充满爱心地对待生活；对人际关系持冷漠、疑惧或憎恶的态度，拒绝同别人交往，则往往同心情抑郁、孤独感互为因果。因此，确立良好的人际关系是促进心理健康的重要条件。

人际关系是大学生心理适应的难题之一。了解大学生人际交往中的问题和困难，帮助他们建立良好的人际关系，是维护大学生心理健康的重要因素。

7.能保持良好的适应能力

环境适应能力包括正确认识环境以及处理个人和环境的关系。心理健康的学生在环境改变时能面对现实，对环境做出客观的认识和评价，使个人行为符合新环境的要求；能和社会保持良好的接触，对社会现状有清晰的认识，能及时修正自己的需要和愿望，使自己的思想、行为与社会协调一致。

8.心理行为符合年龄特征

在人的生命发展的不同年龄阶段，都有相应的心理行为表现。心理健康的人，认识、情感、言行、举止都符合他所处的年龄段。心理健康的大学生应该是精力充沛、勤奋好学、反应敏捷、喜欢探索的。过于老成、过于幼稚、过于依赖都是心理不健康的表现。

综上所述，我们可以对大学生的心理健康做一个简单的、基本的表述：一个心理健康的大学生，就是具有积极的生活态度，能正确地认识现实与自我，富有人类的同情心和正义感，能同别人友好相处，并能适时而有意识地控制与调整自己行为的人；反之，那些缺乏积极的生活态度，不能正确地认识现实与自我，对别人感情冷漠或敌视，不愿同别人接近和交往，对自己的行为也不能适时进行有意识的控制和调整的人，就属于心理不健康的人。健康心理的理想模式不是每个人都能达到，但应当是大学生的努力方向。

拓展阅读 全国大学生心理健康日

为引导大学生关注自身的心理健康,2000年,"5·25"全国大学生心理健康节在北京师范大学拉开帷幕,健康节取"5·25"的谐音"我爱我",意为关爱自我的心理成长和健康,活动的主题是大学生人际交往和互助问题,口号为"我爱我——走出心灵的孤岛"。

2004年,教育部、团中央、全国学联办公室向全国大学生发出倡议,把每年的5月25日确定为全国大学生心理健康日。

"5·25"是"我爱我"的谐音,对此,发起人的解释是:爱自己才能更好地爱他人。心理健康的第一条标准就是认识自我、接纳自我,能体验到自己存在的价值,乐观自信,这样的人才能用信任、友爱、宽容、尊重的态度与人相处,能分享、接受、给予爱和友谊,能与他人同心协力。选择"5·25"是为了让大学生便于记忆,关注自己的心理健康。

如今,"5·25大学生心理健康活动周"已遍及全国各地,成为全国大学生活动的一个重要内容,影响力越来越大。

三、大学生心理健康的意义

大学时期是人生的一个重要转折点。这期间,大学生将逐步完成从青少年向成人的过渡和转变,建立起稳定的人格结构,走向独立与成熟。然而,在成长过程中,大学生将面临许多重要的发展课题,具备良好的心理素质是大学生尽快适应大学生活、完成学业、走向社会的必要条件。

(一)完善自我意识,塑造健全人格

自我意识是心理健康的关键因素,是大学心理健康教育的核心。大学生对自我生理、心理以及社会意识方面的变化有着强烈的关注,表现得比较敏感又极易出现自我认识不良、自我认识偏差等方面的困惑。因此,开展大学生心理健康教育,不仅能引导大学生形成正确统一的自我意识,对自己进行合理的定位和调节,而且能帮助他们改善行为举止,成为一个自知、自爱、自尊、自信、自强、自制的人,从而进一步塑造大学生健全的人格。

(二)促进人际交往,发展个体魅力

加强和引导大学生培养积极、和谐的人际关系对于个体发展来说具有十分重要的意义。只有心理健康的个体才能在人际互动中保持积极向上的友好态度,真诚待人、宽容大度,从而获得良好的人际关系。因此,开展大学生心理健康教育,不仅有助

于推动良好人际关系的形成和健康心理的养成,促进个体安全、温暖、舒适、幸福的心理体验,而且能增强大学生的人际吸引力,提升个人魅力。

(三)增强情绪管理,提高生活质量

情绪对于心理健康至关重要,良好而稳定的情绪能使人轻松安定,对生活充满信心与乐趣。正因为大学生情感丰富而易冲动,才更要加强心理健康教育,学会合理宣泄,这样才能调节身体机能的平衡,缓解不良情绪的困扰,保持健康的心理状态,从而提高生活质量。

(四)提升学习效率,挖掘内在潜能

大学生心理健康在很大程度上决定了他们的学习态度、学习效率。一个心理健康的大学生在学习和工作时就会充满拼搏精神、提高效率;同时,拥有健康的心理素质还能充分挖掘自身的内在潜能,激发学习热情,从而提升综合竞争力。

(五)防止心理疾病,增进身体健康

大多数心理疾病是在人的成长过程中因各种内外因素的影响而逐渐积累形成的。因此,我们要注意防范和消除产生心理疾病的各种影响因素,以防止病变的发生和发展。通过开展心理健康教育,让学生了解和掌握心理健康教育的相关内容,使学生了解什么是健康和不健康的心理,进一步及时地、有针对性地施以教育,对症下药,促进学生身心健康成长。

第三节　常见的大学生心理健康问题及应对

一、常见的大学生心理健康问题

大学生的心理发展介于成熟和未成熟之间,这一心理特点决定了大学生在自身的成长发展过程中会不可避免地遇到各种心理矛盾与困惑,从而出现一定的心理问题。常见的大学生心理健康问题主要包括以下七个方面。

(一)适应问题

适应问题常见于刚入学的大一新生。从高中跨入大学,几乎每个新生都会面临环境改变、学习方式改变、人际交往等方面的重新调整等问题。在适应这些改变和调

整的过程中,大部分新生都会感到一定程度的不适应,并可能伴随着失落感和茫然感,不同个体的问题程度和持续时间可能有所差异。对绝大多数新生而言,迈入大学校门意味着要离开熟悉的生活环境,在陌生的环境中开始独立的学习和生活,意味着远离父母和亲朋好友,独立处理人际交往、学习适应并解决问题等,这些会给每位新生带来不同程度的环境应激。面对这些环境应激,大多数新生能够积极、主动地适应。但也有少部分新生会因不能及时适应而感到力不从心和无助,当应激超过他们所能承受的限度时,他们就会表现出不同程度的适应问题,比如失眠、食欲不振、注意力涣散,严重时甚至会出现焦虑、抑郁、头痛和神经衰弱等。

(二)学习问题

与中学学习相比,大学学习在学习目标、学习方法和学习内容等方面有着明显的不同,更多地要求自主学习、自我管理、自觉探索更多未知的知识。一些大学生忽视了学习方法的调整,刻板地沿用中学阶段的学习方法来应对大学学习,以致难以适应,感到不知所措,甚至失去学习的兴趣和动力。还有一些大学生进入大学后,学习目的不明确、学习动机缺乏、学习态度不端正,或者所学专业与自己的学习兴趣相抵触等,导致学习受挫、困惑迷茫甚至挂科等一系列问题。若长此以往,大学生可能出现情绪紧张、焦虑,严重的甚至会自卑和厌学。此外,除课堂学习外,大学生一般会适当地参与一些社会实践活动,一些大学生因无法很好地平衡学业和社会实践活动之间的关系而倍感压力。

(三)情绪与压力问题

大学生内心情感比较丰富、细腻,非常注重情感生活,但由于情绪具有两极性、矛盾性的特点,自控力不强,社会经验不足,导致部分大学生因日常琐事而情绪波动,特别是在生活和学习中遇到较大挫折时,容易表现出抑郁、焦虑、无助等负性情绪。此外,大学生活是丰富多彩的,但也不可避免地会遇到各种压力,诸如学业压力、情感压力、经济困难、家庭变故、罹患疾病以及就业压力等。比如,刚入学的新生可能因为远离家乡或者不习惯大学的学习模式,无法很快适应大学生活,而产生焦虑、难过、伤心等情绪;而毕业年级学生会面临毕业、择业带来的巨大压力,也可能会产生一些复杂的情绪。

(四)人际关系问题

大学时期是个体人际关系社会化转变的一个重要时期,人际关系问题往往列于各种大学生心理问题的首位。从中学到大学,大学生面临着全新的人际关系,需要面对同学之间、师生之间、恋人之间,以及个人与集体之间的关系等各方面的人际关系,大学阶段的人际关系更为广泛、复杂,更具独立性和社会性。处于青年期的大学生,精力充沛、思想活跃、兴趣广泛,人际交往的需求较为强烈,希望能够通过人际交往去认识世界、广交朋友、获得友谊,满足自己内在的各种需求。但是,良好人际关系的建立需要一定的社交经验和社交技巧,而大学生对人际关系的追求往往带有较多的理想化色彩,因此并非每个大学生都能妥善处理好自己的人际关系。比如,有些大学生因不知如何处理复杂的人际关系而郁郁寡欢,一旦在人际交往中受挫,就容易进行自我否定,陷入痛苦之中,或因企图对抗而陷入困境,由此产生失落感和孤独感等心理问题。另外,网络信息技术的兴起也打破了传统人际交往的时空限制,但网络是一把"双刃剑",它也可能给部分大学生的人际交往带来不利的影响。比如,有些大学生喜欢在网上寻找友情,沉迷于网络交往,却忽略了与身边朋友、同学和老师的面对面交流。

(五)爱情与性问题

对处于青年期的大学生而言,其生理和心理发展逐渐趋于成熟,情感需求变得愈加强烈,尤其对爱情有所憧憬和向往,但也很敏感。大学生的爱情观还处于不断完善的阶段,对爱情问题的考虑容易简单化、片面化。比如,有些大学生对于爱情的理解还比较浅显,难以区分爱与喜欢,对于如何寻求爱、表达爱或拒绝爱,特别是如何理性地看待爱情中的一厢情愿的单相思、纷繁复杂的情感纠葛、爱而不得的失恋以及青年期性需求和性行为等问题感到迷茫与困惑,不知道应该如何妥当地处理这些问题,这容易给青年大学生带来心理困扰。

(六)生涯规划与就业问题

大学是连接学校与社会的桥梁,生涯规划关系到每个大学生的大学生活,甚至影响其未来一生的发展。不少大学生缺少明确的生涯规划,很多人高中努力学习的目标就是考上大学,可是进大学后却感到迷茫了,在学习过程中缺少目标、没有方向,甚至不知道自己努力考取大学的初心何在,失去了继续努力的动力。另外,随着经济结构的调整、高等教育普及化以及大学毕业人口的剧增,大学生的就业压力日益严峻。不少大学生对此变化不适应,未能做出及时有效的调整,又因缺乏必要的就业心理准备,在择业时表现出的职业成熟度不高,将职业理想化,缺乏自我认识能力,缺乏求职技巧等,从而感受到严重的就业心理压力,如果不能及时疏解调控,往往会出现消极、负面的结果。

(七)网络成瘾问题

网络上信息内容的多样性及沟通便捷性为不少在现实生活中交际困难的大学生提供了方便,他们在网络的虚拟世界里寻找心理满足。久而久之,有的大学生甚至产生了网瘾,每天花大量时间上网,沉溺虚拟世界,不愿与人面对面交往,严重依赖网络。目前,在我国大学生中,网络成瘾现象较为普遍,主要表现为网络游戏成瘾、网络交际成瘾、网络色情成瘾、强迫性信息搜集、网络强迫行为。过度使用网络可能会影响大学生正常的学习、生活、人际交往等,甚至会导致心理疾病的产生。

除了以上几种问题,大学生在日常生活中还会遇到其他各种各样的心理健康问题。因此在今后的生活和学习中 大学生应该学会甄别心理困扰和心理问题,正视所面临的心理健康问题,并通过适当的方式予以应对,做一个心理健康、积极进取的当代大学生。

二、影响大学生心理健康的因素

个人的心理健康是一个极为复杂的动态过程,影响大学生心理健康的因素是多方面的,主要包括个体心理因素和社会环境因素两大方面。

(一)个体心理因素

1.自我认识偏差

正确地认识自己是大学生身心健康成长的前提和基础。大学阶段是自我意识逐步走向成熟的重要时期,他们渴望了解真实的自己,寻找人生发展的方向,但尚未完全成熟。部分大学生对自己没有一个清晰的认识,对于现实自我和理想自我之间的关系也不能很好地区分。同时,或因理想与现实的落差会导致心理失衡,甚至诱发一系列的心理问题。

2.人格发展缺陷

大学生心理健康与其人格特征有非常密切的关系。人与人之间存在个体差异性,即使生活在同样的环境中,面对同样的挫折,由于个体差异性,也会不同的人有不同的反应模式,这与人的人格有直接的联系。部分大学生性格内向孤僻、压抑、过于自卑、不善与人交际或以自我为中心,或是表现出过于自尊、急躁、冲动、固执、多疑、喜欢钻牛角尖、易激怒、娇生惯养、感情脆弱等人格特征,这些人格特征都是不利于心理健康的,甚至有些还是心理障碍的表现。

3.内心矛盾冲突

大学生正处于由不成熟趋向成熟的发展过程中,生理的成熟与心理的不成熟常常交叠在一起,导致他们在面对现实环境问题的时候常常会出现内心冲突和矛盾。常见的冲突有独立与依赖的矛盾,自信与自卑的矛盾,理想与现实的矛盾,闭锁性与开放性的矛盾,冲动与压抑的矛盾,等等。当个体长期处于内心矛盾中或者内心矛盾的冲突太大,而个体又不能有效应对的时候,就可能破坏个体心理平衡而导致心理困扰或者心理障碍,进而形成心理健康问题。

4.心理承受力弱

当代大学生相对而言生活环境普遍较好,受到的教育也倾向于鼓励多、批评少,缺少一定的锻炼和磨砺,相当一部分学生心理素质较为敏感脆弱,因此对挫折和失败的承受力较弱。此外,当今时代的急速变化和激烈竞争所带来的压力又对大学生的承受力提出了更高的要求,造成了大学生相对于当今社会高压环境而言的心理承受力较弱。

5.情绪发展不成熟

大学生处于情绪情感最强烈、最复杂和最动荡的时期,情绪体验深刻而强烈,抑制功能发展还不够成熟,情绪波动大且不容易平复,容易冲动或执拗。情绪情感的控制和调节是大学生的一个重要的发展课题。而相对不严重的问题,如情绪波动和负性情绪体验,若不能及时得到调节而持久产生影响,则可能诱发程度更重的心理障碍,如有的大学生遭遇恋爱挫折后长时间无法平复伤痛,由爱生恨并冲动性地采取极端报复行为。

拓展阅读 **高心理弹性者具有以下七个习惯**

心理弹性是指个体在面临压力或挫折后能够自我修复的能力。心理弹性高的人自信果断有活力,具有较强的适应能力,即使处于逆境中也能表现出积极的态度和坚韧的精神。以下是高心理弹性者常有的七种习惯:

1.积极的情绪和大笑:欢乐、嬉闹、好奇、惊奇、满意、爱等;

2.与家人和朋友的亲密关系;

3.有意义的人生;

4.乐观主义和希望;

5.感恩;

6.放松;

7.快乐。

(二)社会环境因素

除大学生自身心理因素外,社会环境因素也是影响和制约其心理健康的重要原因,通常包括以下方面。

1.家庭因素

家庭是个体成长最为重要的土壤,家庭对个体的影响是持久的。良好的家庭因素为大学生心理健康发展提供了必要条件,而不良的家庭因素则可能会导致其人格缺陷和行为偏差。在家庭因素中,家庭结构、家庭气氛和父母教养方式都是影响大学生心理健康发展的重要因素。如父母婚姻异常或失败,父母感情失和,家庭中父母、亲子或其他家庭成员之间存在人际冲突,家庭人际氛围冷漠、紧张,教育方法不当、过分严厉或过分溺爱等,都可能诱发大学生的心理问题。

2.学校因素

学校是大学生学习、生活的主要场所，大学生的大多数时间是在学校度过的，因而学校文化氛围、教育条件、学习条件、生活条件以及师生关系、同伴关系等因素会对大学生心理健康有直接的影响，如不当的教育方法和教育行为、过度的学业压力、恶性的竞争环境、复杂或淡漠的人际关系氛围、单调贫乏的课余生活、消极价值观主导的人文环境等都可能引发大学生的心理问题。

拓展阅读 　　　教师期望效应

美国心理学家罗森塔尔曾经在一所小学做过一个非常有名的实验：他和他的研究团队对小学生进行了一些测试，然后提供给校长和老师一份名单，并告知名单上的学生都具有极佳的发展潜力。罗森塔尔叮嘱老师们对这份名单保密，以免影响实验的科学性。一段时间之后，罗森塔尔又来到了这所学校，他发现名单上的学生表现出令人吃惊的变化，他们的成绩有了较大的进步，且性格活泼开朗，自信心强，求知欲旺盛，更乐于和别人打交道。这个结果令校长和老师对心理测试的准确性感到无比钦佩。但是，更令校长和老师感到惊讶的是，罗森塔尔说名单上的学生是研究者随机抽的，并不是真正的潜力测试。该实验证实，教师对学生的期望，可以促使学生的学业成绩和社会行为等表现朝着教师所期望的方向发展，而最终使预言成为现实。

3.社会因素

社会因素主要包括政治、经济、文化教育、社会关系等，这些因素对一个人的生存和发展起着决定作用。当今社会的生存环境呈现出快节奏、高压力、多竞争的特点，会通过各种渠道和方式给身处校园的大学生带来不确定性、不安全感、身心疲劳以及诸多负面的情绪。而大学生是社会上最活跃的、最敏感的群体，他们常常最先感知到社会的变化和冲击。大学生又处于人格和价值观形成的重要时期，容易受到现实社会的影响，引发强烈的心理冲击。面对来自社会的诸多挑战，若不能有效应对，就可能产生各种心理问题。

三、增进大学生心理健康的途径

（一）学习心理知识

心理素质的提高离不开对心理学知识的了解、掌握和运用。系统学习心理学知识，包括学习感觉、知觉、注意、记忆、想象、思维、情绪、意志、动机、人格等最基本的心理知识，了解自身心理发展变化的规律和特点，学会心理保健的方法，自觉调节控制情绪，是促进大学生心理素质优化的重要措施。

大学生应当根据自身的实际情况,选修一些心理学方面的课程,听一些心理健康方面的讲座,或者自己找一些介绍心理健康方面的书籍自学,提高自我心理保健意识。同时,可以通过所学的心理知识对自我心理状况进行判断,当发现自己处于轻度失调状态或严重病态时,可及时寻求帮助和治疗。

(二)培养健康的人格

1.择优汰劣

培养健康人格是为了实现人格优化,达到人格健全。人格优化包括人格品质的优化和人格结构的优化。"择优"即选择某些良好的人格品质作为自己努力的目标,如自信、开朗、勇敢、热情、勤奋、坚毅、诚恳、正直等;"汰劣"即针对自己人格上的缺点、弱点予以纠正,如自卑、胆怯、冷漠、懒散、任性、急躁等。

2.丰富知识

人的知识越广,人的本身也越趋于完善。正如培根所言:"阅读使人充实,会谈使人敏捷,写作与笔记使人精确。历史使人明智,诗歌使人聪慧,演算使人精密,哲理使人深刻,道德使人高尚,逻辑修辞使人善辩。"学习知识、增长智慧的过程也是培养健康人格的过程。现实生活中,不少人的人格缺陷源于知识贫乏,如无知容易使人粗鲁、自卑,而丰富的知识则能使人自信、坚强、理智、热情、谦虚等。可见知识的积累与人格的完善是同步的。大学生不能只局限于学习自己的专业知识,还应该扩大自己的人文社会科学知识面,加强人文修养,用丰富的知识充实自己。

3.从小事做起

"不积小流,无以成江海""不积跬步,无以至千里"。培养健康的人格就要从身边的小事做起。一个人的言行往往是其人格的外化,反过来当一个人日常言行的积淀成为习惯就成为人格。许多人所具有的坚韧、正直、开朗、细致等优良的人格特征其实都是长期锻炼的结果,是一点一滴形成的。从我做起,从小事做起,是每一个大学生努力的起点。

4.把自己融入集体

集体是培养健康人格的土壤,也是人格表现的舞台。培养人格的过程,正是人社会化的过程,是人与他人、集体、社会相互作用的过程。人格在集体中形成,在集体中展现。正如马克思所说,只有在集体中,个人才能获得全面发展其才能的手段。通过与他人交流,可以看到别人的长处和自己的不足,从他人那里获得理解、肯定的欢悦,及时调整人格发展的方向。

拓展阅读　　共情小贴士

(1)学习避免以自我为中心,并关注周围的人;

（2）培养感知他人需求的敏感性，学习从细微的非言语表达中迅速察觉别人的需求；

（3）学习观察并体验自己和他人的情绪，提高我们对他人情绪的敏感度；

（4）非言语信息是了解他人的重要线索，通过观察非言语信息增加对他人的了解。

5.把握适度

人格发展和表现的"度"是十分重要的，否则就会过犹不及。列宁曾指出，一个人的缺点仿佛是他优点的继续，如果优点的继续超过了应有的限度，表现的不是时候、不是地方，就会变成缺点。因此，在培养健康人格的过程中把握好度很重要，具体地说应该是努力做到坚定而不固执、勇敢而不鲁莽，豪放而不粗鲁，好强而不逞强，活泼而不轻浮，机敏而不多疑，稳重而不寡断，谨慎而不胆怯，忠厚而不愚蠢，老练而不世故，谦让而不软弱，自信而不自负，自谦而不自卑，自珍而不自骄，自爱而不自恋。

（三）自我与环境平衡

大学生在日常生活、学习、工作中，常常承受着来自各方面环境（包括学习环境、生活环境、社会环境和家庭环境）的压力，从而产生紧张的情绪状态。当环境所给予的压力过大，紧张状态持续过长时，心理失衡，就会影响身心健康。因此，每个同学都要寻求自我与环境平衡。

当大学生因面临环境压力而引起心理失衡时，就会自觉或不自觉地采取一些方法来应付。有的人依靠药物，有的人饮酒，有的人抽烟，这些都是不正确的方法。正确地保持自我与环境平衡的方法有以下几点：

1.主动地认识环境

认识环境之后，我们会认清现实中处处都有让人烦恼的事。例如，学习中有合作，但竞争也与之共存，当大学生认识到学习环境给人造成的心理紧张状态无法彻底消除时，就可能对已出现或将要出现的环境压力有一定的准备，有了一定准备之后，心理就不会突然失去平衡，同时也有时间掌握一些更有效的调节方法。

2.在心理还未失衡前，努力控制事态发展

当自己感觉到环境所给予的压力过大时，就应当积极调整自己的心态，将学习或工作的步伐减慢一点儿，或者根据新的环境趋势做一些调整，好好计划一下，使时间与精力能有效使用，以适应新的环境，使自我与环境之间保持平衡。

3.学会一些身心放松的方法

放松是指身体或精神由紧张状态转向松弛状态的过程。当身体放松时，心理状态也是放松的，也就容易找到新的自我与环境的心理平衡点。身体放松的常用方法有游泳、做操、散步、洗热水澡等；精神放松的方法有听音乐、看漫画和幽默小品、静

坐、钓鱼等,这些都是陶冶性情、增进身心健康的有效方法。例如,音乐不但能反映和振奋人的精神,而且它不同的节奏、旋律、音调、音色等,还可以对人的身心产生不同的影响。

我国古代医案中有很多娱乐治疗疾病的记载。例如,清代有一县令,终日愁眉不展,郁郁寡欢,食不知味,寝不安枕,一天天消瘦下去,虽多方求医仍无效果。后来一位名医前来医治,老医生问明病情并号过脉象之后,一本正经地对他说:"你得的是月经不调。"县令听罢,啼笑皆非,拂袖而去。以后逢人便讲这件趣事,每说一回便捧腹大笑一回。没想到过了不久,病竟痊愈。县令这才恍然大悟,上门拜谢医生,老医生说:"你患的是心病,要治好心病,还有什么比笑更好的心药呢?"老医生的方法与我们常说的"一个小丑进城,胜过一打医生"是一个道理。

拓展阅读　　**扮笑脸做美梦法**

做梦是人的特权,如果一个人夜夜美梦,那他的生活将幸福无比。诀窍:睡前 1 小时做有氧运动 15 分钟到 20 分钟,然后洗漱,用 40℃ 左右的温水泡脚 5 分钟以上,修饰打扮自己的发型和面容,对着镜子摆出自认为最迷人的笑脸,带着这张笑脸和同学们互道晚安,然后带着笑容睡觉,美梦将会降临。

(四)寻求心理帮助

在维护和促进心理健康的过程中,大学生除了重视自我的调节外,还可求助于其他的心理帮助。例如,可以接受朋友的帮助,争取家长的支持,获得长辈的指导以及寻求心理咨询机构的辅导。特别是当心理压力较大、内心冲突激烈、自我调节难以奏效时,更应主动、及时地寻求帮助和指导。

1.朋友的帮助

当你把心中的烦恼向朋友倾诉之后,你的烦恼也就减少了一半。另外,朋友也会针对你的实际情况给予你安慰或建议;也有可能什么也不说,就只是听你倾诉,也许只要有人听你说,你也就能摆脱烦恼了。

2.家长的支持

有的同学认为,自己与父母之间有代沟,不愿与父母进行交流,总说父母不理解、不支持自己。其实,天下所有的父母都是为自己的孩子着想的。如果你有烦恼,不妨试着与父母沟通一下,极少父母是不通情达理的。家永远是你停泊休憩、抚平心灵伤口的地方。

3.长辈的指导

这里所说的长辈是你所信任、尊重的人或者有权威的人,包括教过你的老师、你的辅导员、对你有影响的近亲以及所有你所信赖的比你经验丰富的人。在你无法摆脱烦恼时,再次去聆听他们的话语,想一想他们给予你的指点,或许你就能找到摆脱烦恼的方法,生活得愉快一些。

4.专业心理咨询机构的辅导

在以上方法都收效甚微的情况下,你就应该主动寻求专业心理咨询机构的辅导。寻求心理咨询是保持和维护自身心理健康的重要途径。心理咨询是心理卫生工作者运用心理学的知识、理论和技术,通过与你的交谈、协商、指导的过程,帮助你达到自助的目的,并且所谈内容完全保密。心理咨询可以使你从一个不同的角度去看待自己和社会,用新的方式去体验和表达自己的思想情感,产生全新的思维方式,解决内心的问题,并使自己获得成长。因此,专业心理咨询可以帮助你实现有效的调节,扬长避短,提高心理素质。

总而言之,一个人的健康成长离不开健康的心理。大学生要培养自己自强不息的人生态度,积极进取的成就动力,敢于拼搏的开创精神,高瞻远瞩的预见能力,富有弹性的适应能力,百折不挠的扩挫折、抗干扰能力,强弱调节自如的情绪反应能力,善于与人相处的交际能力,自我控制的行为能力和健全和谐的人格系统,良好的心理素质,从而为成才打下坚实的基础。

拓展阅读 哈佛大学推荐的20个快乐习惯

1.要学会感恩;

2.明智地选择自己的朋友;

3.培养同情心;

4.不断学习;

5.学会解决问题;

6.做你想做的事情;

7.活在当下;

8.要经常笑;

9.学会原谅;

10.要经常说"谢谢";

11.学会深交;

12.守承诺;

13.积极冥想;

14.关注你在做的事情;

15.保持乐观;

16.无条件地爱;

17.不要放弃；

18.做最好的自己；

19.好好照顾自己；

20.学会给予。

思考与训练

【分析与讨论】

1.心理健康的人具备哪些特征？

_____

_____

_____

_____

_____

2.课堂讨论

遇到挫折和心理困惑时,你将如何解决？

_____

_____

_____

_____

_____

讨论步骤与要求：

(1)每个人先在白纸上把自己详细的观点和看法逐条写出来。

(2)分组讨论:6~8人组成一个小组,小组成员之间先讨论,然后形成一致认可的文字材料。

(3)课堂讨论:每组选派一名同学,代表小组同学参加课堂讨论发言。

【心理测试】

心理健康自我检测

测试说明:此心理自测的结果只能代表目前你的心理健康状态水平,分数的高低只能作为对自我评价的一个参考,由于测试可能受外界的干扰较多,加之其有一定的效度,如果你的某项得分过高或者过低,一定要在心理咨询师的指导和帮助之下才能做出一个正确的判断,切勿给自己乱贴"标签",从而对自己的学习、工作和生活带来影响。

对下列各题做出"是"或"否"的回答。

1.每当考试或提问时会紧张得出汗。

2.看见不熟悉的人会手足无措。

3.心里紧张时,头脑会不清醒。

4.常因处境艰难而沮丧气馁。

5.身体经常会发抖。

6.会因突然的声响而跳起来,全身发抖。

7.别人做错了事,自己也会感到不安。

8.经常做恶梦。

9.经常有恐怖的景象浮现在眼前。

10.经常会发生胆怯和害怕。

11.常常会突然间出冷汗。

12.常常稍不如意就会怒气冲冲。

13.当被别人批评时就会暴跳如雷。

14.别人请求帮助时,会感到不耐烦。

15.做任何事都松松垮垮。

16.你的脾气暴躁焦急。

17.一点儿也不能宽容他人,甚至对自己的朋友也是这样。

18.你被别人认为是个好挑剔的人。

19.你总是会被别人误解。

20.常常犹豫不决,下不了决心。

21.经常把别人交办的事办砸。

22.会因不愉快的事缠身,一直忧忧郁郁,解脱不开。

23.有些奇怪的念头老是浮现脑海,自己虽知其无聊,却又无法摆脱。

24.尽管四周的人在快乐地取闹,自己却觉得孤独。

25.常常自言自语或独自发笑。

26.总觉得父母或朋友对自己缺少爱。

27.情绪极其不稳定,很善变。

28.常有生不如死的想法或感觉。

29.半夜里经常听到声响难以入睡。

30.是一个感情很容易冲动的人。

评分标准

"是"记1分;"否"记0分。各题得分相加,统计总分。

结果解释

分数	解释
0~5分	你处于正常状态
6~15分	说明你的精神有些疲倦了,最好能合理安排学习,劳逸结合,让神经得到松弛
16~30分	你的心理存在一定问题,有必要请心理医生(老师)或者心理咨询师给以疏导和咨询,相信你很快会从烦恼不安中走出来的

【心理训练】

训练一:串名字

训练目的:

尽快相识,增进团体凝聚力。

训练内容:

1.小组成员围成一圈,任意提名一名学员自我介绍姓名、爱好;第二名成员复述第一名成员的介绍,说"我是×××后面的×××";第三名成员复述前两名成员的介绍,说"我是×××后面的×××后面的×××";依次类推,最后介绍的那名成员要将前面所有的成员的名字、爱好复述一遍。

2.可以反向再进行一轮。小组成员在复述别人名字时加深彼此间的了解,活跃气氛、打破隔阂。

训练二:虎克船长

训练目的:

活跃气氛,认识朋友。

训练内容:

1.小组成员围成一圈,首先告诉小组成员记住两边人的名字,随机选择一个人开始,先说两次自己的名字,然后随机点下一个人的名字,被叫到名字的人不动,两边的人立刻喊出"嘿咻,嘿咻"并做划船的姿势,然后被叫到名字的人说两次自己的名字,再点下一个人。

2.尽量不要重复点一个人的名字,在活动中可以训练成员快速记住他人的名字,并且锻炼注意力、反应力。

第一章　认识自己

　　在古希腊有一个古老的传说：一个有着狮子的身躯、人的脑袋的怪物，叫斯芬克斯，它经常守候在路口，向路人提一个相同的问题，如果行人答不上来，就会被它撕成碎片吃掉。它的问题是："什么动物早晨用四条腿走路，中午用两条腿走路，傍晚用三条腿走路？"很多人因为答不上来它的问题而被吃掉。直到有一天，一个叫俄狄浦斯的年轻人答出了这个问题，斯芬克斯听后大叫一声，跳下悬崖摔死了。俄狄浦斯的答案是"人"。的确，人在生命的早晨，即刚出生时，只会手脚并用，所以是"四条腿"；人在生命的中年，学会了直立行走，所以是"两条腿"；人在生命的傍晚，因为年岁的增大而行走不便，不得不借助拐杖充当第三条腿，所以是"三条腿"。俄狄浦斯正是因为解答了"什么是人"的难题，才当上了一国之王。但是，作为人类，即使他解决了"什么是人"这个大问题，也只是完成了认识自身的一半，另一半就是回答"人是什么"。从古代西方圣人苏格拉底"认识你自己"的呼声，到古代中国先哲老子的谆谆告诫"知人者智，自知者明"，无不在向人们诠释人类认识自己的重要性。直到今天，认识自我仍是每一个人必须面对的大问题。只有充分认识了自己，才能更好地发展自己、完善自己，做一个真真正正的人。

　　"我是谁？"这是一个难解的人生课题。早在几千年前，古希腊奥林匹斯山特尔斐神殿上有句名言——"人，认识你自己"，它警示世人"人的一生就是一个探索自我的过程，认识自己是人生之旅的出发点，是实现自我价值的基础"。这句话被西方人公认为现代心理学的起源，人们认为心理学就是一门人类认识并了解自己的科学。直到人类社会发展到今天，我们仍然面临一个最大的也最永恒的课题，就是认识自我。

第一节 自我意识

印度有句谚语:"认识你自己,你就能认识整个世界。"什么是自我意识? 自我意识的作用何在? 人如何理解自我意识?

一、自我意识及其结构

(一)自我意识的含义

从实践的角度看,个体既可以以"主体我"(即英语中的"I")的身份去认识和改造客观事物(此时的"我"处于观察地位),又可以以"客体我"(即英语中的"me")的身份被认识、被改造(此时的"我"处于被观察地位)。可见,每个人都是"主体我"(主我)和"客体我"(客我)的统一体。当个体把自己及其与外界事物的关系作为认识对象时,这就涉及对自我意识这个概念的探讨了。

自我意识,又称自我概念,是个体对自己的认识。具体地说,自我意识就是个体对自身与周围世界关系的认识,是对自己存在的觉察,是认识自己的一切。大致包括三个方面的内容:第一,个体对自身生理状态的认识和评价。主要包括个体对自己的体重、身高、身材、容貌等体像和性别方面的认识,以及对身体的痛苦、饥饿、疲倦等状态的感觉。第二,个体对自身心理状态的认识和评价。主要包括对自己的能力、知识、情绪、气质、性格、理想、信念、兴趣、爱好等方面的认识和评价。第三,个体对自己与周围关系的认识和评价。主要包括对自己在一定社会关系中的地位、作用,以及对自己与他人关系的认识和评价。

自我意识的出现,不是意识对象或意识内容的简单转移,而是人的心理发展进入一个全新阶段,是个体社会化的结果,是人类特有的高级心理活动之一。它不仅使人们能认识和改造客观世界,而且能认识和改造主观世界。苏联著名教育家苏霍姆林斯基指出:"最大胜利——就是自己征服自己的胜利。"心理学界把自我意识归入个性的调节系统,作为个性结构的一个组成部分,成为个性自我完善的心理基础。

(二)自我意识的结构

自我意识是一个多纬度、多层次的心理系统,不是个别的心理机能。我们可以从以下几个方面对自我意识的构建进行解析:

第一，从结构上看，自我意识可分为自我认识、自我体验和自我调控。

自我认识是认知的一种形式，主要包括个体的自我感觉、自我观察、自我分析和自我评价等方面内容。如"我是什么类型的人""我的言行举止是否落落大方""我的进取心是否很强"等，都是自我认识的内涵。自我体验属于情绪、情感的范畴，主要包括自尊、自信、自卑、自负、自责、自豪感等方面。如"我对自己的学习成绩很满意""我对自己的社交能力很弱而感到失望""我喜欢听名师讲课"等，反映了个体的情绪体验。自我调控是指个体对自己的心理、行为和态度等方面的调节，主要包括自主、自立、自律、自我教育、自我控制等方面。例如，"我如何控制自己的不良情绪""怎样才能成为一个受欢迎的人"等，都属于自我调控的范畴。

心理学研究表明，每个人的自我意识是由自我认识、自我体验和自我调控三个部分有机组合而成的。三者之间的和谐程度以及与客观现实的吻合程度，决定了个体自我意识的健康状况。

第二，从内容上看，自我意识可分为生理自我、社会自我和心理自我。

所谓生理自我，是指个体对自己的身体、性别、年龄、容貌、仪表、健康状况以及所有物等方面的认识。在自我体验上表现为自豪或自卑，在行为上表现为追求外表美、所有物的占用、支配与爱护等。随着个体社会化程度的加深，个体获得了一定的社会经验，逐步意识到自己在社会中要担任一定的角色，在组织中要有自己的地位和作用，这就产生了社会自我。简而言之，社会自我就是个体对自己在一定的社会关系和人际关系中的角色、地位、名望等方面的认识。在自我体验上，也表现出自豪或自卑，在行为上表现为追求个人的名誉、地位以及与他人进行激烈的竞争等。与社会自我相伴而生的是心理自我，它是指个体对自己的能力、性格、气质、兴趣、信念、世界观等个性特征的认识。在自我体验上，常表现为自豪、自尊、自信或自轻，在行为上追求个人能力的提升、人格的完善等。

从层次来看，生理自我、社会自我和心理自我是由低到高的发展序列，而且三者之间是密切联系的（见表1-1）。其中每个层次都有不同的自我认识、自我体验、自我控制，这些要素的不同组合，使个体间的自我意识存在不同程度的差异。因此，个体对同样一种事物的认识，才会出现"仁者见仁，智者见智"的结果。

表1-1　大学生自我意识内涵

内涵	自我认识	自我情感	自我控制
生理自我	对自己身体、外貌、年龄、仪表、健康状况、所有物等方面的认识	自豪感或自卑感	追求身体的外表、健康、物质欲望的满足，维护家庭的利益等

续表

内涵	自我认识	自我情感	自我控制
社会自我	对自己在集体中的角色、名望、地位、经济条件等方面的认识	自豪感或自卑感	追求名誉地位、威望与他人竞争,争取得到他人的好感等
心理自我	对自己智力、性格、气质、兴趣、信念、理想、爱好等个性特征的认识	自豪感、自卑感、自信或自轻	追求理想,注意行为符合社会规范,要求智力与能力的发展

第三,从存在方式上看,自我意识可分为现实自我、镜中自我和理想自我。

所谓现实自我,就是个体从自己的立场出发对当前实际状况的基本看法;镜中自我,又称他人自我,是指个体想象自己在他人心目中的形象或他人对自己的基本看法;理想自我,则是指个体想要达到的比较完美的形象。从自我观念存在的形式来看,现实自我是一种能被人感知到的客观存在,而镜中自我和理想自我是在人体大脑中的一种主观存在,容易受到个体的主观因素影响,往往不稳定、易变化。

研究表明,当现实自我和镜中自我相一致时,个体会产生加快自我发展的倾向;反之,个体会感到别人不理解自己,或试图改变现实自我。当理想自我是建立在个体的实际情况基础上,且符合社会要求和期望时,它就会指导现实自我积极适应并作用于内外环境,从而使自我意识获得快速发展。反之,如果理想自我、现实自我和社会要求三者之间有矛盾,就会引起个体内心的混乱,甚至会引起严重的心理疾病。

总之,自我意识是人类所特有的心理系统,不是个体与生俱来的,而是在后天社会实践的过程中逐步形成的,它有一个发生、发展和完善的过程。

拓展阅读 **点红测验**

一般认为,人从两岁开始就有了自我意识,标志是通过"点红测验"。所谓点红测验,就是悄悄地在婴儿的额头上(或鼻子上)点一个红点,然后把婴儿放到镜子前,如果婴儿知道镜子中的是自己,就会去摸额头(或鼻子)想要擦掉红点。聪明的婴儿能在15~17个月时就通过"点红测验",大部分婴儿在18~24个月时也都会通过"点红测验"。

二、自我意识的特性

(一)意识性

意识性是指个体对自己以及自己与周围世界的关系有着清晰、明确的理解和自觉的态度,而不是无意识或潜意识的。从马克思主义哲学的角度来看,这种自我意识是主体我对客体我的一切主观能动的反映。由此可以看出,自我意识是个体心理的重要内容之一。

(二)社会性

如前所述,自我意识是个体长期社会化的产物。这不仅因为它是在社会实践中产生的,而且因为它的主要内容是个体社会属性的反映。对自我本质的意识,不是意识到个体的生理特性,而是意识到个体的社会特性,意识到个体的社会角色,意识到个体在一定的社会关系和人际关系中的地位和作用,这是自我意识成熟的重要标志。

(三)能动性

自我意识的能动性不仅表现在个体能根据社会或他人的评价、态度和自己实践所反馈的信息来形成自我意识,而且还能根据自我意识调控自己的心理和行为。这种自我调控能力的发展,使自我从被动的客体转变成为意识的主体。能动性是个体自我意识发展成熟的又一重要标志。心理学研究表明,自我意识一般需要经过20多年的发展,直到青年中后期才能比较稳定、成熟。

(四)同一性

虽然自我意识有可能因个体实践的成败和他人评价的改变而发生变化,但到青年期以后,个体会对自己的基本认识和态度保持同一性。正因为自我意识的同一性,才会使个体表现出前后一致的心理面貌,从而使自己与他人的个性区别开来。

三、自我意识的作用

自我意识是个体发展到一定阶段的必然产物,健康的自我意识对个体心理健康、社会交往、工作和成功有着极其重要的作用。

(一)导航作用

科学、明晰的奋斗目标是个体发展的指路明灯。不言而喻,一个人要想成就一番事业,必须结合自己拥有的资源,制定明确的、可行的发展目标,据此调动自身的潜能,激发强大的前进动力。理想自我应当建立在全面正确的自我认识的基础上,能对个体的认知、情感、意志、行动、品德等方面产生较大影响,是个体活动的动力。在从事某项活动之前,自我意识健康的个体通常对该项活动的目的、过程和结果就以观念的形式存在于自己的头脑之中。法国作家雨果说:"只要目的正当,纵使走在摇撼的路上,步伐也是坚定的。"任何想要有所作为的人都必须树立正确的奋斗目标,在目标的牵引和召唤下,调动自己的能力和潜力,充分利用各种有效资源,以积极的心态来对待和处理前进道路上遇到的各种挫折,奋发进取。

(二)自控作用

个人如果有了发展目标而不付诸行动,就是纸上谈兵,其结果仍然是一无所获。个体要想将来有所建树,首先要有合乎实际的目标,同时还要有自立、自主、自信、自制的意识,并对自己偏离目标的情感和行动加以调节和控制。具体地说,就是个体在对自我做出正确认识、合理规划的基础上,能够对自己的注意力、情感、道德、行为、时间、精力等加以控制,以实现自己的目标。无数事实告诉我们,在通往成功的大道上,很多人与成功失之交臂,并不是因为缺乏机会和才华,而是因为缺乏自我控制的意识和能力。自我控制是自我意识发挥能动作用的一个重要表现,它是目标的保护神,是成功的卫士。缺乏自我控制意识和能力的人,是盲动、情绪化的人,是缺乏恒心的人,必将一事无成。

(三)内省作用

具有健康自我意识的人能够设定理想自我的具体内容,也能够通过自我控制,全力以赴去实现预期目标。在此过程中,往往由于主客观诸多条件的制约和影响,个体理想自我的达成常常会遇到各种障碍、干扰,导致个体遭受挫折、失败和痛苦的煎熬。此时,个体自我意识就会对自己的认识、情感、意志、能力、行为、社交等方面进行反思,努力寻找受挫的主客观原因(进行成败的归因),并重新调整原来的认识,形成新的理想自我的内容(即重树理想自我),使其与现实自我趋于统一。这种内省和归因是一种积极的自我意识,实质就是个体成长中对自己进行自我监督和自我教育,有利于个体的天赋和才能得到充分的开发和利用,是实现理想自我的必由之路。

可见,个体的自我意识与自己的成长和发展息息相关。健康的自我意识在人才的发展中起着导向、控制和监督教育的作用,是人才发展必备的心理要素。大学生正处于自我意识确立并趋于成熟的时期,一定要重视自我意识的导向、自控、内省作用,使其真正成为自身成才的根基。

四、自我意识的理论

(一)乔韩窗口理论

美国心理学家乔(Jone)和韩瑞(Hary)认为,人对自己的认识是一个不断探索的过程。根据自己和他人对自己的认识,可以将自我分为四个部分:公开的自我,它是自己很了解,别人也很了解的部分;盲目的自我,它是别人看得很清楚,自己却不了解的部分;秘密的自我,它是自己了解但别人不了解的部分;未知的自我,它是别人和自己都不了解的潜在部分(见表1-2)。

表1-2　乔韩窗口理论中的自我结构

	自知	自不知
他知	A.公开的自我	B.盲目的自我
他不知	C.秘密的自我	D.未知的自我

这四个部分构成了一个完整的自我,但四个部分的结构因人而异。A 部分大的人,自我认识客观,因此,应该努力扩大公开的自我,不但自知,也让别人了解自己。B部分较大,表明对自己的认识存在偏差,可能夸大自己优点或不足,也有可能无视自己的优点或不足,因此可以通过他人的反馈进行反思,减少盲目性,增强自我认识的准确性。C 部分大的人,不愿意别人了解自己,伪装和压抑自我。D 部分是自我的盲区,它的存在说明人不能全面认识自我,精神分析理论关注的是这部分内容。

拓展阅读　我不知道哪一个是我自己

W是大学一年级学生,她来学校咨询室寻求帮助。W的烦恼是:不知道外向开朗的那个人是自己,还是内向沉静的那个人是自己。

W不喜欢自己内向的特征,希望自己拥有外向的性格特征,她羡慕那些能与陌生人很快熟络、开朗外向、应对自如的人。在人际交往中,她害怕被别人欺负,担心别人小看自己。W从高三时开始有这种想法,上大学后,她刻意改变自己内向的特征,表现出外向的倾向性,对同学很热情、有说有笑,同学们也认为她开朗、善于交际。

W目前的痛苦是:不知道自己是谁? 每天刻意保持外向的特征让自己感觉很累,可是已经回不到从前那个内向的自己了,而且她也不想回到从前的样子,因为不喜欢内向的自己。W很迷茫、很痛苦,也不知道该怎么办。

咨询后了解了W的经历。她来自农村,上中学时父亲就去世了,这件事对她的影响很大。父亲是一个内向老实的人,跟邻里发生了纠纷也不会跟人吵架,就把委屈闷在心里,后来在40多岁时就去世了。W认为,父亲就是因为老实、内向,导致他吃亏、被人欺负、心情不好,并因为心情不好才去世的。所以,W希望自己与父亲相似的性格(内向)得到改变,成为外向的人。高三时打篮球的经历,进一步强化了W对自己内向特征的不喜欢。打球时,一个女同学对W指手画脚,W非常生气。但是,W并没有反驳,只是自己生闷气。上大学后,W就开始以"活泼开朗"的面貌在新环境中示人,并刻意保持这种特质,以至于周围人对她的评价就是活泼开朗。

用乔韩窗口理论来解释W的行为,可以发现W的 C 部分比较大,伪装自己,压抑真实的自我,结果痛苦不堪。W需要做的是展示真实的自己,扩大A部分,缩小C部分。

(二)自我同一性理论

美国精神病学家、发展心理学家埃里克森(Erikson)认为,个体的发展是以自我为主导的。按照自我成熟的时间表,他将人一生的发展分为八个阶段,认为每个阶段都存在一对矛盾,形成危机。他所谓的危机实际上是指发展中的重要转折点,既可能是灾难或威胁,又可能是发展的机遇。危机能否解决主要取决于社会环境,危机的消极解决会削弱自我的力量,导致人格不健全,阻碍对环境的适应;危机的积极解决则会增强自我的力量,使人格得到健全发展,从而促进对环境的适应。

12~18岁处于发展的第五个阶段,该阶段的矛盾是自我同一性与角色混乱。埃里克森认为"自我同一性"包括四个不同的方面:个体性,不同于其他的实体(他人);整体性和整合性,把与自己有关的各个方面整合在一起;一致性和连续性不是割裂的,而是前后连续的,今天的我是昨天的我的继续;社会团结性,具有团体的理想和价值,即认同社会价值,适应环境,得到社会的支持和认可。埃里克森认为,同一性的形成对人格的健康发展十分重要,它标志着儿童期的结束和成年期的开始。

没有自我同一性即为同一性混乱或角色混乱,此时,人的发展受到阻碍,不能获得满意的社会角色或职业提供的支持。

这个阶段的青少年接受了更多的关于自己和社会的信息,并对此进行全面的深入思考,为自己确定未来生活的策略。如果能做到这一点,个体就获得了自我同一性,反之则会产生角色混乱和消极同一性。埃里克森强调的同一性及其反面都是和社会要求、青少年对社会环境适应有关的。

📚 拓展阅读 / 我应该是男孩还是女孩

R来自小城市,上大学二年级。R来咨询室寻求帮助,她的困惑是自己的性别角色。爷爷和奶奶希望有个孙子,但R是个女孩。于是,爷爷和奶奶就把R打扮成男孩的样子,把她当男孩养:不许哭,跟男孩一起追逐嬉闹。R从小就不喜欢穿裙子,一年四季留着齐耳短发。上中学时,大家每天穿校服,R没有觉得自己的外表与他人不同。由于中学的功课很忙,也没有时间想学习之外的事情,R顺利地完成高中学业,考上了大学。

升入大学后,R依旧不喜欢穿裙子,打扮很中性。她与女生在一起时,讨厌女同学每天描眉画眼、对服饰津津乐道、在男生面前嗲声嗲气。而周围女同学称她为"男人婆",男生则与她称兄道弟,称她为"女汉子"。

R非常困惑,为什么我和别的女生不一样? 我为什么不喜欢打扮?

R对自己作为女孩的生理自我认识没有问题,但是,由于从小被当作男孩养,从而在行为表现及心理上对女性角色没有相应的认同与接纳,而是倾向于男性的行为表现及心理特征。于是,R表现出生理自我和心理自我之间的矛盾,没有形成一个完整的自我,出现了自我同一性危机。

拓展阅读 自我同一性状态模型

玛西亚(Marcia)以自我同一性形成过程中探索和承诺的行为特征为变量或定义标准,提出了著名的自我同一性状态模型。探索是指在达到自我同一性的不同方面(如职业选择、宗教信仰、性别角色等)的过程中,个体努力奋斗、主动探索的过程;承诺是指在上述领域中所形成的坚定而牢固的决定,以及对实践活动的投入程度。

玛西亚将自我同一性状态分为四种:①弥散型同一性(identity diffusion),指个体没有形成固定的承诺,也没有主动探索和形成承诺的意愿,处于同一性危机之中而不能成功地解决,对未来彷徨迷惑、不知所措,没有确定的目的、价值或打算,这是一种最不成熟、最低级的同一性状态;②排他型同一性(identity foreclosure),指没有经历探索阶段就对一定的目标、价值观和信念形成了承诺,而这些承诺反映的是父母或权威人物的希望和要求;③延缓型同一性(identity moratorium),指正在经历同一性危机,但个体积极地思考各种可能的选择,并探索自己的价值定向,但还没有达到最终的承诺;④成就型同一性(identity achievement),指个体已经历了一段探索,解决了同一性危机,呈现出相对稳定的承诺,这是一种最成熟、最高级的同一性状态。

五、健康的自我意识对大学生的作用

个体的自我意识从童年期开始萌芽,到少年期逐渐清晰,在青年期发展成熟。大学生正处于这样一个自我意识成熟的关键期,要经历自我意识从分化、矛盾到趋向统一的过程。这一过程与大学生适应新环境、调整生活方向、规划未来人生道路的过程交织在一起,对大学生的成长与发展起着至关重要的作用。

第一,健康的自我意识是形成良好个性心理品质的基础。自我意识作为意识的核心内容,是个性结构的重要组成部分。可以说,心理过程和个性心理的各个组成部分,都是在自我意识的统领之下,通过自我意识的监督、调节作用相互影响,从而整合为有机的统一体。自我意识指引着个性发展的方向,规划塑造个性的具体行为,调节着个性发展中的矛盾冲突,把个性发展的全部进程都纳入自我意识之中。个性的塑造自始至终都是通过自我导向、自我监督和自我激励实现的,自我意识的水平越高,对个性的影响、调节与统合作用越大。甚至可以说,自我意识代表着个性形成的水平。

第二,健康的自我意识是大学生做好人生规划的前提。科学的人生规划首先取决于对"现实自我"的准确把握。大学生选择职业方向、规划人生道路都必须从实际出发,要对自己的需求动机、能力倾向、气质性格、兴趣爱好有全面客观的认识,这样才能减少选择的盲目性,在成长的道路上少走弯路。其次,科学人生规划取决于对"理想自我"的合理定位。"理想自我"是自我意识在个体成长目标方面的一种形象表达,是个体发展自我、完善自我的动力。具有良好自我意识的大学生,能够在准确体察个人潜能、全面衡量社会客观条件的基础上确立自我发展的目标,制定出人生发展的具体规划。最后,健康的自我意识调节着大学生人生发展的进程和方向。自我意识能及时地评价、反馈个体在行动过程中的状态、结果,促使个体根据目标不断调控自己的行为和内心体验,运用意志的力量克服行动中出现的退缩、畏难、焦虑等消极的情绪体验,从而激励个体不断朝着既定目标努力。

第三,健康的自我意识是大学生处理好人际关系的必要条件。人们总是以"自我"为出发点处理与他人、与外部世界的关系。大量的心理学实践表明,许多人际关系不协调是由于自我意识不健全造成的。如果一个人自我评价过低,在与人交往时就会表现得胆怯害羞、敏感多疑、自我封闭;如果自我评价过高,在人际交往中难免盛气凌人、孤芳自赏,不懂得理解、尊重别人。这两种倾向都会使个体在群体中陷入被孤立的境地。

同时,大学生由于自我意识的增强,比以往更加强烈地意识到了自己与同龄人之间的差异,因而产生了强烈的希望被他人了解、接纳并了解别人的需要。他们渴望爱与友谊,渴望交流与分享,对人际关系十分敏感。但另一方面,大学生的自我表露又受到闭锁心理的影响,由于更在乎自己在别人心目中的地位和形象,他们会有意无意地将自己的心灵深藏起来,对他人存在着戒备心理。正是这种渴望交往与心灵闭锁的矛盾冲突,使得大学生常常陷入人际关系的苦恼之中。

大学生良好的人际交往是在正确地进行自我评价及正确地认识自己与他人、个体与群体双方不同地位和需要的基础上发展起来的。培养健康的自我意识,是提高大学生素质、促进大学生全面发展的重要途径,也是大学生心理健康的重要保证。但任何事物的发展都不是一帆风顺的,大学生在发展、完善自我意识的过程中,必然会面临各种各样的矛盾冲突,如自我认知方面"主体自我"与"客体自我"的矛盾、"理想自我"与"现实自我"的矛盾,自我体验方面自尊心和自卑感的矛盾,自我调节方面独立性与依附性的矛盾、交往需要与自我封闭的矛盾、追求上进与自我消沉的矛盾等。只有解决好这些矛盾冲突、完成自我统一的任务,才能培养良好的心理素质和个性品质,为参与社会竞争、实现人生价值做好准备。

六、大学生完善自我意识的途径和方法

自我意识的觉醒是伴随着青春期到来的重要心理变化,大学生处于青年期的最后一个阶段,需要在解决自我意识发展矛盾中形成健康的自我结构,完成人格成熟和个人成长。

(一)正确认识自我

大学生的"理想自我"与"现实自我"会经常发生矛盾,他们的自我评价容易过高。比如,大学生通常会对自己的大学生活做出一个十分美好的计划,而在执行过程中会发现这个计划与现实中有很多矛盾的地方。当冲突出现时,一方面他们不想放弃心中的梦想,但另一方面又不得不向现实的困难妥协。因此,大学生常常会对"我是怎样的人""我该怎么办"等问题产生困惑。同时由于缺乏生活和社会经验,在遇到挫折时容易否定自己,从而导致过度自卑。正所谓"不识庐山真面目,只缘身在此山中",认识自己有时候的确比较难。

那么,如何培养大学生正确认识自我呢?首先,通过与他人客观的比较来正确认识自己。我们生活在社会集体中,个体的生理和心理等特点也是在社会集体这个标准中才能比较出来。其次,他人的评价对于我们认识自我也有重要作用。在社会环境中,他人的评价犹如一面镜子。我们可以看到他人眼中的自己,即镜中自我。通过他人的评价我们可以了解自己不知道但他人知道的盲区。比如在纸笔练习中,请同学之间回答有关"我"的十个问题,包括"我的优缺点"等,可以让我们更好地审视自己。第三,通过自身的成败经验不断地反思。不经一事,不长一智,我们要不断地从自己的成败经验中对自我意识细加甄别。做到"吾日三省吾身":①能观察到的我:容貌、性别、年龄、职业、性格、气质、能力等。②自己心中的我:对自己的期许。③别人眼中折射出的我:可以从态度、情感、亲密程度、人缘等方面反映出来。

(二)客观对待自我

个人对待自己的态度,叫作自我态度。自我态度是在自我评价的基础上逐渐形成的一种心理状态,它与个人的价值观密切相关。个人的价值观不同,决定了各自不同的自我态度。自我态度一般分为自我肯定与自我否定两种相反的态度。正确的自我肯定态度具有一定的心理保健功能,而过分的自我否定倾向则具有一定的自我挫伤的消极作用。因此,寻求正确的自我肯定的原则和方法,对于防止和克服过分自我否定倾向,维护大学生心理健康具有十分重要的作用。

1.积极悦纳自我

自我悦纳是自我意识健康发展的关键。悦纳自我首先要接纳自己、喜欢自己、欣赏自己,体会自我的独特性,在此基础上体验价值感、幸福感、愉快感与满足感;其次是理智与客观地对待自己的长处与不足,每个人都有长处和短处。人人都有一些缺点和缺陷,但不能一味掩饰、拼命否定、不愿承认,否则就会弄得自己越来越悲观,总觉得自己一无是处。而当我们试着将自己的心态放开时,接纳和包容这些特征,接纳比压抑更能让我们得到放松、完善和成长。对于长处我们要善于运用,比如参加各种文娱活动来展示自己、表现自己;对于缺点则要勇敢地面对、承认和接受。当我们能够正确对待长处和短处的时候,会发现我们的生活更加和谐。同时,平时多关注自己的成功,并将优势积累。可以坚持写"我的日志或周记",把自己的优点或成功的事情记录下来,定期回看并体会当时的心情和感受。这样就可以发现每个人身上都有无数的闪光点,重点在于寻找你自己的闪光点并将其构成亮丽的人生风景线。

2.有效控制自我

自我控制是自我意识的组成部分,是主动定向地改造自我的过程,也是个体对待自己的态度具体化的过程。它主要表现在两个方面:一是善于促使自己去执行已经做出的决定,并能战胜一切障碍与困难;二是善于在意志行动时,抑制消极情绪和冲动行为。一个有自制力的人善于忍耐和克制,组织性、纪律性强,情绪稳定,注意力集中,思路敏捷,既不因顺利而松动,也不因困难而畏缩,无论在什么情况下都能保持清醒的头脑、冷静的态度,充分发挥主动性,以保证达到既定目的。

有的大学生常常是"心动而不行动",他们对自己的要求非常高,而在现实中却因为主观或客观原因没有能够达到,于是对自我产生怀疑与否定,计划付之东流。事实上心动是一件容易的事,而真正行动则需要更多的自我控制。有时即使是一件最简单不过的事也需要意志努力才能达到目的。因此,自我控制的培养是从小事入手的,而当意志成为一种习惯时自我控制便转变为"自动化"的"程序",这标志着良好自我控制能力的形成。

对于大学生而言,首先要养成良好的学习和生活习惯,比如早起、生活有序、学习一丝不苟、做事脚踏实地等;其次,要严格要求自己,严格遵守纪律,做事要善始善终,不给自己找借口,该做的事勇于承担,不该做的事决不妄动;最后,还要接受一定的挫折教育,增强自己的抗挫折能力,从而锻炼自己的意志品质。

(三)不断超越自我

加强自我修养,进行自我塑造,达到完善自我、超越自我的境界是健全自我意识的终极目标,做人一生唯求成为自己,对大学生而言,实现自我更是终生努力的目标。古人说,要"齐家、治国、平天下"须从"修身、养性"开始,从点滴小事开始,从积极行动开始,行知并重,全力以赴,最大限度地发挥自己的潜力。行动之后再反省得失原因,吸取教训作经验,再度投入行动,一旦有所成果,便再反省总结,如此往复进行,自我就会自然而然得到开拓、提升与超越。(行动→反省→再行动→再反省……→提升)这个过程可以用4A描述：

Acceptance：接纳，接纳自我与自我所在的现实环境

Action：行动，对自己决定的事，付诸行动，并全力以赴

Affection：情感，工作学习的时候情感投入，获得乐趣，乐在其中

Achievement：成就，以上三者完成后的自然结果，是努力奋斗的结果

如果一个大学生经历了4A，就可以说是走出了自我迷茫的困境，领到了一张自我意识健全的合格证。完善自我、超越自我并不会一帆风顺，会碰到意想不到的困境、各种各样的拦路虎，它需要付出艰辛的努力和沉重的代价，但它也是一个"新我"的形成，是从"小我"走向"大我"，从"昨天之我"向"今日之我""明日之我"迈进。珍惜已有的自我，追求更好、更高的自我，做一个"自如的、独特的、最理想的我"！

第二节　人格

人格"personality"一词，最初源于古希腊语"Persona"，原意是指希腊戏剧中演员戴的面具，面具随人物角色的不同而变换，体现了角色的特点和人物性格，就如同我国京剧中的脸谱一样。心理学沿用面具的含义，转意为人格，其中包含了两个意思：一是指一个人在人生舞台上所表现出来的种种言行，遵循社会文化习俗的要求做出的反应。就像舞台上根据角色要求所戴的面具，是人格所具有的"外壳"，表现出一个人外在的人格品质。二是指个人由于某种原因不愿展现的人格部分，即面具后的真实自我，这是人格的内在特征。

一、人格的一般概念

在心理学中，人格是探讨完整个体与个体差异的领域。到目前为止，由于心理学家各自的研究取向不同，因而对人格的看法有很大差异。综合心理学家的定义，可以将人格的概念界定为：人格是构成一个人的思想、情感及行为的独特模式，这个独特模式包含了一个人区别于他人的稳定而统一的心理品质。

人格是一个具有丰富内涵的概念，它主要有四个本质特征。

（一）独特性

个人的人格是在遗传、成熟和环境、教育等先后天因素的交互作用下形成的。不同的遗传、生存及教育环境，形成了各自独特的心理特点。人与人没有完全一样的人

格特点。如"固执"在不同的环境下有其特定的含义,在不同人身上也有不同的含义。在娇生惯养、溺爱的环境中,"固执"带有"撒娇"的意思;而在冷淡疏离、艰难困苦的环境中,"固执"又带有"反抗"的意思。所谓"人心不同、各如其面",正说明了人格是千差万别、千姿百态的,这就是人格的独特性。另一方面,生活在同一社会群体中的人也有一些相同的人格特征,如中华民族是一个勤劳的民族,这里的"勤劳"品质就是共同的人格特征。不过人格心理学研究会更注重个体差异,即人格的独特性方面。

(二)稳定性

人格具有稳定性。在行为中偶然发生的、一时性的心理特性,不能称为人格,例如,一位性格内向的大学生,在各种不同的场合都会表现出沉默寡言的特点,这种特点从入学到毕业不会有很大的变化,这就是人格的稳定性。俗话说"江山易改,禀性难移",这里的"禀性"就是指人格。当然,强调人格的稳定性并不意味着它在人的一生中是一成不变的,随着心理的成熟和环境的改变,人格也可能产生或多或少的变化。

名言荟萃

我们每个人,每一时刻,都是过去的我们和将来的我们的结合。
——奥斯卡·王尔德

(三)统合性

人格是由多种成分构成的一个有机整体,具有内在的一致性,受自我意识的调控,人格的统合性是衡量心理健康的重要指标。当一个人的人格结构各方面和谐一致时,他的人格就是健康的;否则,就会出现适应困难,甚至出现人格分裂。

(四)功能性

人格在一定程度上会影响一个人的生活方式,甚至会决定某些人的命运,因而是人生成败的根源之一。当面对挫折与失败时,坚强者能发奋拼搏,懦弱者会一蹶不振,这就是人格功能的表现。

二、人格理论

(一)弗洛伊德精神分析理论

精神分析理论是现代心理学中影响最大的理论之一,也是 20 世纪对人类文化影响最大的理论之一。精神分析理论解释了人格的起源、人格的发展过程、人格的结构、心理的本质、变态的人格，以及对变态人格的治疗方法等问题。

关于人格的构成问题，在弗洛伊德早期理论和后期理论中分别有不同的观点体系。在早期理论中，他把人格构成分为意识、前意识和潜意识三个层面；在后期理论中，他以早期理论为基础，又提出"三我"理论，即本我、自我与超我。

1.意识、前意识与潜意识

弗洛伊德认为，意识是自己清醒知觉的思想情绪等，是随时可以观察到的现象，意识是通过两种途径形成的：一是由感觉系统，即人对外部世界的知觉；二是由精神装置的内部系统，即对自身内环境的知觉，它在人格结构中只占很少的部分。

前意识和意识同属于前意识系统。弗洛伊德认为，前意识和意识的区别在于，前意识是没有浮现出意识表面的心理现象，它是一种可以回忆起来的经验，它可能进入意识，也可能被压抑。

潜意识是弗洛伊德论述最多的部分，也是他早期人格结构的核心。他认为，潜意识是一种无法察觉的心理历程或过程，它是在一定时间内被压抑、被排挤的情绪活动的过程。潜意识虽不为自己所察觉，但它在人的精神生活中起着巨大的作用，人的一举一动无不受它的影响。

关于意识、前意识和潜意识三者之间的关系，弗洛伊德认为，意识部分小而不重要，仅代表个性的外部表现；从前意识到意识或从意识到前意识都是瞬间实现的，但是从潜意识回到意识中来却是困难的。他曾生动地描述了潜意识系统的活动历程。他把潜意识系统比作一个房屋的大前厅，在这个前厅内，各种精神拥挤在一起，而意识则住在这个前厅通向另一个较小的类似会客室的小房间里，它们彼此相隔，是看不到的，在这两个房间之间的门槛上站着一个"看守人"，防守并检查拥挤着的各种精神冲动。如果没有得到看守人的许可，就不能进入会客室，当它们已经成功地挤到门槛而又被看守人遣送回去时，那它们就不适宜于意识，这就是潜意识冲动被压抑。即使是被允许入门的也不一定成为意识，只有它们能够引起意识的注意时，才可能成为意识。

2.本我、自我与超我

弗洛伊德认为，本我是一个最原始的、与生俱来的非组织性结构，它是个体出生时表现的个性唯一成分，是完全无意识的和非道德的。构成本我的成分是人类的基本需要，如饥饿、干渴、性等。本我中的基本需要是生本能和死本能。生本能是激发个体求生活动的内在力量，死本能包括攻击与破坏的原始冲动。本我在人的心理发展中占有重要位置，本我是予取予求，是冲动、盲目、非理性、非社会化的，是自以为是、纵情享乐的。

自我是意识结构部分，它就像一个"骑士"，为控制本我这匹冲动的"马"而拼命斗争。它既要使本能冲动得到满足，又要使超我和外部世界满意，自我追求唯实的原则,即为了长远的利益而抑制暂时的欲望、延缓满足的享受。但这个唯实原则归根结底也是在追求快乐,不过所追求的是一种延缓的、缩小的、与现实相适应的快乐。自我的主要功能是控制和压抑本能冲动,使它能与外部世界协调。

超我是"道德化的自我",包括两个方面:一是通常所谓的"良心",二是自我理想。良心负责对违反道德的行为进行惩罚,自我理想确定道德标准。超我追求完美,其主要功能在于控制行为,使行为符合社会规范的要求。

人格动力是指个体的人格结构中,由于本我、自我、超我的功能不同、目的不同,彼此会产生相互冲突;有了这些相互冲突,就会产生一些内在的动力,驱动人的外在行为。按弗洛伊德的理论,由人格动力导致的行为并不是指一般的正常行为,而是指个体为力求减少因自我、本我、超我三者冲突产生的焦虑所形成的行为。这种行为的原因不是出自个体的意识领域,而是出自个体的无意识领域。这种行为不是理性的,不能够明确说出出现这种行为的真正原因,因此,弗洛伊德把这种行为的原因归为自我防御机制。

自我防御机制有很多种,最主要的有以下几种:

(1)转移:是指需要无法直接获得满足时,个体会转移对象,用间接的方式来满足需要。如一个人在单位受到领导的批评,回到家里会对着自己的孩子发脾气就是这种防御机制的作用。

(2)升华:指将那些不能被社会认可的冲动或欲望以符合社会标准的行为表现出来。如某人在婚姻上受到挫折,转而把自己的全部身心投入到科学研究或艺术创作中去,并作出突出成就,就是这种防御机制的作用。

(3)压抑:指个体将不被本我、超我所接受的冲动或欲望,从意识中压抑到无意识中,以避免冲突的发生。例如,某人遭受了某种非常痛苦的刺激后所发生的遗忘就是这种机制的作用。

(4)退行:指内心的冲突无法解决时,个体将自己的行为改用较幼稚的方式表现出来。例如,有些成人在遭受挫折时,他的一举一动都显得像个孩子,这种情况就是这种机制的作用。

(5)投射:指个体将自己内心中不被社会认可的冲动或欲望投到别人或周围的事物上。例如,社会偏见就是投射作用。

(6)反向:指外在的行为表现恰与内心隐藏的欲望相反。例如,有人会用最友好的态度去对待他最不喜欢的人,这就是这种机制的作用。

(7)合理化:又称"文饰"作用,是指以社会认可的好理由取代自己内心中的真理由。例如,"酸葡萄效应"(对求之不得的东西就说是自己不喜欢),就是这种防御机制的作用。

（二）阿德勒的个性人格理论

阿德勒（Adler）与弗洛伊德（Sigmund Freud）、荣格（Jung）并称"精神分析派三大家"，他一直是弗洛伊德理论的支持者、倡导者，后来与弗洛伊德在学术方面产生分歧而创立了个性心理学。阿德勒与弗洛伊德的分歧主要体现在三个方面：首先，他认为个性心理学应包括心理学的整个范围，要能反映出人格的不可分割的统一性，而弗洛伊德主张把人格区分为不同的部分；其次，阿德勒相信未来的意识和目标对人格行为的影响，而弗洛伊德则坚持过去（潜意识）在影响行为上的作用；再次，阿德勒认为人的行为是由社会力量决定的，弗洛伊德则强调由生物学的本能所决定。阿德勒的理论主要有以下几个方面。

1.人性自主

阿德勒认为，人不是盲目的，人的行为并非受制于本我与无意识的欲望冲动。人是理性的动物，人在自主的意识支配下，能决定自己的未来、创造自己的生活。人类与生俱来的一些基本需要所形成的驱动力不是盲目的冲动力，而是有目标的导向，人类会在行为上向着目标前进，从而获得需要的满足。在这点上，阿德勒的人格理论比弗洛伊德的理论更为乐观，弗洛伊德强调过去的童年经验，强调个人行为的被动性；而阿德勒则重视未来的希望，强调个人行为能在目标之下主动改进。

2.追求卓越

按照阿德勒的观点，人在目标导向的生活活动中有一种与生俱来的内在动力。阿德勒把这种动力称为求权意志，后来又改称为追求卓越。阿德勒所说的追求卓越并不是单指在社会情境中要战胜别人，而是指个人在生活目标之下力求完美的心态。用现代心理学的观点来说，追求卓越的概念与成就动机相似。

3.自卑情结

人类有追求卓越的基本需要，凡事希望十全十美，这样在现实生活中难免碰到挫折。因此阿德勒又提出了另一个概念，那就是自卑感。自卑感是面对困难情境，个体无法达到目标时，由无力感与无助感交织而成的一种对自己的失望心理。形成自卑感的因素有很多，包括童年经验、身体缺陷、能力不足等，都可能导致个人产生自卑感。

自卑感产生以后，就会形成一种内在压力，导致个体心理上的失衡与不安。失衡与不安就会促使个体寻求平衡，克服自卑感所带来的痛苦，阿德勒称个体的这种现象为补偿。例如，因身体条件限制而有自卑感的人，可能在心智活动上寻求补偿；因缺乏社交能力而有自卑感的人，可能在体能活动上寻求补偿。当然，人生不可能十全十美，任何人都有短缺之处，偶尔产生自卑感也是件很平常的事情，如果能对自卑感适度补偿予以克服，就会使心理更健康。但是如果补偿不当，就难免形成自卑情结。按照阿德勒的解释，有自卑情结的个体，可能在行为上呈现两种表现：一种是掩饰自己的缺点,不敢面对现实,发展到最后形成退缩反应;另一种是极度奋力寻求另一方面的满足,极力去掩饰缺点所造成的自卑感,阿德勒称这种心理倾向为过度补偿。

4.生活风格

按照阿德勒心理学的观点,虽然追求卓越是人类与生俱来的共同人格特质,但在实际生活过程中,由于每个人所使用的追求方式和所要追求的结果不一样,因而也就逐渐形成了具有个人特色的生活风格。按照他的观点,一般人生活风格的形成大约在4~5岁之间。个体生活风格的形成,主要受个人追求卓越时所采用的处理自卑感的方式的影响。个人的生活风格一旦形成就不易改变。生活风格影响广泛,对以后如何处理生活中遇到的问题、如何感知外部世界,以及如何设定与达成目标等都有影响。例如,自幼娇生惯养的孩子,长大以后,当他走向社会时,可能仍然期望别人像他的家长一样随时伺候他穿衣吃饭。再如,那些自幼就没有得到爱护,甚至遭受虐待的孩子,长大后就可能形成仇视他人、敌视社会的态度与观念。

(三)埃里克森的人格发展理论

埃里克森(Erikson)重视人格发展中各阶段的心理社会任务的解决,提出了心理社会危机理论。埃里克森认为,人格发展要经历从出生到晚年的一系列阶段,而每个阶段都会面临一些需要解决的问题,即面临一种"心理社会危机"。人格发展的任务就是解决面临的问题,避免这些"危机"的发生。解决得好则有助于人格发展,解决得不好则给人格发展带来消极的影响,即出现危机。这样既不利于由前一阶段向后一阶段的过渡,还会影响以后各阶段的发展。埃里克森根据人一生中出现的"心理社会危机",把人格发展分为八个阶段。这八个阶段是按生理发展的顺序排列的,但每个阶段能否顺利过渡则与社会环境出现的各种问题有关,故称之为"心理社会危机"理论。

1.信任对不信任(0~1岁)

第一阶段是婴儿期。埃里克森认为,信任是人对周围现实的基本态度,是健康人格的根基。它在第一年就开始形成,而后逐渐发展。新生婴儿必须依靠别人满足自己的基本需要,如果能从父母及他人那里获得满足,就会对现实、对人生产生信任感。否则,没人理睬,需要不能得到满足,就会产生不信任感。如果这种不信任感扩展下去,就会形成缺乏安全感、猜疑、不信任、不友好等人格品质。

2.自主对羞怯(2~3岁)

第二阶段是幼儿前期。该阶段孩子开始行走和学习语言,他要求自己探索周围环境,开始摆脱过去的依赖状态,产生了自主的欲求,一切都想自己动手,不愿别人干预。如想自己穿衣、吃饭、行走、大小便等。如果父母或成人允许并支持孩子做力所能及的事,表扬鼓励孩子,孩子就会体验到自己的能力和对环境的影响力,逐渐养成自主、自立的人格特征。相反,如果对孩子过分溺爱和限制,什么事都由成人代做,孩子将体验不到自己的能力,觉得自己不能独立,产生羞怯、疑惑等人格特征。

3.主动对内疚(4~5岁)

第三阶段是幼儿后期。这时儿童开始发展自己的想象力,知觉动作能力也得到较快发展。因而,儿童特别好奇、好问,主动探索的欲望很强,善于提出各种设想和建议。如果成人能耐心对待并细心回答他们的问题,适当评价鼓励他们的活动和建议,就可以发展他们的判断能力,形成大胆的创造精神。反之,成人急躁、粗暴,不耐心对待他们提出的问题或设想,甚至过分限制、讥笑,就会使儿童形成胆怯、后悔、内疚等人格特征。

4.勤奋对自卑(6~11岁)

第四阶段是学龄期。进入小学,儿童追求自己在学习上获得成功和得到赞许。若通过勤奋学习而获得了成功与赞许,他们就会继续勤奋努力、乐观进取,养成勤奋学习、勤奋工作的品质。反之,小学生在学习上屡遭失败,就会丧失自信和进取心,形成冷漠、自卑的人格特征。

5.同一性对角色混乱(12~18岁)

第五阶段是青年初期,这是形成自我同一性的时期。自我同一性是在前四个阶段发展的基础上对自己心理面貌的整合,即自己究竟是一个什么样的人,自己与别人的异同,以及认识自己的过去、现在和将来。如果在前四个阶段建立起信任、自主、主动、勤奋等人格特征,所想所做符合自己的实际身份,就能获得或建立起同一性,可以顺利地进入成年期。相反,在前四个阶段形成过多的不信任、羞怯、内疚、自卑,就会产生角色混乱,无所适从。例如,对自己的自我评价与社会评价不一致,怀疑自己。由于没有建立起自我同一性,经常处于犹豫状态,缺乏自信,导致生活节奏缓慢,做事拖拉,没有活力,甚至极度孤僻。

6.亲密对孤独(19~30岁)

第六阶段是青年晚期、成人初期,是形成亲密对孤独的时期。这一时期,青年人已走向社会,进入人际交往的新关系之中。他们需要与伴侣、朋友、同事等建立爱情、友谊、团结与亲密的关系,如果发现自己不能与别人建立起友爱、亲密的关系,就会感到孤独,产生不愿与人接近的孤独感。

7.创造性对自我专注(31~55岁)

第七阶段是成年期,是形成创造感或自我专注(停滞感)的时期。这一阶段,一方面自己承担着社会任务,有工作,有事业,要求为社会创造价值,发挥创造性;另一方面又有家庭,需要照顾孩子和料理家务。如果能利用自己的能力,为社会、为事业发挥创造力,就可获得创造感,进一步创造、再创造。反之,如果只关心个人的需要与舒适,饱食终日,无所事事,陷入自我专注状态,就会产生停滞感。

8.完善对绝望(56岁以上)

第八阶段是晚年期,是对自己一生为之奋斗的事业趋于完成和进行反省的时期。

当对自己的一生有肯定的评价,觉得没有虚度时光,未竟事业由下一代接替延续,就会产生一种完善感。相反,当回顾一生,觉得一事无成,走过的道路充满坎坷,后悔当初的选择,重新开始又为时已晚时,就会充满悔恨、悲哀、绝望。

埃里克森把人格发展划分为以上八个阶段,同时指出了每个阶段所面临的发展任务以及需要解决的"危机"问题。这就是:婴儿期要培养信任,多给孩子关怀,避免产生不信任感;幼儿前期要发展自主欲求,大胆让孩子自己活动,避免产生羞怯、胆小;幼儿后期要进一步发展孩子的主动性,鼓励支持孩子的活动和建议,避免产生怀疑、内疚;学龄期要力促儿童学习成功,培养努力勤奋的品质,避免产生自卑;青年初期要帮助发展自我同一性,树立自信心,防止角色混乱;青年晚期发展良好的人与人之间的关系,避免产生孤独感;成年期或中年期在于努力发展创造性,防止自我专注的停滞产生;老年期在于发展满足感、完善感,避免绝望的产生。艾里克森认为,前一阶段任务完成的好坏直接影响后一阶段的发展,而后一阶段如果条件好转也可补偿前一阶段的不足,他还强调了周围环境对人格发展的作用。

埃里克森的人格理论,对于我们理解人格发展的社会性实质具有一定的积极意义,尤其是让后人对人格发展过程产生了清晰的认识。他提出的八个阶段相互联系、相互影响的观点有一定的辩证法思想,对于认识人格发展具有实际的指导意义。

(四)罗杰斯的人格自我理论

罗杰斯(Rodgers)与马斯洛(Maslow)都是人本主义心理学派的创始人,两个人都认为"自我实现"是人的最高追求。但是,在理论取向上,两个人的论点却稍有不同:马斯洛主要偏重于解释个体经由各种需要的获得与满足,达到"自我实现"境界的过程;而罗杰斯则偏重于解释个体"自我实现"境界不易达到的原因。由于罗杰斯的人格理论是以"个体的自我"为中心概念的,所以他的理论又被称为自我理论。以下三点是罗杰斯理论的核心。

1.自我概念

罗杰斯将人所经验的一切(或称经验整体)称为现象场。现象场内的经验属于个人从自身方面所得到的经验,所以被称为自我经验。自我经验代表个人从经验中所获得的对自己一切的知觉、了解与感受,包括对诸如"我是谁""我是什么样的人"等一系列问题的可能回答。如果将这些答案汇集起来,得到的总结就是个人的自我概念。自我概念的发展形成与自我概念中自我的和谐与冲突,合在一起就构成了罗杰斯自我理论的核心。

自我概念的形成,是个体在其生活环境中对人、对己、对事物的交互作用所获得经验的综合结果。最初,个体与人、事物相接触,在接触的过程中获得对人、对物的切身感受,这是直接经验。这时,假如有其他的人对他的行动予以评价,那么他就会在获得直接经验后,又增加了一项来自他人的间接经验。由于他人所带来的间接经验具有评价作用,因而间接经验又称为评价经验。个体的直接经验与评价经验不一定是一致的,所以和谐统一的自我概念的形成,就难免遇到困难。

例如,有一个4岁的儿童用彩色的画笔在客厅的墙上画了一幅图,并自以为画得很好,这个直接经验可能会使他觉得很高兴(自我概念)。但是如果母亲发现后说那是"坏孩子才做的事",他由此所得的评价经验就会使他在自我概念的形成上出现冲突,冲突的结果很可能会使他改变通过直接经验所获得的自我概念。

假如这个4岁儿童的画不是画在客厅的墙上,而是画在画纸上,母亲发现后就可能会对这个孩子的行为大加称赞。在这种情况下,儿童的直接经验与评价经验是一致的,就会使这个孩子自动形成明确的自我概念:"我喜欢绘画,我非常能干,我是一个好孩子。"

因此,个体的自我概念,是在生活环境中,在有条件的限制下形成的。罗杰斯称这种限制性的条件为价值条件。当然,这里的"价值"是指他人对个体提供评价经验时所依据的价值标准。

2.积极关注

按照罗杰斯的理论,个体在根据直接经验与评价经验形成自我概念时,都会对别人怀有一种强烈的向他人寻求积极关注的心理倾向。所谓积极关注,简单地说就是"他人的好评""他人的赞许"。当个体获得关于自己的直接经验的同时也能够获得别人的积极关注时,他的自我概念就会变得更加明确,当自我概念明确统一时,健康的心理也就产生了。

按照罗杰斯的理论,积极关注分为两种:一种是无条件的积极关注,另一种是有条件的积极关注。例如,A同学在校成绩平平,父母很清楚他将来进入名牌大学的机会不大,不过他们对孩子的学业依然表示关心,但不做过分苛求,甚至看过孩子的成绩单后,也总是以鼓励代替惩罚。也就是说无论自己的孩子学习好与坏,父母都同样爱他,没有任何附带条件。这种关注方式就是无条件积极关注。而B同学在校成绩中等偏上,将来进入名牌大学的可能性很大,但依然有失败的可能性。他的父母望子成龙心切,除强制其参加补习之外,还和他设定交换条件:除非每次考试均在班上前十名,否则周末不准外出,也不准看电视。这样的关注方式,就是有条件积极关注。

在上述的第一种情况下,A同学根据自己在校所得的直接经验,与父母的无条件积极关注下所得的评价经验基本上是一致的,因而在心理上没有冲突,并且很可能会在父母无压力关注下,学业逐渐进步,成为才智中等的同学中最好的学生。按照罗杰斯的观点,该同学自我概念是明确的、健康的,他的人格发展将走上"自我实现"的道路。

在上述的第二种情况下,B同学所获得的直接经验与父母有条件关注下所得的评价经验很可能会不一致。如果周末外出是他最喜欢的事,并且他自认为也是正当的,但是在父母有条件的限制下又不得不顺从父母,这样,他就必须要在心理上进行一个困难选择,要么否认自己周末喜欢外出的事实(认为自己并不喜欢外出),要么甘心情愿地接受父母设定的条件。如果这两点都做不到,这位同学就会在心理上产生强烈的不愉快体验,在获得一个健康的心理过程中就会出现障碍。

3.自我和谐

所谓自我和谐,是指一个人自我概念中没有自我冲突的心理现象。根据罗杰斯的说法,自我不和谐的情况有两种:一种是理想我与真实我的不一致所引起的冲突;另一种是在有条件关注下所得的评价经验,与自己的直接经验出现不一致时所引起的冲突。就第一种情况而言,理想我是指自己在理想中要成为什么样的人,真实我是当事人在现实生活中所觉知到的真实的自我,即自己实际上是什么样的人。例如,一个身高不到160厘米的18岁男生(是他真实我的条件之一),一心想当篮球队队员(他的理想我),在这种情况下,这个男生就会体验到自我不和谐。第二种情况,前面所提到的B同学,如果这个学生根据自己的直接经验,周末的外出交友娱乐活动确实是他的爱好,但迫于父母的限制又不得不放弃自己的爱好,他实际上是在做一件扭曲真实我的事,因此在心理上就会不平衡。即使后来这件事被排除在意识之外,但它还会滞留在无意识之中。结果是B同学可能在睡眠中会梦见与同学们周末一起外出郊游。如此看来,人的一生,或由于自己,或由于外因,要达到真正的自我和谐实在不是容易的事。正因如此,心理冲突的体验要完全避免几乎就是件完全不可能的事,罗杰斯认为,要想达到真正的自我和谐,最理想的情况是,对成长中的个体尽量提供无条件的积极关注,使他在自然的情境中形成自我概念,尽量减少其心理上的冲突,从而奠定其自我实现的人格基础。

罗杰斯以人为中心的人格理论论人的成长时,把复杂的社会关系解释为人与人之间纯粹的个人关系,他认为每个人内部蕴藏着的"实现倾向"是由于价值条件的影响而妨碍了它的发挥。因此,为了促进个人潜能的充分发挥,社会必须提供某种实现的条件,其中最重要的是在人与人之间建立良好的关系,使人感到无条件的积极关注与尊重,这样个体就能向自我实现的方向发展。

第三节 大学新生心理发展的主要特征

大学生心理发展的主要特征是心理发展迅速地趋向成熟,但又未达到真正的成熟。处于青年中期的大学生在心理上处于准成熟阶段,有心理学家称之为"危机期"。心理充满矛盾是大学生心理最主要的特点。

了解自己,认识自己的特点,是大学生解决自身心理问题的前提。

一、大学新生的心理特点

（一）新角色带来的冲突

1.从尖子地位丧失到自暴自弃

能够考上大学的，自然不是弱者，大部分是中学时代成绩较好的学生，是老师眼中的尖子、家长心中的宠儿，始终拥有亲朋的赞扬、同学的羡慕、老师的青睐、父母的骄傲，这些使他们极大地提高了自信心，同时也滋长了过高的自我评价。然而进入大学之后，周围的同学水平相当，各有所长，也许一些新同学很难得到往日他人投来的羡慕的目光，耳边也许没有那么多赞誉的话语，许多新同学在集体中显得非常一般，过去众星捧月的地位丧失了。

面对新的组合、新的角色，有的新生发觉自己不管是从学生干部职务还是从学习上都很难再现辉煌，于是颇有挫折感；有的新生由于往日的自信和骄傲，此时便觉得自己落伍掉队，原有的优越感和自豪感变成了自卑感和焦虑感。

2.从学习方式的改变到自我压抑

大学的学习方式变化很大，由中学教育的以课堂为主的被动接受知识转变为自觉学习占很大比例的主动接受知识。有些新生还没有意识到，即使意识到了，也没能及时去认识它并作出适当的改变和调整，而一味地沿用自己原有的学习方式。结果一部分新生入学前是中学的尖子生，入学后却失去了原来的优势，成绩不再拔尖。个别同学对学习放松过了头，结果与别人的差距拉大了，成为学习困难生，顿感无地自容。

3.从物质需要的剧增到经济拮据的尴尬

步入大学后，部分家庭经济状态欠佳的大学生，可能会有很大的经济压力和心理压力，来自农村的大学生在这方面的感觉尤甚。不少家庭经济欠佳的大学生常常精力分散、思想不集中，时常感到强烈的自卑，有的甚至产生抑郁烦恼，交往退缩。

此外，大学新生常常被高考成绩左右情绪，相互间存在着攀比心理，比学校名气，比专业紧俏与否。部分新生因不能考入理想的学校、学习理想的专业，便怨天尤人，认为自己怀才不遇，甚至会产生自暴自弃的想法。

（二）从依赖到自立带来的困惑

从中学生变成了大学生，从中学时代被家长、教师管束的状态下"解放"出来，这种环境的改变、角色的转换加上年龄特点，使新生逐渐形成独立的自我意识。他们认为自己已经长大了，可以摆脱对家庭和教师的依赖，应该按照自己的意愿去选择自己该做的事和该走的路。中国人民大学曾对新生作过调查，发现"希望在大学期间寻找并确定自己的路"的学生占76.2%；对于过去一向认为是准则的"必须听父母和教师的话"表示必须"重新考虑"的学生占85%;81%的学生认为"自己对行为的选择往往出于自己的真实想法"。由此可见,他们认为自己有能力主宰自己的命运,不愿受他人的管束和干涉。以上数据有力地说明了大学新生的独立意识在迅速发展。

但是,大学生长期生活在安逸的环境中,少年儿童时期形成的依赖性尚未完全消除。在长期的老师"包教包学"的"保姆式"的教学之中,他们的独立能力仍然没有得到很好的培养;新生没有独立的经济能力,经济来源仍依靠家庭、父母;他们见识尚浅、阅历不深,许多复杂的问题无力独立解决。因此,尽管新生此时的独立意识已经发展起来了,但是现实仍使他们处于强烈的心理矛盾之中。这时如果无法摆脱依赖与自立的困惑,便会产生各种心理问题。

(三)从觅新朋到念旧友带来的孤独

在进入大学之前,新生普遍都有一个愿望,就是在大学里可以多交朋友、多觅知音,并经常聚在一起,但事实却是大学觅新友难,觅知音更难。与中学时代相比,大学里的人际关系比较复杂,比如师生关系、同学关系、异性关系等。老师与学生联系没有以前那么密切;同学之间既相互合作,又相互竞争。此时,一些新生既抱怨别人不对自己敞开心扉,自己又不主动与他人接近,结果无法与别人沟通。此外,当他们开始交友时,又往往用以前的老朋友标准来衡量对方,这样就使他们更难接受新朋友,总觉得新朋友没有老朋友对自己那么好。再加上大学里的同学各有自己的志向、爱好、兴趣,在短时间内要找到一位志同道合的朋友是很难的。一些骄傲自满或性格孤僻的新生,与周围的同学更是格格不入,结果苦恼万分;成绩优异、能力较强的新生可能因遭人妒忌而感到孤立;还有的新生由于不善于与人交往而产生自卑感和心理闭锁。

大学新生的心理困惑是心理转型过程中的必然阶段,为尽快适应大学的生活和学习,必须建立起良好的心理适应体系:学习心理学知识,寻求心理帮助,迅速适应新环境;加强意志锻炼,培养乐观情绪,成功度过心理转型期;正确评价自我,养成平常心态;学会处理各种人际关系;等等。

二、大学新生自我意识的特点

进入青年期,人的自我意识会发生新的质变,心理活动指向内心世界,深度和广度都是前所未有的,开始从社会性方面意识到自己的存在,并从社会性方面认识和评价自己、体验和调控自己。在青年期,人的自我意识迅速发展并趋于成熟。大学生处于青年初期和中期,其自我意识在大学阶段得到了迅速的发展,独立意向、自我评价、自我体验和自我控制都得到了较大的发展,但也存在不足,因而其发展特点可以概括为如下几个方面。

(一)独立意向的矛盾性

1.独立意向强烈

独立意向是大学生在成长和发展过程中摆脱他人监督、支配和管教的一种自我意识倾向。大学新生生理发育已基本成熟,社会化程度也有了一定提高,因而在心理上产生强烈的成人感和独立感,希望摆脱对家长的依赖,向周围人展示自己的主张和能力,不喜欢别人过多干涉。大学新生有强烈的独立欲望,大学生活又为此创造了条件。大学新生希望自立自强,成为一个有独立见解、能决定自己命运的人。一般来说,他们能够独立思考问题、分析问题,有自己的主见,不屈服于周围的压力,不随波逐流。

2.逆反心理和依赖心理共存

大学生经济尚未独立,心理上没有完全成熟,社会地位还未确立,上述独立性还表现得不够理智,表现为一定独立意向的盲目性。有的学生为了显示自己与众不同,突出自我,故意做出与传统、师长和社会所不期望或与要求相悖的事,以示对现状的不满。大学生逆反心理的两个本质特征是一定独立意向的盲目性和突出自我。在现实中,大学生逆反心理主要表现在如下几个方面:对正面宣传做反向思考;对先进人物无端否定;对不良倾向产生认同感;对思想政治教育和校规校纪消极排斥。

对大学生的逆反心理要做具体分析,有些是积极的,反映了大学生自我意识的发展和独立性的增强,表现了大学生开始尝试以成人的角度审视社会,以自己的道德判断标准分析社会现象,表现出极强的社会责任感,存在着打破常规、勇于创新的可贵精神。有些则是消极的,应当加以克服和引导。大学生在走向独立的过程中会矫枉过正,表现出盲目的和非理智的反抗,过分强调个人意见、主张和做法,对家长、教师及他人的意见、主张和做法采取排斥的态度,存在盲目的逆反心理,从而给大学生的健康成长带来消极影响。有些大学生则表现为一种顽固性,通常表现为执拗性和"拒绝癖"。执拗的人自己怎样想就会怎样做,不顾客观实际而顽固坚持自己的看法,甚至在明白自己的谬误时,还继续坚持自己的观点;"拒绝癖"则是毫无根据地反对其他人的一切行为。这些都是不能冷静地分析问题的轻率行为。

有的大学生在某些方面表现得很有见解,而遇到大事时却摇摆不定,没有主意,最终只好听从父母或朋友的意见,是依赖性较强的表现。还有些大学生易受暗示影响,容易随波逐流,不加分析地接受别人的意见或受各种诱惑影响,放弃自己的意志,成为他人和环境的附庸。这样的人往往会越来越不自信、越来越依赖外界,从而阻碍自己的心理发展和才能发挥。易受暗示也是一些人没有根据地产生恐惧、疑虑的重要原因之一。缺乏主见、依赖性强、没有确立目标的大学生比较容易接受暗示,放弃自己正确的想法,或者又去实施自己已经否定的行为,表现出"人云亦云,人行亦行"的盲从行为。

（二）自我评价的矛盾性

1.自我评价需要增强

在大学阶段，大学新生对认识和评价自我充满了浓厚的兴趣和紧迫感，自我认识的内容更加丰富和深刻。进入大学以后，随着独立生活的开始，大学新生拓展了自由空间、交际面和活动空间，开始了"自我发现"的新时期，急于在新的环境里认识自己、评价自己，找到自己的位置。这种认识和评价不仅仅是仪表外貌，更多的是对自己的能力、性格、品德、人生价值等深层次问题的探讨，自我认识的内容十分全面和深刻。

2.自我评价易出偏差

由于心理活动的复杂性，一个人要认识自己并不容易，加之大学生认识能力还不够成熟，因而使得大学新生在认识、评价自我时还缺乏必要的客观性和正确性，对自我的理解和判断也流于表面，常常会"一叶障目，不见泰山"，出现自我否定、自卑或者自负、盲目自大。随着年级的升高，他们的自我评价会逐渐趋于客观和全面。

由于大学生的知识日益丰富，各种能力和才能持续增长，他们不仅认识到自己各方面趋于成熟，而且也明白自己是时代的骄子，同龄人中的佼佼者，国家、民族和社会未来的栋梁，因此大学生的优越感较强，有时显得过于自信，在强烈的自尊心和好胜心的驱使下，在辩证思维水平尚未得到充分发展的情况下，容易产生自我评价偏高的现象。一些大学新生适应能力较差，认知存在一定的偏差，在经历挫折之后，可能产生自我否定感和自卑感。

（三）自我体验的矛盾性

1.自我体验敏感、丰富、深刻

大学新生自我体验的强度较大，具有敏感性、丰富性、深刻性等特点。随着自我认识的发展，大学新生开始重视自己在集体中的地位与威信，对他人的言行与态度十分敏感，对涉及自己名誉、地位、前途、理想及异性交往等方面的问题，更易引起强烈的自我情绪体验。

2.内心闭锁与情绪波动

一些大学新生的独立欲望和自尊心比较强，内心世界不愿轻易向人袒露，十分注重自己的面子，会有意无意地掩盖自己的缺点和短处。闭锁心理在大学生中具有一定的普遍性。闭锁心理妨碍新的友谊关系的建立，会导致莫名的孤独感，久而久之，会加重心理负担，造成心理压力。闭锁心理的存在使得部分大学新生在遇到心理困扰时不主动寻求帮助，因而其心理问题得不到及时解决。大学生的自我体验还会随情绪的波动表现出波动性，如情绪好的时候自我肯定多些，充满了自信；一旦情绪低落，自我否定就多些，容易产生自卑、内疚等情绪。

（四）自我控制的矛盾性

1.自我控制愿望强烈

大学生自我控制的自觉性与独立性显著增强,自我控制的水平明显提高。大学生自我控制愿望十分强烈,力图摆脱社会传统的束缚,按照自己的意愿行事;他们也能够自觉地根据社会的要求来调节改变自己不切合实际的目标和动机,能够在较高水平上驾驭自我。

2.自我控制力仍然不足

大学生自我控制的水平还不是太高,不善于及时、迅速地调整自我追求的目标和行为,大学新生矛盾冲突、破坏公物等现象就是不善于控制自我的结果。调查显示,大学新生中自我控制和调节能力较差或不足的约占 26%。

解决自我意识问题的关键是培养良好的健康的自尊心。自尊心是大学生一个重要的内在驱动力,很多正确的或者不正确的行为都是由于满足自尊心的需要造成的。培养健康的自尊心就要培养良好的情感,拥有健康的身体,敢于理智地冒险,有效地应付转折点。

拓展阅读　自我妨碍者

"我忙死了""老师问的问题太刁钻了""这不是我的错"……这些话听起来很耳熟吧! 是不是你也曾经说过? 这再正常不过了,因为人们都会为自己的失败、担心、错误找借口。那么,为什么人们需要找那么多借口呢? 答案也很简单——自我保护。为了避免失败带来的负面想法、情绪(比如内疚)和降低自尊与自信,人们需要为这些编造合理的借口,这样的人被称作自我妨碍者。短期来说,找借口可以让自己感觉更好,甚至可以促进一个人将来的表现更好。可是,如果找借口明显失败或太过频繁,就会对自我控制、行为表现和自信产生负面影响。而且,频繁找借口会让其他人觉得你不可靠,不够诚实而且以自我为中心。

三、大学新生的情绪特点

大学生正处于生理与心理走向成熟的时期,他们在诸多矛盾冲突中成长,情绪具有两极性和矛盾性的特征。这一特征是大学新生情绪的基本特征,贯穿于诸多特征之中,决定了大学新生情绪的基本面貌。

造成大学新生情绪两极性的原因主要有三个方面:一是大学新生对事物的认知还不稳定,对事物还缺乏完整的把握,因而在思维方式上往往轻易地加以绝对的肯定或否定,易走极端。当他们用这种不成熟的认识去看待外界事物时,就容易发生矛盾,从而导致情绪的摇摆不定。二是大学新生的自我意识正在觉醒和发展,他们把探索的目光指向自我内部,但现实自我与理想自我的不一致常常会引起情绪的波动。三是由于大学新生的内在需要日益增长且不断变化,与现实满足需要的可能性之间是非线性关系,这使他们易处于矛盾状态而表现出情绪的忽好忽坏、激烈多变。

(一)情绪体验丰富多彩

大学新生情绪表现出一种过渡性特征,既有儿童少年时期残留下来的天真幼稚,又有成年期的深思熟虑,而两性情感的介入更使他们的情绪波动明显。一般认为,大学生随着年龄增长、年级升高,社会性情感也会更丰富,会更多地表现出关心他人和社会、积极思索人生的情感倾向。另一方面,不同的个体在情感发展、情绪表现上会呈现出一定的差异,男女生的情绪各有自己的特点。这就使大学生的情绪体验表现出丰富多彩的特征。

(二)情绪波动较大

随着认知水平的提高、知识经验的积累,大学生对自己的情绪已有了一定的控制能力,情绪趋于稳定。但同成年人相比,大学生情绪仍带有明显的波动性,时而激动时而平静,时而积极时而消极。学习成绩的优劣、同学关系好坏、恋爱的成败等,都会引起大学生情绪的波动。

(三)情绪容易失控

大学生在外界刺激下很容易冲动,表现出强烈的情绪体验。这一方面说明大学生富有激情,另一方面也表明大学生的情绪易失去控制。一些大学生矛盾冲突事件大多因小事引起,这是由于大学新生的头脑还不够冷静,不能客观地分析问题,还不能很好地约束自我,容易感情用事。

(四)情绪表现隐蔽化

大学生对外界刺激反应迅速敏感,喜怒哀乐常形之于色,具有外显性特点。然而,大学生情绪的外在表现和内心体验并不总是一致的,在某些场合和特定问题上,有些大学新生常常文饰、隐藏或表现出含蓄的特点。比如在对异性的态度上,明明乐意接近,却表现出无所谓的态度。这是有意识控制和无意识防御的结果,与表里不一的虚伪是两回事。

要建立良好的情绪状态,要从以下方面入手。

第一,自信。培养自己健康的自我形象;不要让别人的决定来左右自己的生活目标;认识和调整不现实的生活目标。

第二,适度焦虑。适度的焦虑可以提高活动效率,是维持学习效率的有利因素,也是健康生活的必要条件。但这种焦虑一定要适度,过度的焦虑会造成心理异常。

第三,热情乐观。要认识到快乐不在未来而在现在,养成乐观的习惯,在挫折中练习乐观。

第四,通过理智分析、宣泄、放松、音乐调节等心理调适方法进行自我调整。

四、大学新生的意志特点

大学生是一个较为独特的社会群体,正处于青春期,生理和心理也在逐步走向成熟,同时具有一定的社会地位和知识素养。因此大学生的意志呈现出独有的特点,主要意志品质特征在多数大学生身上已基本形成,并逐步趋于成熟,但其发展呈现出差异性和不平衡性。

(一)自觉性增强但惰性不同程度地存在

一般来说,大学生能确立人生目标,对动机、目的及后果的认识都较儿童、少年更自觉。在完成意志行动的过程中,能够比较镇定地处理预想不到的新问题,能督促自己的行动;能自觉提高和发展自己,自觉约束自己的行为,对于自己感兴趣的事情做出决定后能坚持不懈地努力完成,即使遇到了困难也能及时克服。

但惰性也在相当一部分大学生身上存在,离开父母和中学老师的督促,放松了对自己的要求,学习上消极应付。惰性是许多大学生常感到苦恼但难以改正的心理现象,是大学生最常见的一种意志缺陷。惰性是意志活动无力的表现,主要表现为懒散、拖拉、退缩、逃避等行为。处于惰性状态的大学生如同身陷泥潭一样,若不及时解脱出来,会不由自主地越陷越深,越来越失去活力,封闭退缩。他们亦常为此感到内疚、自责、后悔,但又觉得无力自拔,心有余而力不足,这主要是他们往往想得多而做得少,缺乏毅力所致。

(二)果断性增强但带有冲动性

大学生的果断性品质有较大发展,很多大学生在面对问题时表现得自信、果断,善于审时度势,能对问题进行全面分析,分清主次和轻重缓急,做出正确的人生抉择。丰富多彩的大学生活使他们不断地产生心理冲突,在这种情况下,多数大学生能从实际出发做出正确的选择。

但是有些大学新生往往比较紧张,行为比较犹豫,表现为心情焦躁、坐立不安、丢三落四,甚至发无名火。有些大学新生因为迟迟不能决断而延误了时机;也有些同学未经冷静分析就轻易决定,似乎显得很"果断",而这种"果断"过于轻率、冲动,同样会造成比较严重的后果。

(三)自制力增强但仍显薄弱

随着知识和经验的增长,大学生已经能较理智地思考和行动。因为他们对自己行为的意义认识得更加清晰、深刻，能够对自己所采取的行动进行全面综合的分析，能不受环境诱因所左右而做出合理的决策，制订出行动计划。在执行阶段，能排除干扰，表现出一定的稳重性，把决定贯彻执行到底，自制力比中学时期有了较大的发展。另外，对于自己情绪状态的调节大学生也能表现出较好的自制力。比如在必要时能抑制暴怒、愤慨、失望等不良情绪，避免发生不必要的事端。

但也有不少大学新生常为自己的自制力差而深感烦恼。他们感到自己容易受到内在情绪和外界环境的干扰，自己想做的事做不到，订下的计划难以实现。或者是遇到挫折就败下阵来，垂头丧气；或者是条件稍有变化，就见异思迁，无法专心致志，同样无法实现目标。

自制力差的表现之一是缺乏恒心。有的大学新生经常下这种决心：每天早起跑步、背单词。可坚持了几天以后，就放弃了。这样的事在大学新生中比比皆是，经常虎头蛇尾或雷声大、雨点小，引起不少大学生自责、自卑。

自制力差的表现之二是鲁莽、草率行事，容易感情用事。这种人在矛盾情景下往往害怕思索、盲目武断。尽管决断迅速，却缺乏充分根据，有时甚至凭一时冲动而作出比较重要的决策，冷静之后又感不妥而后悔不已。这种冲动性的决断常使失败多于成功，并易导致自信不足、自怨自艾。

自制力差的表现之三是自私任性。这种人急于享乐，不理解成功是一个过程，无法忍受焦虑和不安。从心理防御机制上看，其冲动行为是一种对焦虑不安的防卫反应。自私任性发展到极端，就会只顾自己，不考虑他人，常冲动地采取行动，容易和社会发生冲突，甚至危害他人和社会。他们常常责怪甚至敌视他人，把过失归咎于他人，从不承认自己有错。

（四）勇气增加但又仍胆怯软弱

随着知识和阅历的增加以及活动范围的扩大，大学生掌握了许多生活技能和生活问题的解决方法，获得了不少成功的体验，自信心和自尊心都得到了很大的提高。他们乐于接受机遇和挑战，相信自己有能力克服困难，有信心取得成功，即使遇到挫折和失败也不气馁。

但是，有些大学新生在遇到机遇和挑战时表现得胆怯软弱。胆怯软弱是与勇敢顽强相反的一种不良意志品质，表现为缺乏勇气和信心，害怕困难和挫折，在挫折、困难面前常常不战自败。有些大学生由于过去的经历一帆风顺，因而特别害怕失败。只能成功，不许失败，是一些大学新生心理脆弱的典型表现。

有的大学新生由于胆怯，不敢与人讲话，不敢出头露面，不敢表明自己的态度，甚至不敢问路；有些大学新生由于软弱，不敢承担风险，不敢担当重任，不敢与坏人坏事抗争，不敢捍卫自己的正当利益，不敢坚持自己的观点和看法。尽管他们一再回避矛盾、躲避失败，然而他们依然常常体验到强烈的挫折感。

综上所述,大学生的诸种意志品质既有坚强的方面,也有软弱的方面。就某一种品质而言,多数大学新生既不是绝对的好,也不是绝对的坏,而且常常会处在意志的冲突、选择中,冲突的结果是哪种品质特征占优势,意志就朝着哪个方向发展。因此,加强意志的培养与训练是非常必要的。

大学生的意志培养可以从以下几个方面入手。

第一,自觉性的培养。包括确立理想和目标;确定适当的目的和任务;加深对意志行动后果的理解;下定决心,持之以恒;合理预期困难与结果等内容。

第二,自制力和坚持性的培养。包括体育锻炼;细分目标,逐步实现;从小事做起;自我激励与积极的自我暗示等内容。

第三,果断性的培养。包括剖析真正的动机冲突;克服恐惧;快速决断,决不怀疑;勇于承担责任,不求全责备等内容。

? 思考与训练

【分析与讨论】

1.目标设定

(1)你还没有设定白纸黑字的目标,没有达到目标的行动计划,以下原因是否是你内心的写照:①不了解目标的重要性;②不知道如何设定目标;③对失败的恐惧。

在这三个原因中,哪一个是你无法设定目标的最主要原因?

_____

你打算如何处理这些原因?

_____

(2)当你设定目标时平衡的概念非常重要,在以下每一个领域(学习方面、人际关系、锻炼能力、身体健康)中你至少应有三个目标:

当你写下目标时,请记住:①目标必须是你能做、能拥有、能成为的事情;②目标必须是你极其渴望获得的事情;③目标必须是在你能控制之下的事情;④目标必须是很明确的事情;⑤目标必须是以积极的语气,肯定地表达出来。

请你写出每个领域中的三个目标。

学习方面:

1._____ 2._____ 3._____

人际关系:

1._____ 2._____ 3._____

锻炼能力:

1._____ 2._____ 3._____

身体健康：

1.＿＿＿＿＿＿＿＿　　2.＿＿＿＿＿＿＿＿　　3.＿＿＿＿＿＿＿＿

(3)接下来问自己：

这些目标是否使我向人生理想迈进一步？如果你发现这些目标中有哪些与你的人生目标、理想不相符，你有两种选择：①把它去掉、忘掉；②重新评估你的人生目标，考虑改写。两者必须选其一。记住，如果没有制定与人生理想相匹配的目标，你就不可能实现自己的理想，也不可能成功。

你已经记住了为实现理想近期必须达到的三个目标了吗？请写下来：

1.＿＿＿＿＿＿＿＿　　2.＿＿＿＿＿＿＿＿　　3.＿＿＿＿＿＿＿＿

(4)现在，在这三个目标中找出一个目标，这个目标在你看来是你能否成功度过大学生活的关键，请将它写下来。

＿＿＿＿＿＿＿＿＿＿＿＿＿＿＿＿＿＿＿＿＿＿＿＿＿＿＿＿＿＿＿＿

2.课堂讨论

想象一下10年后、20年后、30年后的自己。

＿＿＿＿＿＿＿＿＿＿＿＿＿＿＿＿＿＿＿＿＿＿＿＿＿＿＿＿＿＿＿＿

讨论步骤与要求：

(1)每个人先在白纸上把自己详细的观点和看法逐条写出来。

(2)分组讨论：6～8人组成一个小组，小组成员之间先讨论，然后形成一致认可的文字材料。

(3)课堂讨论：每组选派一名同学，代表小组同学参加课堂讨论发言。

【心理测试】

自我和谐量表

测试说明：下面是一些个人对自己看法的陈述，填答时，请你看清每句话的意思，然后写出相应的字母以代表该句话与你现在对自己的看法相符合的程度，每个人对自己的看法都有其独特性，因此答案是没有对错的，你只要如实回答就行了。

A=完全不符合；B=比较不符合；C=不确定；D=比较符合；E=完全符合

1.我周围的人往往觉得我对自己的看法有些矛盾。

2.有时我会对自己在某方面的表现不满意。

3.每当遇到困难时，我总是首先分析造成困难的原因。

4.我很难恰当地表达我对别人的情感反应。

5.我对很多事情都有自己的观点，但我并不要求别人与我一样。

6.我一旦形成对事情的看法，就不会再改变。

7.我经常对自己的行为不满意。

8.尽管有时得做一些不愿做的事,但我基本上是按自己的意愿办事的。

9.一件事好就是好,不好就是不好,没有什么可以含糊的。

10.如果我在某件事上不顺利,我往往就会怀疑自己的能力。

11.我至少有几个知心的朋友。

12.我觉得我所做的很多事情都是不该做的。

13.不论别人怎么说,我的观点决不改变。

14.别人常常会误解我对他们的好意。

15.很多情况下我不得不对自己的能力表示怀疑。

16.我朋友中有些是与我截然不同的人,但这并不影响我们的关系。

17.与别人交往过多容易暴露自己的隐私。

18.我很了解自己对周围人的情感。

19.我觉得自己目前的处境与我的要求相距太远。

20.我很少去想自己所做的事是否应该。

21.我所遇到的很多问题都无法自己解决。

22.我很清楚自己是什么样的人。

23.我能很自如地表达我想表达的意思。

24.如果有了足够的证据,我也可以改变自己的观点。

25.我很少考虑自己是一个什么样的人。

26.把心里话告诉别人不仅得不到帮助,还可能招致麻烦。

27.在遇到问题时,我总觉得别人都离我很远。

28.我觉得很难发挥出自己应有的水平。

29.我很担心自己的所作所为会引起别人的误解。

30.如果我发现自己在某些方面表现不佳,总希望尽快弥补。

31.每个人都在忙自己的事情,很难与他们沟通。

32.我认为能力再强的人也可能会遇上难题。

33.我经常感到自己是孤立无援的。

34.一旦遇到麻烦,无论怎样做都无济于事。

35.我总能清楚地了解自己的感受。

评分标准

1.题目:1,4,6,7,9,10,12,13,14,15,17,19,20,21,23,26,25,27,28,29,31,33,34。

A计1分;B计2分;C计3分;D计4分;E计5分。

2.题目:2,3,5,8,11,16,18,22,24,30,32,35。

A计5分;B计4分;C计3分;D计2分;E计1分。

自我与经验的不和谐			自我的灵活性			自我的刻板性		
题号	选项	得分	题号	选项	得分	题号	选项	得分
1			2			6		
4			3			9		
7			5			13		
10			8			20		
12			11			25		
14			16			26		
15			18			34		
17			22					
19			24					
21			30					
23			32					
27			35					
28								
29								
31								
33								
合计			合计			合计		

结果解释

各题分数相加,统计总分。总分越高,自我和谐程度越低。(其中低于74分为低分组,75~102分为中间组,103分以上为高分组。)

【心理训练】

训练一:自画像

训练目的:

帮助学生更好地认识自己,促进自我觉察。

训练内容:

1.为自己画一幅画,可以以任何形式代表自己,抽象的、形象的,象征的、写实的,动物的、植物的,等等,都可以,并在图画下面写一句话来描绘自己。

2.分享,为什么用这幅图和这句话来代表自己?试着回想绘画过程中自己的心情和感受如何,是否对自己有新的体会、新的发现?是否满意自己对自己的描绘呢?是不是发现了不一样的自己呢?

训练二：盘点自身资源

训练目的：

帮助学生觉察自身优点，增强自信。

训练内容：

1.写出自身优点(至少20条)。

2.写完后思考：

你写了多少个优点？有写不出来的时候吗？为什么会写不出来？当你看到自己写下的这些优点时，你有什么感觉？请你每天坚持写5个优点，一个月后总结自己内心的体验。你将会惊异于自己的改变！

第二章　学会学习

学习是一个人成功成才的必要条件,可以说,人的一切能力与知识都是通过学习得来的。对于大学生来说,最重要的不仅仅是学会各种专业知识,还应该学会学习,学会学习的人才能够在以后的工作和生活中继续发展,才能够成为一个成功的人、一个对社会有所贡献的人。因此,了解学习心理学理论,对于提高学习效率有重要的实践意义。

第一节　大学生学习概述

一、学习的定义

学习是一个众所周知的概念,但给其下一个准确的定义并不容易。

广义上,学习是个体因经验而引起的行为、能力和心理倾向相对持久变化的过程。我们可以从以下三个方面来理解其内涵:

第一,学习者身上必须产生某种变化,这种变化是相对持久的,并且不是由生理成熟、疲劳、药物等因素引起的,才可以认为发生了学习。

第二,虽然学习者的经验或心理结构的变化是内在的,难以直接观察,但学习可以通过行为的变化表现出来,这是因为心理是行为的内部调节机制,其发展变化可以通过行为反映出来。

第三,学习者的这种变化是在与环境的相互作用中发生的,是与环境保持动态平衡,根据学习者的行为变化来加以推断的结果。因此,学习实质上是一种适应活动。

狭义上,学习是指学生在教育情境中,经过教师的指导和帮助,获得知识信息、训练和提高心智及操作技能、发展能力,形成一定的行为方式的过程。学生的学习不同于一般人的学习,主要表现在以下几个方面:

第一,学生的学习主要以接受间接的知识经验为主,是间接经验的学习。

第二,学生的学习是在教师的指导下,有计划、有目的和有组织地进行的。

第三,学生的学习具有一定的被动性。

第四,学生的学习不仅会引起行为上的改变,而且会导致价值观、态度、情感,乃至个性心理等多方面的变化。

二、学习的分类

人类学习的内容广泛,过程复杂,方式和方法多样。由于研究者们的理论观点存在差异,因而,他们对学习类型的划分各不相同。本书主要介绍三种具有代表性的学习分类方式。

(一)冯忠良的学习分类

我国学者冯忠良依据教育系统中所传递知识经验的不同,将学习分为知识的学习、技能的学习与社会规范的学习。

1.知识的学习

知识的学习,即知识的掌握,是通过一系列的心智活动来接受和占有知识,在头脑中构建相应的知识结构。知识的学习是通过领会、巩固与应用三个环节完成的,每一环节有着特殊的心智动作。知识的学习要解决的是认识问题,即知与不知、知之深浅的问题。

2.技能的学习

技能的学习,即通过训练或练习,建立合乎法则的活动方式的过程,包括心智技能的学习和操作技能的学习两种。技能的学习比知识的学习更复杂,不仅包括对活动目的和结构的认识,还包括活动或动作的实际执行,即不仅要知道做什么、怎么做,还要能够实际做出动作反应。技能的学习要解决的是会不会做的问题。

3.社会规范的学习

社会规范的学习,即把外在于主体的行为方式转化为主体内在行为需要的内化过程,也称行为规范的学习。社会规范的学习既包括对行为规则的认识,又包括执行规则及情感体验,因此,它比知识、技能的学习更复杂。

(二)加涅的学习分类

根据个体进化的水平和学习过程的繁简难易程度,美国教育心理学家罗伯特·米尔斯·加涅(Robert Mills Gagne)将学习分为八种类型:一是信号学习。这是最低级层次的学习。"无论在普通家畜方面或在人类方面,对于信号学习普遍都是熟悉的。"二是刺激-反应学习。涉及一个刺激与一个反应之间的单个联络,而且刺激与反应是统一地联结在一起的。三是连锁学习。这是一种成系列的单个"S-R"结合的学习。有些连锁学习是由肌肉反应组成的,而有些连锁学习完全是言语的。四是言语联结学习。是指语言学习中言语的连锁化,包括字词形声义的联想和言语顺序的学习。五是辨别学习。是指学习者对某一特别集合中的不同的成分做出不同反应的学习。六是概念学习。是指对事物的共同特征进行反应的学习,其中有些概念可以通过学习者与环境的直接接触来获得,但有些概念则要运用语言对事物进行分类、归纳和概括才能获得。七是原理(规则)学习。是指对概念间关系的认识或理解。例如,从对"圆的东西"和"滚动"两个概念间关系的认识中得出"圆的东西会滚动"的规则。八是解决问题学习。是规则学习的一个自然的扩大,是一种"高级规则"的学习。

这八类学习是分层排列的,由简单到复杂、由低级到高级。每类学习都以前一种水平的低级学习为前提,较高级的复杂学习是建立在较低级的简单学习的基础之上的。加涅主张学习应该由易到难、由简到繁地进行。

(三)奥苏伯尔的学习分类

1.根据学生获得知识的方式分类

根据学生获得知识的方式,美国认知教育心理学家戴维·保罗·奥苏贝尔(Ausubel)将学习分为发现学习和接受学习。发现学习是指学生通过阅读教材和参考书、通过调查或实验独立获得知识的过程。接受学习是指通过聆听教师的讲授和凭借自身的理解,将新知识同化到认知结构中的过程。

2.根据学生获取经验的性质分类

根据学生获取经验的性质,奥苏贝尔将学习划分为意义学习和机械学习。意义学习是指学生利用认知结构中已有的知识经验与新知识建立起一种实质性的联系。机械学习是指学生在学习无意义的材料或自己不理解的新知识时所建立的逐字逐句的联系过程。大学生应在深入了解所学专业性质与内容的基础上,分辨学习所属的类型,从而采用更科学、合理的方式进行学习。例如,如果学习的大部分内容是知识,那么采用的方式多是有意义的接受学习,应该多关注基本概念、规则和问题解决方式的掌握,也应重视教师的课堂教学;如果学习的主要内容是操作性技能,大学生应在掌握相关基本知识的基础上,加强操作与练习。

大学生应该学习什么?下面是两位大学生的不同观点。大学生A:知识学习是大学生的本职工作,所以我要好好上课,认真听讲,将来还要考研究生,任何影响知识学习的活动我都不参加。大学生B:大学生早晚要就业,没有多少大学生最终能找到专业对口的工作,与其在教室里死学知识,不如多去参加一些与就业有关的实践活动。

大学生A更注重的是知识的学习,比较喜欢接受学习;大学生B关注社会规范和技能性知识的学习,更喜欢发现学习。虽然专业不同、强调的重点不同,但大学生应该把握各种学习机会,加强知识的学习和其他能力的培养。

三、学习的理论

行为主义、认知主义和人本主义等理论流派都从各自的角度对学习进行了理论阐述和建构,下面分别为大家介绍一下各学派的主要理论观点。

(一)行为主义的理论观点

行为主义学习理论强调外界环境对个体学习的作用,认为学习是个体对外界刺激的反应,即刺激-反应(S-R)是基本的模式。代表性的学说有巴甫洛夫的经典条件反射学说、桑代克的联结主义、斯金纳的操作条件反射学说和班杜拉的社会学习理论等。

1.巴甫洛夫经典条件反射

俄国生理学家巴甫洛夫(Pavlov)认为学习就是暂时神经联系的形成,并认为人们的许多行为习惯、知识、经验等就是形成的暂时联系系统。同时,巴甫洛夫还提出由具体刺激物所形成的条件反射称为第一信号系统,这种系统人和动物都有。但是人还有言语,由言语或词所形成的条件反射,被称为第二信号系统。巴甫洛夫的第二信号系统的观点,对于区分人和动物的学习有重要意义。由于巴甫洛夫提出的条件反射学说是对学习生理机制的最古老的解释,所以称为经典条件反射。

> 📚 拓展阅读 / 巴甫洛夫的狗

巴甫洛夫发现并开辟了一条通往认知学的道路,让研究人员研究动物如何学习时有一个最基本的认识,所有这些都要归功于流口水的狗。巴甫洛夫用狗做了这样一个实验:每次给狗送食物之前打开红灯,响起铃声。这样经过一段时间以后,即使没有食物,只要铃声一响或红灯一亮,狗还是会开始分泌唾液。这个实验表明:原来并不能引起某种本能反射的中性刺激物(铃声、红灯),由于它总是伴随某个能引起该本能反射的刺激物出现,如此多次重复之后,这个中性刺激物也能引起该本能反射,后人称这种反射为经典性条件反射。

2.桑代克的联结主义

美国著名教育心理学家桑代克(Thorndike)依据大量动物学习的实验,发现学习是情境和反应之间的联结。他的学习观点为刺激反应之间形成联结,所以称为联结主义。其著名的实验是猫打开迷箱的实验。桑代克认为,人和动物一样,学习就是通过尝试与错误逐渐建立起情境和反应之间的联结,学习是渐进的、尝试错误的过程。

桑代克提出了促进联结形成的三条原则,也就是著名的桑代克的学习律。这三条学习律分别是准备律、练习律和效果律。

3.斯金纳的操作性条件反射

美国心理学家斯金纳(Skinner)认为,反射可以在缺乏无条件刺激的情况下产生,它在行为反应后紧跟着强化刺激(奖励),这种反应就有重复出现的可能性。通过操作愉快或不愉快的后果来改变行为的过程,称为操作性条件反射。操作性条件反射具有工具性的作用,能够对环境产生一定的影响,所以又称为工具性条件反射。斯金纳认为操作性条件反射是基本的学习行为,为了论证这个观点,他发明了一种学习仪器,人们称之为"斯金纳箱"。斯金纳箱对于推进条件反射的研究具有重要的意义。

斯金纳在操作性条件反射的基础上创造了一种获取知识的特殊教学方法,提倡机器教学和程序教学。他提出的程序教学的基本思想是:小步呈现,积极反应,及时反馈,自定步调,提高效果。

4.班杜拉的社会学习理论

美国行为主义心理学家班杜拉(Bandura)提出了观察学习的模仿理论,即社会学习理论。班杜拉认为,儿童通过观察他们生活中他人的行为而学习社会行为,即模仿他们生活中人们的行为进行学习。班杜拉把观察学习分为注意、保持、复制和动机四个过程,他还提出了自我调节学习的概念。由于班杜拉的社会学习理论在行为主义框架中纳入了多种认知过程,因而该理论又称为社会认知理论。

(二)认知主义的理论观点

认知学习理论强调个体学习的内部心理过程,注重内部心理结构、认知结构对学习的影响。代表性的观点有格式塔顿悟说、布鲁纳的发现学习理论、奥苏贝尔的接受学习理论和建构主义学习理论。

1.格式塔顿悟说

德国心理学家韦特海默(Wertheimer)创立了格式塔顿悟说,格式塔派强调整体和知觉经验的组织作用,认为学习是知觉的重新组织,知觉经验变化的过程不是尝试错误的渐进过程,而是顿悟。顿悟是个体借助问题情境中各种事物之间的关系,改变他们之间的关系,达到解决问题的目的。

2.布鲁纳的发现学习理论

美国著名教育家和心理学家布鲁纳(Bruner)提出认知结构的学习理论,他认为学习的实质是学生主动地通过感知、领会和推理,促进类目及其编码系统的形成。他强调学习是掌握知识结构,也就是学习事物之间是怎样相互关联的。布鲁纳提倡发现学习,主张教师在教学中要创造条件,让学生通过参与探究活动发现基本原理或规则。让学生先动手,然后使用想象,最后用符号来表示,进行学习的意义建构。

3.奥苏贝尔的接受学习理论

美国认知教育心理学家奥苏贝尔(Ausubel)认为,学生在课堂教学中的学习应以有意义的接受学习为主,他认为学习就是新知识与学习者认知结构建立联系的过程。新知识与已有知识之间可以构成三种关系:上位关系、下位关系和并列结合关系。他还提出已有的知识对新知识的获得和保持的影响因素有三个方面:一是原有知识对新知识的可利用性;二是新旧知识之间的可辨别性;三是原有知识的稳定性。奥苏贝尔提出了"先行组织者"的教学策略。"先行组织者"简称"组织者",是指在呈现新学习材料之前的一种引导性材料,这种材料的作用是在学生"已经知道的"和"需要知道的"知识之间架设起桥梁,帮助学生更好地掌握新知识。

4.建构主义学习理论

建构主义学习理论把学习看成学习者通过新旧经验间相互作用建构自己的经验体系的过程。这一理论强调学习的主动性,即学习是学习者主动建构的过程;强调学习的情境性,即学习环境中的情境必须有利于学生对所学内容的意义建构;强调学习的社会性,即学习者以自己的方式建构对于事物的理解,不同的人看到的是事物的不同方面,不存在唯一的、标准的理解。建构主义从上述学习观出发,提出了一些教学方法,如随机通达教学、自上而下的教学设计、情境性教学和支架式教学等。

四、大学生学习的心理特点

大学阶段是人才成长由"求学期"进入"创造期"的过渡阶段,与中学学习相比,具有专业性、探索性、职业定向性、社会服务性等更高的要求。因此,大学生入学后,会出现特有的学习心理特点。这些特点主要包括以下几个方面。

(一)学习过程的自主性

自主学习是一种独立学习,独立性是自主学习的核心品质。如果说主动性表现为我要学,那么独立性则表现为我能学。独立自主性在不同年龄层次、不同求学阶段的学生身上,存在明显的阶段性差异。也就是说,在学校教学过程的不同阶段,老师主导的"阈"与学生自主的"阈"是不同的,因而学生独立自主的程度与范围是不同的。一般而言,从小学到高等教育阶段,教师主导的"阈"趋于下降,学生自主的"阈"则趋于上升。具体来说,大学生在学习活动中逐渐能够自主的"阈",主要表现在学习时间的自由支配和学习内容的自主选择上。大学的学习虽然也强调教师的课堂教学,但教师授课之后的理解、消化、巩固等各个环节主要靠学生独立完成。除了上课之外,大学生很多的时间是可以自由支配的。这就在客观上对大学生独立自主的学习能力提出了较高的要求,不能科学合理地安排好学习时间、制定相应的学习进程,就会出现学习适应不良现象。学生独立自主的学习能力还体现在学习内容的自主选择上。

大学教育的课程设置上,很多高校设置了课程选修制,一方面给予大学生充分的自主权,另一方面也是对个人学习能力的检测。

无论是学习时间的自由安排,还是学习内容的自主选择,都需要大学生在学习过程中充分发挥主动性、积极性,独立自主地进行学习,这是大学教育对大学生提出的一个要求,也是大学学习活动的一大特点。

(二)学习内容的专业性

高等教育指的是普通教育基础上的专业教育。进入大学之后,专业性成为大学生学习的重要特征,大学的学习内容都是围绕着专业的方向和需要来展开的。所谓专业性,就是指其教学过程是以传授与学习某种专业的理论知识和基本技能为主要任务,教学组织形式、方法与手段的选择和运用等,都紧紧围绕着具体专业要求而进行。也就是说,大学的教学实际上是围绕为学生未来成为某个领域的专门人才设计一个知识结构和能力结构而开展的。

基于大学教育培养高级专门人才的目标,大学生从一入学就有一个专业方向问题。大学生学习的专业性是引起其学习适应不良的一个重要原因。一方面,随着专业学习内容的逐渐深化,知识积累不断向高深层次发展,在整个专业学习过程中,教师指导工作性强于指令性,各种教学环节给大学生提出的任务要求更高、更复杂,不少大学生缺乏相应的思想准备,在专业学习方面表现出很多的不适应。另一方面,还有为数不少的大学生在入学后发现自己所学专业不称心如意,有的甚至感到厌倦和反感,专业的不理想直接影响了大学生的学习热情,进而影响学习状态。

此外,由于大学生的职业定向性较强,因而在学习中,实践知识的掌握和动手能力的培养具有特别重要的意义。各级各类高等院校教学计划中都安排了实验、实习、社会调查、野外考察等环节,就是为了达到这一目的。

(三)学习途径的多样性

苏联学者阿勃布拉扎科夫和纳兹罗夫曾对大学生的学习活动进行过研究,提出"学习活动=课堂活动+非课堂活动而又必需的活动+非课堂活动"。随着社会的发展,大学生获取知识的途径也变得日趋多样,坐在教室里接受教师的教学仅是学习途径中的一种。大学学习途径多样性给一部分大学生的学习生活带来困惑,有的大学生能够广泛使用多种途径进行学习,而有的大学生却不能学会自主地学习,这也是造成大学生学习适应不良的一个方面。

(四)学习方式的自主性

在中学阶段,学生学习主要是在教师直接组织和指导下进行的。进入大学后,自学在学生学习中日益占有重要地位,在大学高年级,自学甚至成为学生学习的主要方式,这主要表现在以下几个方面:第一,大学生的课程不是太多,自学时间较多,学生有可能把精力投入到自己认为必要的或感兴趣的方面;第二,即使是在课堂教学中,教师也不可能讲授教材的所有知识,而是布置各种参考书供学生课后自学;第三,大学生撰写毕业论文、完成毕业设计以及参加科研工作,都是在老师指导下独立完成的。所有这些都要求大学生注意培养自学能力,学会自己确定学习目标、自己安排时间,学会迅速地查找和阅读各种专业资料,学会做笔记、写摘要、作综述,学会独立自主地获取知识。

五、影响大学生学习的因素

(一)兴趣与学习

学习兴趣历来被教育工作者所重视。有人说"兴趣是最好的老师",这充分说明了兴趣与学习的关系。浓厚的兴趣能推动个体进行探索性的学习,对某一学科有着强烈而稳定兴趣的大学生,会将比学科作为自己的主攻方向,在学习中主动克服困难、排除干扰。

1. 大学生学习兴趣的发展规律

兴趣一般要经过有趣、乐趣、志趣三个阶段。有趣是兴趣发展的低级水平,它往往是被某些外在的新异现象所吸引而产生的直接兴趣。其特点是随生随来,为时短暂。乐趣是兴趣发展的中级水平,它是在有趣的基础上逐步定向而形成的。其特点是基本定向,持续时间较长。志趣则是兴趣发展的高级水平,它与崇高的理想和远大的奋斗目标相结合。兴趣只有上升到了志趣阶段,才会使学生全身心地投入到学习活动中去。

经历中学阶段的学习,大学生进入了专业学习阶段。面临着学习兴趣再确认的问题,大学生对学习的理解已脱离了有趣,向着乐趣与志趣发展,从对专业的不了解到了解,再拓展到喜爱专业,需要培养专业兴趣。

2. 中心兴趣与广阔兴趣相互足进

兴趣可分为中心兴趣和广阔兴趣。中心兴趣是对某一方面的事物或活动有着极浓厚而又稳定的兴趣,广阔兴趣是对多方面的事物或活动具有的兴趣。信息时代要求大学生具有广阔的兴趣,知识广博,并在此基础上,对某一专业进行深入钻研,培养起中心兴趣。现代社会需要的"T"型人才,就是指在广博基础之上的专业型人才。

3. 好奇心、求知欲、兴趣密切联系

好奇心是人们对新奇事物积极探求的一种心理倾向。好奇心可以说是一种本能,在儿童期最为强烈,主要表现在好问、好动的求知欲。求知欲是人们积极探求新知识的一种欲望,它带有一定的情感色彩。青少年时期是求知欲望最旺盛的时期。某一方面的求知欲如果反复表现出来,就形成了一个人对某一事物或活动的兴趣。

横向地看,好奇心、求知欲、兴趣是互相促进、彼此强化的;纵向地看,三者又是沿着"好奇心—求知欲—兴趣"的方向发展的。在学习活动中,好奇心不仅可以成为学生学习的动力,还可能会引发具有重大意义的发明或发现;求知欲不仅是学生走上科学之路的诱因,而且是促使学生进行创造性活动的主要动机。因此,大学生一方面要促使好奇心尽快地向求知欲发展,最终培养良好的学习兴趣;另一方面要珍惜好奇心,增强求知欲,提高兴趣水平,使这三种心理因素都得到培养和发展。

4.兴趣与努力不可分割

兴趣与努力是相辅相成的,努力是通往成功的必经之路,兴趣使这条路走得更顺利。

兴趣与努力是大学生成才的两个重要因素。大学生可能对自己所学的专业不感兴趣,但经过刻苦学习,一旦其在专业学习上取得了一定的成绩,也会产生对该专业的兴趣。有了学习兴趣,可以促使其刻苦钻研,向更高目标迈进。因此,大学生的学习活动既离不开学习兴趣,又离不开勤奋努力,兴趣与努力不断促进,才能获得预期的学业成就。

拓展阅读 **兴趣的力量**

1964年,伊科诺姆出生在希腊风光旖旎的克里特岛。小小年纪的他,总喜欢在离家不远的海滩捡贝壳玩耍。

一次,几位女游客沐浴着夏日阳光,眺望着远方美景,一时又齐声哈哈大笑。好奇心促使他走上前去,想弄清楚她们在说什么。

"小家伙,能送几只贝壳吗?"虽然一个字也没听懂,但他思忖了一会儿,乐呵呵地递上两枚漂亮的贝壳。游客们向他竖起了大拇指,给了一美元作为酬金。他手舞足蹈,因为从内心理解了晦涩的外文。自此,去海滩成了他每天的期待,慢慢地,他也能听懂一些复杂的外国话。

就这样,他的兴趣一发不可收,每天坚持去海滩跟游客学习语言,时常拿着外文书在海滩一看就是一天。

读高中时,他已熟练掌握了英语、意大利语。慢慢地,他理解了学习语言的真谛:深入语言背后的文化,就能更快地掌握一门外语。

1994年,他被欧盟三大机构之一的欧洲议会聘为翻译,成为欧洲议会里名副其实的明星翻译家。

他成了传奇人物,总被记者追问:"是什么秘诀,让您精通42种语言?"

他总会提及儿时捡贝壳的往事,然后微笑着说:"我始终坚持语言兴趣,也就一路走到了今天。"

（二）情感与学习

孔子将学习分为三个不同层次，"知之者不如好之者，好之者不如乐之者"。三个层次呈递进状态，乐学是最高层次的学习情感。现代的教育实践也表明，与学习相联系的情感活动主要有以下特点。

1.情绪逐步向情操发展

情绪是比较低级的情感形式，与人的生理需要和社会需要相联系，多数持续的时间比较短，外部表现大多比较显著。情操是习得的比较高级、比较复杂的情感。在学习活动中，适当的激情、良好的心境、饱满的热情是学习的重要品质。情操则是推动学习的强大动力，是一个人取得学业成就的先决条件。人是自己情感的主人，在学习过程中，学生既要通过学习活动形成和发展自己的情操，又要保持和激发积极的情绪状态，满腔热情地投入到学习中去。

2.情感与认识相互作用

心理学研究表明，情感的产生虽然与生理上的激活状态紧密联系，但它并非单纯地由生理激活状态所决定，必须通过人的认识活动"折射"才能产生。美国心理学家沙赫特（Schachter）提出了情绪"三因素说"，认为情绪的产生归于三个因素的整合作用，即刺激因素、生理因素和认知因素，而认知因素在情绪的形成中起着重要作用。事实证明：对客观事物没有一定的认识就不可能产生情感。人的情感越丰富、越深刻，认识也就越丰富、越深刻。同时，人的情感又可以反作用于人的认识活动。大学生需要学会用理智支配情感，做情感的主人，以克服消极的情感，防止它们对学习活动产生阻抑作用。

3.情感与需要相互制约

一方面，情感是在需要的基础上产生与发展起来的；另一方面，情感又可以调节一个人的需要。只有当客观事物与人的主观需要处在一定的关系之中时，才能使情感产生。一般而言，凡是与主观需要相符合，并能使之得到满足的事物，就会产生肯定的、积极的情感；反之就会产生否定的、消极的情感。学生将学习活动、求知欲望当作自己的优势需要，就会产生热爱学习、立志成才的需要；反之，一个厌恶学习的学生将会把学习当作负担。在学习活动中，大学生必须明确学习目的，培养合理的需要，以利于形成自己的高尚情操；同时，又必须使自己较为低级的情绪服从较为高级的情操，使自己的需要受到这种高尚情操的支配和调节。

（三）意志与学习

对于意志在学习中的作用，古往今来的学者都有深刻认识。荀子提出："骐骥一跃，不能十步；驽马十驾，功在不舍。锲而舍之，朽木不折；锲而不舍，金石可镂。"苏轼说："古之成大事者，不惟有超世之才，亦必有坚忍不拔之志。"陶行知先生将育才学校的创业宗旨总结为十句话："一个大脑,二只壮手,三圈连环,四把钥匙,五路探讨,六组学习,七体创造,八位顾问,九九难关,十必克服。"有人曾对大学生的学习做了这样的描述:大学生差别最小的是智力,差别最大的是毅力。这些都从不同的角度说明了意志在大学生学习中的重要作用。

1.意志的发展

人的意志不是与生俱来的,意志的发展由简单到复杂、由软弱到坚强。简单与软弱性意志的体现是:愿望不稳定,此所谓有志者立长志,无志者常立志;容易冲动,不能克制自己;易受暗示,容易模仿别人。学习是一项艰苦的脑力劳动。要使学习活动坚持下去并取得较好的效果,就必须有复杂而又坚强的意志参与。人是自己意志的创造者,大学生应有意识地培养和锻炼自己的意志。意志的培养不是一蹴而就的,必须从最简单的事情入手,逐步学会持之以恒、勇于进取。

2.意志过程的三个阶段

意志过程分三个阶段,即决心、信心、恒心,三者密切联系、互相促进。决心是意志过程的第一阶段,在这个阶段中往往有一系列复杂的心理活动:认清客观条件,积极进行思维。下定决心主要表现在两个方面:一是确定行动的目的;二是选择达到目的的行动方法和方式。信心是意志过程的第二阶段,包括树立确信感、建立坚定信念、形成远大理想。信心的树立主要取决于三个因素,即活动的结果、他人的态度和自我评价。恒心是意志过程的第三阶段,恒心的确立主要在于两点:一是要善于抵制不符合目的的主观因素干扰;二是要善于持久地维持已经开始符合目的的行动。意志过程的三个阶段密切联系、缺一不可,形成一个整体,又互相交织、彼此促进。在学习活动中,第一要下定决心,明确学习目的;第二要树立信心,相信自己的力量;第三要持之以恒,百折不挠,这样才能取得学习的成功。

3.意志和行动

人的意志总是在一定的行动中表现出来的,它的发生、发展和形成都离不开行动。人的行动按其目的性、意识性的程度,可分为无意行动和有意行动两种。同时,按是否有意志参与为标准,又可将有意行动分为一般行动和意志行动两种。所谓意志行动,就是有意志参与的一种有意行动。意志只是意志行动中的主观方面,它是在意志行动中体现出来的,没有意志,就没有意志行动。意志行动必须包含意志因素,是人们意志的一种外部表现。在学习过程中,必须通过攻克难关、迎战困难来锻炼自己的意志,要利用一切机会和环境培养自己良好的意志品质。在一个人确定了前进的目标,并向着这个目标奋进的过程中,总会遇到各种各样的困难,但众多的困难归结起来不外乎两种:一是来自外部的困难,叫客观困难;二是来自内部的困难,叫主观困难。这些困难阻碍我们目标的实现,影响着计划的顺利进行。只有意志坚强的人,才能克服众多的、难以想象的困难,去赢得成功。在学习活动中,我们要经常给自己设一些难题,学会"跟自己过不去",不断克服困难、战胜困难,在困难中磨炼自己,使自己的意志日益强大起来。在一定条件下,一个人的意志越坚强,就越能克服更大更多的困难。

(四)态度与学习

态度是指一个人对人、事、物和某种活动所持有的一种接近或背离、拥护或反对的稳定的心理倾向性。它包括认识、情感与意向三种成分。学生的学习态度是指学生在学习情境中表现出来的比较稳定的心理倾向。大学生的学习态度直接影响其学习行为和学习效果。

学习态度对学习行为的调节,首先表现在对学习对象的选择上。对此,美国心理学家琼斯(Jones)进行了如下的实验研究:他们以两组美国南部的白人大学生为被试,第一组平时所表现的态度是反对种族歧视,反对黑白人分校;第二组为种族歧视者,主张黑白人分校。实验过程是,让被试朗读11篇反对黑白人分校为主题的文章,然后请被试将所读过文章的内容尽力完整地写出来。结果发现,第一组学生,即学习材料与自己的态度一致者,成绩明显优于第二组。换言之,与既存态度相吻合的材料,容易被吸收、同化、记忆;而与个体的信念、价值观相违背的材料,则容易被阻止或歪曲。由此可见,态度具有某种过滤的作用。

学习态度对学习效果的影响作用已被许多实验研究所证明。美国心理学家麦独孤(McDougall)和史密斯(Smith)早在1919年就在一项实验中发现,积极的学习态度对学习速度有促进作用。1952年卡利(Carry)在总结一项实验研究时指出,男女大学生对解决问题不同的态度,直接影响解决问题的效果。

学习态度调节学习行为,还表现在学生对学习环境的反应上。当学生在学习态度与教学环境上保持一致时,就会积极努力地学习。但如果由于某些原因对学习环境(如教师、学校等)产生不良态度时,则会回避学习环境并产生不利于学习的不良行为,如逃学、反抗等。

拓展阅读　　**李某的"短板"**

人力资源管理专业大三学生李某的儿时伙伴田某与其共同读完初中后辍学到深圳一家玩具厂打工。5年后,田某自己开办了一家玩具厂,由于技术成熟等原因,生意兴隆。5年后,田某回村盖了一座四层小洋楼、买了一辆小轿车。春节李某回家后,与田某聊天,对其佩服得五体投地,经田某"劝解",答应加入田某的玩具厂,负责人力资源管理,待遇丰厚,并承诺给李某配发一台笔记本电脑和一台手机。李某得到父母默许后,大三上学期毅然退学经商。随着公司规模扩大,对人力资源管理的要求越来越高,李某所学知识无法适应厂里复杂的人力资源关系,工作中出现了几次重大纰漏,与部门之间的协调也出现了问题,导致财务部、市场部等一些部门负责人背后对他评头论足。于是田某新招一名人力资源研究生取代了李某的位置。

本来,李某凭借个人的优秀,在事业上有了很好的起步。但由于学习程度不够,自己的知识积累无法适应企业的发展,最终,"学习程度不够"成为他个人发展的"短板"。

第二节　大学生学习心理偏差及调适

大学时期,正是青年生理和心理逐渐成熟的时期,而繁重的学业又无形中给大学生带来了许多心理压力。因此,某些大学生会不可避免地产生一些学习上的心理偏差。如何及时地认识到这些问题并科学地进行调适,是顺利完成大学学业并学有所成的关键。

一、学习自卑型心理偏差及调适

这种现象大多表现在低年级学生中。为了通过高考这座"独木桥",中学生的学习大都以机械记忆为主,各门课程在"精打细敲"之后,教师还要利用大量的考试及模拟测验进行有重点的应试准备,教师和考试是他们的两根拐杖。当他们中的一些人以"时代的宠儿""竞争胜利者"的姿态拿到大学录取通知书时,周围是一片赞扬声,而他们自己也充满了优越感、自豪感,认为自己是学习的成功者,是同龄人中的学习尖子。但是,当他们进入大学后,却发现周围人才济济、群英荟萃,自己完全失去了优势。大学学习特点与中学完全不同:内容多、课时少、速度快、范围广、专业性强;学习方式也多种多样,除课堂讲授外,还有各种学术报告、实验、讨论会等;学习活动以自我组织、自我管理为主,教师指导、督促为辅。这就要求学生充分发挥自学能力,学会独立思考、融会贯通、举一反三。许多大学生在这个时候产生了困惑、迷茫和无所适从的感觉,甚至有些人学习吃力、成绩下降。他们承受不了这种变化,由此导致缺乏自信、失望、苦闷、自卑、情绪焦虑不安,严重者出现失眠、神经衰弱现象。有一个学生曾这样描述他当时的心情:"我痛苦极了,我曾几度痛哭流涕,我想逃避,想避开那恼人的一切,我简直不能自拔,我脑子里总有一句话:'我不行,我赶不上别人。'自卑感在严重地困扰着我。"可见,这种初上大学的不适应,给低年级大学生的学习和心理健康带来了严重的影响。

其实,这种过渡时期的不适应现象是正常的、普遍存在的。一般来说,经过 3 个月左右的调整,绝大多数学生都能够适应,但也有少数学生半年乃至一年仍难以适应,这就需要进行心理调适了。

拓展阅读　习得性无助

"习得性无助"是美国心理学家塞利格曼 1967 年在研究动物时提出的,他用狗做了一项经典实验。起初把狗关在笼子里,只要蜂音器一响,就给以难受的电击,狗关在笼子里逃避不了电击,多次实验后,蜂音器一响,在给电击前,先把笼门打开,此时狗不但不逃,而是不等电击出现就先倒在地上开始呻吟和颤抖,本来可以主动逃避却绝望地等待痛苦的来临,这就是习得性无助。

在生活中,人类也存在习得性无助的情况。例如,一个人总是在考试中失败,他就会在学习上放弃努力,甚至还会因此对自身产生怀疑,觉得自己"这也不行,那也不行",无可救药。而事实上,此时此刻的我们并不是"真的不行",而是陷入了"习得性无助"的心理状态中,这种心理上人们把失败的原因归结为自身不可改变的因素,放弃继续尝试的勇气和信心。

所以,要想让自己远离绝望,我们必须学会客观理性地为我们的成功和失败找到正确的归因。

(一)学会控制情绪

情绪对人的学习影响巨大。良好的情绪状态使人精力充沛、充满自信,学习积极努力、成绩骄人;不良情绪则使人颓唐沮丧、萎靡不振、否定自己、学习失败。当自卑、苦闷、忧郁、失望、焦虑等不良情绪出现时,应学会自我调节。

(二)正确认识自己

"人贵有自知之明",人要认识自己并不是一件容易的事。但是,只有正确地认识自己、把握自己,才能找准自己的位置,设定适当的目标,扬长避短,努力奋斗,实现理想。

1.要客观地评价自己

不可狂妄自大,要知道"天外有天,人外有人"的道理;也不能过分自卑,作为大学生,其智力水平、学习方法、学习态度必有超人之处。必须实事求是、恰如其分地给自己一个客观的评价。

2.设定恰当的目标

初上大学,每个人都会设定目标,如考试成绩名列前茅、英语过六级、考上研究生等。这种目标的设定是必要的,但一定要切合自己的实际能力。否则,一旦目标难以实现,就会更加失望、自卑。

（三）掌握学习方法

法国心理学家贝尔纳（Bernard）曾指出："良好的方法能使我们更好地发挥运用天赋的才能,而拙劣的方法则可能阻碍才能发挥。因此,科学中难能可贵的创造性才华,由于方法拙劣可能被削弱,甚至被扼杀;而良好的方法则会增长、促进这种才华。"根据大学的学习特点以及自己的学习习惯,制定出一套适合自己的科学的学习方法至关重要。

1.要培养自学能力

据苏联科学家测定:一个优秀大学生所获得的知识,约 60% 是依靠教师的讲授和辅导获得,约 40% 是依靠自己独立获取。在自学过程中,要掌握一些基本的学习方法,如循序渐进、学思结合、敢于质疑等。同时,要学会运用工具,如文献检索,图书资料查阅,外语、计算机的使用等。

2.要做到课前预习和课后及时复习

大学课程内容多、课时少,教师每节课要讲授大量的内容,不可能讲得很细。因此,只有做到课前对教师要讲授的内容有所熟悉,课堂上才能有针对性地听讲。另外,课后要及时对教师讲授的重点、难点进行复习,加强记忆,加深理解,才能掌握大量的学习内容,跟上教师的讲授进度。

3.学会听课

大学教师往往要在课堂上增加一些新知识、新内容,并提出一些新问题。所以听课时必须注意力高度集中,积极思考,对重点、难点做好笔记,学会耳、脑、眼、手并用,边听、边想、边记,对不懂的地方要做出标记,以便课后解决。

二、学习动机缺乏型心理偏差及调适

在中学时期,学习是为了考上大学,有一个好的前途是最现实的学习动力。一旦目标达到了,许多大学生以为进了"保险箱",只要能混毕业,将来就能找个好工作,因而学习缺乏动力。学习缺乏动力主要表现为:学习态度冷漠,学习成绩好坏无所谓;逃避学习,无所事事;上课不专心、注意力分散;逃课,厌学,为学习而学习,为考试而考试。严重者极度厌学,甚至不能正常完成学业。

动机是激起一个人去行动或者抑制这个行动的一种意图、打算或心理上的冲动,它是引起人去行动或者抑制这个行动的内在原因,是直接的推动力量。在学习过程中,学习动机是推动学生学习的原动力,是大学生学习的内部力量,它对学习活动及学习效果有着直接的影响。只有具备正确的学习动机,才能在内心深处产生一种强大的、持久的推动力,在学习上才能不畏困难、百折不挠、充满激情,才会取得好成绩。所以,建立并调适学习动机是大学生顺利完成学业、取得优异成绩的关键。

(一)建立长远的、正确的学习动机

这类学习动机来源于一个人的责任感、使命感及其理想、信念,是比较稳固的,在长时间内起作用,并很少随偶然发生的情况而改变,它使学习活动具有一定的方向性和意义。同时,由于它具有社会意义,因而其推动力量也是巨大的。21世纪是高科技飞速发展的时代,作为掌握一定知识技能的专业人才,大学生应明确自己的责任感和使命感,树立为祖国、为人民服务的崇高理想和信念,把祖国和人民的需要内化为自己的学习动机。

(二)培养好奇心和学习兴趣

一般来说,当以前所具备的知识与现在接受的知识之间产生差异和矛盾,与以往经验不一致时,人们就会产生进一步了解有关知识和解决这个矛盾的好奇心。因此,大学生可以充分利用知识的新奇、变化、夸张、复杂、含糊不清等特点,来刺激并唤起自己对某一学习内容的好奇心。

兴趣是人积极探究某种事物的认知倾向。当一个人对某种事物产生浓厚兴趣时,他就会以积极的心理态度大胆探索,全身心投入,对事物的观察会变得比较敏锐、记忆力增强、想象力丰富、创造力加强、情绪高涨、意志力坚强。兴趣有直接兴趣和间接兴趣。由事物或活动本身引起的兴趣是直接兴趣,它是由外部因素激发的,并随着活动的产生而产生,随着活动的结束而消失。间接兴趣是由活动的目的、任务或活动的结果引起的,是一种比较稳定的兴趣。在学习过程中,直接兴趣和间接兴趣都是不可缺少的,直接兴趣可以使学习变得轻松、愉快,而间接兴趣可以使大学生具有坚强的毅力和充分的自信心。两者的完美结合,可以使学习顺利、有效地进行。

1.通过明确学习目标来培养间接学习兴趣

目标和兴趣是相互贯通、相互迁移的,有了明确的学习目的和学习目标,就会在学习上产生坚强的毅力和自信心。一方面,要树立正确的人生观、价值观,明确为祖国的繁荣富强和人民生活的富裕安康而学习的崇高目标;另一方面,要从现在做起,热爱和熟悉自己所学的专业。印度诗人泰戈尔曾说过:"爱是理解的别名。"理解了的东西,往往为人的情感所接受,进而产生兴趣。大学生对专业的选择有时带有盲目性,可能是不情愿的,但是如果认识到了所学专业在社会主义建设中的不可替代性,就会认识到它的价值,进一步去理解它、热爱它。有了正确的专业思想,才能对所学的专业产生稳定的学习兴趣。

2.在学习过程中培养直接学习兴趣

教材本身蕴含着极大的魅力,每章、每节都有新的内容,每个概念、原理、定律、法则之间都是相互联系的,大学生应该注意发现教材中潜在的趣味性,使科学性和趣味性结合起来。在课堂学习过程中,教师的课堂教学结构设计、严密的逻辑思维、落落大方的教态,都会成为学生学习兴趣的指向。

三、学习焦虑型心理偏差及调适

学习焦虑是指学生由于不能达到预期目标或不能克服障碍的威胁,致使自尊心、自信心受挫,或失败感、内疚感增加而形成的一种紧张不安、带有恐惧的情绪状态。学习上过度焦虑可能是由考试成绩欠佳、外界的否定或学习吃力等原因引起的。学习焦虑的学生会怀疑自己的能力,夸大自己的失败,闷闷不乐,对人冷漠,脾气古怪,同时伴有忧虑、烦恼、惧怕、压抑等各种情绪体验。表现为注意力不集中、恍恍惚惚、烦躁不安、行动迟缓、睡眠不好、食欲不振、面容憔悴,严重者失眠加剧、神经衰弱。

在大学的学习过程中,由于所学知识的深度、广度加强,难度加大,学习活动也变得紧张、严肃。因此,适度的焦虑对学习是有益的,可使学生达到最佳学习效果。20世纪70年代,美国心理学家用实验的方法研究大学生情绪与学习成绩的关系时,得出焦虑程度与学习成绩的关系是抛物线型。如图2-1:

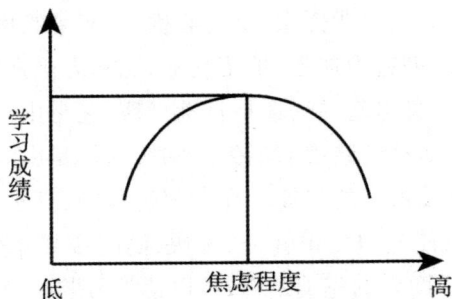

图2-1　焦虑程度与学习成绩关系图

它说明焦虑适中才能取得好成绩,过度焦虑会使学习成绩下降。因此,大学生在学习过程中应把握好焦虑的程度,避免焦虑不足或过度焦虑。

当过度焦虑产生时要学会自我调节,控制焦虑的程度。通过转移注意力、练习微笑或听音乐、体育运动等方式缓解情绪,放松自己,降低焦虑。

创造一个轻松的学习环境及学习心态,包括和谐的师生关系、融洽的同学友谊、整洁明亮的教室、难易适中的学习目标、科学合理的学习方法等,使自己精神愉快、心情舒畅,在紧张而轻松的和谐状态下进行学习,以达到最佳学习状态。

四、考试恐慌型心理偏差及调适

考试恐慌是由于对考试过于紧张,担心考试失败而产生的一种高度忧虑,同时想极力摆脱、逃避这种危险情境的一种情绪状态,特别是在重要考试之前比较常见。一般表现为紧张恐惧、心烦意乱、喜怒无常、无精打采、肠胃不适、莫名的腹泻、多汗、尿频、头痛、失眠、记忆力减退、注意力不易集中、思维迟钝、学习效率下降。在考场上也会产生情绪激动、过度焦虑、恐慌,从而造成思维迟钝和操作困难,表现为心跳加快、呼吸急促、满脸通红、出汗、头昏、烦躁、恶心、软弱无力、面色苍白、手心冰凉甚至晕倒。

目前,考试仍然是检验大学生学习效果的一种主要方法和手段。考试成绩不仅直接影响大学生能否毕业,也关系到能否评优评奖、能否继续深造,甚至能否在同学当中继续保持自尊等。在这种情况下,部分学生由于考试紧张、自信心缺乏或对考试结果担忧而出现考试恐慌是不可避免的。要调适这种现象,主要从以下几个方面入手。

(一)对考试应有正确的认识

考试只是对平时所学知识的一种检验手段,它并不能说明一个人能力的大小,在现代社会竞争中,记忆能力、观察能力、想象能力、思维能力、创造能力等智力性因素以及事业心、进取心、意志、兴趣、爱好、情感、气质、性格等非智力因素的综合作用,才形成一个人的综合能力,它来自平时的日积月累。因此,既要重视考试,又不能把考试看得过重,要在适度紧张、适度焦虑的条件下以良好的心态参加考试。

(二)学会自我暗示与放松

利用暗示法,在进考场时暗示自己:不要紧张,我已做了充分的准备,我一定会考好。同时轻闭双眼,全身放松,做几次均匀而有节奏的深呼吸,适当舒展身体,这样可以缓解考试情绪。当自己完全镇静下来后,就会快速进入思维状态。

(三)考前认真做好复习

常言道:"有备无患。"大学生要在平时弄通弄懂所学的内容,在考前有计划、有重点地进行复习,并注意增强记忆。只有做了充分的准备,考前才能胸有成竹,自然也就不会恐慌了。

(四)注意身体健康及科学饮食

考试是一项体力和脑力并用的活动,要消耗大量的体能,如果身体赢弱,就不能承受这种压力。因此,平时要注意通过合理饮食、适度的体育锻炼获取健康的体魄。同时,大脑获取了充分的营养,才能思维敏捷、活动迅速、发挥潜能。

五、注意力分散型心理偏差及调适

注意是心理活动对指定对象的指向和集中,它是学习活动的必要条件。有些大学生说"我听不进去,不知道老师都讲了什么"或"我看不进去书",这都是注意力不集中的表现。他们上课时东张西望,时而低头摆弄书本,时而扭头望向窗外,间或望一眼老师,也是目光涣散、思维散漫。也有一些学生虽貌似注意听课,但内心世界活动却与课堂内容差之千里,学习效率极低,有时虽强迫自己把注意力集中到学习上,但马上又思维分散,无法集中。由此,引起一系列的情绪变化,如焦虑、缺乏自信、恐惧考试,进而严重影响学习成绩。

注意可分为无意注意、有意注意和有意后注意三种。

(一)无意注意

无意注意是指事先没有预定的目的,也不需要作意志努力的注意,在某些刺激物(教师授课、课本等)的直接作用下,人不由自主地把自己的感觉器官朝向刺激物,并且试图认识这些事物,它缺乏个人的努力和积极性,往往随周围环境变化而产生,同情绪、兴趣、需要之间互相关联。在学习活动中,无意注意发生在各个方面,没有无意注意,就不可能有学习活动,比如看书、听课、记笔记、实验、朗读等。

大学生自身的良好状态有利于无意注意的产生。人的个性倾向性在无意注意中起着重要作用,这种无意注意的主观原因决定着一个人无意注意的方向。如:所学习的内容能够满足大学生求知、就业的需要,大学生对所学专业的热爱、对所学内容有着浓厚的兴趣,都会引起注意。而这种需要和兴趣又直接影响着大学生对学习的态度,如果他们抱着积极的、特别富有情感的态度去学习,就更容易引起注意。另外,大学生还应该注意把握自己的情绪和精神状态。如果一个人心胸开阔、心情愉快、精神饱满,就很容易对学习内容产生注意,并能使这种注意保持长久。

(二)有意注意

有意注意就是那些有预定目的,在必要时还需作一定意志努力的注意。有意注意是一种主动服从于学习活动的注意,它受人的意识的自觉调节和支配。在大学的学习活动中不可避免地会遇到一些枯燥乏味或者比较难学的内容,但是,当我们明确了学习目的,在顽强的意志力和克服困难的决心的支配下,就会有意识地集中精力,聚精会神地听课,专心致志地阅读教材和参考书,最终使学习取得成功。因此,必须在学习中保持有意注意。

1.加深对学习任务的理解是产生和保持有意注意的前提

有意注意是有预定目的的注意,所以对于学习目的、学习任务的重大意义理解得越清楚、越深刻,完成学习任务的愿望就越强烈,就越能对学习内容和学习过程保持有意注意。例如,有些基础课生涩难懂、枯燥无味,但是,它是学好专业课并进一步深造的基础。同时,只有在低年级顺利完成基础课的学习,才能进入高年级继续学习,所以这一学习任务必须完成。认识到这一点会有助于学习不感兴趣的课程,就会在学习过程中产生并保持有意注意。

2.坚强的意志是产生和保持有意注意的关键

在学习过程中,经常会受到一些内在的因素(疾病、疲倦等)、外在的刺激物(噪音、无关的活动等)或无关的思想和情绪的干扰。为了保持有意注意,就要采取一定的措施排除这些干扰,强化和这些干扰作斗争的坚强意志。这就需要在平时加强意志锻炼,加强自我修养,明确学习目的,以顽强的意志坚持学习。同时,要对无关刺激的干扰保持平静的态度,当我们对外界的干扰表示愤怒和烦恼时,这种不良情绪比干扰本身更能分散注意力。

俄国生理学家谢切诺夫说过:"绝对的、死气沉沉的寂静并不能提高,反而能降低智力工作的效果。"实验也表明,人处于绝对安静的环境中不能有效工作,会逐渐进入睡眠状态。因此,虽然在吵闹的环境中学习容易疲劳、消耗精力,学习效果也差,但是某些附加的微弱的刺激不仅不会干扰人们的有意注意,而且会加强有意注意,如轻柔的音乐、钟表的嘀嗒声、窗外小鸟的鸣叫声等。

(三)有意后注意

有意后注意是指事前有预定的目的,不需要意志努力的注意。它是一种高级类型的注意,具有高度的稳定性,当我们明确了学习的目的,就会自觉地努力去学,这是学习过程的最佳状态。因此,在学习中要尽量把无意注意、有意注意转化为有意后注意,使学习活动进入良性状态,取得成效。

当一个人对学习产生注意时,会产生以下现象:

适应性运动,也就是感觉器官朝向刺激物。大学生在听课时,两眼紧盯着老师或黑板"举目凝视";两耳也转向声音的方向"侧耳倾听";在思考问题的时候,眼睛常常是直直的,好像看着远方"呆视着"。

无关运动停止:人在注意时常常表现为静止状态,与学习无关的运动都停下来。例如,教师上课时若能引起学生的注意,教室里便一片寂静。

生理机制发生变化:人在注意时,呼吸变得轻微而缓慢,一般吸气较短促,而呼气变得较长,有时还会出现呼吸暂时停止的情况,即"屏住呼吸"。在紧张注意时,还会出现心脏跳动加速、血液循环加快、牙关紧闭、握紧拳头等现象。

大学生应把握好这些注意现象,在学习中充分运用。

六、学习过度疲劳型心理偏差及调适

大学学习新内容多、难度大、要求高,有的学生每天学习时间长达十几个小时,特别是临考前,学习时间更长、学习强度更大,使生理和心理都过度疲劳,产生一系列的不良反应。如头、颈、臂、手、腰、背等部位由于受力过久或持续重复运动时间过长,造成肌肉痉挛、麻木、酸胀、疼痛,动作不准确,眼球发疼发胀,头晕目眩,无精打采,瞌睡不断。这种生理反应又会引发心理上的不良情绪,如注意力涣散、思维迟钝、记忆力下降、情绪躁动、忧郁、易怒、学习效率下降等。

这些心理反应是由于长时间从事心智活动,使大脑皮层兴奋区域的代谢逐步提高,消耗过程超过恢复过程,脑细胞处于抑制状态而且大脑得不到休息引起的。人的大脑分左右两半球,左半球掌握逻辑思维(计算、语言逻辑、书写及其他类似的活动)。一般来说,当学习时间过长,是指左半球负担过重。因此,要注意大脑的适当休息,积蓄能量,使脑细胞的活动更加活跃,学习效率提高。

(一)科学用脑、劳逸结合

1.注意左右半脑交替使用

当学习时间过长、产生疲劳时,可以听听音乐、散散步,使左半球得到休息,这时大脑中原有的兴奋灶受到抑制,其他部位出现新的兴奋区,人的精力和体力就得到了调剂。爱因斯坦在紧张的脑力劳动之余,常以拉提琴、弹钢琴来进行调节。恩格斯在紧张的写作之后,就骑马、击剑、游泳。可见,科学用脑是学习效率提高的必要条件。

2.要保证充足的睡眠时间

睡眠是一种生理现象,睡眠时间的长短因人而异,有的人可能需要 9 个小时,而有些人 6 个小时就足够了,关键是能使大脑得到充分的休息,为第二天的活动储备新的能量,以便精力充沛地投入学习。

(二)科学合理地安排时间

过度疲劳的产生大都是因学习时间过长引起的,事实上,在学习过程中,并不是时间越长越好,要合理安排、充分利用。

1.制订合理的时间分配计划

采取先急后缓、统筹兼顾的方法,根据自己的学习特点、生活习惯、环境条件等,把在一段时间内要学习的内容列入计划,科学安排,合理地利用每一分钟。正如捷克教育家夸美纽斯所说:"时间应分配精密,使每年、每月、每天和每小时都有它特殊的任务。"做好计划后,必须严格执行,否则会影响学习任务的完成,同时又可能在心理上造成压力,产生不良情绪。

2.提高单位时间的学习效率

首先,要把握好自己的生物钟。人对外界各项活动的反应都有一个最佳时间点,在这个时间点内,人精力充沛、动作敏捷、记忆力强、理解力深刻、学习效率高。大多数人早晨头脑最清楚,晚上思考问题时思路最清晰。因此,我们可以早晨重点学习需要记忆的内容,晚上可以解答或思考一些问题。当然,要因人而异。只要把握了自己的生物钟,就能利用好自己的高效时间。其次,要排除干扰,增强注意力。在规定的时间内,要注意力高度集中,专心致志,排除杂念,才能提高单位时间的学习效率。这样既节省了时间,又能使学习内容印象深刻、效果显著。

(三)为大脑提供充足的营养

一般成年人大脑的重量是体重的2%,但它却消耗人体能量的20%。因此,必须供给它高能量的食物,它才能流扬、高效地工作。比如,需要供给葡萄糖、蛋白质、卵磷脂、油酸以及铁、钠、钾等金属元素,还有大量氧气。大学生应该根据自己的生活条件,合理安排饮食,为大脑高效工作提供相应的营养。深呼吸、体育锻炼可以使血液氧化,为大脑提供必需的氧气。

第三节　大学生的学习策略

一、自我调控策略

自我调控策略是指学习者在学习过程中,有意识地、系统地监测、评估、调节自己的思维、感知、情绪、动机与行为,以达到其目标的心理活动。

(一)齐姆曼自我调控法

自我评价,即在学习活动中有意识地对自己学习成效进行检查与评价。例如"我检查了自己的作业,没有出现错误",或"我复查了数学作业,发现有两道题做错"等。

组织和转换,指对学习材料的重新组合和安排。例如,"我在写作文之前先列一个提纲"。

目标确定和计划制订,即确定自己的学业目标,以及对与这些目标有关的程序、时间的计划安排、具体行动等。例如,"考试之前我制订一个两周的复习计划"。

寻求知识,即完成作业时,努力寻求与任务有关的知识。例如,"我在动笔之前,先去图书馆查找尽可能多的与主题有关的资料"。

记录与监督,即自己动手记录课堂讨论内容和学习结果。例如,"我记录小组讨论的要点""我列一个自己的错别字表""做一本自己的错题集"。

安排环境,即自己选择或安排学习环境,以便学习能够顺利进行。例如,"我避开容易使自己分心的事情""我关上收音机,集中精力做我正在做的事"。

自我预测后果,即对自己考试成绩所可能得到的奖惩进行想象和安排。例如,"如果我考得好,我就去看场电影"。

练习和记忆，即通过多种方法的练习记住学习材料。例如，"为了准备数学测验，我一直默写数学公式直到记住它"。

主动寻求同伴、教师的帮助。例如，"如果我在完成数学作业中遇到困难，就找个同学帮助我"。

（二）出声思维法

出声思维是培养自我调控能力的重要方法。自我调控过程是活动主体内在的过程，很难被观测，而且它总与具体的特定的活动相联系，难以程序化。在阅读理解过程中进行出声思维练习，包括调控预测过程练习，"从题目来看，这篇文章的内容是关于绿化环境的""下一段会讲为什么地球气温在升高"；调控想象过程练习，"在我的眼前出现了辽阔的草原，那里有蒙古包、成群的牛羊和唱着歌的牧羊女"；调控理解的补救过程练习，"我最好重读""这是个生词，我要查查它的意思"等。

（三）规程化训练

所谓规程化，是将活动的基本技能（如解题技能、阅读技能、记忆技能等）分解成若干有条理的小步骤，在其适宜的范围里，作为固定程序，活动主体按此进行活动，并经过反复练习使之自动化。实践表明，基本技能与自我调控能力密切相关。例如，在阅读理解中，只有掌握基本的重读技能、略读技能、释义技能、总结技能、查字典技能等，才能进行有效的自我调控。因此，基本技能的训练应成为培养自我调控策略的重要方法。

规程化训练的基本步骤是：

第一，训练者将某一活动技能，按有关的原理，分解成可执行、易操作的小步骤，而且使用简练的词语来标志每个步骤的含义。

第二，通过活动实例的示范来展示如何按步骤进行活动，并要求训练对象按步骤活动。

第三，要求训练对象记忆小步骤，并坚持练习，直至使之自动化。

二、阅读策略

大学生在大学里的学习，必然与大量的阅读有关。阅读是获取知识的重要途径，然而面对图书馆里浩瀚的书籍，许多人茫然无措。

（一）阅读的战略

所谓阅读的战略，是指对阅读全局的筹划和指导，或在一定时期内指导阅读进行的总计划。它包括阅读前的准备事项、阅读类型的选择、阅读精力的合理分配、阅读时间的科学安排以及阅读中的具体方法和技巧。在决定阅读哪本书之前，要从整体上对本专业学科的主要课程、各课程间的相互关系及其辅助读物有轮廓性的了解,结合自己各方面的情况,确定一个行之有效的战前部署。

制定阅读战略要清楚"五W",即 Who(何人读)、What(读何书)、When(何时读)、Where(在何地读)、Why(目的何在)。依据这五个要素,可以制定变化无穷的战略。

1.突出主线

应该根据自己的知识结构、自己的专业、图书资料的条件、所想要解决的问题,确定阅读的主线。然后,依据这条主线,确定具体的书目。

2.由博返约战略

孟子说:"博学而详说之,将以反说约也。"这句话说的就是广中求精、博中求专的阅读战略。这个战略,对于大学生来说特别适合。大学生具有一定的专业基础知识和较宽的知识面,面临着一个如何解决"博学"和"精专"矛盾的问题。孟子的回答是先博学而后精专,从广博的基础上突破一点,取得成就。

3.问题导向

大学生在学习过程中会发现许许多多的问题。在我们平时不知读什么书时,就以这些问题来引导我们阅读什么样的书。这样会有两个益处:其一,有助于解决问题;其二,能增加相关领域的知识。所以,应在平时学习中随时记下自己的问题,并学会善于通过自己的思考去发现问题。

(二)阅读的方法

对于阅读来说,没有放之四海而皆准的方法。每个人都应摸索适合自己的读书方法,在摸索适合自己的读书方法的过程中,前人的一些方法可以起到借鉴作用。

1.全读法和分读法

全读法指对阅读材料一次性读完,这种方法适用于自己熟悉的或较容易读的材料。分读法是把阅读材料分割开来,一部分一部分地读,这种阅读方法适用于比较生疏的或比较难读的材料。

2.我国古代的读书方法

我国古人创造了许多读书方法,其中以宋朝朱熹的读书法为集中体现。朱熹读书方法的总原则是"循序而渐进,熟读而精思"。其弟子将他的读书方法归纳为:循序渐进,读书要有次第;熟读精思,必须记得背得;虚心涵泳,读书要虚心,要平着心去称量它、考虑它;切己体察,书上之言,不尽能符合自己,须自己身体力行考察;着紧用力,读书不可松懈;居敬持志,做事时,不要想读书的事,读书时,也不要去想其他的事。另外,元朝程端礼的程氏读书法、明末陆世仪及近代一些学者提出的阅读方法等,都对我们的阅读有所帮助。

3.五步阅读法

西方国家流行"SQ3R"阅读法。"SQ3R"是英语"Survey，Question，Read，Recite，Review"五个词首字母的缩写，译成汉语即浏览、发问、阅读、复述、复习。第一步浏览，着重看书的序言、内容提要、目录和书中的大小标题，以有一个大体印象；第二步发问，着重读大小标题以及用黑体强调的内容，并提出一些问题来，这可以使阅读更有目的，同时还能增强读者的阅读兴趣；第三步阅读，带着问题深入阅读，对书中的专门性术语、关键性文字和重点段落应特别注意；第四步复述，合上书本，对阅读中的各种问题加以解答，回忆各个章节的主要内容，发现尚未掌握的内容；第五步复习，根据回忆中所发现的问题和熟练的程度，在若干天后，安排几次有重点的全面复习，进一步熟记内容，巩固阅读成果。

（三）阅读的技巧

1.朗读和默读

朗读和默读作用各不相同，不能互相代替。大学生在阅读中应正确掌握这两种阅读方法的应用。朗读多数用于文科学习中，它是眼耳口脑一起活动，便于细腻地体会文章的感情色彩。其优点有：对于必须精读的文章，朗读有"书读百遍，其义自见"的作用；由于朗读是多种感官的投入活动，因而有助于记忆；通过朗读，能潜移默化地提高读者的语言修辞能力、思维能力、写作能力和口头表达能力。

默读是无声阅读，通过限制音量来提高阅读速度，默读有助于琢磨、咀嚼、深入理解文章。其优点在于速度快，同时又能深刻理解和长期掌握所读的内容。大学生大部分的阅读是默读，所以大学生应提高自己的默读能力。提高默读能力从以下几个方面入手：精力高度集中；克服阅读时口中念念有词；学会迅速抓住对文章内容的理解而非纯粹文字的感知；学会在阅读时做各种不同的记号，以抓住重点；随时测试自己的默读质量，或自测，或他测，如默写要点。

2.精读和略读

精读是一个从书的整体到局部，再从局部到整体的反复研读的过程，精读读得慢、读得细、读得深。略读是一种浏览式的阅读方法，其目的是为了掌握书、文章的总观点，为了大致了解某些领域当前的动态，为了寻找自己需要的材料，或为了决定对某本书是否需要精读。

大学生面临的问题是确定哪些书该精读，哪些书该略读。前人已经反复强调过，对于专业理论基础的书，一定要精读；而对于作为专业补充材料的书，刚到手的报纸、杂志，一般经验性的介绍文章，都应采取略读的方式。应在略读的基础上，确定哪些书应该精读。一些大学生虽然知道精读与略读的关系，但很少能在实际阅读中正确处理这两者的关系，造成滥读或干脆不读。

3.慢读和速读

如何处理慢读与速读的关系,用列宁的话来说就是,"如果我读得慢的话,那就说明我没有来得及读我所需要了解的全部东西"。拿到一本书,先快读,把握大致的纲领,然后选取那些对你来说需要着重了解的内容进行慢读,这样能极大地提高你的阅读质量。

三、时间运筹策略

(一)学习时间安排的原则

1.高效性原则

提高学习时间的效率的一个诀窍就是提高单位时间的效率,给自己规定单位时间的任务。提高单位时间的效率,积少成多,就能提高整个学习时间的效率。

2.整体性原则

把一定的时间作为一个整体运用,争取运筹的最大效益。例如给自己规定,这两个月一定要做以下两件事:记住 1000 个英文单词,看 3 本专业相关书籍。有了这个整体规划,在学习中就会提高自觉性,避免盲目出击。

3.科学性原则

在安排学习时间时,一定要注意合理性,符合自己能力、生理、性别等的特点。国外研究表明,大学生一次学习时间最好介于 60~90 分钟之间,过短或过长效率都不高。古代"悬梁刺股"的学习精神虽然可嘉,但休息一夜,第二天的学习效率肯定要比在半昏睡状态下的学习效果好得多。

4.定时性原则

学习是一个长期的过程,不可一蹴而就。这就需要学习时间的安排应有一定的规律,尽量做到定时学习。人在一定的规律下从事学习活动,由于生理和心理适应的作用,会提高学习效率。

(二)学习时间的安排办法

1.整段安排法

大学生正处于由理想向现实生活交替的关头,应对自己进行一个总体设计。然后,根据自己的理想和现实情况,制订一份长期的学习计划,这对于一年级的学生尤其重要。需要注意的是,大学生在制订自己的长期学习计划时,应参考教师的意见,因为教师对专业的情况比较了解,能帮助学生制订一个符合实际的计划。

2.阶段安排法

有了整体计划,没有切实可行的阶段计划是完成不了整体计划的。要学会以星期、月、学期、学年为单位,进行阶段时间的安排。对于大学生来说,如何做好每周的学习安排尤显重要。在开始进行每周安排时,不妨把每周的计划以表格的形式记下来,这有助于养成良好的学习时间安排习惯。

3.短时安排法

学习效率的高低是长期积累的结果,其基础是每一单位时间学习效率的高低。因此,做好以小时、天为单位的时间安排,对于完成学习计划有重要意义。不要浪费哪怕一小时,一时的松懈往往是开始放弃的先兆。

4.弹性安排法

大学生各种事务较多,制订的学习时间计划往往会因各种因素而无法实现。解决这一矛盾的方法就是每天的计划不要把时间占满,应留有一定的机动时间。例如,每天安排两个小时的时间,这段时间可以用来做一些无关紧要的事,一旦有了什么事,也不会手忙脚乱。

四、趣味学习策略

所谓趣味学习策略,就是增强学习趣味性的方法。通过一定的途径和寻求一定的方法,以增强学习对象的形象性、生动性和趣味性,从而使学习者对学习倾注更大的热情。提高学习趣味性的原则性方法主要有以下几种。

(一)不只是去做自己感兴趣的事,而要感兴趣地去做一切该做的事

首先要明白,每门课程中都有一些乏味的章节,但学习是为了系统地掌握知识,不能只选择有趣的地方来学。有的同学常说:"这本书很难。"其实这就是一种错误的心理预设,提前在心里放入了错误的观念,这会严重影响学习效果。

(二)"认真"是对学习产生兴趣的主要源泉

这里存在一个良性循环:学习中多下一点儿功夫,便能多取得一点儿成绩,成绩会使你产生兴趣;兴趣促使你下更多功夫,成绩就会更好,由此产生更大的兴趣。如此相互促进,兴趣越来越浓,学习活动终将达到入迷的程度。在学习中应尽量使自己走向这个良性循环,而避免陷入与之相反的恶性循环。

(三)自信心是增加学习兴趣的热能

自信心是制造积极进取精神的能源。有这样一个例子:几位心理学家从一群大学生中挑出一个最愚笨、最不招人喜欢的姑娘,要求她的同学们改变对她的态度。于是,大家争先恐后地去接近这个姑娘,每天不断地称赞她漂亮、聪明,结果不到一年,她真的出落得妩媚婀娜,学习成绩也大幅提高,与以前判若两人。可见,每个人身上都蕴藏着美和聪明才智,只有在对自己的这些潜能充分相信时才会显现出来。

(四)注意力是稳定学习兴趣的基础

兴致勃勃地学习就是聚精会神地学习。聚精会神是注意力在学习中发生作用时的表现。在学习中应防止无意注意,避免易受干扰的环境。为了有效学习,必须重视唤起有意注意,明确目的任务是唤起和维持有意注意的一个重要条件,所以无论学什么课程,都应搞好预习,提出和思考一些问题,这样在正式学习时就容易唤起有意注意。

(五)情感是滋生兴趣的催化剂

情感对学习活动有调节功能,能指引和维持学习行为的方向。愉快的情绪体验会使人将一个行为进行下去,在学习中要善于调节自己的情感,不要抱着一种应付的态度去学习,使自己能做到"在学中乐"。

提高学习兴趣的辅助方法有以下几种。

1.音乐冲击法

当学习感到厌倦时,可以接受一下音乐频率的振动,使自己的情绪很快地激动起来。

2.标钉法

将熟悉的事物与要记的内容连在一起,进行新奇联想,记忆就能处于良好状态。2000多年前古希腊的雄辩家们就是用这种方法来记住大量的演说内容的。后来专家们不断发掘这种记忆方法的潜力,他们把熟悉的事物编上序号,比如桌子1号,椅子2号,书架……每记一件事物就与一个号位联想。这样记下来以后,熟悉的事物就成了有编号的"钉子",可以用它们再去联想要记住的事物。这正如我们给挂物的钉子编上了号,再将某物挂在某号钉上,就显得井井有条了。这种用熟悉的事物当编号的"钉子"来记忆的方法叫"标钉法"。

3.形象学习法

尽量通过形象来帮助学习,例如,学习历史很枯燥,我们就可以找一些相关的影片来看一下,从而有助于对相关历史内容的学习。

4.交替学习法

一般来说,连续3个小时学同一门课程内容,人们就会感到疲劳。因此,每学习同一门课程一定时间后,可以换另一门课程来学。最好是学一会儿文科性的内容后,再学一会儿理科性的内容。

第四节　大学生如何解决拖延症

随着互联网时代的到来,当代大学生在学习、生活习惯方面发生着翻天覆地的变化,他们接收外界的信息越来越多,并且这些外界信息对大学生思想上的冲击也在不断增强,形形色色的网络游戏、社交工具乃至手机互联网应用等让当代大学生的生活在追求体验性方面达到了一个前所未有的顶峰。与此同时,在这个信息量不断爆炸、科技发展节奏不断加快的社会环境下,当代大学生普遍在完成作业和任务方面表现出与现代社会生活中的快速节奏不相适应的拖延现象。大学生的这种普遍性的拖延现象有几个鲜明的特点。首先,他们对于那些待完成的作业或任务有着明确的完成意愿。其次,他们在有着这样明确完成意愿的同时总是会对这些任务和作业拖着不去实施。第三,在这些拖延行为的同时,他们内心有强烈的焦虑感和负罪感。

结合当代大学生自身的特点,他们的一些任务和工作的目的往往是被强加的,而人总会有一个心理机制与被强加在自己身上的工作和任务相抵触。本来很感兴趣的一件事,一旦被约束着去做、被强制着参加,就会无形地造成一种心理负担,慢慢地也就开始产生抵触情绪了。在学生"拖延病"现象调查中,有一个事例非常形象地说明了这个问题。有一个大学生非常喜欢诗歌,于是参加学校的诗歌社团。社长对他的诗歌天赋非常欣赏,安排他准备周会上的诗歌赏析。任务很有挑战性和吸引力,这位同学起初很有积极性。几天之后,由于任务较为繁重,他开始消极怠工。之后,该同学觉得还有一些时间,于是产生倦怠情绪。直到最后一天晚上,事情没有延缓的余地,他才草率把事情处理完。半年后,这名同学退出诗歌社,从此不再阅读诗歌。此外,还有一种拖延症其实是由自己不适当的想象造成的,正如生活中的很多现象,很多学生总是容易陷入想象的旋涡。比如很多学生在大学生涯里很想通过英语四、六级,于是买很多复习资料。最初的想象是背完词汇就可以顺利通过,并且开始实施背诵。但是几天过后,最初的热情被枯燥的单词、语法磨蚀殆尽,翻过几天书后,这些书就被束之高阁,成为书架上的装饰品。

一、拖延症的定义

由于大学校园环境的变化、手机和互联网等现代技术的普及,拖延行为已成为大学生群体广泛存在的问题。若此行为无法及时纠正,将会严重影响大学生的学习和生活,并引发一系列心理问题。拖延现象在大学生群体中十分普遍,其不良影响与日俱增,国内外学者对拖延症的关注度也随之不断提高。一项调查显示,75%的大学生认为自己有时拖延,50%认为自己一直拖延。但是,有拖延行为并不等于拖延症。单纯的做事拖拉或是懒得去做只能定义为"拖延",它仅代表一种坏习惯,并不是医学意义上真正的病症。

拖延症是指在能够预料后果有害的情况下,仍然把计划要做的事情往后推迟的一种行为,是一种普遍存在的、有害的自我调节失败的形式。拖延症者会因为要开始或者要完成一项任务或决定而感到焦虑,从而将拖延作为应付这种焦虑情绪的形式。拖延行为反映的是不同的心理问题,这种行为常伴随有紧张焦虑、自责情绪、负罪感、自我否定、贬低意识,严重的会导致焦虑症、抑郁症等心理疾病。

二、拖延症的形成原因

(一)主观原因

1.人格

人格特征与是否拖延有很大的相关性,研究表明"大五"人格中的责任心与拖延相关可以说是拖延的根源。责任的意识缺乏,会导致思想、行为上的懒散和拖延。同时情绪波动较大,常有忧伤、焦虑、抑郁、脆弱等情绪的人,在拖延症群体中也占据较大比重。

2.思维方式

不同的思维方式会产生不同的行为,过度追求完美、惧怕失败和依赖他人评价等因素都会导致个体拖延。其中,具有高完美主义倾向的个体会表现出更多的拖延行为。他们往往会给自己制定过于强硬且高难度的目标,并耗费大量时间寻求最经济、有效的方法,总是设想做好完全充分的准备后再去完成任务,从而导致拖延行为。

尤其当面对未知的任务时,个体往往会做出各种假设,自身预先设定障碍以求达到自我保护的效果。有研究表明,拖延是个体的一种自我设阻手段,哪怕是任务失败,个体也可将错因归于准备不足、时间短促、内心慌张等,借此掩饰自身的缺点,以维护在他人心中的形象,并能免于遭受过度的指责与质疑。另外,对任务的抵制心理和抗拒"被命令"的心理所产生的负性情绪,也会直接影响完成任务的积极性。

3.自我效能感

美国心理学家班杜拉在1977年提出"自我效能感"的概念,自我效能感指个体对自己能否在一定水平上完成某一活动所具有的能力判断、信念或主体自我把握与感受。国内相关研究发现自我效能感与大学生拖延的严重程度之间存在负相关,自我效能感越低的学生,拖延行为越严重。自我效能感低的个体会低估自己对任务的胜任力,从而产生强烈的畏难情绪,会频频体验到焦虑和无助,进而一再地推迟任务开始的时间。

4.学习目标不明确

相对于中学阶段来说,拖延症在大学生群体中更为普遍。在升入大学前的中学阶段,目标明确,考上一所好大学是唯一的目标,在学校及老师的严格管理下,中学阶段学生始终处于高压环境中,初中生始终努力以期考入一所最好的高中,而高中生始终为考入一所好大学而努力,学习生活中拥有明确的目标。并且中学老师经常为学生灌输大学生活是非常轻松的,考入大学就解放了,导致学生考入大学之后失去明确的学习目标,学习动力缺乏,因而出现一种没有目标的迷茫感,很多大学生养成了懒散的习惯。同时大学生的学习方式发生改变,缺少教师的悉心辅导和监督,大学生成为拖延症的高发人群。

5.学习兴趣的缺乏

兴趣是最好的老师,兴趣能够激发人的行为。部分大学生在考大学之前对自身职业生涯没有明确规划,对大学中开设的专业了解较少,在选择大学或专业时,没有按照自己的兴趣和规划来选择,甚至存在家长强迫学生选择学校或者专业的情况。结果导致部分大学生对自己所学专业不感兴趣,在校期间经常旷课,对学习存在抵触情绪,学习任务不能按时完成,一拖再拖。这部分大学生内部学习动机较弱,他们所要完成的学习任务往往是被强加的,人总会有一个心理机制是与被强加在自己身上的工作和任务相抵触的,往往会出现拖延行为。

6.自我控制力不足

相比目标单一、紧张枯燥的中学阶段,大学生活丰富多彩,网络发达,智能手机普及,大学生面临的诱惑较多,需要较强的自我控制能力。但是在中学阶段,中学生在老师的严格管理和家长的监督下,并没有养成良好的自我行为控制能力。进入大学以后,大学生拥有更加自由的空间,在学习上,没有了教师和家长的督促,部分自我控制力较差的大学生会痴迷上网、玩游戏、看电影等娱乐活动,在完成学业任务时出现拖延行为。

7.时间管理能力欠缺

大学的节奏和中学阶段完全不同,每个任务都有一定的期限,这需要大学生对自己的时间有一个合理的分配。大学阶段学习的课程较多,并且大学生社团活动丰富多彩,大学生的时间容易被各种学习任务和实践活动占满,如果总是被一些琐事缠身,如果你总是无法拒绝,那你实际上忘记了自己最本质的需要。因此,我们需要做好自己的时间管理,把自己的注意力从那些并不重要的事情上移开,转移到对自己最重要的事情上,分清任务的轻重缓急,根据时间紧迫性和任务重要性两个维度对任务进行分类,合理安排好时间,避免在那些不重要的任务上耗费太多时间,对于比较重要的事情,要根据时间紧迫性来安排好完成任务的顺序,避免陷入时间陷阱,导致拖延行为的产生。

(二)客观原因

1.任务的性质和特征

任务的难易程度、枯燥程度、完成所需的时间、个体对任务的喜好程度及奖惩大小和奖惩时限等因素都会影响到个体完成任务的情绪和选择。往往越是深奥复杂、枯燥乏味、时间限制长、对个体价值满足程度低、奖励低时程长的任务越容易引起拖延。

2.环境因素

(1)教育环境。

大学阶段的拖延,其主要原因可能是时间管理、自我控制能力欠缺和来自丰富多彩的大学生活的诱惑。而深究这两点背后的原因则是由于转入大学后,高压力学习环境和高强度学校管理的骤然消失带来的学习动力与学习方法上的落差,这使得大学生成为拖延症的高发人群。

(2)生活环境。

拖延者的拖延行为与来自外界的诱惑(尤其是涉及娱乐方面的)高度相关。进入大学以后,在大学生活环境中,大学生拥有更加自由的空间,没有了教师和家长的督促,部分自我控制力较差的学生会由于痴迷上网、玩游戏、看电影等娱乐活动,在完成学业任务时出现拖延行为。

(3)家庭环境。

家庭环境也可能是造成拖延的原因之一。有相关研究表明,拖延的形成与不良的家庭关系和教养方式有关,如在专制的家庭环境中成长的孩子,可能通过拖延的方式表达内心的抗拒;在溺爱环境下成长的小孩也可能因为个性懒散而产生拖延行为。

三、拖延症的分类

研究者根据不同标准,将拖延分为以下几类。

(一)回避性拖延行为与唤起性拖延行为

根据拖延动机的不同将拖延行为区分为回避性拖延和唤起性拖延两类。回避性拖延是为了保护自己的自尊。他们回避失败的恐惧,甚至害怕成功,但实际上他们非常在意别人如何看待自己。当在规定时间内没有完成任务时,他们通常不会将问题归因于自己能力不足,而是会说因为没有足够努力或时间不够才导致任务未完成。唤起性拖延是为了寻求最后时刻完成任务的"快感",之所以会出现这种拖延行为是因为个体希望在高强度的时间压力下唤起其在最后期限内完成任务的高动机水平，拖延者本身认为自己在时间压力下会工作效率更高，同时结果更好。

(二)情境性拖延行为与特质性拖延行为

根据拖延的稳定性将拖延分为情境拖延和特质拖延。情境拖延也称任务拖延，是在某一特定时间和场合才出现，或者是对某项特定任务表现出更多拖延。情境拖延强调情境对人的影响，如学业拖延是在学生群体中较为常见的一种情境拖延。特质拖延也称慢性拖延，这种拖延行为是一种习惯性、经常性行为，是在大多数时间和情境背景下都会表现出类似的拖延行为。因此，也会将特质拖延认为是一种人格特质。

(三)积极性拖延与消极性拖延

根据拖延的结果可将拖延分为积极性拖延与消极性拖延。积极性拖延的目的是为更高标准地完成任务而做出选择性的拖延，将精力集中在首先需要完成的任务。消极性拖延的结果与积极性拖延相反，而大多数拖延现象属消极性拖延，在拖延者面对自己必须要完成的任务时选择逃避，当迫近最后期限时，内心压力与之俱增，最终导致任务不能及时完成。

(四)适应性拖延与适应不良性拖延

在运用扎根理论对拖延进行认知和情感方面的相关研究中，将拖延划分为适应性拖延行为和适应不良性拖延行为。他们认为在适应性拖延行为发生时拖延者会体验到认知效率的提高并且伴随着一定的高峰体验，而适应不良性拖延行为多是由于拖延者害怕任务失败以及自我设限等消极因素引起的。

(五)悲观拖延与乐观拖延

根据拖延的态度可以分为悲观拖延和乐观拖延。悲观拖延者会对拖延表现出过度的焦虑和担心，他们认为自己能力不足，无法很好地完成任务，于是他们主动选择拖延来回避不能很好地完成任务而带来的消极情绪体验。乐观拖延者则与悲观拖延者相反，他们并不担心拖延带来的后果，反而他们往往会高估自己的能力，自认为能够很轻松地完成任务，同时低估完成任务所需要的时间，又称为非理性乐观主义。非理性乐观主义跟一个人的自我在时间跨度中的延续感有关，也跟维护个人美好的自我形象的需要有关。

对以上拖延类型进行归类整理，从成因要素可以分为两大类：

一是基于内因特征的拖延。作为外在行为表现的拖延是某些人格特质下的必然产物，不同的人格特质表现有所不同。无数的研究得出，神经质、各种焦虑症状都与拖延存在显著正相关。个体有戒掉拖延的愿望，为了解决拖延问题，他们设定了一个最后期限，当然需要付出高昂的代价，重度拖延者战胜拖延的意愿要远远大于轻度拖延者。所以这种拖延的情形是具有稳定的相对性，它是由个人性格、生活环境差异而呈现出差异性。

二是基于外因情景的拖延。个人的拖延只在某些特别时间和任务环境中出现，或者是在某些特殊场景出现。拖延者们通常会认为任务太难——不是我不想干，是我怕我干不了，于是就先拖着吧；或者觉得完全是在浪费时间——有这时间还不如看会电影或者玩会儿手机呢；或者觉得自己的能力就那么大点儿——老师把任务公布了，但是又完成不了，只有拖了。当然情景拖延最具有代表性的是学校里面的学业拖延，其实拖延追根溯源依旧回到学生时代。从拖延的社会性来看，可分为社会拖延和个人拖延。然而个人拖延与社会拖延两个方面并非相互独立，它们是相互联系的，都是关于连续和情境状况的表述，个人拖延是社会拖延的某方面表现，社会拖延是一种复杂的社会个体拖延综合表现。举个例子，当个体方面的生活拖延影响了他的各种社会关系，那么个人和社会的延迟相互重叠。

此外，以拖延原因为依据研究拖延分类最有代表性的观点是费拉里（Ferrari）的多类型论和斯蒂尔（Steel）的非理性论。费拉里等依据拖延的诱因，将拖延分为三类：决策型，指个体难以在限定时间内做出决策；唤醒型，指个体有意在任务期限前开始行动从而追求冲刺目标的快乐，这类人在时间压力下工作会更有效率；回避型，指个体由于害怕失败、回避负面评价而拖延。阿兹（Aziz）等考察了机构类型、工作期限、等级制度在统治者决策拖延中的作用，表明决策拖延依赖个体的控制类型和外在的背景因素。斯蒂尔对4000名被试进行研究，结果并不支持唤醒型和回避型拖延的存在。斯蒂尔认为拖延是个体自我调节失败而导致的非理性延迟，为此开发了一种非理性拖延量表，该观点得到了一些认知神经科学和行为经济学家的支持。

最后，以拖延性质为依据，可将拖延行为分为特质拖延和状态拖延。特质拖延与人格特征有关，具有稳定性，是个体习惯化的态度和稳定的行为倾向。决策型、唤醒型、回避型拖延都属于特质拖延，测量的工具有决策型拖延量表（DP）、成人拖延问卷（AIP）和一般拖延量表（GP）。状态拖延具有情境性，是在某种具体情境下发生的拖延行为。目前大部分研究都是围绕特质拖延展开，而针对状态拖延的研究相对较少。

四、拖延症的影响

（一）影响身心健康

拖延引起的压力在很多方面都对健康不利，无论是心理健康还是身体健康。因为拖延，大学生群体往往会在任务截止前夕突击赶进度，会因熬夜通宵、日夜颠倒的高强度行为而造成身体损伤、精神萎靡的情况，严重影响身体健康。拖延症还会对大学生内心造成压力甚至使其产生心理问题。当面对由于拖延导致任务不能按时完成的后果时,大学生个体需要承受内疚、愤怒、后悔、自责、沮丧、恼怒、焦虑等不良情绪。这种不良情绪会持续积累,导致恶性循环,严重影响个体心理健康。

总的来说,不同程度的拖延都会带来焦虑、后悔、负罪感等负面情绪,可能引发自我否定、自我贬低,衍生出焦虑症、抑郁症等心理疾病;同时,长期的焦虑会导致失眠,心脏得不到舒缓,从而增加了心脏的负担,导致免疫力降低,增加患病的风险,会严重影响身体健康。

(二)降低学习质量

拖延是大学生日常生活中普遍存在的现象,拖延症对大学生最主要的影响之一体现在学业上。学业拖延是在学校里,当教师布置一项任务时,学习者没有在预定的时间范围内完成应该完成的学习任务,或者是本来应该及时完成的任务,却主观上将它延后的一种非理性的行为,并且还会伴随一些情绪的发生。一般来说,当学习任务没有在规定时间完成时,学业拖延是违反了学校纪律的一种行为。在大学生拖延行为的调查问卷分析报告中可以看到学业拖延比例高达58.67%。经调查,学业拖延具体表现为:学生通常会将老师布置的作业拖到最后才写;学生上课通常会在最后时刻才进教室;学生每次去自习,坐下来都会拿出手机聊会儿天或者刷微博然后才学习;学生突然情绪不好而停止正在进行的学习或者工作等。学业拖延还表现在完成学期论文、复习考试、每周的阅读作业或者是完成管理任务、参加讲座等一系列相关知识活动中。或者是经常打开新建的文档,看看标题,然后打开网页,又开始互联网生活,从而导致本来能及时完成的事情没有完成,这些行为都是学业拖延的表现。

由于拖延而难以在规定的时间内完成学习任务时,只能以牺牲学习质量为代价。同时因拖延导致学习任务越积越多,又加重拖延现象,从而进一步导致学习质量降低。长此以往,由于拖延而引起的学业不佳、考试不及格以及师生、同学关系不融洽等状况也会反复出现,进而导致进取心减退、责任心缺乏、学习失去前进的方向。这些现象的存在势必影响个体学业的成败,甚至对未来的成长成才之路造成一定的障碍。

(三)破坏人际交往

拖延者会通过拖延的方法来逃避任务所产生的不舒服的感受。长久拖延下,自然就会影响任务完成的效率和质量。如果是团队合作下,就不可避免地影响整个团队的进度和效率,最终让伙伴和团队蒙受损失。尤其当拖延行为成为习惯,拖延者就会背上"不值得信任"的名声,周围的同学、伙伴会对拖延的个体产生负面心理。这会极大地影响同学之间正常的人际交往。

（四）情绪失调

学业拖延最容易导致的后果就是一个人的情绪发生变化。当学业拖延到最后无法完成而导致严重的后果时，通常就会出现情绪紊乱。首先，当个体意识到任务的截止日期马上就要来临时，就会产生焦虑感，表现为心神不宁、坐立不安。受访者倩倩表示："当论文写不完时，就心神不宁，玩的时候想着学习，学习的时候想着玩，很痛苦。"其次，拖延很容易出现徘徊。个体在尝试完成学业任务的过程中，会因为任务的性质和个人的兴趣而把任务往后面推，或者先去做其他的事情，然后再完成学业任务。

情绪低落也是学业拖延者常常会出现的一种后果。首先，当学业任务由于拖延而积压到一定程度时，个体除了焦虑、徘徊以外，还会出现自卑感。受访者丽丽讲道："拖延症导致作业质量不佳，质量不佳反过来又会影响到你的心理，你会感到自卑，你的作业和别人的质量不一样，就这样陷入死循环。"学业拖延的后果，可能会由于任务完成质量不佳而导致个体情绪出现变化，因此，学业拖延带来的后果可能是即时的，也可能是延迟的。其次，当个体看到自己由于拖延而导致严重的后果时，也会出现不同程度的自责。最后，当个体意识到学业拖延带来的严重后果而想要改变却屡遭失败时，会产生无奈的情绪。

五、大学生拖延症的干预措施

（一）改变认知，调整心理预期

部分产生拖延行为的学生都是因为任务事件给他们带来的都是消极的情绪体验，如缺乏自信，认为自己做了也会失败，缺乏主动意识；或价值感较低，认为要做的事意义不大，而且不是自己主观意愿想做的。因此，拖延症学生需要重新审视自己的思维和行为方法，主动改变那些负面思维，从而缓解这些负面思维带来的焦虑和自我挫败的感受。

拖延者要冷静理智地分析"拖延"和"立即行动"所带来的利益和影响，摆脱"我以后再做"或者是"时间来得及，能做完就行"的思维。学会忍耐和延迟满足，注重目标的长远发展，明白及时完成任务的重要性。另外，许多拖延者因为自我要求过高，会认为"做不好不如不做"，会在目标面前对自己过去的失败耿耿于怀、焦虑担忧，因而迟迟不能开始行动。拖延者需要调整对目标的心理预期，将"我要出色地完成目标"先改为"我要完成目标"，并学会在不同的任务中，尤其在困难任务中，发现自己喜欢或者擅长的部分，从而有动力完成任务。

（二）从易到难，增加自我效能感

个体会对自己完成某一项任务的能力进行预估和评判，当有自信心完成任务时，行动力就会提高,同时,充分的行动又会进一步激发自己接受挑战的信心。因此,自我效能感的提高会有效干预个体的拖延行为。而提高大学生自我效能感的最直接的途径是亲历成功体验。积累成功可以帮助提高大学生的自我效能感,比如在面对一大堆杂乱无章的学习和任务时,我们不妨选择从最容易上手、最容易完成的任务开始,逐步建立起可以完成任务的信心。同时,在日常生活中多给自己一些积极的心理暗示,增强心理的动力,比如,"我能行""我可以""多做一点儿,就多进步一点儿";在完成简单任务后,可以给自己适当的奖赏,以增加成功的体验,进而提高自己的自我效能感。

(三)制定计划和奖罚制度,加强时间管理

拖延行为的产生经常是由于个体的自制力薄弱、目标不明确、时间管理能力不强造成的。因此,个体需要做好任务规划和时间管理,从而改善拖延。

在任务初期,根据任务的轻重缓急,结合个人的实际情况,可以分析和分解任务目标并制定重点明确的、短期的、可执行的计划,并留有一定的时间弹性,保障计划、目标的实现。具体操作上,可以用到四象限法则、番茄工作法、记录拖延日记等方法。

在完成任务阶段,个体可以建立一定的规范来约束自身,严格执行制定的计划,用有限的自制力去改善这种旧的拖延习惯,形成高效的新习惯。同时,可以给自己设置奖罚制度,通过奖罚制度,拖延者可以给予自己鼓励或压力,从而有利于减轻拖延的程度。

(四)强化团体作用,营造良好氛围

大学生拖延的一个重要原因是中学时期严格的监督与大学自由环境间的反差。这使得大学生在完成目标的过程中,会经常被互联网、个人交际和琐事等不断干扰,从而成为拖延完成任务的"理由"。很多的拖延者,都会因受到外在环境变化的影响而进一步拖延。针对这一点,个体需要重构一个相对安静、专注的环境(自习室或图书馆),让自己远离诱惑,尤其是带有娱乐功能的电子产品。同时建立团队监督机制,借助组织和集体的力量来约束自己的行为,互相监督,互相激励,共同进步。当与人合作完成某项任务时,由于来自合作者的压力,按时完成的可能性更大。学校应该根据拖延症人群的这个心理特点,为大学生营造良好的学习氛围,在年级内、专业班级内形成良好的学风,甚至在宿舍也形成好的学习风气。

此外,还有一些日常的具体操作,方法如下:

番茄工作法。番茄工作法是利用计时工具每工作或学习25分钟就休息5分钟的任务管理方法。学生可以计算自己每天的番茄数,就知道自己做了多少有用功,对每项任务耗费了多少时间也会有更具体的感觉,从而提升对时间的掌控感。

积极地进行自我暗示,增强心理的动力。因为没有信心,大学生在面对目标的时

候不敢轻易去尝试和挑战。因此,增强自信心是增强心理动力的重要手段。首先,在选择时就要把自己的内心放开,不要患得患失。其次,一旦决定就要坚定地完成,相信尽管道路是曲折的,但是前途是光明的,学会自我对话和自我暗示,在内心告诉自己:只要自己能够一直坚持下去,就一定能够赢得胜利。

宣泄和认清自己的焦虑恐惧情绪。带着焦虑和恐惧情绪,我们要花费更多的努力才能达成我们的目标。因此,第一步需要释放"时刻紧张地活着"的消极情绪和压力,释放的方法和途径很多,例如网络上有各种"拖延吧",各类拖延症"患者"都在上面发泄自己糟糕至极的症状,这样的"小巫见大巫",会让很多学习拖延者的焦虑恐惧以及罪恶感减少一大半。或者找一个值得信任的人,和他谈谈你的压力和感受,会帮助自己很好地宣泄压力和焦虑等情绪。

巧妙利用结构化拖延。结构化拖延是指当我们拖延一件重要的大任务时,我们会积极地做一些小事情。不少大学生也深有体会,他们可以积极有效地处理一些有难度、时效性强的学习任务,只要他们可以借此逃避去做更重要的事。因此,我们可以巧妙地利用这一点,给自己制定一个非常重大的高目标的学习任务,虽然这个任务被一直拖延着,但是我们芎着补偿的动力可以应对很多有难度的重要学习任务。

适当降低目标,留有余地。很多才华出众的成功人士也容易患拖延症,他们可能有十倍于他人的才能,但有百倍于他人的高目标,因而更容易脆弱,导致出现拖延现象。因此,如果拖延症较轻,目标压力就可以逐渐减轻,如100分减为90分或80分;如果拖延得特别厉害,一见学习就害怕,那可能需要先把包袱彻底放下,然后再以10分为筹码累积往上加,直到能达到胜任的上限为止。另外要留有弹性空间,切忌再给自己制定无法完成的超高目标。

生理调控。生理调控也是极其重要的一方面。为了避免拖延,应时刻保证精力的充足、营养的均衡,如固定作息规律,每晚11点前休息,早晨6~7点起床,每日平均休息时间保证7~8小时;三餐营养荅配合理,多进食粗粮、维生素等食物。另外,应形成锻炼身体的日常习惯,每天有氧运动30分钟左右,每周至少锻炼4次以上。对于拖延较为严重的个体,可以通过正念等方式进行训练,提升注意的集中性,促进意志品质的形成。

思考与训练

【分析与讨论】

1.我的时间去哪儿了

你的一周时间是怎样安排的? 可根据下表计算一下。

(1)每晚的睡眠时间(_____×7=_____)

(2)每天打扮的时间(_____×7=_____)

(3)每天花费的用餐时间(_____×7=_____)

(4)每天上下学时间(_____×5=_____)

(5)每个周末的出游时间(=_____)

(6)每周固定的活动时间(社团活动等)(=_____)

(7)每天做其他杂事的时间(_____×7=_____)

(8)每天学习的时间(_____×7=_____)

(9)每周约会的时间(=_____)

(10)将1~9项相加(=_____)

用168减去第10项:168-_____=_____

注意:这些就是你每周除去特殊活动——学习、家庭、运动、个人爱好、上网、娱乐等以后剩余的时间了。

惊讶吗? 时间到哪里去了呢?

2.课堂讨论

(1)你是怎样利用你的业余时间的?

(2)你认为可以怎样有效地利用这些时间?

(3)你认为是什么最让你浪费时间?

(4)你生活的哪一方面使你"赢得"了时间?

(5)假如你有更多的时间可以去做你想做的事情,你将如何分配你的时间?

_____

_____

_____

_____

讨论步骤与要求:

(1)每个人先在白纸上把自己详细的观点和看法逐条写出来。

(2)分组讨论:6~8人组成一个小组,小组成员之间先讨论,然后形成一致认可的文字材料。

(3)课堂讨论:每组选派一名同学,代表小组同学参加课堂讨论发言。

【心理测试】

所罗门学习风格量表

测试说明:请阅读下面的句子,选择最符合你的答案。

1.为了较好地理解某些事物,我首先(   )。

A.试试看

B.深思熟虑

2.我办事喜欢（　　）。

A.讲究实际

B.标新立异

3.当我回想以前做过的事,我的脑海中大多会出现（　　　）。

A.一幅画面

B.一些话语

4.我往往会（　　）。

A.明了事物的细节但不明其总体结构

B.明了事物的总体结构但不明其细节

5.在学习某些东西时,我不禁会（　　）。

A.谈论它

B.思考它

6.如果我是一名教师,我比较喜欢教（　　　）。

A.关于事实和实际情况的课程

B.关于思想和理论方面的课程

7.我比较偏爱的获取新信息的媒体是（　　　）。

A.图画、图解、图形及图像

B.书面指导和言语信息

8.一旦我了解了（　　）。

A.事物的所有部分,我就能把握其整体

B.事物的整体,我就知道其构成部分

9.在学习小组中遇到难题时,我通常会（　　　）。

A.挺身而出,畅所欲言

B.往后退让,倾听意见

10.我发现比较容易学习的是（　　）。

A.事实性内容

B.概念性内容

11.在阅读一本带有许多插图的书时,我一般会（　　　）。

A.仔细观察插图

B.集中注意文字

12.当我解数学题时,我常常（　　）。

A.思考如何一步一步求解

B.先看解答,然后设法得出解题步骤

13.在我修课的班级中,(　　　)。

A.我通常结识许多同学

B.我认识的同学寥寥无几

14.在阅读非小说类作品时,我偏爱(　　　)。

A.那些能告诉我新事实和教我怎么做东西的

B.那些能启发我思考的

15.我喜欢的教师是(　　　)。

A.在黑板上画许多图解的人

B.花许多时间讲解的人

16.当我在分析故事或小说时,(　　　)。

A.我想到各种情节并试图把它们结合起来去构想主题

B.当我读完时只知道主题是什么,然后我得回头去寻找有关情节

17.当我做家庭作业时,我比较喜欢(　　　)。

A.一开始就立即做解答

B.首先设法理解题意

18.我比较喜欢(　　　)。

A.确定性的想法

B.推论性的想法

19.我记得最牢的是(　　　)。

A.看到的东西

B.听到的东西

20.我特别喜欢教师(　　　)。

A.向我条理分明地呈示材料

B.先给我一个概貌,再将材料与其他论题相联系

21.我喜欢(　　　)。

A.在小组中学习

B.独自学习

22.我更喜欢被认为是(　　　)。

A.对工作细节很仔细

B.对工作很有创造力

23.当要我到一个新的地方去时,我喜欢(　　　)。

A.要一幅地图

B.要书面指南

24.我学习时(　　)。

A.总是按部就班,我相信只要努力,终有所得

B.有时完全糊涂,然后恍然大悟

25.我办事时喜欢(　　)。

A.试试看

B.想好再做

26.当我阅读趣闻时,我喜欢作者(　　)。

A.以开门见山的方式叙述

B.以新颖有趣的方式叙述

27.当我在上课时看到一幅图,我通常会清晰地记着(　　)。

A.那幅图

B.教师对那幅图的解说

28.当我思考一大段信息资料时,我通常(　　)。

A.注意细节而忽视概貌

B.先了解概貌而后深入细节

29.我最容易记住(　　)。

A.我做过的事

B.我想过的许多事

30.当我执行一项任务时,我喜欢(　　)。

A.掌握一种方法

B.想出多种方法

31.当有人向我展示资料时,我喜欢(　　)。

A.图表

B.概括其结果的文字

32.当我写文章时,我通常(　　)。

A.先思考和着手写文章的开头,然后循序渐进

B.先思考和写作文章的不同部分,然后加以整理

33.当我必须参加小组合作课题时,我要(　　)。

A.大家首先集思广益,人人贡献主意

B.各人分头思考,然后集中起来比较各种想法

34.当我要赞扬他人时,我说他是(　　)。

A.很敏感的

B.想象力丰富的

35.当我在聚会时与人见过面,我通常会记得(　　)。

A.他们的模样

B.他们的自我介绍

36.当我学习新的科目时,我喜欢(   )。

A.全力以赴,尽量学得多、学得好

B.试图建立该科目与其他有关科目的联系

37.我通常被他人认为是(   )。

A.外向的

B.保守的

38.我喜欢的课程内容主要是(   )。

A.具体材料(事实、数据)

B.抽象材料(概念、理论)

39.在娱乐方面,我喜欢(   )。

A.看电视

B.看书

40.有些教师讲课时先给出一个提纲,这种提纲对我(   )。

A.有所帮助

B.很有帮助

41.我认为只给合作的群体打一个分数的想法(   )。

A.吸引我

B.不吸引我

42.当我长时间地从事计算工作时(   )。

A.我喜欢重复我的步骤,并仔细地检查我的工作

B.我认为检查工作非常无聊,我是在逼迫自己这么干

43.我能画下我去过的地方(   )。

A.很容易且相当精确

B.很困难且没有许多细节

44.当在小组中解决问题时,我更可能是(   )。

A.思考解决问题的步骤

B.思考可能的结果及其在更广泛的领域内的应用

评分标准

1.在下表适当的地方填上"1"(例:如果你第3题的答案为A,在第3题的A栏填上"1";如果你第15题的答案为B,在第15题的B栏填上"1")。

2.计算每一列总数并填在总计栏地方。

3.这4个量表中每一个,用较大的总数减去较小的总数,记下差值(1到11)和字母(A或B)。例如:在"活跃型/沉思型"中,你有4个"A"和7个"B",你就在那一栏的最后一行写上"3B"(3=7-4,并且因为B在两者中最大);又如你在"感悟型/直觉型"中,你有

8个"A"和3个"B",则在最后一栏记上"5A"。

活跃型/沉思型			感悟型/直觉型			视觉型/言语型			序列型/综合型		
问题	A	B	问题	A	B	问题	A	B	问题	A	B
1			2			3			4		
5			6			7			8		
9			10			11			12		
13			14			15			16		
17			18			19			20		
21			22			23			24		
25			26			27			28		
29			30			31			32		
33			34			35			36		
37			38			39			40		
41			42			43			44		
总计			总计			总计			总计		
（较大数–较小数）+较大数的字母											

结果解释

每一种量表的取值可能为11A、9A、7A、5A、3A、A、11B、9B、7B、5B、3B、B中的一种。其中字母代表学习风格的类型不同,数字代表程度的差异。若得到字母"A",表示属于前者学习风格,且"A"前的系数越大,表明程度越强烈;若得到字母"B",表示属于后者学习风格,且"B"前的系数越大,同样表明程度越强烈。例如:在活跃型/沉思型量表中得到"9A",表明测试者属于活跃型的学习风格,且程度很强烈;如果得到"5B",则表明测试者属于沉思型的学习风格,且程度一般。在视觉型/言语型量表中得到"A",表明测试者属于视觉型的学习风格,且程度非常弱;如果得到"3B",则表明测试者属于言语型的学习风格,且程度较弱。

类 型	解 释
活跃型与沉思型	活跃型学习者倾向于通过积极地做一些事,如讨论或应用或解释给别人听来掌握信息;沉思型学习者更喜欢首先安静地思考问题
感悟型与直觉型	感悟型学习者喜欢学习事实;直觉型学习者倾向于发现某种可能性和事物间的关系
视觉型与言语型	视觉型学习者很擅长记住他们所看到的东西,如图片、图表、流程图、图像、影片和演示中的内容;言语型学习者更擅长从文字的和口头的解释中获取信息。当通过视觉和听觉同时呈现信息时,每个人都能获得更多的信息

类　型	解　释
序列型与综合型	序列型学习者习惯按线性步骤理解问题,每一步都合乎逻辑地紧跟前一步;综合型学习者习惯大步学习,吸收没有任何联系的随意的材料,然后突然获得它

【心理训练】

训练一:学科推介会

训练目标:

增加学生对各学科的学习兴趣,分享学习方法。

训练内容:

1.询问参加活动的学生擅长的学科,将擅长相同学科的同学分成一组,请他们站到指定区域,并选出一人当组长。

2.在组长的带领下,小组成员分享自己对擅长学科的认识和自己学习这一门学科的学习方法,并讨论如何将该学科吸引人的一面推荐给大家,激发其他同学学习这门学科的兴趣。

3.小组讨论出一个统一的推荐方案,在大组中推广介绍自己擅长的学科,分享学习方法,要求声情并茂,有内涵,有感染力。

4.分享一下在活动中,你是否对自己擅长的学科有了进一步的认识? 其他同学推荐的学科中是否有你不擅长的科目? 听过大家的分享后,以后应如何学习自己不擅长的学科?

训练二:时间馅饼

下图大圈代表一天24小时,请按你自己现在一天生活的平均活动状况,在左边圈内画出比例图。如:自己一天需睡眠8小时,则圆的三分之一即为睡眠占据,其余继续依自己的活动状况填入馅饼内。右边圈内画出你希望的比例图。比较一下有何区别,你打算怎样改善,请与组内成员分享。

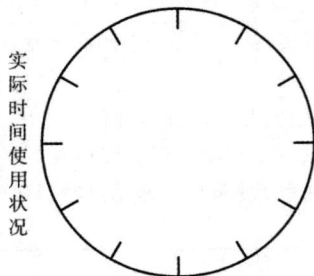

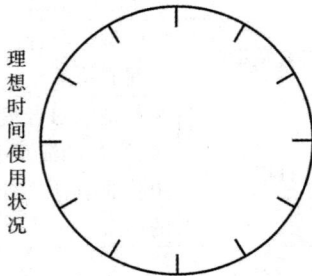

实际时间使用状况　　　　　　　　　理想时间使用状况

练习后我的心得：_____

_____

_____

_____

_____

_____

_____

_____

_____

_____

第三章　学会人际交往

大学生人际关系是复杂社会关系的一种表现形式,是社会关系的一个重要组成部分。人际交往是大学生必不可少的行为之一。大学生通过交往、沟通,从而交流情感、寻求理解、建立友谊、切磋学问、探讨人生。心理学研究证明,对于正常人来说,正常的人际交往和良好的人际关系是其心理发展、个性保持健康和生活具有幸福感的必要前提。心理水平高的大学生,与他人的交往都是积极的、和谐的;而没有形成友好、合作、融洽的心理交往氛围的大学生,常常显示出压抑、敏感、自我防卫、难以合作的特点,对生活的满意度很低。因此,大学生的交往效果和人际关系状况直接影响着他们的学习与生活,影响着他们的心理健康,影响着他们的成长与发展,也影响着学校培养目标的实现。建立健康和谐的人际关系是大学生成才、成功的一个重要的前提。

第一节　大学生人际交往的性质

人际交往的能力是现代人才必备的能力之一,是衡量一个人能否适应社会的重要标志。大学生要想在现代社会中有所作为,就必须适应社会,培养符合时代要求的交际观。只有积极提高自己的社会交往能力,才能掌握人际交往的主动权。

一、人际关系的概念与构成

（一）人际关系的概念

人际关系是指人们在相互交往过程中，彼此间相互影响而形成的一种心理上的和社会上的联系。在人类社会中，人必须与他人发生交往，通过他人的协助，获得物质和精神上的满足；通过语言情感的交流，彼此影响对方；通过观察他人的反应，对照他人的优缺点，了解自我、调节自我，以适应社会的要求。

人际关系反映了交往双方寻求满足各自社会需要的心理状态。人际关系的状况（亲近、疏远、友善、敌对等）取决于人们心理需要的满足程度。如果交往双方的社会心理需要都能获得满足，那么，人们之间就会发生并保持一种亲近的、信赖的、友好的关系。如果一方对另一方因某种原因表示不友好、不尊重，则另一方就会产生疑虑和不安，就会扩大心理距离，使原来的亲密关系变成疏远关系，甚至有可能发展成敌对关系。

（二）人际关系的构成

大学生人际关系由认知、情感和行为三种心理成分构成。

认知成分反映了大学生个体对人际关系状况的认识，是人际知觉的结果，是人际关系形成、发展和改变的基础。大学生互相交往是双方作为信息对象的相互作用，并引起相互间的感知、理解、判断和评价，形成一定的认知结果，情感因素则在这种认知结果的基础上发生。在人际关系中，认知起到了唤起、控制和改变情感的作用，对人际关系起到调节作用。

情感成分是交往双方在情感上的满意程度和亲疏关系，是与人的交往需要相联系的一种体验，反映出对交往现状的满意程度。大学生人际关系极富情感色彩，尤其是女同学，特别重感情。

行为成分是指交往双方外显的行为表现，如语言、手势、举止、风度、表情等表现个性和传达信息的行为要素，它是建立和发展人际关系的交往手段与形式，任何人际关系的发生、发展和改变，都是这三种成分作用的结果。在不同的社会群体里，这三种因素所起的作用有所不同。在正式群体（如班集体）中，行为因素起主导作用，调节人际关系；而在非正式的群体（如某些沙龙）中，情感因素起主导作用，制约人际关系的亲疏及稳定持久的程度。

二、影响大学生人际交往的因素

(一)时空邻近性

俗话说:"远亲不如近邻。"这说明时空距离是形成密切的人际关系的一个重要条件。邻近性是指如果其他条件相同,人们在时空上越接近,双方交往和接触的机会就越多,彼此间就越易形成密切的人际关系。大学生由于同时入学,或年龄相当,或住在同一个寝室,或经常在一个教室和图书馆一起学习,经常接触,相互交往的次数多,容易具有共同的经验、话题和体会,因而能够建立起较密切的人际关系。

美国心理学家费斯汀格(Festinger)等人调查研究几个区域里的友谊模式,他们向17座独立的二层楼房里的住户提出询问:"在该区社交活动中你最亲近的是哪 3 个人?"结果发现:居民与住得最近的人更亲近,最容易建立密切的友谊关系。其中有41%的人选择了隔壁的邻居为朋友,22%的人选择了隔一个门的邻居为朋友。由此可见,时空的邻近性是密切人际关系的一个非常重要的条件。

拓展阅读 人际交往的距离

美国人类学家爱德华·霍尔博士划分了四种人际交往的距离,各种距离都与对方的关系相称。人们的个体空间需求大体上可分为四种距离:公众距离、社交距离、个人距离、亲密距离。

公众距离,其范围约为370厘米之外,一般适用于演讲者与听众,彼此进行极为生硬的交谈。

社交距离,大概是120~370厘米,大概隔一张办公桌那样远。一般工作场合人们多采用这种距离交谈,在小型招待会上,与没有过多交往的人打招呼可采用此距离,是体现一种社交性或礼节上的较正式关系。

个人距离,大概是45~120厘米,就像伸手碰到对方那样,虽然认识,但是没有特别的关系。这是在进行非正式的个人交谈时最经常保持的距离。

亲密距离,大概是0~45厘米,是人际交往中的最小间隔或几乎无间隔,即我们常说的"亲密无间",一般是亲人、很熟的朋友、情侣和夫妻才会出现这种情况。

(二)态度相似性

"物以类聚,人以群分",人与人若具有相类似的认知与价值观,不但容易获得对方的支持与共鸣,同时也容易预测对方的感情与反应倾向,在交往过程中彼此容易适应,从而建立良好的人际关系。所谓相似性,是指包括年龄、学历、兴趣、爱好、态度、信仰、容貌等方面的类似性或者共同性,具有上述某方面相似性的人容易成为朋友,建立亲密关系,其中态度的相似性尤为重要。

美国社会心理学家纽科姆(T.M.Newcomb)曾在1961年采用现场实验研究的方法,探讨了态度相似程度与喜欢之间的关系。他为愿意参加研究的大学新生免费提供4个宿舍,以这些新生必须定期接受访谈和测验调查作为交换条件。在住进宿舍之前,研究者先对这些彼此不认识的被试者进行态度、价值观和个性特征等测验,将态度、价值观和个性特征相似或不相似的大学生分别安排在一间房子里住。然后测验他们对一些事情的态度、看法,就他们对同房室友喜欢的程度进行评定。住宿初期,空间距离是决定彼此交往较多的重要因素,但到了后期,彼此间态度、价值观和个性特征的相似性,超过了空间距离的重要性而成为密切人际关系的基础。在研究的最后阶段,让这些大学生自由选择室友,结果表现,相同价值观和态度者均选择同住一个房间。

相似性有助于交往,这是因为:首先,各种相似的因素使人具有较多的参与相同社会活动的机会,因而人们接触较多,容易熟悉和相悦;其次,相似性可使交往双方产生一种社会增强作用,能满足双方共同的需要;最后,相似性可使人与人之间的意见容易沟通,由于较少有沟通上的障碍,因而可减少误会、曲解和冲突,从而有利于维持良好的人际关系。

(三)需求互补性

互补性也是密切人际关系的重要因素之一。所谓互补是指人的表面的个性差异,由内在的共同观点或看法来弥补。如果相似性是客观因素,那么,互补性可视为主观因素。互补实际上是一种主观的需要或动机。有时两个性格很不相同的人却相处很好,并成为好朋友,这就是因为双方都知道自己的长处和短处,都想利用对方的长处来弥补自己的短处,这是一种心理上的需要,正是基于这种需要,双方才可以和睦相处,特别是异性之间,根据互补性原则结下姻缘的例子相当普遍。常言道,男刚女柔,刚柔结合,既相冲突又相容。

大学生们长期在一起生活、学习和工作,虽然不可避免地会产生这样或那样的矛盾,但是,如果交往的双方能彼此满足对方的心理需求时,彼此将产生强烈的吸引力,从而使相互之间的关系更加密切。

(四)个性特征

大学生的个体能力、性格、品德等个性特征,是构成人际吸引的重要因素。美国人格心理学家奥尔波特(C.W.Allport)经过研究发现,人际吸引力最重要的成分是人的内在属性,如涵养、幽默、礼貌等;其次是形体的特点,如体魄、服装、仪表等;第三是个人表现出的特殊行为,比如新奇和令人喜欢的动作等;第四是因个人的角色地位而引起他人的爱慕与尊敬。另外,帕里(Pany)等人曾以友谊为题访问了4万余人,发现吸引朋友的良好品质有信任、忠诚、热情、支持、帮助、幽默感、宽容等11种,其中忠诚是友谊的灵魂和核心。中央教育行政学院心理教研室对3000多名大学生的"择友标准"进行过调查,结果表明,多数大学生把"诚实、坦率"(64.8%)、"品德高尚"(45%)和"聪明有才华和富于创造精神"(43.9%)作为择友的首要标准,其他受到重视的品质有尊重别人、看重友谊、兴趣广泛、助人为乐和风趣幽默等。

(五)外表特征

爱美之心,人皆有之。一个人的长相、穿着、仪表、容貌、体态,往往是构成人际吸引力的重要因素,特别是在初次交往和第一印象中。亚里士多德曾经说过:外表包括人的外貌、身高、风度等,这些因素会影响人与人之间的关系,美丽比介绍信更具有推荐力。由于首因效应,外表特征在人际吸引力中占有重要地位,尽管我们都懂得"以貌取人,失之于人"的道理,但是,在人们交往活动中外表特征有时也会在无形中影响着人与人之间关系的建立与发展。社会学家发现,人们在社会交往中更趋近于那些衣着略好于自己的人。

美国社会心理学家戴恩(K. Dion)及同事做过一项实验,给大学生们看三个大学生的照片:第一个外貌有吸引力,第二个相貌一般,第三个无吸引力,让被试者在27种个性特征中选择几个用来评价这3个样本,并要求他们估计这3个人未来是否幸福。结果表明,最合人心意的、最幸福的预言都落在外貌有吸引力的人身上。大学生在评价异性时,通常是把一个人的外表美与心灵美结合起来加以考虑。对北京大学290多名大学生(含研究生)的调查表明,相当多的男大学生认为"女性美最主要的是自然美加上健康美""不要浓妆艳抹,应着重心灵美,外表是次要的"。他们认为女性应具有的特征是温柔、善良、热爱生活、爱学习、热情、娴静、活泼而不轻浮、富有青春活力等。

一般情况下,开始的时候人们往往把对方的个人仪表、外貌特征视为影响人际吸引力的最重要的因素。但是,随着双方交往的深入,吸引力将会从外在的仪表美逐渐转向内在的心灵美,把心理品质视为最重要的因素。

(六)才能与专长

大学生比较崇拜和羡慕有真才实学的人。一般来说,一个人的才能出众或有某方面的专长,对别人就有一种吸引力。当然,有时候过于精明强干也不一定就会受人喜欢。美国社会心理学家阿伦森(E.A.Rnson)的研究结果显示:十全十美的人(实际上不存在)使人感到高不可攀、敬而远之,人们往往不敢与之交往。相反,有小缺点、才能超群者往往更受人们喜爱。大学生们经常说:"没有缺点本身就是最大的缺点。"所以,个人的才能与专长是指个人某方面的出类拔萃、超凡脱群之处,而不是指十全十美。这也是一个人吸引他人的魅力的重要组成部分,是构成人际吸引力的重要因素。

三、大学生人际关系的基本特点

大学生的人际关系是大学生活中的一个中心课题。与其他群体相比,他们之间的交往呈现出鲜明的特点,这些特点是大学生个体之间相互作用的结果,是当代大学生交往多样化的统一体现。大学生人际关系的主要特点可以归纳为如下几点。

(一)讲求平等

大学生的主体意识、独立意识和自尊心日益增强,他们的个人阅历、社会经验、认知能力、思想观念也大致相同,因而他们对人际关系的平等性要求越来越高,既对朋友平等相待,又希望朋友对自己也一视同仁。他们希望双方能够在心理上互相平等,彼此坦诚相见,任何一方都不把自己的意志强加于人。因此,那些傲慢无礼,不尊重他人,操纵欲、支配欲、妒忌、报复心强的人常常是不受欢迎的。

(二)富于理想

在大学读书期间,由于没有工作、家庭和生活等方面的太大压力,大学生可以暂时避开社会上人际关系中某些世俗因素,对人际关系开始抱有较高的期望。绝大多数大学生都希望同学之间能够真诚相待、互相关心、互相帮助。但随着时间的推移,大学生对同学关系感到不满意或者不太满意的人数逐渐增加,事实上,大学生感到的这种理想与现实的反差正体现了大学生人际交往中富于理想的倾向。

(三)注重精神

大学生群体是社会中的一个独特的群体,同中学时代相比,他们的生活、心理和智力的发展水平又上了一个新的台阶,思维能力和认知能力都有了较大的提高。他们思想活跃,有着十分丰富的精神世界,对社会、对人生等问题更加关注。大学生因为在经济上尚未独立,家庭负担不太重,因此,大学生交往具有重义轻利、注重精神交流的特点。

(四)情感色彩重

由于大学生处于较高层次的文化环境中,丰富多彩的大学校园文化陶冶了他们的情感,加上青年心理发展的固有特点使同学间关系极富于情感色彩,讲究情投意合。如女同学之间往往重感情,男同学交往比较强调兴趣上的一致,男女同学交往一般比较热情大方,也有的会发展成恋爱关系。但是,由于大学生的心理发展还没有完全成熟,意志力不太强,致使同学间的情感很不稳定,变化较多,表现为时而欢欣鼓舞,时而又焦虑悲观,经常容易以感情代替理智。

（五）动机单纯

大学生交友的动机基本是单纯的,功利意识少,多数以满足精神要求、互相促进学习、共同参与活动作为择友的主要目的。因此,大学生之间的交往比较真诚、自然,少有做作、虚伪以及世故。由于大学生交往功利色彩较少,情感色彩浓厚,因此,他们的人际关系比较单纯,但也常常因此而遭遇挫折。

值得指出的是,目前大学生人际交往关系的特点又有新的变化,表现为:交往的主动性明显增加;交往的范围日益扩大,已经不限于学校内部;交往的对象增多,各类人员均有;交往的功利性越来越明显;交往过程中强调等价交换原则;交往过程中协作与竞争交替存在。

第二节 大学生人际交往的心理定式

一、心理定式及其基本特征

（一）心理定式的含义

心理定式作为一种心理现象,虽然是人主观心理特性的表现,具有一定的主观性,但它并不是一种人主观随意性的产物,而是具有存在的必然性和客观的表现形态。它之所以被一般人视为某种不可捉摸的神秘现象,主要是人们并没有了解它形成、变化的规律及其基本特征。因此,从一定意义上讲,把握公众心理定式及其基本特征是建立良好心理关系的必要前提。

心理定式,是指心理上的"定向趋势"或"固定趋势",是人们在与特定对象(人或物)发生关系时所出现的一种心理上的准备状态。这种心理状态在人的认知和情绪活动中起着决定性的作用,会影响人们的信息接收、态度变化及行为举止,使人不自觉地沿着一定方向或模式去感知事物、思考问题和解决问题。心理定式既是一种心理方向力,又是一种心理动力。

心理定式和心理特征既有联系又有区别。心理特征是通过行为反映出来的心理特点,是对心理特点的基本概括。心理定式则是影响心理活动和行为活动的"前心理活动",是人心理活动的准备状态和前后连续的基础状态。可以说,心理特征和心理倾向必然会表现出具体的心理活动,而心理定式就藏在心理活动的过程中。

在日常生活中,心理定式主要是通过三个方面对人的行为活动产生影响:第一,它通过人的知觉习惯起作用,即当人们遇到问题的时候,人们往往根据自己已有的记忆、感觉、知觉来判断目前事物,得出"这种事情肯定是……"的结论,从而对当前问题做出迅速的反应。第二,它要以先入为主的观念影响人,即人们总是以一种习惯模式、一种自以为符合逻辑的方式思考。以这种原有观念和模式进行思考的时候,人们往往会不自觉地歪曲客观信息,发生认知偏差,如"疑邻窃斧"就是如此。第三,它通过情绪和心境来制约人的心理和行为。特定的情绪和心境不仅能使人产生特定的自我体验,而且还会通过投射到与其发生关系的人或事上,从而使人的活动带有一种主观情绪色彩。

由此可见,心理定式是不可避免的心理活动状态,是人们认识问题、解决问题及行为活动的动力,它对人的心理活动既可能起积极的推动作用,促使人们快速反应,直接达到一种行为结果;同时也可能对人们的行为起反作用,以一种先入为主的观念、知觉和情绪来判断问题,从而给人们正确认识事物制造障碍,产生不良的消极影响。

(二)心理定式的基本特征

虽然心理定式表现出极大的复杂性、多样性和特殊性,但它们仍具有内在联系,存在着共同的和普遍的特征,具体表现在以下几个方面。

1.心理定式的内潜性和隐蔽性

同人们的行为相比,人际心理定式是内潜的和隐蔽的。因为作为人的内在心理状态,它主要是通过人的心理活动来表现和起作用的,所以很难以实体性的方式外显出来。这种隐蔽性和内潜性既给人们开展人际交往活动带来了较大的困难,也创造了更多的机会。

2.心理定式的自发性

任何一种人际心理定式的形成及其对人的作用,都不是事先有目的、有组织、有计划的,而是人们心理活动和行为活动的一种不自觉的"产物"。但这并不等于说人们不可能有目的、有组织、有计划地自觉引导、诱发和强化某种心理状态并引发其行为。恰恰相反,只要人们真正把握了心理定式的这一特征及其形成变化的内在规律,就能达到预期的目的。如广告宣传就是利用人们的这种心理反应特质来达到树立组织及其商品信誉这一目的的一和自觉公共关系活动。

3.心理定式的规范性

心理定式规范并决定着人们行为的性质和方式。由于它是人在整个社会环境中共同生活所获得的类似性经验的心理凝聚和升华,所以这种心理状态就会在社会认同中不断得到强化,并使人们形成某种特定的心理习惯。这种心理习惯一经产生就会在人的心理活动中占据一定的位置、发挥一定的作用。同时,又由于这种习惯能得到社会舆论和评价的"奖赏",所以这种心理上、情感上的自我平衡和满足也就成为一种自我"报偿",结果也就必然对人的具体行为产生某种规范作用。古语"一朝被蛇咬,十年怕井绳"就是如此。可见心理定式是不会轻易消失和改变的,它会规范和驱动人们的行为。

4.心理定式的综合性

心理定式是人的认知、情感、意志等综合作用的结果。"一朝被蛇咬,十年怕井绳"既反映了人们认识上的心理定式,又有强烈的情感色彩,同时还反映着人们的意志品质。心理定式是一种综合效应,它综合反映人的经验、知识、文化素养和意志品质。

(三)心理定式的基本形态

根据心理定式的性质,可以将其分为三大类。

第一类是个体心理定式,它是个体在具体事件中表现出来的综合反映其心理特征和心理素养的心理定式,主要包括首次效应、经验效应和移情效应。

第二类是公众群体心理定式,它是一定范围内的人在共同的生活过程中所形成的一种人数众多、积淀深厚、作用广阔的心理定式,具有更加广泛的社会性和社会意义,主要包括民族文化教育心理、地域文化心理、社会习俗和礼仪以及社会刻板印象等形式。

第三类是流行心理定式,它是个体或群体在一定时期内由于相互影响而形成的一种短时间的心理定式。它具有较大的可变性。这种心理定式存在时间较短,但它能在一定时期内迅速轰动,对人们的心理活动和行为活动具有较大的冲击力,主要包括时尚的流行、流言以及社会舆论等。

二、大学生交往中的个体心理定式

在生活实践中,每个人都积累了许多人际交往的常识和经验,且习惯于用这些常识和经验来指导自己的交往活动,并且从不怀疑它的可靠性。然而,恰恰是这些从没有被怀疑过的常识和经验,会导致我们的人际认知出现偏差,并影响交往的正常进行,这便是所谓的个体心理定式。个体心理定式是个体在长期生活过程中形成的,通过具体事件表现出来的一种稳固的心理状态和心理活动方式,它对个体今后的心理活动和行为活动会产生重要影响。它主要包括优先效应、经验效应和情绪效应。

(一)优先效应

优先效应也叫首次效应或第一印象,它是指当人们第一次与某物或某人相接触时会留下深刻印象,这种最先给人留下的印象就会成为一种难以改变的心理定式,影响人们今后的心理和行为。

人为什么会产生这种心理定式呢？因为人在和从未接触过的人和事第一次打交道时，总是会给予更多的注意，并留下深刻印象，以后再接触时，他就会以第一印象为主，有意无意地用这种印象去评判和分析对象。如我们在和某人接触时，对方的表情姿态、身材、仪表、年龄、服装等往往会给我们留下深刻的印象，这种印象就会影响我们对他今后行为的解释。一般来说，第一印象较好，我们就会对对方产生认同感而不会产生反感情绪；第一印象不好，对方以后的良好行为也会相形失色，因为人们这种心理定式一经形成就很难再改变。

心理学家曾对此做过实验。心理学家给两组大学生看同一个人的照片。在看之前对甲组学生说此人是一个屡教不改的罪犯，而对乙组的学生说此人是一个著名的学者。然后，让两组学生各自从其外貌特征来说明他的性格特点。结果，甲组说："那深陷的目光暗藏阴险；高耸的额头，表明了他死不改悔的决心。"乙组的同学却说："那深陷的目光，表明他思想的深刻；高耸的额头，表明他勇于攀登的坚强意志。"可见，第一印象是何等重要。

由以上例子可以看出，优先效应有以下几个特点。

第一印象既可来自直接接触，也可来自传播媒介的间接介绍。例如，你可能并没有见过某人，但通过别人的介绍你已经对他形成了一定的印象，今后接触时往往就会据此去解释对方的心理和行为。所以，第一印象不一定是第一次直接接触的印象，而是指第一次形成的印象。第一印象具有层次性。当我们对某个人形成第一印象时，由外观能深入到其性格、职业等方面。当我们看到某一商品广告时，可能会由此推及它的质量、功能等要素。当我们进入商店或饭店时，对服务人员形成的第一印象也同时是对商店或饭店本身的第一印象。所以，第一印象具有层次性、推延性和广延性。当然，由于人们根据首先接触到的信息去想象和推测，难免会产生以偏概全的现象。

第一印象的产生往往是多种因素综合作用的结果。第一印象的形成及其好坏，首先与当时的情境有关，这是印象产生的客观因素。同时，第一印象也与人当时的情绪、兴趣以及人的智力状况、注意力、性格等主观因素相关。最后，第一印象的性质还与对象的表现范围和表现程度有关。如果接触时间太短，对象还来不及展示，人们对其形成的印象相对比较肤浅；反之 则较深刻。

第一印象的性质决定了第一印象的作用：一方面，第一印象良好，人们就容易对其产生信赖感或迷信心理。当然第一印象也会使人上当受骗。另一方面，第一印象不好，则容易使人产生厌恶感，从而给以后的接触造成障碍。所以，对于大学生来说，了解优先效应的作用具有实际意义：一是要警惕第一印象优先效应的影响，避免给人留下错误的不好的第一印象；二是要重视第一印象，要设法在公众中留下一个良好的印象。

（二）晕轮效应

晕轮效应又叫光环效应,是指由认识对象具有的某一特征而泛化、推及出其他一系列或全部特征的心理定式。例如,当一个人对另一个人的某些主要品质有良好的印象后,就会误认为这个人一切都好,这个人也就被一种积极肯定的光环所笼罩。之所以称之为"晕轮效应",是因为它像刮风天气之前月亮周围出现的大圆环(月晕或晕轮),但这个大圆环是月亮的光通过云层中的冰晶时折射出的光现象,是月光的一种扩大化,事实上并不存在这样一个光环。晕轮效应也就是人们对对象形成的一种总体的幻化印象,尽管产生这种幻化印象的某一感知特征是真实的,就像人们对月亮的感知一样真实,但总体印象却和月亮外面的光环一样不真实。俗语说的"情人眼里出西施"就是如此。

晕轮效应在日常生活中普遍存在。例如,人们走进商店购买礼品时,往往更注意礼品的包装是否精美,因为人们总是误认为里面的东西会和外面的包装一样令人满意,从而产生晕轮效应;在交往过程中,人们会经常根据某人漂亮、好交际等外在特征而概括地认为这个人聪明、能干。心理实验也表明:男女大学生对外表吸引人和外表不吸引人两类人做出的评价中,往往赋予前者更多的理想人格特征,如聪明、和蔼、好交际等。

晕轮效应和优先效应既有联系又有区别。联系表现在:这两种心理定式都是以主观代替客观,以树木代替森林,具有强烈的主观色彩;同时,由于优先效应会妨碍人们今后的正确认识,产生固执认识上的偏见和情感上的偏心,所以必然连带地产生晕轮效应,因此可以说优先效应是晕轮效应的准备和前奏。但是,晕轮效应并不等于优先效应,也不一定要以优先效应为前提,因为二者之间还有明显的区别。其区别表现在:优先效应是从时间上来说的,由于时间上的先后关系,人往往对前面的东西印象深刻,后面的就成了前面印象的补充;而晕轮效应是从反映的内容说的,对于对象的部分特征印象深刻,就将这局部印象泛化为全部印象。因此,这两种心理定式是不同的。晕轮效应和优先效应相比,晕轮效应是心理定式中更深层次的东西,因而更难以克服和纠正。

晕轮效应是人在认识过程中和认识逻辑上出现的一种认识偏差,它起源于知觉的整体性。由于人的心理活动具有一种把不同属性、不同部分的对象知觉为一个统一整体的特点,导致了晕轮效应的产生。因此,它的形成是无意识的,也是必然的。由于它的产生是必然的,形成之后又是固执、难以改变的,因而对人的认识活动就会产生很大作用,从而妨碍人的认识过程,使人"一叶障目,只见树木,不见森林"。一方面是一好俱好,但这带来的后果是容易上当受骗;另一方面则是一毁俱毁、一无是处,带来的后果就是公众对对象产生厌恶感和疏远感。

（三）经验效应

经验效应也叫定型效应,指个体在对对象进行认知时,总是凭借自己的经验对对象进行认识、判断、归类的心理定式。也就是说,人们在对他人或他物认识时,会自觉不自觉地根据自己的经验产生一种心理准备状态,这种准备状态使他对对象会做定型或定势分析,这也是一种普遍存在的心理定式。

经验效应产生的心理基础是人认识的连续性。由于人们总是在已有认知结构基础上进行认识和思维,这些认知结构思维方式、思考内容等就不可避免地被带入新的认知过程中,从而造成了经验效应的产生。

经验效应在日常生活中表现得非常多。例如,谈到教授,人们的认知形象一定是清瘦、古怪、文质彬彬;谈到王子,人们的认知形象一定是潇洒、英俊、富有等。当然,经验是人们日常生活的积累。经验效应在有些情况下有助于人们对对象做概括性的了解。如在认识一些不太熟悉的人或事时,由于其给予的信息较少,缺乏必要的线索,人们就可根据经验来对之进行推理和归类,从而迅速做出反应判断,这是它的积极作用。但是,经验是一种财富,同时也是一种包袱。在当今这个变化万千的世界中,用一种固定的经验千篇一律地看待一切人和事,难免就会使人的认识陷入僵化和停滞,甚至闹出许多笑话。因此,仅靠经验是不行的,经验也有消极作用。

（四）情感效应

情感效应也叫移情效应,是指人们在对对象形成第一印象时,当时的情绪状态会影响他对对象今后评价的一种心理倾向。在现实生活中,主体的喜怒哀乐往往会影响对他人或他物的评价,同时它还能通过情绪感染引起他人的同类心理效应。常言说的"爱屋及乌",就是如此。

人之所以会产生情感效应,是因为人都有七情六欲,人在从事一切活动时,都带有一定的情感,这种或爱或恨、或不爱或不恨的情感就会影响人们的心理活动状态。例如,对自己喜欢的东西就会有积极、热情的态度,对恨的人或物则有厌恶感,对不熟悉或是谈不上爱和恨的人或物则会采取冷漠的态度。总之,情绪会影响人的一切生活。

情感效应首先表现在人情效应方面,即以人为情感对象,并将自己的情感迁移到他人身上的效应。如去商店买东西,如果服务员的态度非常好,顾客就会获得良好的心境,同时也就会将这种感受迁移到他人身上,认为人们都心情舒畅、亲切友好。由于人是情感动物,所以在人际交往中,情感的表露对人际关系的建立起到重要作用。情感效应还表现为由人情而达物情,即所谓由于爱某人而爱及他的一切、恨一点而及其余等。如果一个人对抽烟深恶痛绝,那么对抽烟的人无论认识或不认识都不会有好感。同时,情感效应还突出地表现在人们之间的情绪感染方面,即他们的喜怒哀乐等情绪往往会影响其周围的人,从而产生情绪迁移。例如,现代广告的"名人效应"就是一种情感效应。现代广告中的"人情味"也是想以情动人,使公众对之产生好感,由爱广告而爱及产品或企业本身。

大学生在人际交往中要学会调动他人积极的心理体验,这是人际交往顺畅的一个重要前提。一个能够给他人带来和谐心理氛围和愉快心理体验的人总是受欢迎的。

第三节 良好人际交往的建立

人际交往与心理健康是相伴而行、密不可分的。有良好的人际交往必定有健康的心理,有健康的心理一般也一定有良好的人际交往,二者相辅相成、互相促进。

一、培养良好人际交往的原则

(一)平等原则

在人际交往中,平等待人是建立良好的人际交往的前提。如果没有平等待人的观念,就不可能与人建立密切的人际关系。交往要平等指的是人与人之间的相互交往应该遵循平等原则。同学之间不要因为家庭、经历、特长、经济等方面优于他人而对别人"另眼相看",也不要因为学习成绩、社交能力等方面强于别人而看不起别人,更不要因为自己获得了荣誉或拥有良好的社会背景而傲视别人。只有把每个人都看成是和自己平等的人,积极帮助别人,才能与他人形成真正平等互助的正常交往关系。

(二)互利原则

互利互惠这一原则对人际交往有着重大影响。互利原则要求人们在交往过程中,交往双方都能得到好处和利益,心理上获得满足。互利包括三个方面:物质互利、精神互利和物质与精神兼利。大学生交友中的互利虽然也有一定的物质互利,但主要还是精神互利。大学生的生理和心理特点决定了他们最希望得到别人的理解和支持,喜欢引人注目,渴望出类拔萃。大学生的精神互利与他们自身需求系统中的精神需求所占比重有较大关系。

大学生在同他人交往的时候,要想从他人那里获得关心、注意和爱护,就必须考慮到他人也有這種需要，這也是互利原則所需要的。因此，建立良好的人際關係要互相關心、互相愛護、互相幫助，互相理解、互相尊重，不能只讓別人對你有貢獻，而你對別人只講索取。

（三）信用原則

所謂信用，是指在人與人的交往中，要說真話而不要說假話，要遵守諾言、兌現諾言。信用是忠誠的外在表現，講信用是相對於他人而言的，沒有交往便無所謂信用問題，單獨的個人就不存在信用問題。但是，人是離不開交往的，而交往離不開信用。在大學生的人際交往中，取信於人是非常重要的。由於大學生群體的特殊性，他們的信用一般不像社會政治與經濟交往中那樣受到法律的約束，而主要是依靠道德力量來約束。因此，大學生在人際交往過程中，只有真誠待人，才有可能與別人建立和保持良好的人際關係。社會經驗證明，為人與交友最重要、最根本的就是要誠實，誠實才能使人放心，才能贏得他人的信任，別人也才能同你推心置腹。信用是大學生結交知友良朋必不可少的前提。

常言道："言必信，行必果。"取信於人的主要方法可概括為守信、信任、不輕諾、誠實、樹立自信心。無信不立，守信是第一步。樹立自信心就是為了獲取信用，自信被視為成功的第一要訣。一位研究人際關係的學者說過："人際關係不好的人大都缺乏自信心。想保持良好的人際關係，必先找回個人的自信。大學生在交往過程中，既要自信，又要信人，做到相互之間以誠相待。"

（四）兼容原則

兼容原則是指人們在交往過程中出現矛盾、遇到衝突時要有耐心，能夠寬容他人，做到包容並蓄，包括容忍對方的個性缺點。大學生在人際交往過程中應該學會寬以待人，不計較交往中的細枝末節，如物質利益的損失，某些性格上的差異，甚至一些言語方面的冒犯等，這樣才能在學習、生活和工作中保持融洽的人際關係。

大學生主要過集體生活，他們來自全國各地，每個人的個性、習性、興趣愛好各不相同。有人外向，有人內向；有人熱情，有人深沉；有人學習成績優秀，有人文體特長較多。因此，要想關係融洽，需要每一個大學生能夠尊重他人的習慣、愛好，不把自己的主觀意志強加給別人。同時還要充分理解對方的心理，諒解別人的過失，對別人不要求全責備。只有這樣，同學之間才能避免和消除猜忌、糾紛、傲慢和自卑，形成協調的、融洽的、和睦的人際關係，使大學生的集體成為一個溫馨的集體，而這一切都離不開兼容原則。

兼容不僅表現在對非原則性問題不斤斤計較，而且表現在別人明顯虧待了自己的時候也能做到以德報怨；兼容不僅表現在容忍別人的短處上，也要表現在接受別人的長處上。當別人不如自己的時候不輕視怠慢，當別人優於自己的時候不嫉賢妒能。

当然,兼容不是软弱无力,恰恰相反,不以牙还牙,抑制狭隘的报复心理本身就是力量和勇气的表现。大学生有文化、知书达礼,应该达到"有理也让人"的心理境界,严于律己,宽以待人,兼容并蓄。

(五)尊重原则

尊重是由"人人平等"的社会伦理规范所规定的人际交往原则。它包括自尊与尊重他人两个方面。自尊就是在各种场合都要自重、自爱,不做有损人格尊严的事。尊重他人就是重视他人的人格和价值,承认他人在人际交往中的平等地位。一个不尊重别人的人,经常损害别人或把别人当工具使唤的人,人们是不愿与之交往的。人都有友爱和受人尊重的需要,大学生的自尊心都比较强,他们希望在社会中有一定的地位,受到人们的信赖与尊重,使自己成为社会中平等的一员,因而在大学生人际关系中,遵守尊重原则十分重要。

二、建立良好的人际交往的具体措施

拓展阅读 / **26个细节帮你赢得好人缘**

1.如果长相不好,就让自己有才气;如果才气也没有,那就经常微笑。

2.气质是关键。如果时尚学不好,宁愿纯朴。

3.与人握手时,可多握一会儿,真诚是宝。

4.不必什么都用"我"作主语。

5.不要向朋友借钱。

6.不要强迫客人看你的家庭相册。

7.与人共乘出租车时,请抢先坐在司机旁。

8.坚持在背后说别人好话,别担心这好话传不到当事人耳朵里。

9.有人在你面前说某人坏话时,你只微笑。

10.自己开小车,不要特意停下来和一个骑自行车的同事打招呼,人家会以为你在炫耀。

11.同事生病时,去探望他,很自然地坐在他的病床上,回家再认真洗手。

12.不要让过去的事全被人知道。

13.尊敬不喜欢你的人。

14.对事不对人;或对事无情,对人要有情;或做人第一,做事其次。

15.自我批评总能让人相信,自我表扬则不然。

16.没有什么东西比围观者更能提高你的保龄球成绩了。所以,平常不要吝惜你的喝彩声。

17.不要把别人对你好视为理所当然,要知道感恩。

18."榕树上的"八哥"们不停地在"说话",只叫嚷不倾听,结果乱成一团,所以要学会聆听。

19.尊重传达室里的师傅及打扫卫生的阿姨。

20.说话的时候记得常用"我们"开头。

21.为每一位上台唱歌的人鼓掌。

22.有时要明知故问:"你的钻戒很贵吧?"有时,即使想问也不能问,比如:"你多大了?"

23.言多必失,人多的场合少说话。

24.把未出口的"不"字改成"这需要时间""我尽力""我不确定""当我决定后,会给你打电话"……

25.不要期望所有人都喜欢你,那是不可能的,让大多数人喜欢你就是成功的表现。

26.当然,自己要喜欢自己。

常常会听到大学生感叹做人难,其实所谓做人难,难就难在与他人的沟通和相处,难在如何让周围的人都欢迎自己,如何令自己在人群中表现得八面玲珑、游刃有余,成为一个人际状况良好的人。既然交往是一种活动,那它就必然有技巧可循,交往中的技巧仿佛就是人际关系的润滑油,使我们在交往活动中如鱼得水,收放自如,建立良好的关系。

(一)增强人际吸引力

人际吸引是指在沟通活动中"互动双方"即主客体之间的吸引力,它是人际交往的前提。一个人是否具有较强的人际吸引力,是在交往中能否取得成功的重要因素之一。社会心理学把人际吸引力的产生归结为多方面的因素,如人的内在品质如精神面貌、性格特点等,人的外在条件如衣着打扮、行为举止、职业地位等都可以影响人际吸引力,并因此影响人际交往的效果。

法国心理学家曾设计了这样一个实验:把实验人员分为五类,一种是风度翩翩的青年科技人员,一种是年轻漂亮的小姐,一种是军官,一种是嘴叼香烟、穿戴不整洁的中年妇女,一种是留着长发、穿戴邋遢的流浪青年。五类人员分别在公路上要求搭顺风车,结果是:青年科技人员和漂亮小姐的成功率最高;其次是军官;中年妇女的成功率在60%以上;而流浪青年的成功率则低于前几种类型。人际吸引力在交往中无处不在,每一个人都希望自己得到别人的喜爱,同时也希望自己有讨人喜欢的朋友,这种相互的喜爱就来自人与人之间的吸引力。

对于如何增强人际间的吸引力,社会心理学家的研究表明:

第一,人们易于喜欢与自己较为邻近的人。物理性相近容易使人与人之间发生关系,易于相互了解和相互协作。这就是空间的接近性,又称邻近因素,所谓"远亲不如近邻"就是此因素的形象概括,它表明了空间距离与人际吸引之间的关系,人与人之间的距离越近越便于沟通,越容易形成稳定的关系。

第二,人们喜欢具有自己持好感性格特征的人。个人特征中最富有吸引力的因素是真诚、热情和外表方面的吸引。个性品质是一个人的内在美,主要是指一个人的气质和行为模式。例如,直率或拘谨、坦诚或虚伪、勇敢或懦弱、智勇双全或轻举妄动等。一般来说,人们在沟通中所表现出的行为倾向、性格、气质等个性品质,对人际交往的建立与发展起着十分重要的作用。

第三,人们喜欢自己较熟悉的人。心理学中有个曝光效应,即我们都会偏好自己熟悉的事物。对人际交往吸引力的研究发现,我们见到某个人的次数越多,就越觉得此人招人喜欢、令人愉快。因此,社会心理学又把这种效应称为"熟悉定律"。熟悉不会导致轻视,实际上熟悉诱发了喜欢。例如,我们很少有机会认识一个不同学校的人或住在另一个城市的人,但大多数人更喜欢他们的舍友,更喜欢隔壁的人而不是隔了几个门或是住在楼下的那些人。因此,在交往中主动增加与别人的接触是非常有必要的,但在交往的过程中应该注意增加一定的新鲜感。

第四,相互性作用。当一个人对另一个人的交往包含着对回报的期待,这个回报可能是及时的,也可能是延后的。当双方需要以及期望形成互补关系,会产生强烈的吸引力。互惠性不仅仅指物质上互惠互利,在深层次上是心灵的互惠互利,因为心理价值、情感获得都是人类心灵活动的动力。精神报酬很重要的一点是喜欢的相互性,即人们往往喜欢那些喜欢自己的人。当告知人们被他人喜欢或仰慕时,会产生一种情感上的回报。因此,喜欢是相互的,对对方的热情报以冷漠的回应,喜欢就会消失;同样的,向对方报以热情,也可能改变对方的冷淡态度。

第五,相似性作用。人们喜欢与自己相似的人,因为这种关系构成了平衡状态,自己的观点容易受到赞同和支持,对对方的预测也更为准确。在人类的沟通中,人与人之间的相似之处很多,如年龄、经历、兴趣、态度、社会地位、生活习惯、经济状态等等,一旦彼此相似就形成了沟通的基础。比如政治见解一致、宗教信仰相同,对社会中的重大事件有相同的看法等,这不仅对于初步的人际吸引有作用,而且对于深层次的沟通也有影响。人们不但喜欢与那些在人格上跟自己相似的人交谈,而且还喜欢满足自己需要、补充自己个性的人交往。

第六,喜欢对自己有高度评价的人。美国心理学家威廉·詹姆斯曾经说过:"人性最深刻的渴望就是获得他人的赞赏,这是人类之所以有别于动物的地方。"赞美,是对自我的高度认同和接受。人们生活于世,总是寻找一种归宿感,一种价值感,一种成就感,希望在人群中获得一种优越感。当接受别人的表扬时,人们的自尊心得到满足,心理上会期望再次与该人接触,因此交往中应恰当地、不失时机地赞扬对方。当然,赞扬也要注意技巧,做到态度真诚、内容不空泛。

(二)提升幽默感

幽默是指以一种轻松、有趣的方式来看待问题。高幽默者能够认识到世界的不足和缺陷,并能够接受它,从中取乐,苦中作乐;能够以游戏心态看待世界,从不幸中见到所幸,在失意中寻找乐趣;当面对生活的困境时,不是沮丧或愤怒,而是采取自嘲的姿态,从而使幽默成为一种优雅的应对方式。有研究者采用《应对方式量表》对258名大学生调查表明,高幽默感者与低幽默感者在问题解决、积极评价和淡然处世三个维度上均有显著差异。

有人说,精神愉快的人最为明显的特点就是善意的幽默感。当我们在交往中遇到困难时,让对方开怀大笑是消除误解的最佳方法,这就是幽默感带给我们的最好的礼物。在气氛紧张的关头,一个轻松的笑语、一句善意的打趣话,就有可能使面临破裂的友谊继续下去。

幽默是人类智慧闪耀的光芒,它永远与机智、诙谐、乐观、自信等优秀的品质联系在一起。幽默的人永远为周围的人所喜爱,永远是社交场上的中心。人们喜欢幽默,是因为它让人轻松和超脱,使交往关系更为融洽。从某种意义上讲,幽默是人与人交往中的润滑剂,它可以减少人际摩擦,使交际变得更顺利、更自然。

善用幽默可以体现在许多地方。在交往中我们常常会遇到这样的事,打算向对方提出一个要求但又担心对方不能满足自己,以幽默的方式提出是解决这种矛盾的最好办法。例如,同学一起去爬山,一名女同学下山的时候不小心崴了脚,你想去背她下山,但又担心会被拒绝,你可以用幽默的口吻来试探:"哎呀,千金小姐受伤了,别看我个子矮,但咱还是有把子力气的,让我试试能不能背得动你这一千斤。"反过来,如果无法满足朋友的要求,用开玩笑的口吻婉拒也不失为一个好办法。那么这个女生想拒绝就可以开玩笑地回答:"这可不是力学的问题,这是个心理学的问题。下山的路确实不好走,我是真心舍不得让你背,现在千金秒变女汉子啦!"作为领导者组织某个活动,如果想拉近与合作伙伴的关系,幽默当然是最有效的工具之一;与商业伙伴在某些问题上的谈判进行不下去了,双方利用幽默也可能打破谈判的僵局,为相互让步创造条件;当朋友遇到麻烦,制造幽默是安慰和鼓励对方的有力手段。

生活中需要幽默。在一方心情恶劣或双方发生冲突时,刺激性的语言无疑是火上浇油,喋喋不休地劝解也往往事倍功半,而一句妙语却常常能使其转怒为喜、破涕为笑。

高尚的幽默,不仅能给生活带来欢乐,而且可以冲淡矛盾、消除误会。与人发生冲突时,为了不使自己陷入激动状态和被动局面,最好的办法是以超然洒脱的态度去应对。关键时刻幽默一下,往往可以使愤怒不安的情绪得以缓解,使紧张的气氛变得比较轻松,使一触即发的场面在欢声笑语中结束。例如,公交巴士突然急刹车,一位衣着普通、相貌一般的先生没站稳,撞到了前边浓妆艳抹的女士身上,女的用力推了他一下,嘴里骂道:"瞧你那德性!"先生笑着回答:"女士,您说错了,这是惯性,不是德性!"把全车人逗得哈哈大笑。

幽默固然是交往中的有力武器,但也不是在任何时候都可以使用的。善用幽默也有一定的原则,牢记这些原则是发挥它最大作用的前提。幽默不是讽刺,在与人交往过程中,宁可取笑自己,也决不可以取笑他人。幽默也不是蔑视,而是爱,只有与人为善的人,才可能真正具有幽默感。此外,幽默是一种语言的艺术,它是与广博的知识、丰富的阅历、高度的修养、广阔的胸襟紧紧联系在一起的,千万不要把它理解成油嘴滑舌,不分场合耍贫嘴。

(三)讲求沟通艺术

沟通是人际交往的核心因素,它是人与人之间、人与群体之间思想与感情传递和反馈的过程,以求思想达成一致和感情的通畅。沟通也是人们分享信息、思想和情感的任何过程。这种过程不仅包含口头语言和书面语言,也包含形体语言、个人的习气和方式、物质环境赋予信息含义的任何东西。在人与人之间的交往过程中,我们需要经常与人沟通,但并非每一次都能沟通成功,所以沟通在人际关系的处理过程中是需要技巧的。

学会沟通,就学会了和别人打交道。很多人会说错话,强行尬聊,说明他们都没有学会真正的沟通。大学生人际冲突多数是由于沟通不畅产生的,所以,正确把握和运用沟通艺术,对于我们如何在学习生活中利用沟通的艺术达到提高大学生人际交往能力具有重要的意义。

1.学会听的艺术

倾听是沟通的第一艺术,也是建立和维系人际关系的关键。如果我们是一个很好的倾听者,我们能够倾听别人的诉说,理解诉说者并且知道对方想要什么,我们会发现周围的人总是会被吸引,他们很信任我们,也愿意陪伴我们左右。反之,不善于倾听的人,会觉得除了自己对任何人都不感兴趣。长此以往就会令人生厌,自己也常常感到孤独寂寞。

倾听是一种关注、投入、欣赏的表现。这就需要我们投入地去理解对方的感受和对方看待事物的方式,也意味着我们需要抛开自己的判断、观点、忧虑和个人利益,努力站在对方的角度看问题。我们的倾听是在告诉对方:"我关注你所经历的事,你的生活和你的体验对我来说很重要。"

倾听别人时,我们应做到以下几点:

(1)沉浸其中真倾听。当我们想要帮助别人表达他人的感受时,我们会试图理解他人、享受与他人的相处,沉浸其中去倾听他人的诉说。而不是漫不经心,或者刻意让人觉得我们对他们的话题感兴趣。

(2)给予反馈莫比较。当我们听到他人信息的时候,一定要做出口头语言或身体语言的反馈,比如微笑或点头,表示赞同,绝不能无动于衷。当然也绝不可以边听边与自己作比较,评估谁更有能力或者谁更痛苦。

(3)积极关注不走神。听他人诉说一定要专心,不可以心不在焉,这样会让对方感到不被尊重。当然有时候对方说的事情会触发我们对个人生活的联想,或者我们处在焦虑的时候都很容易走神。所以我们在倾听他人时需要积极关注,甚至有时需要付出巨大的努力。

(4)适时提问非打岔。当我们没有理解或者对方表达不清时,为了能够更准确地理解对方,我们可以适时提问,做出澄清。即使是对方的谈话让你感到无聊或者不适,也不能突然转移话题,让谈话脱离原来的方向。

(5)回答问题不争辩。当倾诉者提出问题,我们要及时给予回答,但不可以答非所问。即便我们对他人的谈话有异议,也要坚决避免同他人争辩。我们要尽力做到复述反馈,回应我们所听到的,并从中寻找可能赞同的部分。

2.学会说的艺术

说就是用语言来表达。美国成功学大师戴尔·卡耐基曾经说过:"良好的口才,可以让人倾心于你,广泛交友,替你开辟人生道路,这会使你收获幸福与美满。"人的一生当中,从小学到大学,从恋爱到婚姻,从求职到升迁,从交际到办事……都需要说话的能力。话说得好,小则可以讨人喜欢,大则可以保身;而话说得不好,轻则树敌,重则导致失败。我们天天在说话,但不一定能把话说好,俗语道:良言一句三冬暖,恶语伤人六月寒。有时我们的一句关怀、一句鼓励、一句谅解,给人心里带来了希望,甚至彻底改变了一个人的思想和命运。在日常生活中,我们如何清晰、完整地表达自己的想法和感受,让他人欣然接受并不是一件很容易的事情,因此说话是需要技巧的。

(1)技巧之一:从对方感兴趣的事情入手,寻找共鸣点。通常人们对自己不感兴趣的事情会关闭信息通道,因而我们要把关注的焦点放在对方身上,可以通过问问题了解对方的兴趣,将话题引向这方面。毕竟每个人的兴趣点都不同,爱好旅游的人一定对旅游有说不完的话,爱好音乐的人只要聊起来就会兴致高涨。其实真正的沟通就是打开彼此心扉的过程。所以我们可以适当关注对方的心理需求,当我们激发了对方说话的闸门,我们往往就能看到对方世界的精彩。

(2)技巧之二:掌握时机自我暴露,拉近彼此关系。在第一章中的乔韩窗理论提到,每个人都有隐藏的自我,这个隐藏的自我往往是只有一套属于自己相关的重要的不为人知的信息，我们并不一定想让很多人知道。如果我们想要拉近与对方的关系，制造与他人的亲切感与亲密度，我们可以在沟通交流的时候，学会适时透露一些自己的小秘密，暴露这些隐藏的自我，往往能迅速拉近与对方的关系，也能得到对方的支持，增进对方的理解。

（3）技巧之三：学会交谈互动，用问题推进交流的深度。我们可以学会用一个问题来推进谈话，假如我们看到对方听上去没有反应，我们就需要注意是否我们说得过多，对方没有兴趣，那么我们就可以暂停，切换角度和对方互动。比如询问："你觉得我这样理解可以吗？"这会让对方找到重新投入谈话的动力。记住，谈话双方主角一定不是自己，要把话筒交给对方。我们可以用问题激发对方的思考，其实也是更好地帮助彼此深入交流，因为沟通本身就是两个不同节奏的人互相碰撞。学会提问，其实就是激发双方更多互动与交流，也能让你更好地了解对方的思想与价值观。

（4）技巧之四：学会重复对方的话，增强彼此之间的信任。人际关系高手想要让对方更为信任自己，常常善于用对方说过的话来做回应，这往往会让对方有惊喜。一旦我们能在沟通中引用对方所说的话，就会引起对方对自己的重视以及内心的愉悦感，对方会更视你为知己。另外一方面，当我们在重复对方的话并对对方做相应的总结时，其实也是在加深彼此对谈话内容的了解。

（5）技巧之五：有效表达"我"的信息，直接告知需求和感受。一位知名的谈判专家分享他成功的谈判经验时说道："我在各个国际商谈场合中，时常会以'我觉得'（说出自己的感受）、'我希望'（说出自己的要求或期望）为开端，结果常会令人极为满意。"我们在表达信息时，不可以假定对方知道你所想的和所需要的，反之我们要假设对方揣测心思的本领特别糟糕。所以我们要直言不讳地告诉对方我们的要求与感受，若能有效地直接告知我们所想要表达的对象，将会有效帮助我们建立良好的人际关系。

3.学会赞美的艺术

心理学家认为，人性中最深刻的本能就是被欣赏的渴望。当我们称赞别人的时候，别人会觉得你善于理解他，他很可能会向我们敞开心扉。当然，赞美也要适度，满口溢美之词会让人觉得虚浮阿谀。

（1）赞美的内容具体一些。如果只用笼统的词语赞美别人，别人就很可能觉得你只是出于礼貌而非本心，具体一些的赞美更加令人信服。例如："你梳这个发型很漂亮。"就不如："你梳这个发型露出了饱满的额头，显得很有气质。"再如："你刚才的演讲很精彩。"就不如："你刚才的演讲特生动，很有激情，表情又那么投入，我都被深深吸引住了。"当然，有些人在听到赞扬之后，出于谦虚或不知如何应答，会拒绝你的赞扬："哪里呀！一般吧。""过奖了。"从而让人感到受挫，怎么办呢？

（2）在赞扬之后加上问题。比如："你梳这个发型……是你自己梳的还是美发师做的?""你刚才的演讲特生动……你从哪里收集到了这么丰富的资料?"这样的话,当对方听到我们的赞扬时,只需说声"谢谢",然后回答提出的问题。

(3)称赞别人的时候千万不要有任何索取。一有索取就会让人觉得你的赞扬不真诚,是处心积虑的铺垫。一个学生夸另一个学生道:"你的稿子写得太好了! 下次你帮我也写一个吧!"被称赞的学生自然会回答:"我写得不好。"

(4)不要用对方称赞你的话去回赞对方。比如:"你的发型很漂亮。"答曰:"你的发型也很漂亮。"这就太敷衍了,会打击赞扬者的热情。

(5)接受称赞并说出你的感受。别人真诚的赞扬是一份好意,大方接受赞扬说明我们对那份好意的礼貌。听到他人的赞扬,我们可以微笑表示感谢,同时告诉他我们的感受。还是那句:"你的发型很漂亮。"你可以回应:"谢谢! 你的话会让我一整天心情都很美丽哟!"

4.学会拒绝的艺术

学会说"不"是良性交流的关键部分,没有它,任何关系都是危险的,就像驾驶有油门没有刹车的小汽车,你无法控制别人对我们的行为。拒绝的艺术,话不在多,但说出来需要勇气,关键是回应及时,态度诚恳,展示对对方的尊重和理解。有了这样的态度,拒绝就会温和而坚定,没有那样的破坏性和杀伤力。然而,无论因为什么原因,被拒绝总是不舒服的。这就好像,当我们满怀期待地向一扇门走去,走到近前,却发现里面的人把门关上了。被拒绝,总难免让我们感觉被排除在外,被推开,或者没有被允许,没有被接纳,没有被认可。它是心理上的剐伤和擦伤,总会不经意间引起我们的一丝疼痛,轻则有一点点受挫的沮丧,重则有的人还会往自己身上归因:他不答应我,是不是我不好? 是不是我没价值? 是不是我不配?

不能耐受别人拒绝的人,在拒绝别人的时候也有相当程度的困难。尽管如此,拒绝对我们每个人来说却是必需的,不会拒绝,势必导致生活中需要处理的事情越来越多,甚至自己的需要无暇顾及,外部压力越来越大;不能坦然地无挂碍地拒绝,结果内心长期盘踞着焦虑自责内疚,也会极大地影响人际关系的质量。

那么,什么方式既照顾到他人的感受,又能真实地维护自己的需要呢?

拒绝他人的基础是我们要克服头脑中"拒绝别人是错的,是不应该的"这样一种隐隐的声音,取而代之的是"拒绝是一种权利,就像生存是一种权利,我们每个人都拥有这个权利"。所以,我们无须为拒绝感到罪恶、羞耻或内疚。另外,需要提醒自己,我们拒绝的只是对方的一个请求、一个需要而已,不是对方这个人。

(1)展示积极的态度。表示你理解对方的需求和态度。用积极的语言回应,对方可以感觉到放松并且更加能接受你接下来所说的内容。比如,你可以说:"听起来你的确有一大堆事要做,让我看看是不是能帮你。""我明白你为什么这时候才找到我,这件事对你太紧急了,是很棘手。""谢谢你对我的信任。"等等。

（2）给自己时间考虑。这一步需要自律，我们需要有时间去思考自己能不能、愿不愿去满足对方的需求。可以这样回应："我这会儿有点儿忙。我可能要花点时间想一想。××分钟后我联系你，可以吗？"如果真是一个棘手的请求，你可以问自己以下一些问题：我有能力帮上这个人吗？这件事对他有多重要？我们的关系有多牢固？拒绝会影响我们的关系吗？拒绝会让我对自己感觉很糟糕吗？这个需求对我们目前的关系来说是恰当的吗？这是拒绝的合适的时机吗？

（3）给出你的回复。如果我们帮不上忙，看看有没有可能给对方一个替代方案，提供一个建议或解决问题的其他途径，向对方表达你愿意帮他的诚意，以减轻对方的怨恨心理，同时争取赢得对方的好感。可以这样说："我知道这对你很重要，不过我去不了，我可以推荐你找另外一个人。"如果没有，可以告诉对方："我仔细考虑了一下，真的很希望能帮上你，不过这件事我做不了，请你谅解。"

5.学会运用身体语言的艺术

沟通交流的通道指的就是使用语言和非语言。口语和文字的表达都属于语言表达；身体动作、表情、姿势、声调，以及空间关系，都属于非语言表达。在社会关系中，超过50%的信息为非语言沟通，而且这些东西大都显示出较少的主观性操作因素，也就是说人类的身体语言多为下意识的，是思想的真实反映。在与人交往时，我们要学会观察对方的身体语言。通过这些身体语言发现他们的真实心理，从而根据对方的心理需求，判断话题的方向和真实性。从对方的行为、姿态、表情等，判断背后的情感和动机，这是建立良好人际关系的基础。

（1）身体动作。身体语言或者身体沟通很大程度上是后天学习的结果。而肢体动作是世代传承的，不需要任何训练，而且在某种程度上存在着普遍性。比如：女孩子在母亲那里学会了害羞的笑就用手捂住嘴巴；当我们倾听的时候，点头表示听懂了，希望讲话者继续讲述，我们斜着脸或者把脸转过去，表明我们希望讲话者能够停止，而抬高眉毛意味着怀疑，就是希望讲话者可以做出更多的解释。当然也存在着差异，比如同样表达恼怒，有的人用迅速、躁动的动作表达，有的人则通过皱眉、双手叉腰、笔直站立等来表达。因此，我们要在生活中用心关注彼此表达情感和态度的独特方式，读懂对方或者正确运用自己的身体语言，并做出相应的调整，这样才有助于良好的沟通。

（2）面部表情。面部是身体表达信息最重要的部分。我们发现仅仅依靠人的眼睛和嘴巴，就能够相当准确地判断一些情绪。人的眼睛是最富有表现力的，说"眼睛是心灵的窗户"一点儿都不夸张。比如判断一个人有没有说谎，只要看他敢不敢直视对方的眼睛就能知道。因此，沟通中我们要善于观察彼此的面部表情，比如眉毛的高低、前额的状态（起皱或舒展）、下颌是收紧还是松弛，等等，把口头表达和面部表情有机结合，会让沟通更加顺畅。

（3）肢体动作。我们通常会"用手交谈"，即使是在打电话的时候，尽管彼此看不到，我们也会有一些无意识的肢体动作。常见的肢体语言有困惑的时候挠头，怀疑的时候触摸鼻子，期待的时候揉搓双手，不安的时候抠弄衣角或指甲，愤怒或紧张的时候紧握双拳，坐着的时候双腿平放微微分开表示愿意沟通，双脚交叉不停地交换表示厌烦或受挫，等等。我们掌握了这些无声的语言，也就基本掌握了对方的心理活动，使沟通交流达到事半功倍的效果。

（4）身体姿势。在日常生活中，我们会经常使用身姿来进行沟通。如与长辈和老师谈话，我们的坐姿自然就比较规范，腰板挺直、身体稍稍前倾。如果我们对别人的谈话表示不耐烦，则坐的姿势就会后仰，全身肌肉的紧张程度就会明显降低。无论什么人在讲话，只要看一眼听者姿势，就会明白他的讲话是否吸引听众。紧张僵硬的身体姿势意味着防御的心态，而放松的姿势则暗示着开放性。因此，我们要有意识地运用身体语言，同时又要注意身体语言的使用情境，还要经常自省我们以往使用的身体语言是否有效、是否自然、是否使人产生过误解。

（5）声调及空间关系：一般情况下，我们可以通过音调来判断人的情绪变化。当我们喜悦、恐惧、愤怒时，声带就处于紧张状态，音调就会上升；当我们处于抑郁、疲倦、平静时，声带就处于松弛状态，音调就会下降。比如，两个人用耳语的方式进行沟通，这是温和声调的极端形式，意思是说"这只是我们两个人之间的谈话"，在表明了两个人之间的亲密关系的同时，也证明了空间关系在沟通交流中的重要性。美国人类学家爱德华·霍尔提出了人类交往的四个区域：亲密距离、个人距离、社交距离和公共距离。例如，亲密距离比较近约是双方彼此可以相互接触，较远是离开身体6~18英寸，这个区域适合于恋人之间、亲密的朋友之间，以及儿童与父母之间的交往。如果环境迫使他们与别人分享亲密距离这个空间，而且没有任何非言语的屏障保护自己，他们就会感到尴尬或者产生一种威胁感。比如在拥挤的公共汽车或者电梯里，人们尽量避免目光接触，如果身体接触无法避免，就会尽量缩紧身体并感到紧张。因此，人与人之间需要保持一定的空间距离。任何一个人，都需要在自己的周围有一个自己把握的自我空间，它就像一个无形的"气泡"一样为自己"割据"了一定的"领域"，而当这个自我空间被人触犯就会感到不舒服、不安全，甚至恼怒起来。

（四）与人相处的九大原则

有人提出了与人相处的九大原则，对大学生会有所帮助：

第一，要熟练地记住别人的名字，如果做不到，就意味着你对那人不关心。

第二，你要成为和蔼可亲的人，不要让和你在一起的人感到拘束。

第三，要养成轻松愉快的性格，对任何事都不要烦恼。

第四，培养自己成为博学的人，从而使和你交往的人有所受益。

第五，要认真努力地消除你与和你交往的人的过去和现在的误会。

第六，要努力从行动上喜欢别人，直到真正做到为止。

第七，要及时祝贺成功者，不失时机地安慰悲伤者和失望者。

第八，要化敌为友，对待中伤者，要学会一笑了之，热情对待他，等待机会去说明一切。

第九，有了错误，就要认错。如果是你不好，就不要掩盖。肯认错表示你具有一个正直、坦荡的胸怀。

拓展阅读　　**黄金原则**

美国著名心理学家艾利斯是合理情绪疗法的创始人。他提出一条"黄金原则"，即"像你希望别人如何对待你那样去对待别人"。也就是说，你希望别人怎样对待你，你就怎样对待别人。而在现实生活中，许多人并不知道或者不会运用"黄金原则"，许多人存有这样的观念："我对别人怎样，别人就必须对我怎样。"——这是所谓的"反黄金原则"。

人际交往中遵循作用力与反作用力的原则，你用什么样的态度对待他人，便决定了他人用什么样的态度来对待你。

第四节　人际交往中的心理误区与调适

一、大学生人际交往中常见的心理误区

近年来心理健康教育工作者的调查研究发现，许多大学生在人际交往中存在着心理误区。要想改善人际关系状况，首先就得走出心理误区。

（一）恐惧心理

处于青春期的大学生，对于自己的形象极为敏感，他们希望自己以满意的形象投入交往中，特别希望在异性的心目中留下一个好形象。因此，这种对交往的过高期望，使他们在交往中时常显得手足无措，前言不搭后语，久而久之，就会担心达不到别人的评价标准而被取笑，开始不愿意在公共场合露面，不愿意接触他人，不愿意参加集体活动，严重者还会出现一些生理症状，如脸红、心跳加快、呼吸急促、身体抖动等，这在心理学上被称为"社交恐惧症"。患有社交恐惧症的大学生常常陷入焦虑、痛苦、

自卑之中,严重影响了他们的身心健康和日常交往。

(二)自卑心理

自卑是一个人由于生理、心理上的某些缺陷或记忆力、判断力、气质、性格、能力等方面欠佳而产生的轻视自己,认为自己在某个方面或几个方面不如他人的情感体验。自卑心理表现为内心脆弱、缺乏自信、不敢主动与人交往、害怕失败、害怕别人瞧不起自己等。自卑是交往的一大障碍,容易使人孤立、离群,抑制人的自信心的正常发挥。对自己能力的错误认知会形成一种消极的自我暗示,从而产生自我认识、自我评价上的偏差,导致自卑者习感到不如别人而丧失信心。其实,觉得别人看不起自己只是自卑者浅层的感受,而深层的体验是自己对自己的不满意和不接纳。

(三)嫉妒心理

嫉妒是指当自己的欲望得不到满足时,对造成这种不满足的原因和周围已得到满足的人产生的一种不服气、不愉快等情绪体验。嫉妒是比较的产物,比较的内容相当广泛,包括才能、品德、名誉、地位、成绩、境遇乃至容貌等,因为在这些方面和身边的人进行了不合理的比较,心理不平衡,于是便贬低别人,甚至打击报复别人,以此来缩小相互之间的差距,满足心理需求。一般情况下嫉妒心理是害人不利己的,是一种不健康的思想情绪。但是如果把带来嫉妒情绪的社会比较转化为发愤图强的动力,也未尝不是一件好事。因此,正确地引导嫉妒心理显得尤为重要。

(四)自负心理

自负是指狂妄自大、目中无人、以自我为中心。有些来自城市、家庭经济条件相对优越的学生,看不起农村学生或小城镇来的学生,自以为自己比别人高贵,或只同极少数"身份"相近的学生相交,给人的感觉总是高高在上,很难接近。因此,这些人常常不喜欢关心他人,也不愿意去了解别人,只要求学校和教师多给自己提供方便,处处要显示出自己强于其他同学。他们首先要当班干部、学生会干部,还想在入党、就业上领先于别人,因而人际关系经常弄得很僵。另外,还有一部分自负者,表面上一副冷漠、清高的神态,似乎不屑与别人交往,实际上这是其内心极度自卑,为了保护自我价值不受伤害的一种自我防御机制。

(五)求全心理

求全心理指对交往对象、交往过程或交往结果存在过于理想的期望,这也是导致大学生交往困难的一大因素。求全的人往往挑剔对方的缺点,希望能得到一生中最真挚、最美好的友谊,因而认为最好的朋友是以前的朋友或者认为根本不会有真正的朋友,对身边的人往往过分苛求,有诸多不满,不屑与周围的人交往,让自己陷入孤独之中。

二、大学生人际交往误区的原因分析

大学生交往障碍的形成原因是多方面的,而且不同的人有各自不同的原因。如自卑感的形成,大致有如下几个方面的原因:第一,学习上的差异。一般来说,能够走进大学殿堂的人往往在中学时期是学习的佼佼者,他们可能很自信、很自豪。但大学里人才济济,各地的优秀学生都聚在一起,原来中学的佼佼者在这里可能很一般,加上学业上确有差异,就很容易使他们产生自卑心理。第二,其他能力上的差异。有些大学生在琴棋书画等方面有专长,而有的大学生却缺乏这方面的特长,由于没有这些特长而产生自己不如人的自卑心理。第三,相貌、身高、家庭经济条件等客观因素。由于大部分大学生年龄在18~23岁之间,正是青春年少、风华正茂、精力旺盛的时候,而且爱美之心人皆有之,此时正是需要打扮自己、突出自己的时候,但有的人会因为相貌平平、不够俊美、身材不够高大而自卑;也有的人会因为家庭经济困难,囊中羞涩没钱打扮自己而自卑。第四,交往活动失败。人的交往活动需要有积极的反馈和成功的经验才有利于自我肯定和自信心的建立,但交往失败就会挫败一个人交往的锐气,逐步导致自卑心理的形成。从共性方面看,大学生交往障碍形成的原因,大致可以归纳为如下几点。

(一)认知误区

认知是人基于客观环境对自身及周围人的一种主观感受与评价。正确的认知会促进大学生的人际交往,而对自我、他人和人际交往过程等的不良认知,常常是影响大学生人际交往,造成交往障碍的关键原因。例如,过高评价自己会引起自大,导致交往中盛气凌人或不屑与他人交往;过低评价自己会引起自卑,羞于与他人相处,导致交往中的恐惧感。自我评价又会直接影响对他人的评价。以自我为中心的人常常对他人评价偏低,而自卑感过重的人又会错误地过高评价他人,从而造成难以平等交往的局面。对交往本身的认识也会影响交往行为。如果认为交往只是为了满足自己的需要,从而忽视他人的需要,则会引起交往中断。

(二)情绪因素

交往过程中的情绪因素包括对交往的情绪反应、人与人之间的情感关系及心理距离的远近。大学生感情丰富、心境易变,有时对人对事过于敏感,容易凭一时的好恶改变对一个人的看法,使得人际交往缺乏稳定性,产生各种障碍。此外,交往过程中的情绪反应是否适度适当,也影响着交往的发展方向。情绪反应过分强烈会给人以轻浮不实之感,情绪反应过于冷漠则易被人视为麻木无情。

（三）个性缺陷

个性因素是影响大学生能否成功地进行交往的重要因素,真诚热情是人际交往中最重要的品质之一。一般来说,大学生喜欢和那些个性品质好的人进行交往,不愿意同那些具有不良个性品质的人交往。许多大学生的人际交往障碍根源于不良的个性品质,如以自我为中心、固执、傲慢、不尊重人,缺乏责任感、虚伪、冷淡、自私和贪婪,心理不健全,嫉妒、猜疑和自卑等。性格内向的人往往也不能成功地进行交往。因为性格内向的人通常不喜欢与人打交道,不善言谈,在公开场合或人多的地方总认为别人不了解自己,觉得人际关系太复杂,因而把自己与周围的人隔离起来,不去表现自己,结果常常在孤独中顾影自怜。

（四）交往能力不足

要成功地进行人际交往,就要有较强的人际交往能力。人际交往能力欠缺,就难以与人交往,更不要说成功地与人交往了。有些大学生的人际交往失败是与其交往能力不足有很大关系的。这些学生在中学时只顾埋头读书,学习成绩拔尖,但很少注重与他人的交往、沟通。到了大学以后,面对多彩的大学生活,他们人际交往能力的不足就暴露出来了,并成为影响他们融入大学生群体的障碍。他们进入大学之后,很快就意识到了人际交往的重要性,内心也有很强烈的交往愿望,但由于以前没有学会怎样与人交往,所以在交往中常常出洋相、遭挫败,或干脆退缩逃避。

三、走出人际交往误区的自我调适

（一）害羞心理的自我调适

害羞是大学生中较常见的人际交往障碍。具有害羞心理的人在人际交往中常表现出腼腆、动作忸怩、不自然、脸色绯红、说话的音量又低又小等特征,有严重害羞心理的人甚至怯于交往,对交往采取回避态度。害羞这一交往心理障碍对大学生的直接危害是使交往者无法表达自己的心曲与情感,常常造成交往双方的不理解或误解,使交往以失败告终,其间接危害则是会导致交往者情绪与性格的不良变化。害羞会使人在交往不畅后产生沮丧、焦虑与孤独感,让人饱尝形影相吊的痛苦和深陷于如置身沙漠的那种孤立无援的愁苦、不安和恐惧的情绪状态之中,进而导致性格上的变异,变得软弱、退缩和冷漠。

本来一个人有一定害羞心理是正常的,只要不影响正常的人际交往就不能视为障碍。一个人如果在任何场合都不害羞,有时反而会让人接受不了。儿童心理学表明,儿童在出生五六个月后,就有一种"认生"现象,这种认生现象便是害羞的最初表现形式,它表示儿童的认知水平有了新发展,能够区分生人与熟人。但如果一个人在任何场合与人交往时都害羞,甚至不敢或不愿与人交往,就是交往心理障碍。

大学生在人际交往中害羞,首先,先天因素是最大原因。有些人性格内向,气质属于黏液质、抑郁质,他们说话低声细语,见到生人就脸红,常怀有一种胆怯心理。其次,教育是另一个重要原因。这是因为早期对儿童的"认生"现象没有引导好,到青春期,随着自我意识逐渐成熟,这种未被引导的"认生"使青少年敏感于别人对自己的评价,希望自己有一个"光辉形象"留在别人的心目中。为此,他对自己的一言一行都非常重视,唯恐有差错,在交往中被人耻笑,因此,表现得不自然、心跳加快、腼腆。久而久之,便羞于与人接触,如仍不加以引导,就会在大学里进一步发展。再次,缺乏自信也是一个重要原因。有些人总认为自己没有迷人的外表,没有过人的本领,是能力平庸之辈。因此,他们在交往中没有信心,患得患失心理严重,说话办事都要有绝对把握才行,不敢冒半点风险。这种状况不仅使他们长期体验不到成功的喜悦,而且使他们更加不相信自己的能力。低估自己常常是导致害羞的最为重要的后天原因。最后,挫折的经历也会导致害羞。据统计,约有 1/4 害羞的成人在儿时并不害羞,这种人以前都开朗大方,交往积极主动,但由于他们在学习生活中曾经受挫,因而变得胆怯、消极、被动。

要克服交往中害羞的心理,应从三个方面努力:丢下包袱、树立自信、学会交往。

丢下包袱就是要抛弃一切顾虑,即不要怕做错了事、说错了话,要认定说错了虽不能收回,但可以改正;做错了,只要吸取教训,就能起到前车之鉴的作用;失败并不等于无能。这样,害羞者在行动之前就不会光想到失败,他们就会走出自我否定和自我暗示的阴影。

树立自信是要求害羞者肯定自己,发现自己的闪光点,而不是只看到自身的短处,这样有助于他们在交往中发挥自己的特长。当他们在自信心支持下终于有所成就时,就会在从未有过的成功体验下对自己重新评价,开始相信自己的能力,如果再有第二、三次的成功,害羞者就会对自己形成一个比较稳定的自我肯定认识,害羞心理就会悄悄地从他们身边走开。

学会交往也是帮助害羞者摆脱障碍的有效方法。害羞者可以在与人交往中观察别人是怎样交往的,特别是要观察两类人:一是观察交往成功者,看看他们为什么总是交往的中心,为什么能将各种复杂的交往方法运用得得心应手;二是观察从害羞中走出来的那些人,并向他们学习。

(二)自卑心理的自我调适

自卑是由于意识到自己不如别人而产生的一种自我体验,表现为过低评价自己的能力与品质,轻视自己,担心失去他人尊重的心理状态。通俗地说,就是自己看不起自己,又以为别人也看不起自己的一种心理状态。自卑是影响大学生人际交往的严重心理障碍。

据对某师范学院的调查,该校大学生中具有明显自卑感者占总人数的28%~30%,有的学生自卑感还十分严重,甚至自暴自弃,他们常把失败归因于个人能力、性格或命运,因而灰心丧气、意志消沉。而这又常使个体自卑心理进一步被强化。

1.提高自我期望,客观认识自己

自卑者要善于发现自己的长处,肯定自己的成绩。其具体做法有:一是自我列举法。即用写日记的方法,每天列举自己的一条优点。日子长了,累积多了,人的自信心就会随之增强,自卑就会逐步消退。二是征求意见法。即请同学、朋友、亲友评价自己,既请人家谈自己的缺点,更要听人家讲自己的优点,优点听得多了也会增加自己的自信心。三是学会同人比较。在努力发现自己长处的同时,也去发现周围人不如自己之处。

2.修正理想自我

一个人不能没有理想,但理想的建立一定要从自身的实际出发。理想标准的确立应当以自己通过努力能够实现为原则,只有这样,才会在实践中不断取得成功,增强自信心。

3.改变不合理观念

所谓不合理观念,是指某些人具有的认为自己应该完美无缺,否则就不堪设想、糟糕至极地过于概括化、绝对化的观念。自卑者在认识上大都受这种观念之害。

4.进行积极的自我暗示

这是一种纯心理学的方法。在行动之前,要多分析自己的有利条件,总结过去的成功经验,体验过去成功的快乐,增加信心,不断提醒和激励自己,使自己在心理上确信能够获得成功。

5.学习自信行为

因自卑而妨碍交往的大学生,还应当在交往中学习自信行为,特别是在同那些比自己强的人交往时更应如此。比如,锻炼自己能径直向对方走去;讲话时敢于盯住对方的眼睛;讲话时声音洪亮,不吞吞吐吐,当对方声音超过自己时,要学会故意将声音放低,使对方听自己的,掌握交往主动权;等等。

(三)嫉妒心理的自我调适

嫉妒是一种消极的心理品质,是对他人的成就、名望、品德、地位及既得利益的一种不友好的、敌视与憎恨的不健康情感。嫉妒是损害大学生人际交往中最卑劣的情绪,有这种心理的大学生在交往中表现出强烈的排他性,并很快地导致诸如中伤、怨恨、诋毁等嫉妒行为的产生。而更强烈的嫉妒心理还具有报复性,它把嫉妒对象作为发泄的目标,使其蒙受巨大的精神损伤。黑格尔也说:"嫉妒是平等的情调对卓越才能的反感。"有嫉妒心的人,自己不能完成伟大的事业,就低估他人的伟大,使自己与他人相齐。嫉妒是想要建立良好人际关系的大学生应当努力摆脱和克服的有害心理。

1.要纠正自己认知的偏差

嫉妒者在别人成功时,总以为别人的成功是对自己的威胁,有碍于自己的发展。实际上,别人的成功来自其自身的努力,荣誉是他努力的报酬,嫉妒者不应把别人的成功等同于自己的失败。

2.学会对比方法

即不仅要看到别人的优点和自己的缺点,而且也要看到自己在别的方面优于对方。如果在嫉妒心似生非生时能有意识地进行这样的对比,就会使原先失衡的心理获得新的平衡,遏制嫉妒心理的产生。

3.积极升华

嫉妒者在别人比自己强时,应当把不服气的心理引导到积极的方面,化嫉妒为追求上进的力量,努力赶上甚至超过对方。在学习、体育运动和社会活动中,当看到与自己条件相仿的人超过自己,并获得荣誉的时候,强烈的嫉妒心可能会使一些人内心十分不快,理智却又不容许他们表露出这种情绪。这时,可以奋发努力,争取超过对手,或者即使不能通过努力超过对手,也可以扬长避短,以自己之优势对对方之缺失,以获取总的平衡。

4.加强修养,改造个性

当代大学生应当端正学习目的,做到心胸广大、志向宏远。唯其如此,才能宠辱不惊,不患得患失,才能以同学朋友的成功和成绩来鞭策自己奋力追赶、相互帮助。

5.关于嫉妒对象的心理调适

当一个人受到他人嫉妒时也会有些消极情绪。因此,被嫉妒者也要心情平静,继续保持原有的交往。情绪乐观者在被嫉妒时不会泄气,反而会高兴,因为没有人会去嫉妒一个无能之辈,被人嫉妒正说明自己有过人之处。悲观者则不然,他们在受人嫉妒时,不是忍气吞声,收敛自己的努力,而是争辩赌气,结果正中嫉妒者的下怀。所以,对于别人的嫉妒应当是不卑不亢、我行我素。

(四)多疑心理的自我调适

多疑是一种完全由主观猜测产生的不信任心理。具有这种心理的人整天疑心重重,对别人的言行敏感、猜疑和不信任,认为人人都不可信、都不可交。多疑是大学生之间开展交往的大敌,它不仅使大学生之间关系松散、产生裂痕,甚至发展到对立,进而对班集体的团结产生消极影响。多疑的产生主要有以下几个原因。

1.多疑是因为人们在思考问题时思维偏差所致

一个人一旦心生疑虑,对信息的摄取范围就会大大缩小,并且会将所有的分析、推理和判断建立在自己设想的信息上,从而疑心更重。

2. 多疑是对自己缺乏信心所致

有些人在某些方面自认为不如人,因而总以为别人在议论自己、看不起自己、算计自己。如果有人在一起说话时对自己投来不经意的一瞥,他会认为别人正在说自己什么坏话;如果有人向他开了个极平常的善意的玩笑,他也会信以为真,怀疑别人早就对自己有意见,即使是别人互相之间的指责,他也会认为这是指桑骂槐。在一个多疑的人面前,人们往往觉得手足无措,不知怎样做才不会使对方多心。

3. 多疑是缺乏他人对自己的较为全面、确切看法和评价的信息

多疑是挫折引起的一种心理防卫。有些人以前由于轻信别人,在交往中受过骗,蒙受过巨大的损失和挫折,所以不再相信别人。一个人如果由于多疑而不相信别人,不愿与他人交往,人为地局限自己的自然交往面,必将导致其难以发展良好的人际关系,而且还会伤害别人的感情。因为人的情感是互应的,你对别人怀疑,不管如何隐蔽,对方总是会感觉得到的,其结果必将是使更多的人离你远去,使自己陷入自我封闭和自卑的境地。

克服多疑心理,要做到:

第一,要用理智的力量克制冲动情绪的发生。当发现自己怀疑别人时,应当立即寻找产生怀疑的原因。在没有形成怀疑思维之前,引进正反两个方面的信息,不要轻易提供为自己的怀疑服务的单方面依据。

第二,要学会使用"自我安慰法"。一个人在生活中遇到别人的议论,或与别人产生误会是常见之事。如果觉得别人在怀疑自己,应当安慰自己,暗示自己不要为别人的闲言碎语所困扰,不要在意别人的议论,甚至可以为受到别人的注意而自鸣得意,以此来自我解脱。

第三,培养自信心。寸有所长,尺有所短。每一个人都应当看到自己的长处,培养自信心,相信自己能与周围人处理好人际关系,会给别人留下良好印象,这样也就不会疑心别人。

第四,正确认识人。对陌生人产生怀疑是一种正常的防备心理,但也不要动辄疑神疑鬼,应当在交往中认真观察和了解他人,把握其性格、处世方法等,即努力去从本质上认识对方、了解对方,以消除疑虑。

第五,正确对待别人的怀疑。在受到别人怀疑时,一是不要意气用事,要冷静分析受怀疑的原因,用事实来打消对方的怀疑。二是要胸怀坦荡,"身正不怕影子斜"。受到怀疑时,一时难以解释清楚的,如果争辩解释,还会增加对方的疑心,"怕,必然心中有鬼"是对方必然的逻辑。这时,最好是暂不理睬,泰然处之,因为疑心总会在不断显现的事实面前散去,真相终将在水落石出后大白于天下。

(五)自我中心心理的自我调适

自我中心是不良交往者的个性特征之一,是人际交往中一种严重的心理障碍。

人际交往的目的在于满足交往双方的需要,但又只能在相互尊重、相互谅解、以诚相待的基础上实现。大学生中的一些自我中心者,为人处世都以自己的需要和兴趣为中心,只关心自己的利益得失,不考虑别人的兴趣与需要,完全从自己的角度、自己的经验去认识和解决问题,似乎自己的认识和态度就是他人的认识和态度。而且他们喜欢自吹自擂、固执己见、装腔作势、盛气凌人,在与人交往中,总是维护自己的强烈自尊,固守自己的态度,坚持自己的意见,点滴不让他人。他们的表现可以概括为很少关心别人,与他人关系疏远。由于这种人对人无丝毫热情,似乎人人都是为他服务的,久而久之,与周围人的关系就会非常疏远。固执己见,唯我独尊。这种人在人群中总是以自己的态度去做别人态度的"向导",认为别人都应当与他的态度一样,并且在明知别人正确时,也不肯接受别人的意见,整个交往水平很低。自尊心过强,防卫过度,有明显嫉妒心。他们事无巨细,都不愿稍损自尊,不希望别人出其右。对别人的成绩、荣誉非常嫉妒,对别人的失败幸灾乐祸,不肯向别人提供任何有用的信息。

克服自我中心,要求大学生在交往中做到:

第一,平等相处,尊重他人。由于人与人的关系是相互的,因此,应当平等待人,像尊重自己一样尊重他人,而不是把别人看成自己的"工具",当成自己需求的事物。这就要求自我中心者不要对别人过分苛求,也不要对别人冷眼相待,而应使交往双方都有机会满足自己的需要。

第二,接受批评,转变态度。自我中心者的致命弱点之一是自以为是,不愿接受别人的态度和转变自己的态度。接受批评并不是要他们完全服从他人,而是要求他们能接受别人正确的意见,这将能诱使其改变固执己见、唯我独尊的形象。

第三,了解自己,了解他人。自我中心者之所以固执己见、不关心他人,是因为他们既不真正认识自己,也不真正了解别人。人的自我意识主要是来自别人的反映,自我中心者如果能把别人作为一面镜子来反射自己,从别人的评价中认识自己,又能抛开偏见去认识别人,就会逐渐摆脱自我中心的心理障碍。

❓ 思考与训练

【分析与讨论】

请写下你认为人际交往中十大适宜交谈的话题和十大不宜交谈的话题,并与小组成员进行讨论。

人际交往中十大适宜交谈的话题:

(1)_____

(2)_____

(3)_____

(4)_____

(5)_____

(6)_____

(7)_____

(8)_____

(9)_____

(10)_____

人际交往中十大不宜交谈的话题：

(1)_____

(2)_____

(3)_____

(4)_____

(5)_____

(6)_____

(7)_____

(8)_____

(9)_____

(10)_____

讨论步骤与要求：

(1)每个人先在白纸上把自己详细的观点和看法逐条写出来。

(2)分组讨论：6~8人组成一个小组，小组成员之间先讨论，然后形成一致认可的文字材料。

(3)课堂讨论：每组选派一名同学，代表小组同学参加课堂讨论发言。

【心理测试】

测试一：人际关系行为困扰自测

测试说明

请根据自己的实际情况，逐一对每个问题做"是"或"否"的回答。为了保证测验的准确性，请认真作答。

1.关于自己的烦恼有口难开。

2.和生人见面感觉不自然。

3.过分羡慕和嫉妒别人。

4.与异性交往太少。

5.对连续不断的会谈感到困难。

6. 在社交场合,感到紧张。

7. 时常伤害别人。

8. 与异性交往感觉不自然。

9. 与一大群朋友在一起,常感到孤寂和失落。

10. 极易受窘。

11. 与别人不能和睦相处。

12. 不知道与异性交往如何适可而止。

13. 当不熟悉的人对自己倾诉其生平遭遇以求同情时,自己常感到不自在。

14. 担心别人对自己有什么坏印象。

15. 总是尽力使别人赏识自己。

16. 暗自思慕异性。

17. 时常避免表达自己的感受。

18. 对自己的容貌缺乏信心。

19. 讨厌某人或被某人讨厌。

20. 瞧不起异性。

21. 不能专注地倾听。

22. 自己的烦恼无人倾听。

23. 受别人排斥。

24. 被异性瞧不起。

25. 不能广泛地听取各种意见和看法。

26. 自己常因受伤害而暗自伤心。

27. 常被别人谈论、愚弄。

28. 不知如何与异性更好地相处。

评分标准

"是"计1分,"否"计0分

结果解释

总分	解释
0~8分	说明你与朋友相处上的困扰较少,你善于交谈,性格比较开朗,主动关心别人。你对周围朋友都比较好,愿意和他们在一起,他们也都喜欢你,你们相处不错。而且,你能从朋友相处中获得很多乐趣。你的生活是比较充实和丰富多彩的,你与异性朋友也相处得很好。一句话,你不存在或较少存在交友方面的困扰,你善于与朋友相处,人缘很好,能获得许多人的好感与赞同
9~14分	说明你与朋友相处存在一定程度的困扰。你人缘一般,你与朋友关系并不牢固,时好时坏,经常处在一种起伏之中

总分	解释
15~28分	说明你同朋友相处的行为困扰比较严重,分数超过20分,则表明你的人际关系行为困扰程度很严重,而且在心理上出现较为明显的障碍。你可能不善于交谈,也可能是个性格孤僻的人,不开朗或者有明显的自高自大

测试二:社交焦虑量表

测试说明

请认真阅读下面每个题目,并决定其陈述与你的实际情况相符的程度。按下面的标准在相应的题目前面的横线上标出分数(1~5)。

1=与我一点儿也不符;2=与我有一点儿相符;3=与我中等程度相符;4=与我非常相符;5=与我极其相符;

___(1)即使在非正式的聚会上,我也感到紧张。

___(2)与一群不认识的人在一起,我感到不自在。

___(3)与一位异性交谈时我通常会感到轻松。(R)

___(4)在必须同老师或上司谈话时,我感到紧张。

___(5)聚会常使我感到焦虑不自在。

___(6)与大多数人相比,在社交中我较少羞怯。(R)

___(7)与不太熟悉的同性交谈时,我常感到紧张。

___(8)在求职面试时,我是会紧张的。

___(9)我希望自己在社交时信心更足一些。

___(10)在社交场合中,我很少会感到有什么焦虑。(R)

___(11)一般说来,我是个害羞的人。

___(12)在与一位迷人的异性交谈时我会感到紧张。

___(13)在给一位不太熟悉的人打电话时我会感到紧张。

___(14)我在与权威人士谈话时感到紧张。

___(15)即使处于一群和我相当不同的人中,我仍感到轻松。(R)

评分标准

将注有(R)标记的题反向评分(即5改为1,4改为2,2改为4,1改为5后再计算总分)。

我的总分是:_____

结果解释

总分范围为15~75分,焦虑程度与总分呈正比,大学生平均分为38.9,标准差为9.7。粗略地说,如果一个大学生的测验分数超过了60分,即可认为有社会交际焦虑症的倾向,应适当接受心理咨询。

【心理训练】

训练一:解开千千结

训练目标:

使成员体验到人际关系错综复杂,常常需要人们之间相互帮助,才能顺利渡过"难关"。

训练内容:

1.先将所有成员分成两个组,每组成员拉手围站成一个圆圈,记住自己左右手各相握的人。

2.在背景音乐声中,大家放开手,随意走动,音乐一停,脚步即停,找到原来左右手相握的人分别握住。

3.小组中所有参与者的手都彼此相握,形成一个错综复杂的"千千结"。大家在手不松开的情况下,无论用什么方法,将交错的"千千结"解成一个大圆圈。

4.第二轮把两个小组的成员合并,形成一个大圆圈,按第一轮的操作重复进行一次。

讨论:

1.成功地解开"千千结"有什么感受、体验?

2.在解千千结的过程中有什么想法?(怕解不开,还是人少了比较容易?)

3.没有解开结的组员有什么感受? 这个组的其他成员是否有不同的感受?

4.当生活中遇到人际"千千结"时,你怎么办?(自己解决,还是找朋友帮忙?)

训练二:信任之旅

训练目标:

培养成员间的相互接纳和信任,体验信任别人和被别人信任的感受。

训练内容:

1.团体成员两人一组,一人扮作盲人,一人扮作帮助盲人的人,"盲人"蒙上眼睛,原地转三圈,暂时失去方向感。

2.在帮助人的搀扶下,沿着主持人选定的路线,带领"盲人"顺利通过路障。其间不能讲话,只能用动作帮助"盲人"通过路障到达目的地。

3.互换角色,再来一遍。

讨论:

对于"盲人":

1.你看不见后有什么感觉,使你想起什么?

2.你对你的伙伴是否满意,为什么?

3.当同伴带着你走时你的感觉发生了什么变化,在这个过程中你是怎么理解信任和责任的?

对于助人者:

1.你是怎样理解你的伙伴的?

2.你是怎样设法帮助他的?

3.这个游戏使你想起了什么?

训练三：同舟共济

训练目标：

进一步促进成员的团体合作意识,提高人际交往能力。

训练内容：

1.将全体成员分成两组,给每组一张铺开的报纸,使全体成员都能站在上面。

2.成员站在上面,一起合力将报纸对折。任何成员的身体不能接触到地面,否则该组的游戏结束。将报纸不断折叠,最后报纸面积最小的组获胜。

讨论：

1.你们怎么办到的?在过程中听到什么?有什么感想?

2.在生活中你有无类似感受?从过程中你学到什么?

第四章 学会爱与被爱

爱情是人类永恒的主题。随着时代的发展、生活方式与人们观念的改变,男女青年对待爱情的观念与态度也在发展和变化。面对时代的发展和自身生理、心理的成熟,大学生应如何理解和对待爱情就成为一个非常重要的成长问题。有调查表明,在影响大学生心理状态的因素中,恋爱是第一位的。大学生发生心理异常和出现心理问题,有很多都是由于恋爱造成的。恋爱已经成为关系到大学生健康成长的一个重要因素。

第一节 爱情的心理实质

一、爱情的含义

爱情是指男女之间因相互爱恋而产生的感情,是一种特殊的人际关系。爱情是一种社会情感活动,体现了人与动物在爱这一方面的本质区别。爱情是人的生理性需求与社会性需求的统一,是生理因素与心理因素的统一,是性爱与情爱的统一。因此,爱情不仅要求男女双方在相貌、人品、情感、能力等方面能够和谐共鸣,而且要求男女双方共同承担相应的社会责任和义务。爱情是一对男女基于一定的客观物质基础和共同的生活理想,在各自内心形成的最真挚的、相互倾慕并渴望拥有对方,直至成为终身伴侣的强烈的、持久的、纯真的感情。

这个概念的含义包括:首先,爱情是在男女之间产生的。其次,爱情是相互的。单方面的爱是得不到回应的,因而爱情不可能发生,如单相思。最后,恋爱双方必须有值得对方爱恋的依托,比如相貌、人品、能力等。爱情是以异性之间的相互吸引为基础的,没有了彼此的吸引,爱情它就随之消亡。

还有一点需要明确的是,婚姻与爱情是既有关联又不相同的两个概念。婚姻是在爱情基础上的一种契约关系,具有法律约束力;爱情是一种基于人际吸引和一定社会条件下的情感关系,不受法律约束。

二、爱情的心理结构

爱情由性爱和情爱两部分组成,是性爱和情爱的结合。它们联系紧密、缺一不可,但是又各有其特点。

(一)性爱的特点

性爱由以性欲为基础的,对异性的倾慕、亲近的感情体验,这是构成爱情必不可少的成分。其特点有:

一是排他性。爱情是以两性间的情欲为基础的纯洁而高尚的感情,它一方面具有独自占有所爱对象的欲望,就这一点来说,人类的性爱是自私的、排他的;另一方面,它将全部身心倾注于所爱的人,甚至愿为爱情奉献一切,爱情又是无私的、献身于对方的。这两个方面融合统一时,爱情才真正使人神往。排他性对维持爱情的稳定有帮助,爱情专一、不分心旁人是恋人间的基本要求。但发展到极端的排他倾向就成了一种病态,有的人出于嫉妒不允许恋人与其他异性正常交往,这会给恋爱双方带来高度心理紧张。

二是冲动性。这是性爱的根本特点。恋爱的产生来自生理冲动的基本需要,因此恋人们时时会感觉到对爱情的激动兴奋和要与对方进一步密切关系的需求。恋爱的冲动性使爱情充满活力、生机勃勃。热恋中的男女常为一些小事而高度兴奋,因而具有比平时更高的创造热情。

三是直觉性。由于性爱注重身体外表吸引力和气质相投等感觉因素,所以表现出直觉性的特点。青年人恋爱注重第一次见面的感觉和印象,容易一见钟情,这是因感受到对方的外在美而产生的爱恋之情。不过,恋爱牵涉到以后的婚姻和长时间相处,因此直觉未必准确。而过于依赖直觉往往掩盖了事实的真相,不利于对对方的全面了解。

(二)情爱的特点

情爱是由异性间相互的依恋感及理想、兴趣、价值观、个性等复杂因素相互吸引升华而成的。情爱是爱情的本质表现。没有性爱不能产生爱情,但只有性爱缺乏情爱的爱情是不健康的。情爱有如下特点:

一是思想吸引。价值观趋同、感情一致,这是真正爱情的思想基础。在这样的思想基础上,双方才会有共同的志向、信念和理想,有着共同的人生态度,从而更容易产生爱情吸引。

二是心理相容。这是指恋爱双方必然要经历一定的磨合,全面了解并接受和容忍彼此多方面的差异,这是情爱发展的心理背景。理想、价值观、人生态度是否一致又是心理相容的重要因素。恋爱双方心理相容度愈高,情爱发展就愈充分,双方就愈能体验到爱情的欢乐。反之,心理不相容,则会感到惆怅、痛苦和失望,情爱就会保持不了。心理相容是一个过程,只有经历过感情火花的燃烧和理性审视后的婚姻才能美满,那种"一见钟情"的婚姻因缺少心理相容过程,往往是不可靠的。

应该强调的是,性爱与情爱同等重要。恋爱的根本目的是释放性能量、发展性意识。没有了性就无所谓恋。性欲是人类诞生以来就存在的本能冲动,而情爱必须在自我意识的基础上产生。用情爱压抑性爱是病态的表现,完全只谈性不谈情又不叫爱。只有二者并重,才符合爱情的心理结构要求。

三、爱情理论

美国心理学家斯腾伯格(Steinberg)提出了爱情三元理论,认为爱情由三个基本成分组成:激情、亲密和承诺。激情是爱情中的性欲成分,是情绪上的着迷;亲密是指在爱情关系中能够引起的温暖体验;承诺指维持关系的决定、期许或担保。这三种成分构成了喜欢式爱情、迷恋式爱情、空洞式爱情、浪漫式爱情、伴侣式爱情、愚蠢式爱情、完美式爱情七种类型。

(一)激情

激情是一种"强烈地渴望跟对方结合的状态"。通俗地说,就是见了对方,会有一种怦然心动的感觉;和对方相处,有一种兴奋的体验。性的需要,是引起激情的主导形式,同时,自尊、照顾、归属、支配、服从也是唤醒激情体验的源泉。

激情的发展大致经历三个阶段:第一阶段,由于意识控制减弱,身体的变化和表情动作越来越失去控制,细微的动作由于高度紧张而发生紊乱。人的行为服从于所体验着的情感。第二阶段,人失去意志的监督,发生不可控制的动作和失去理智的行为,这些动作在事后回想起来会感到羞耻和后悔。第三阶段,出现在激情爆发之后,此时会出现平静和某种疲劳的现象,严重时会出现精力衰竭,对一切事物都抱着不关心的态度,有时还会精神萎靡,即所谓的激情休克。

激情可以是积极的,也可以是消极的。积极的激情能激励人们克服艰险、攻克难关;消极的激情常常对正常活动具有抑制的作用或引起冲动行为。具有正确的思想认识、高尚的道德品质和坚强意志的人能控制消极激情的产生。

（二）亲密

亲密是两个人之间感觉亲近、温馨的一种体验。简单说来，就是能够给人带来一种温暖的感觉体验。

亲密包含以下十个基本要素。

一是渴望促进被爱者的幸福。爱方主动照顾被爱方并大力促进其幸福。一方可能以自己的幸福为代价去促进另一方的幸福，但是也期望对方在必要时同样会这样做。

二是跟被爱者在一起时感到幸福。爱方喜欢跟自己的情侣在一起。

三是当他们在一起做事情时，都感到十分愉快，并留下美好记忆，对这些美好时光的记忆能成为艰难时刻的慰藉和力量。而且，共同分享的美好时光会涌流到互爱关系中并使之更加美好。

四是尊重对方。一方必须非常看重和尊重另一方。尽管一方可能意识到另一方的弱点，却不能因此而减少自己对另一方的整体尊重。在艰难时刻能够依靠另一方；在患难时刻爱方仍感到被爱方跟自己站在一起；在危急时刻，爱方能够呼唤被爱方并能指望被爱方跟自己同舟共济。

五是跟被爱方互相理解。情侣应互相理解。他们知道各自的优缺点并对对方的感情和情绪心领神会，懂得以相应的方式互相做出反应。

六是与被爱方分享自我和自己的占有物。爱方应乐于奉献自己、自己的时间以及自己的东西给被爱方。虽然不必所有的东西都成为共有财产，但双方在需要时应分享他们的财务，最重要的是分享他们的自我。

七是接受被爱方感情上的支持。爱方能从被爱方得到鼓舞和支持，感到精神焕发，特别是在身处逆境时尤其应该这样。当你感到似乎一切都在跟你作对时，你仍可坚信只有一件事不会出问题——你的配偶始终跟你站在一起。这时你就知道你们的关系具有这一因素。

八是给被爱方以感情上的支持。在逆境中，爱方应与被爱方在精神上息息相通，并给予感情上的支持。

九是跟被爱方亲切沟通。爱方能够跟被爱方进行深层次和坦诚的沟通，分享内心深处的感情。当你为自己所做的某件事感到困窘为难时，你仍能推心置腹地跟被爱方交谈，这时你所经历的就是这种沟通。

十是珍重被爱方。爱方要充分感到对方在共同生活中的重要性。当你认识到你的配偶比你所有的物质财富都更为重要时，就知道你对被爱方具有这种珍重和珍爱。

（三）承诺

承诺由两个方面组成：短期的和长期的。短期方面就是要做出爱不爱一个人的决定;长期方面则是做出维护这一爱情关系的承诺,包括对爱情的忠诚、责任心,也就是结婚誓词里说到的"我愿意",这是一种患难与共、至死不渝的承诺。

两者不一定同时具备。比如决定爱一个人,并不意味着就一定愿意承担责任,或者给出承诺;又或者决定一辈子只爱对方,但不一定会说出口。

四、正确认识性

英国性心理学家蔼理士(Airis)在《性心理学》中指出:"性是一个通体的现象,我们说一个人浑身是性也不为过,一个人的性的素质是融贯他全部素质的一部分,分不开的。"他甚至引用"一个人的性是什么,这个人就是什么"来说明性与一个人的素质的重要关系。

(一)性的含义

今天,大多数学者研究认为,人类的性是由生理、心理和社会三种因素构成的。

性的生理因素是指人类性行为是性器官及其他系统协同活动的有序的生理过程,它是人类性活动的基础。性是人类最基本的生物学特征之一,性的需要就如人需要饮食、呼吸一样,都是人的一种自然本能。正如《孟子》所云:"食、色,性也。"《礼记》所云:"饮食男女,人之大欲存焉。"均表明人生来就有食欲和性欲两大欲望。

性的心理因素是指人类的性活动是个体的动机、态度、情绪、人格及行为的综合体现。性的心理是指与性有关的一切心理现象,它不仅包括性交、性爱抚等所有直接的性活动,还包括人们对性的情感、态度、价值观和性方面的喜好等心理方面的表现。尤其是,它不仅指人们普遍认为的正常的性活动,也包括所有被认为是反常或"不像话"的性行为。

性的社会因素是指家庭、人际关系、文化、宗教、法律、道德、习俗等影响、塑造和调整着人类的性行为。性是人类得以繁衍、进化之本,性活动则是人类社会生活的基本内容之一,无论何时何地,人类的性观念和性行为都受制于一定的社会意识形态和道德规范,而不完全是两个人的私事。

(二)性心理健康

世界卫生组织(WHO)对性健康的概念做了如下界定:"所谓健康的性,它融合了有关性的生理面、情绪面、知识面及社会面,可以此提升人格发展、人际沟通和爱,等等。"由此可见,性心理健康是指个体具有正常的性欲望,能够正确认识性的有关问题,并且具有较强的性适应能力,能和异性进行恰当的交往,在免受性问题困扰的同时,还能增进自身人格的完善,促进身心健康发展。

(三)性心理健康的标准

根据性心理健康的内涵,个体的性心理健康应该符合以下标准:

能够正确认识自我,愉快地接纳自己的性别。一个性心理健康的人,能够正视自己性生理的发育、性心理的变化,会自觉地把自己置于社会这个大背景下进行自我认识,能客观地评价自己和他人,并乐于承担相应的性别角色。

具有正常的性欲望。性欲是能够获得性爱和性生活的重要条件。因此,具有正常的性心理首先就得具有性欲望,一个人如果没有性欲望,就不会有和谐的性生活,性心理健康就无从谈起。但性欲望并非都是正常的性欲望,正常性欲望的标志是指性欲望的对象是指向成熟的异性而不是同性或其他物品等替代物。

个体性心理特点和性行为符合相应的性心理发展年龄特征。在生命发展的不同年龄阶段,人的心理发展表现出不同的质的特征,性心理的发展也同样呈现出阶段性的特点。如果一个人的性心理特征与大多数同龄人格格不入,就绝不是健康的性心理。

性心理健康的人具有较强的性适应能力。性适应是指个体在生长和发育过程中,性生活(包括性欲、性意识、性观念及相应的情感、品质和性行为)和所处的社会环境、文化形态之间形成的一种和谐关系,也就是性生理、性心理、性社会三种要素在性生活过程中交互作用而显示出的一种协调状态。性适应能力的获得是一个漫长的复杂的过程,它是伴随着个体的性生理从不成熟到成熟的过程而逐渐建立的。它表现为个体的自我同一性的建立;能够正确对待性生理成熟所带来的一系列身心变化;在出现性冲动后,能够正确地释放、控制和调节性冲动,使之符合社会规范的要求;等等。

性心理健康的人能和异性保持和谐的人际关系。随着性心理的发展与成熟,希望与异性交往,并能保持良好的关系,是个体自然而正常的要求。性心理健康的个体,能够在日常的学习生活中,与异性进行自然的、符合社会规范要求的交往。在彼此的交往过程中,保持独立而完整的人格,有自知之明,不卑不亢,并能做到相互尊重、相互信任。

性心理健康的人能增进文明的社会风尚。性心理健康的人具有一定的性知识和性道德修养,能自觉去分辨性文化的精华与糟粕、淫秽与纯洁、庸俗与高雅、谬误与真理,自觉抵制腐朽低俗的性文化的侵蚀。

(四)性心理的发展

性心理是指与人类的性有关的心理,它包括围绕性欲望、性冲动、性行为、性满足而产生的认知、情感、需要和经验等心理活动。性心理的内容是极其广泛的,也是相当复杂的。青春期男女已经开始意识到自己的性别和两性之间的关系。进入青春期后,性意识的发展加速,而且日趋强烈。此时的少男少女已经有意识地分群活动,其活动方式也越来越符合自己的特点,男女之间的交往逐渐拘谨起来,并伴有茫然无措和一种特殊的神秘感与冲动,有些人甚至会有罪恶感和不道德的负疚感。性意识的发展错综复杂,既充满矛盾和冲突,又有一定的普遍性,各种复杂情感交织在一起影响着青年男女性心理的发展。心理学家研究发现,性心理的发展大致可以经历四个阶段。

1.疏远异性的反感期

刚刚步入青春期的少男少女们突然感到自己的身体在变化,并且隐隐约约地感到一股从未体验过的情感和冲动在萌发,并强烈地意识到性别的差异。他们对第二性征的出现感到兴奋、不安、羞涩和恐慌,对日益强烈的性冲动感到手足无措。他们对自己生理上的巨大变化较为关注,而对异性则采取回避、提防的态度。少男少女们彼此封闭、彼此疏远,男女界限分明,甚至从小玩到大的异性好朋友,来往时也感到不自然,变得陌生和疏远起来,有些甚至对异性表现出厌恶和反感。这种疏远、对立现象一般要持续半年到一年,此期间称为性反感期。这一时期的少女出于一种罪恶感,会努力抑制自己的情感要求,尽管对异性有着强烈的关心和亲近的意愿,但常以一种疏远异性的方式扭曲地表现出来,装出一副对异性冷漠淡然和厌恶任何与性有关的问题的姿态。这是因为,伴随性冲动而增强的对异性的关心因社会道德的约束而受到压抑,被压抑的性冲动只能通过对异性的不自然的攻击和与同性结为伙伴以得到发泄。

这个阶段的主要问题是由萌生的性冲动给自身带来的罪恶感,这种罪恶感可能会贯穿整个青春期,影响正常的性心理发育。受几千年封建思想影响,我国女大学生尤其是生源地在农村居多的高职高专女生中,仍然残留着一些视性为罪恶的禁欲主义观点,严重阻碍了她们性心理的健康发展。

2.崇拜异性长者期

在这一时期,青少年容易对某个异性长者产生崇拜,这些异性长者可能是老师、明星、父母、学长等。他们渴望自己的一言一行像这些长者一样。这种崇拜对缓解内心的焦虑和负罪感会产生一定作用。

这个时期他们对异性的感情倾向于理想化和偶像化,因而往往对异性长者给予特别关注。青少年并不是把性冲动当成一种具有欲望的爱情表现,而是将异性长者当作自己的精神恋人而偶像化。对异性长者的崇拜在某种程度上可以减轻由于性冲动带来的罪恶感和内心的紧张感。但是,将性冲动转移到对异性长者的崇拜,并不能真正减轻他们内心的焦虑,因此必须从崇拜异性长者期的理想化倾向过渡到正常的异性恋状态,如果不能顺利过渡,这种思想就会造成心理负担,导致不健康的性意识和性态度。

3.渴望异性的狂热期

经过对长者的崇拜期后,青少年逐渐接受并认同自己的性别角色,这个阶段的他们不再用排斥的方法对待异性。异性之间出现了一种微妙的变化,即愿意和异性相处,与异性伙伴一起觉得心情愉快、兴奋和舒畅。青年男女都力求在异性面前留下美好的印象。他们不仅衣着漂亮、言谈举止变得小心谨慎,而且会尽可能发挥自己的聪明才智,以致在异性面前回答不出老师的提问都觉得羞愧难当。这一时期,他们虽然有强烈的与异性交往的愿望,但受过性反感期和崇拜长者的"牛犊期"的影响,一般不懂得如何与异性交往,在交往时显得有些笨拙。由于不能在适当的场合用适当的方式表达自己的感情,只好采用故意捣乱或搞恶作剧的方式吸引异性的注意力。这个时期性心理往往有以下特点:追求的异性对象具有不确定性;异性交往大多数通过群体性的活动进行;交往的目的仅仅是为了与异性相处;这个时期会有一些"初恋",但很难与同一个异性朋友保持长久关系,容易更换对象。这个时期是性心理发展的最重要阶段。他们通过与异性交往的尝试,使自己的异性观念开始形成。在交往过程中,他们学会了如何与异性保持适当的人际关系,努力发展自己的各种能力以便得到异性的欣赏和称赞。可见,性心理的发展实际上也是自我概念、自我认识不断完善的过程,大学期间正是这一阶段的发展期。大学生通过与异性的交往,了解异性、健全自我、发展自我,这对心理健康发展具有重要意义。与异性交往的成功与否直接影响大学生的自信心和人际交往能力能否提高,决定了将来其是否能成功地适应社会。当然,这期间有些大学生的性心理还没有完全摆脱性反感期和崇拜长者期的影响,以致他们对自己的性角色还没有完全地认同,这一部分大学生一般不能与异性顺利交往,加之缺乏这方面的训练,使他们在与异性的交往中常常会遭遇到挫折,从而产生自卑感。

4.浪漫的恋爱期

大学生的性心理随着与异性交往的增多会逐渐发展成明确的恋爱心理,即对异性的欲望集中到某一个人身上。他们开始脱离各自的群体活动而单独进行约会。大学生在恋爱过程中,自我会得到对方承认,自我形象会不断明确并达到较高的自我同一性。此时的交往就不再只局限于生理需求,而进一步追求彼此精神上的需求,二者的不断统一,最终达到双方人格的相互融合。性意识的发展必须经过恋爱阶段才能完善,性同一性的建立也要通过恋爱才能完成。

经过以上性心理四个阶段的发展,他们经历了对性的生理机能、性角色和更广泛的社会心理意义的体验,形成完整的性意识。四个阶段一般依次出现。但值得注意的是,即使度过了某一个阶段也不意味着摆脱了这个阶段矛盾的影响。在现实生活中,许多大学生的性心理都处在一种各个发展阶段的矛盾交织在一起的心理状态之中,造成心理上的高度焦虑。不同的家庭环境、不同的文化背景,也使大学生性心理的发展参差不齐。

拓展阅读 爱情彩虹

加拿大社会学家约翰·李(John.Alan.Lee)根据文献收集及调查访谈两个阶段的研究,将男女之间的爱情分成六种形态:情欲之爱、游戏之爱、友谊之爱、依附之爱、现实之爱及利他之爱。

情欲之爱。建立在理想化的外在美基础上,是罗曼蒂克、激情的爱情。其特点是一见钟情,以貌取人,缺少心灵沟通,热烈而专一,靠激情维持。

游戏之爱。视爱情为一场让异性青睐的游戏,并不会将真实的情感投入,常更换对象,且重视的是过程而非结果;不承担爱的责任,寻求刺激与新鲜感。

友谊之爱。如青梅竹马般的感情,是一种细水长流的、稳定的爱。这种爱情以友谊为基础,建立在长久了解的基础上,能够协调一致解决分歧,是宁静、融洽、温馨和共同成长的爱情。

依附之爱。对于情感的需求非常大,具有依附、占有、妒忌、猜疑、狂热、情绪不稳定等特点。依附之爱的一方具有控制对方情感的强烈欲望。

现实之爱。此种类型者常常会考虑对方的现实条件,以期让自己的酬赏增加且减少付出的成本。这类爱情理性高于情感,是受市场调节的现实主义情感。

利他之爱。此种类型者是带着一种牺牲、奉献的态度,追求爱情且不求对方回报。自我牺牲型爱情是无怨无悔、纯洁高尚的。

五、大学生恋爱的心理特点

大学生恋爱心理是指大学生在生理、心理、环境的共同作用下所表现出来的对异性的求知、接近、追求、热恋等行为,以及由此产生的各种心理现象。大学生的恋爱除了具备恋爱的一般特征之外,还具有如下几个特征。

(一)自主性强

在大学里,男女大学生的平等权利与平等价值观特别突出,反映在恋爱问题上,一般都是自己做主,个性特点强,重感情、易冲动,不受传统习俗的局限,在确定恋爱关系前,甚至在确定恋爱关系后,一般都不征求双方父母的意见,显示出较强的自主性。

(二)恋爱动机单纯

大学生恋爱一般只谈爱慕之情,交流对学习和人生的看法,很少或者根本不讨论结婚、建立家庭等具体问题,带有浪漫色彩。这样,离开了恋爱—婚姻—家庭这样一个整体观,恋爱基础就不够坚实,一旦遇到实际问题,比如毕业后不在同一城市就业等,便会产生动摇甚至分手。

(三)自控与耐挫力较弱

大学生一旦陷入热恋之中,不能控制自己的情感,缺乏理智的驾驭能力,对恋爱过分依赖,稍有波折就痛苦万分。一旦恋爱受挫,就会情绪失控,无法自拔,对学习、精神甚至身体健康造成严重影响。

(四)不成熟性与不稳定性

在今天的大学校园里,大学生的恋爱呈现低年级化,人数呈上升趋势。由于社会阅历不深,很多学生对于自己的人生目标和需要还没形成较清楚的概念,对于恋爱问题同样如此。如在选择恋爱对象标准上,重外表、轻内在;在恋爱方式上,重形式、轻内容;在恋爱行为中,重过程、轻结果,重享乐、轻责任。加之经济上尚未独立,恋爱过程中感情和思想易变,缺乏妥善处理恋爱中情感纠葛的能力,极易造成恋爱的周期性中断或对恋爱对象的选择举棋不定,恋爱的成功率很低。

六、大学生恋爱中的突出问题及其原因

(一)恋爱动机问题

大学生恋爱并不都是单一的动机。恋爱动机综合起来有如下几点:一是摆脱孤独感。大学生活的人际交往及各种学习问题可能会给大学生造成身心上的压力,从而产生情绪上的压抑,不能很快地融入新的生活环境,常常会产生孤独感和挫折感。恋爱关系的建立,有可能帮助他们消除寂寞、摆脱孤独。二是情感需求。大学生经过十几年的寒窗苦读,心无旁骛。上大学后,之前被学业压力所压抑的情感像火山一样爆发,加上与异性交往会产生一种愉悦感,同时也能提高自信心,所以很多大学生渴望情感需要的满足,恋爱的欲望非常强烈。三是好奇心。好奇心理主要是由于生理发育成熟而产生的。在高中阶段禁止谈恋爱。对于没有经历爱情的大学生来说,恋爱是刺激的,充满着极强的诱惑力,因而好奇心会促使他们去尝试恋爱。四是虚荣心理。部分大学生认为谈恋爱是一种能力和魅力的象征。他们为了证明自己的魅力而去恋爱。"有人爱"似乎是他们证明自己价值的一种标准,他们认为在大学里如果找不到异性朋友的话,就会被瞧不起,或被认为是无能。

(二)恋爱规划问题

当代大学生谈恋爱,似乎都只是为了恋爱而恋爱,普遍对爱情缺乏规划。一是对恋爱不重视。在缺乏恋爱经验的同时,很多大学生也不主动寻找相关恋爱知识进行学习。在他们看来,恋爱只是旅途中的休憩站。他们没有把恋爱当作自己人生中与升学、求职、婚姻同等重要的事件来看待,这使得他们在经营爱情时往往不能全身心

投入,其结果不难想象。二是缺乏正确的引导。很多大学生认为自己已经是成年人了,恋爱是自己的事情,对长辈正确的引导往往置若罔闻,导致盲目的恋爱。

(三)能力缺乏问题

爱的能力缺乏已成了当代大学生中一个较为普遍而且严重的问题。首先,大学生缺乏接受爱和拒绝爱的能力。当对异性产生好感时,大学生缺乏理性的分析和判断能力;当遇到一份突兀的表白时,大学生缺乏合适的处理方法;当不期望的爱情出现时,大学生往往消极回避……事实上,这些能力恰恰是一段爱情开始所必须具备的。其次,大学生恋爱抗挫折能力不强。恋爱过程不可能一帆风顺,当遇到挫折时,大学生往往不能正确看待问题,甚至走向极端。轻者会对爱情乃至异性产生心理障碍,严重者可能走上轻生道路。再次,大学生缺乏爱的责任感。勇于承担责任,爱情才能健康地成长和发展。最后,大学生还缺乏直面问题的能力。当爱情出现问题时第一个直接反应就是逃避,而不是积极面对。这样的爱情,注定不会长久。为了让爱情持续健康地发展,大学生必须保持健康的恋爱心理与恋爱观。

第二节 爱情心理现象分析

一、爱情错觉

在心理学上,错觉是指对事物的不正确的反应。人们在感知客观事物的时候,一般都可以获得与客观事物的本来面目近似的感知觉。但有的时候,由于种种原因,我们所获得的感知觉是与客观事物的真实情况有出入的,甚至歪曲了客观事物的真相,这便是错觉。

爱情错觉是指错误地认为某个异性喜欢上自己的主观感觉。它的产生主要是受对方言行举止的迷惑和自身各种主观体验的影响。由于自己爱上了对方,于是就觉得对方也一定爱自己,因而也就希望能够同样得到对方的爱。这种心理往往具有弥散性,钟情者在这样的心理支配下,常常会把对方的言行举止纳入自己的主观需要的轨道上来理解,造成对他人言行、情感的错误判断。这也就是通常所说的"自作多情"。

这种爱情错觉现象在大学生交往过程中经常出现。虽然我们说人在性格、兴趣、爱好等方面存在很大的差异,但某些人的某一方面却可能很相似,正因为这种相似性,才有了人以群分的现象。这样的人在一起有共同语言,容易接近,时间一久很容易形成友谊。对于大学生来说,异性间性格、兴趣、爱好等方面相同可能是发展爱情的前提,但爱情的前提与爱情本身并不是同一回事。有的人性格外向,开朗活泼善于交际,给人以亲切和蔼的感觉,这样的性格本来是对所有的人都一样的,但是在某些人的眼里可能就认为这是爱的表示,进而自我陶醉,产生爱情错觉。

在现实生活中,怎样避免爱情错觉呢?

(一)不要过分相信自己的感觉

心理学认为,感觉只是人们认识客观事物过程中的一种初级形式,它所反映的只是事物的个别属性,因此,往往会对事物产生不正确的反映。产生在感觉基础上的"爱情"充其量只是一种感觉感情,而真正的爱情是一种理性的感情,所以产生于自己主观意愿的感觉感情就是错觉了。

(二)要明确友谊和爱情的界限

爱情错觉的产生往往是自己先爱上对方,而对方也从言行上表示出对自己的好感,但对方的好感仅仅是好感,是友谊的一种表现。虽然好感是爱情的一个必要前提,但是有前提绝不意味着就一定产生结果。

心理学家分析认为,在划分爱情和友谊的界限时,男大学生比女大学生要严格一些。男大学生对异性友谊的需要常常可能是对她爱情的需要。心理学家在对女大学生交往的观察中发现,男大学生的异性朋友要比同性朋友少得多,他所要选择的异性朋友,大多是他们认为将来有可能发展成自己爱人的人。而女大学生则相反,她们对友谊的理解比较广泛,她们的异性朋友一般比较多。

(三)知进知退

一旦知道产生的是爱情错觉,就应该寻找一种解脱办法。一般来说,最妥当的办法是要斩断情丝。爱情是建立在双方自愿基础上的,不能单方面施舍或强制。虽然,爱是很难忘记的,尤其是发自内心的爱,但是,即使这种深沉的爱,如果对方不接受,也不能强求,更不应埋怨对方,要控制感情,理智地分手,这是一个真正的爱的追求者必备的高尚品格。

二、情人眼里出西施

"情人眼里出西施"是热恋过程中一种常见的心理现象。它是指在恋爱过程中,情侣之间彼此把对方的属性偶像化和审美化,从而认为对方是自己最理想的感情对象的一种心理现象。从心理本质来讲,这种现象的产生有四个方面的原因:第一,是由于恋爱对象本身外在形象已经具备了美的某些特征,这种外貌上的特征是"情人眼里出西施"的物质前提。第二,恋爱对象具备了内在的美,这种内在的美如道德情操的美、精神意志的美、智慧才能的美等,又通过其举止动作谈吐以及待人接物的态度等表现出来,形成独特的风度,掩盖了其他缺点。第三,由于两个人真诚相爱,必然会把自己的外在美和内在美最充分地暴露出来,从而使情人感受到往往不易被他人感受到的独特的美。第四,由于双方相互爱慕,因此,彼此都按照爱的价值哲学来改造现实,也就是通过抽象和幻想把现实对象理想化,这种理想化的结果使主体在审美上丰富了感情对象。

"情人眼里出西施"这种心理现象的主要意义是积极的,它有利于爱情的专一,可以使爱情变得更高尚更甜蜜,有利于有情人终成眷属,甚至可以使因有严重缺陷或缺点而失去信心的人重新领略到人生的乐趣。

但是,对于理智性比较弱的人来说,这其中也孕育着消极的种子。因为恋爱中的人,展现给对方的都是自己最美的一面,一切都可能成为诱人的魅力。根据心理学的辐射法则看,人在恋爱时,对个体具有吸引力的那些特征必然产生辐射,其影响通过扩散和形态转化从而波及其他因素,在认识恋爱对象的相近性时,人的心理会逐渐产生好的联想。然而这种联想其实并不是都很准确实在的,它往往给人以各种错觉。当热恋过去或头脑清醒时,对方的缺点就开始显现出来了,而这时这些缺点往往会成为阻碍爱情发展的因素。因此,现实中很多人爱情的破裂往往是由热恋时被忽略的很小的因素造成的,而不是重大的原则分歧造成的。

爱情牢固的基础是志同道合,是美感和道德感的统一。对于爱情冲动时的错觉,一方面,应保持清醒的头脑,始终使理智发挥作用。要客观地评价对方,即使是对方的优点完全战胜了其缺点,也要看到这些缺点,要思考这些缺点是否会成为爱情进一步发展的障碍。另一方面,在恋爱的过程中要真诚地暴露自己的缺点,刻意地隐瞒自己的缺点想使爱情长久往往适得其反。

三、逆反心理

所谓逆反心理,就是在一定条件下,某些人的言行给当事人产生了与其主观愿望相反的感觉,从而引起的一种负向的要求和行动。在大学生恋爱的过程中,逆反心理经常出现。例如,爱情遭到了父母的强烈反对,两个人不但不终止恋爱关系,反而更热烈,有时甚至采取一些非常手段表示反抗,这种现象在国外心理学中被称作"罗密欧与朱丽叶效应"。逆反心理产生的原因大致有以下几点。

(一)好奇心

大学生有强烈的好奇心,如果一味反对,禁止他们与异性交往,不充分解释和分析其中的利害关系,就会引起他们的疑虑、揣度、推测,在好奇心的驱使下注意力反而更加集中。如果某人对他(她)不予理睬,表现出和其他狂热的追求者截然相反的态度,好奇心就会引起他(她)的注意并进行探询。

(二)自尊心

一些个性鲜明的大学生如果受到了冷落或爱情受到了阻挠,往往会使其自尊心受伤,于是可能产生"越是得不到越要得到"的逆反心理。

(三)心理发展规律的反映

在恋爱过程中,感情发展需要过程,才能达到双方心理相容。未达到心理相容的程度时,过分的亲密或者施展魅力反而不利于感情的培养;如果达到了心理相容的程度,外界的阻力就会成为促进的动力。

四、回归心理

在心理学上,把那种迷恋过去、希望回到过去的心理现象叫作回归心理。有这种心理的人,总是乐于沉浸在过去的回忆中,喜欢将现在和过去进行比较,认为过去比现在和将来一切都好。这种心理的产生是由于生活中的失败导致的,各个年龄段的人都可能产生。恋爱中的回归心理指的是在恋爱一次或几次之后,往往会把眼前的对象与过去的恋人的形象进行不适当的心理比较,并美化过去的对象,从而造成心理的自惑,导致恋爱遇到困难。

从心理功能上讲,恋爱中的回归心理是一种消极的心理反应,它对大学生实事求是地选择对象是一种严重的障碍,会造成新的恋爱的困难,许多人恋爱失败往往是受这种回归心理的影响。克服这种心理的关键在于要有恰当的、明确的和具有弹性的择偶标准,这样就不至于在新旧恋人之间进行不适当的比较了。

五、心向易变

爱的心向容易变化是大学生恋爱一个很突出的特点。这是大学生审美标准的不确定性造成的,大学生很容易改变自己的审美标准。这种心理现象是造成三角或多角恋爱的根本原因。

现实中产生三角恋爱或多角恋爱主要有三种情况:

第一种情况,双方已经建立了恋爱关系后,出现了第三者,原来双方中的一方在没有和对方断绝恋爱关系的情况下,又主动同第三者建立了恋爱关系,最后选择一个自认为最合适的。

第二种情况,双方确定恋爱关系后,出现了第三者,第三者不知进退,而原来双方中的一方又不采取明朗的态度,致使三角恋爱的产生。

第三种情况,把个人的追求看得高于一切,认为自己愿意和谁恋爱就和谁恋爱,把这当作权利。在大学生中流传的"普遍撒网,重点培养,择优录取"的思想就属于这种情况。这实际上是一种轻率不自重的行为。

恋爱中容易导致心向改变的一般前两种居多。心向易变从伦理道德角度来看是不道德的,是一种坏的风气,是心理不成熟和侥幸甚至病态心理的反映,其结果往往也是既害人又害己。爱情是应该有所选择的,但这种选择和"脚踏两只船"是有着本质区别的,其关键在于时间的先后,我们必须和前一个人断绝了恋爱关系之后,才可以和别人建立新的恋爱关系。

六、精神恋爱

所谓精神恋爱是指男女之间进行恋爱只追求感情的满足,不结婚,不发生肉体的关系,被称为"柏拉图式恋爱"。柏拉图认为,爱情是从人世间美的形式窥见了美的本体之后所引起的爱慕,人经过这种爱情而达到永恒的美。柏拉图的这种思想虽然具有批判庸俗爱情的意义,即反对把爱情当成利害关系和情欲的满足,但本质上,却否认了爱情是一种性爱,否定了爱情所包含的生理上的需要以及爱情导致肉体结合的必然性,是违背人的恋爱心理规律的。心理学和生理学理论都揭示,随着青春发育的开始和成熟,人必然要产生追求异性的心理需要,到了一定年龄就会强烈地希望在心理和生理上得到异性的安慰,这种需要驱使人们去恋爱和结婚。爱情是婚姻的先导,建立爱情的动机总是为了建立家庭、建立夫妻关系的。但是,现在有的大学生却在不想结婚、不准备或不可能与对方结婚的情况下,与对方保持并发展精神上的恋爱关系,进行精神恋爱。这种情况,若不是出于天真幼稚,就必然是某种晦涩、阴暗、自私的心理需要在起作用,属于心理病态,应该杜绝,否则必然会造成恶劣的结果。

七、嫉妒心理

爱情中的嫉妒心理是主体独占爱情的一种心理反应,即主体感到自己的爱情可能被第三者分享或夺取时产生的一种痛苦感。对此,哲学家、社会学家、心理学家、伦理学家有着不同的见解,实际上,对于嫉妒这个心理问题很难一概而论,应该做一分为二地分析。从心理学和伦理学的角度出发,我们认为,嫉妒可分为两种:无理嫉妒和合理嫉妒。

无理嫉妒也就是人们常说的醋意。表现为既怨恨爱的对象,又嫉妒那个对爱的对方造成占有威胁的人。具有这种心理的人特别容易进行无端的猜疑,并力求证实。有人说,嫉妒是爱的表现,爱得越热烈,嫉妒得越厉害,这是错误的。无理的嫉妒意味着猜疑,而爱情的基础却是信任。恋爱是男女之间感情上的交流,自然都希望对方对自己忠诚,但忠诚是相互的,嫉妒、猜测本身就是对对方不信任的表现,预先就播下了不和的种子。无理的嫉妒是爱情危险的伴侣,就其本质而言,它同爱情是水火不容的。

合理嫉妒和具有不良后果的醋意相反,作为自然而正常的情绪,通常只能触动人的心理的微妙部分。它表现为由于失去同恋人交往的所有时间而感到的伤心和惋惜,由于意识到可能失去恋人而感到潜在的忧虑,渴望同恋人永远圆满。这种嫉妒实际上是爱情的一个组成部分,在爱的情感中能起到激励作用。

八、互补心理

通过大量的观察调查研究,心理学家发现,男女的婚恋存在互补心理,能够补充自身不足的异性最容易被接受。生理特征上、气质个性上甚至是经济背景上都存在互补心理。有人认为,促成男女相爱是由于他们个性比较相似,事实上恰恰相反,气质上、生理上相似的人却常常相互排斥,正如柏拉图所讲,相同产生友谊,不同产生爱情。

男女在气质上互为补充的相互吸引,在择偶过程中发挥着相当重要的作用。不同的生物倾向导致完满和协调,有助于克服对方的缺点和不足。活泼型的人需要一些抑制,恬静型的人可以带给其这种影响,从而达到心理平衡,反之亦然。

一般来说,爱情组合可以归纳为以下几种类型:由于相同气质结合的不利结合,有接近但不尽相同气质结合的利弊兼有结合,由不同气质和对立气质组成的最佳结合。但这不是绝对的,而是相对的。

拓展阅读　白熊效应:失恋后越想忘掉,反而记得越牢

大家总是说时间会让我们淡忘一切,可是在现实生活中,我们却感觉到自己越想忘记的事情却总也忘记不了,原因是什么呢?其实,这是"白熊效应"在作怪。

"白熊效应"又称"反弹效应",源于美国哈佛大学社会心理学家丹尼尔·魏格纳的一个实验。他要求参与者尝试着不要想象一只白色的熊,结果人们的思维出现强烈反弹,大家很快在脑海中浮现出一只白熊的形象。当我们刻意转移注意力时,思维也开始出现无意识的"自主监视"行为——监视自己是否还在想不应该想的事情,使我们无法从根本上放弃对事情的关注。

如果把某件事情看得非忘记不可,那么可能适得其反、记得更牢,这就是"白熊效应"。失恋的人努力想忘记伤了自己的恋人,结果发现对方的形象在脑海中愈加清晰,内心苦不堪言;失眠的人努力让自己不要想事情,结果更加兴奋,大脑乱糟糟,没有睡意。这些现象都可以用"白熊效应"来解释。

要想真正忘掉一件事,最好的办法是顺其自然。不要把某件事情看得非忘记不可,好好把注意力放到自己日常应该开展的生活、工作中,时间久了自然会淡忘。我们只能努力记忆,淡忘只能顺应自然,这就是思维的规律。

第三节 失恋的心理辅导

一、失恋的原因分析

有得到就有失去,有爱情就有失恋,这似乎成为一种必然。恩格斯曾经把失恋的痛苦称作最高尚、最崇高、最因人而异的痛苦。从心理的角度分析,失恋的原因大致可以分为以下几种情况。

(一)一厢情愿

爱情是双方的,但在大学生恋爱中却可能存在单方面的爱,这种情况就是一厢情愿。一厢情愿有三种类型:第一种,曾经热恋过的情侣,因某种原因,一方感情发生了变化,而另一方却依然留恋旧情,希望对方能够回心转意,不时地编织着破镜重圆的梦,实际上已经成为一种单相思;第二种,是得不到回报的单相思,即一方已向另一方表白了自己的爱慕之情,却没有被对方接受,但仍摆脱不开这种感情,还希望通过种种方式求得对方的爱;第三种,对方毫无察觉,自己却已经深深地爱上了,因为不能肯定对方的态度,不敢向对方表白。

(二)有情人未成眷属

这种失恋的痛苦主要由双方本身相爱,但是最终却未能实现而引起的。有情人未成眷属有三种情况:第一种是错过良机,即两个人原先就相识,甚至有过亲密的友谊,但却错过了爱情,于是只能为回天乏术而惋惜;第二种是相逢已晚,即由于男女双方相识太晚,产生更亲密的关系已经不可能,双方虽然感到彼此的个人品质有很大的吸引力,但由于现实的原因不可能在一起而产生痛苦;第三种是因为社会、家庭阻力或意外事故,使有情人未成眷属,社会与家庭始终是影响男女爱情的一个重要因素,这种影响不仅表现在择偶标准的确立上,也体现在影响爱情实现的可能性上。

(三)爱已泯灭

爱已泯灭是指双方有过一段恋爱史,后来一方温度下降,离开了对方,或者另有新爱,另一方这时却还在深爱着对方,爱情没有减弱的一方就会产生痛苦。

美满的婚姻应当使双方都感到甜蜜,而恋爱过程实际上就是一个选择过程,在这个过程中,相互间感情能否发展成爱情只有能与不能两种可能。能与不能都是正常的,能够发展成爱情当然很好,不能发展成爱情就应该好合好散。

(四)长久别离

虽然从道德伦理的角度来说,爱情应该是永恒的、专一的,不受时间和空间距离的约束,但是在现实生活中,当爱情还没有具备感情交流的稳定形式时,双方的吸引力同情侣之间的空间距离就会成反比。长时间的分离会造成爱情的丧失,这种情况常见于男女双方没有在同一所大学或没有在同一个城市的大学的学生身上。

二、失恋的生理心理机制

失恋是痛苦的,会在恋人心上留下难以愈合的创伤。这种心理状态在心理学上常用动力定型遭受破坏来解释。

所谓动力定型又称动型,是指大脑皮层对一定客观刺激系统形成的完整的、自动化了的反应系统,即条件反射,它是大脑皮层机能系统性的最重要的表现。动力定型的特点是它一经形成后,一旦有关刺激物作用于有机体,反应定型系统就自动出现,这种动型在人身上表现出巩固的、习惯化的特点。因此,动力定型的巩固或破坏会给人的情绪带来满足或不快,使人体验到愉快或绝望、痛苦等情感。

在恋爱过程中,与恋人的每一次接触,恋人的一切都会成为一个个条件刺激,这些刺激在恋人之间引起一系列的条件反射,这一系列的条件反射按照一定的方式不断进行,就形成了动力定型——感情的产生与深厚。这时如果一方的刺激消失(断绝恋爱关系),就会使已经建立起的动力定型受到破坏,与原来不同性质的条件刺激物的出现使已经形成的反应系统不适应。此外,由于原来形成的动力定型使得双方感到满意和愉快,而现在系统熟悉的条件刺激已经不存在,条件反射不再进行,于是产生不满与痛苦的体验。

三、失恋的心理疗法

拓展阅读 **苏格拉底与失恋者的对话**

苏格拉底(以下简称"苏"):孩子,你为什么悲伤?
失恋者(以下简称"失"):我失恋了。

苏:哦,这很正常。如果失恋了没有悲伤,恋爱大概也就没有什么味道。可是,年轻人,我怎么发现你对失恋的投入比恋爱的投入还要倾心呢?

失:到手的葡萄给丢了,这份遗憾,这份失落,你非当事人,怎知其中的酸楚呢!

苏:丢了就丢了,何不继续向前走,鲜美的葡萄还有很多。

失:我要等到海枯石烂,直到她回心转意。

苏:但这一天也许永远不会来。

失:那我就用自杀来表示我的诚心。

苏:如果这样,你不但失去了你的恋人,同时还失去了你自己,你会蒙受双倍的损失。

失:踩上她一脚如何? 我得不到的别人也休想得到。

苏:可这只能使你离她更远,而你本来是想与她接近的。

失:我该怎么办?

苏:真的很爱? 那你当然希望你所爱的人幸福。

失:那是自然。

苏:如果她认为离开你是一种幸福呢?

失:不会的! 她曾经跟我说过只有和我在一起的时候她才感到幸福。

苏:那是曾经,是过去,可能她现在并不这么认为。

失:这就是说她一直在骗我?

苏:不,她一直对你很忠诚。当她爱你的时候,她和你在一起,现在她不爱你,她就离去了,世界上再也没有比这更大的忠诚。如果她不再爱你,她还装得对你很有情意,甚至和你结婚、生子,那才是真正的欺骗。

失:可我为她投入的感情不是白白浪费了吗? 谁来补偿我?

苏:不,你的感情从没有浪费。因为在你付出感情的同时,她也对你付出了感情,在你给她快乐的同时,她也给了你快乐。

失:要是她现在不爱我了,我却还苦苦地爱着她,这多不公平啊!

苏:的确不公平,我是说对你所爱的人不公平。本来,爱她是你的权利,但爱不爱你是她的权利,而你却想在自己行使权利的同时剥夺别人行使权利的自由。这是何等的不公平!

失:可是您看得明白,现在痛苦的是我不是她,是我在为她而痛苦。

苏:为她而痛苦? 她的日子可能过得很好,不如说你为自己痛苦吧。明明是为自己,却还打着为别人的名号。

失:依您的说法,这一切倒成了我的错?

苏：是的，从一开始你就犯了错。如果你能给她带来幸福，她是不会从你的生活中离开的，要知道，没有人会逃离幸福。

失：可她连机会都不给我，您说可不可恶？

苏：当然可恶。好在你现在已经摆脱了这个可恶的人，你应该感到高兴，孩子。

失：高兴？怎么可能呢？不管怎么说，我是被人抛弃了。

苏：被抛弃的并非就是不好的。

失：此话怎讲？

苏：有一次，我在商店看中一套高贵的西服，爱不释手，营业员问我要不要。你猜我怎么说，我说质地太差，不要！其实，我口袋里没钱。年轻人，也许你就是这件被遗弃的西服。

失：您真会安慰人，可惜您好像还是不能把我从失恋的痛苦中引出。

苏：时间会抹平你心灵的创伤。

失：但愿我也有这么一天，可我的第一步该从哪里做起呢？

苏：去感谢那个抛弃你的人，祝她幸福。

失：为什么？

苏：因为她给了你忠诚，给了你寻找幸福的机会。

在心理学看来，失恋是青春时期最严重的一种挫折，是最为严重的应激事件。解决失恋的痛苦最需要的是克制能力。从心理学的角度讲失恋也是一种心理疾病，这种心理疾病的治疗办法有以下几点。

（一）理智疏导

心理学认为，人通常都具有双重性格因素，即理智的我和感情的我。在失恋的情况下感情的我往往会压倒理智的我，但要摆脱痛苦的折磨，则必须用理智的我去提醒、暗示和战胜感情的我，学会自我疏导和反向思维。爱情是双方的行为，绝不能只从一方的角度考虑，失恋的原因很复杂，但对于失恋者来说，无论是什么原因造成的失恋，都应认真总结经验教训，应该用理智来说服感情，尊重对方自由选择爱人的权利。

（二）更新升华

心理学家研究表明，失恋后一般人往往会产生一种报复心理，这种报复心理可能产生两种结果：第一，是驱使一些意志差、理智弱的人干出一些不文明不道德的事；第二，对于意志坚强、理智健全的人来说，这种报复心理会使他们产生"增力性"反应，从而驱使自己把时间和精力投入到更广泛的生活空间去，如在事业中创造成就，以事业的成功让对方觉得后悔,从而报复了对方的蔑视。事实也证明,失恋后投入到事业中去的力量是非常大的,但凡有志气的失恋者,往往会在失恋后创造出辉煌成绩,像歌德、贝多芬、诺贝尔等都是在失恋后把自己的精力升华为事业的动力而取得伟大成绩的。第二种报复不仅有利于社会,也能使失恋者的自我得到更新升华,是一种积极的结果和应对失恋有效的办法。

(三)代偿迁移

代偿迁移就是将注意力转移到其他活动上,通过这些活动来转移心理压力,以求得心理平衡。具体办法有:

把失恋的缘由和苦闷向身边最信得过的人倾诉,听听他们的评说、劝慰。这种倾诉的宣泄和劝说的抚慰会使心境平静。

与同性朋友发展更密切的关系。虽然心理学家认为:要医治一个美丽女子造成的创伤,最好的药物就是另一个同样美丽的女子。但是,如果在失恋后马上开始另一次恋爱未必是最好的办法。这时更需要同性朋友的开解。

向大自然寻找慰藉。在失恋后及时转移自己的注意力,有助于积极情感战胜消极情感。到大自然中去就是一种很好的方法,在自然界中体会人生的真谛,激发智者的胸怀,这一切都将使失恋者重新激活理性控制力,帮助其迅速回到正常生活的轨道上来。

眼不见为好。美国心理学家唐诺指出,在失恋的情况下,男女双方眼不见为好。从心理学的角度分析,失恋者失恋后会感到痛苦,而对方正是产生这种痛苦的根源,这时,对方的出现无疑成为使人痛苦的刺激物,这会使痛苦的反应加强。

总之,解决失恋痛苦需要理智的控制力。理智控制力强的人失恋的可能性本身就低,即使失恋,也能较快摆脱痛苦。

? 思考与训练

【分析与讨论】

请写下你对下列现象的看法并与小组成员讨论。

1.爱情是盲目的,所以情人们看不见自己所做的荒唐事。

2.但求曾经拥有,不求天长地久。

3.博爱型,三妻四妾。

4.糟糠之妻,相濡以沫。

5."凑合型"夫妻。

6.一夜情。

讨论步骤与要求：

(1)每个人先在白纸上把自己详细的观点和看法逐条写出来。

(2)分组讨论：6~8人组成一个小组,小组成员之间先讨论,然后形成一致认可的文字材料。

(3)课堂讨论：每组选派一名同学,代表小组同学参加课堂讨论发言。

【心理测试】

恋爱方式测试

测试说明:恋爱方式不仅左右着恋爱成功的可能性,而且对恋爱双方的情感体验也会产生影响。本测试可以用来帮助人们了解自己恋爱方式的恰当性。整个测试分为A、B两部分,其总分按照一定的权重合并而成。以下是测试的全部内容。

A部分

阅读以下各题,认为适合你的打"○",不合适你的打"×",你认为不确定的打"△"。不要考虑得太久,尽量依你最初的感觉回答。

1.当你碰到棘手的问题时,他/她能给予最佳指导。

2.当你不愿意接受他/她的要求时,会马上说"不"。

3.不喜欢开诚布公,也不愿意两个人老待在一块。

4.能互相承认彼此生活方式的差异部分。

5.现在还不打算与除他/她以外的别的异性交往。

6.两个人的兴趣比较一致。

7.突然取消约会,也不说明原因。

8.当尽力做完一件事,受到他/她的称赞,即使这是奉承话,也感到无比的高兴。

9.想诚心诚意地做几道自己的拿手菜招待他/她。

10.双方吵架后,待下次见面,会相互赔不是。

11.当与他/她的父母在一起的时候,能自我介绍,闲话家常。

12.能够明确表达出对他/她的爱情。

13.当听到朋友取笑他/她的缺点的时候,会予以反击。

14.遇到他/她以后,你的观念起了很大的变化,变得开放起来。

15.今后你俩的感情,将会更加亲密。

16.和他/她约会时,如果等了30分钟以上他/她仍未到就会很焦急。

17.当与他/她的意见出现分歧时,就想与他/她分手。

18.你俩的关系,尽量不让周围的人或朋友知道。

19.如果有一段时间没有和他/她联系,就会把他/她遗忘。

20.对他/她将来的理想与打算,不太关心。

21.对他/她衣着以及日常生活用品,经常一一给予评论。

22.你俩谈话比较投机,主要是由于谈及的都是些无关紧要的,东家长西家短或责骂上司的话。

23.有时会对对方的缺点或令人讨厌的一面非常在意。

24.你愿意做任何让对方喜欢的事。

25.彼此都认为心理沟通不够。

26.常常在如何度假这个问题上达不成一致的意见。

27.喝酒时,你俩都容易饮酒过量。

28.心情坦率,即使是私人的秘密,也希望告诉对方。

29.当他/她向你诉说内心的烦恼与忧愁时,你会感到困惑不解。

30.当他/她注视别的异性时,你会非常嫉妒。

B部分

阅读下列问题,并从a到d中选择出一个你认为恰当的答案。

1.上午,你正准备去上班,突然接到了他/她的电话:"我有重要的事情找你谈谈,希望你能马上和我见面。"这时你该怎么办?

a.向公司请假,并设法马上和他/她见面

b."下班以后再说吧!"就挂上电话

c.利用公司午休时间,与他/她碰面

d.向公司请假,在家里等他/她来

2.当你面前出现一位与他/她魅力不同的异性时,你会怎么办?

a.与之享受秘密偷情的乐趣

b.干脆告诉他/她"我想与那一位交往",让他/她干着急

c.因为不愿意背叛他/她,所以努力使自己不去注意对方

d.觉得他/她的爱,已令我十分满足了,所以没有别的什么感觉

3.如果你在办事的途中偶然遇上女友/男友,这时你会采取什么行动?

a.反正碰上了,干脆就去咖啡厅喝点咖啡,聊聊天

b.站着闲聊几句后,约好晚上见面的时间

c.心中有点慌乱,不知所措

d.一切听从男友/女友的安排

4.他/她说:"你先借我2000元钱,明天还你,但你不要问我原因。"对于他/她这个要求,你能否答应?

a.我认为:既然他/她提出来了,我当然得借给他/她,不问原因

b.除非有正当理由,不然的话,就是最亲密的朋友我也不会借的

c.他/她绝不会将钱用在坏的地方,既然他/她有困难,就应该理所当然的帮助他/她,而不必问他/她原因

d.不借给他/她很可能会损害两个人之间的关系,所以不问理由就借给他/她

5.父母正安排你去相亲,可是你已经有了女友/男友,此刻,你将采取什么样的态度?

a.由于这是父母的安排,所以表面上还是要去应付一下

b.先和他/她谈谈,然后再作决定

c.虽然可能会使父母失望,但还是拒绝相亲

d.不管对方是什么样的人,坚决不去相亲

6.在这个世界上,并不存在完美无缺的人,当然他/她也一样,也有缺点。你是如何看待他/她的缺点的?

a.每个人都是有缺点的,所以毫不介意,视而不见

b.认为他/她的缺点也就是他/她的优点

c.每次都指出他/她的缺点,以令其改正

d.如果指出他/她的缺点,他/她一定会不高兴,所以干脆什么也不说

7.你的好友和一个女孩/男孩交往已达半年之久,可是他/她们之间的关系仍然停留在一般朋友的关系上,并无多大的进展,对此,你会给他出什么样的主意?

a.他/她无诚意,态度不明,趁旦分手为好

b.你应该尽量满足他/她的要求,做一些让他/她感到高兴的事情

c.你应该主动坦率地向他/她吐露自己的意愿

d.恋爱这东西因人而异,不便妄下结论,还是再了解一段时间再说

8.当你和他/她恋爱以后,你与其他朋友的关系有什么变化?

a.由于总和他/她待在一起,所以很少与别的朋友交往

b.朋友们老是抱怨我将他们忘了

c.恋爱后抽不出更多的时间进行别的社交活动,可是这也是迫不得已的

d.和恋爱前一样

9.和他/她相爱以后,你的学习、工作的态度有无变化?

a.觉得一切很有意思,工作时精力旺盛,心情舒畅,对前途充满信心

b.与以往差不多

c.总觉得时间太慢了,盼望能早点下班,能与他/她待在一起

d.在工作时,心里还不时地掂念他/她:"不知道他/她此刻在干什么?"

10.当你在朋友面前提起他/她时,你会怎么样?

　　a.一一罗列出他/她的优、缺点,以及你俩之间曾经发生过的矛盾、别扭等,并且友善地开他/她的玩笑

　　b.突出强调他/她的优点,以及你们之间的共同点

　　c.你总是表示出你对他/她的不放心、不信任:"他/她为什么会喜欢上我?""他/她会真心爱我吗?"

　　d.在别人面前,一般不随便谈及你们之间的关系

评分标准

　　1.A部分:将你所选的记号(○、×、△),对照A部分的计分表,换算成分数,再将这些分数加起来,就得到了总计分数(在A部分的计分表中,前15个问题采取一种计分方法,后15个问题采用另一种计分方法)。但是总计分数并不就是你的得分,还要参照换算表将总计分数换算成应得分数,才是A部分的得分(例如,你的总计分数为54分,那么你的得分就是15分)。

A部分的计分表			
	○	×	△
问题1~15	3	0	1
问题16~30	0	3	1
A部分的换算表			
0~20			5
21~44			10
45~70			15
71~90			20
0~20			5

　　2.B部分:将所选择的字母,参照B部分的计分表,换成相应的分数,然后将全部10道题目的得分相加,这个结果就是B部分的实际得分。

B部分的计分表				
问题	a	b	c	d
问题1	5	3	0	1
问题2	5	3	0	1
问题3	5	3	1	0
问题4	1	3	5	0
问题5	0	1	5	3
问题6	1	5	3	0
问题7	5	1	3	0
问题8	5	3	0	1
问题9	3	0	5	1
问题10	3	5	0	1
总分				

3.将A、B两部分的得分相加,所得到的分数,就是本次测验的真正分数。

结果解释

总分	解释
16分以下	因为不甘寂寞而去结交异性会使双方痛苦,你的爱情比较不幸,你们之间的关系也不会有深一步的发展。因为你谈恋爱的目的仅仅是为了消除自己一时的孤独与寂寞,而并非出自真心实意的感情。或许是你过去认识过比她/他更好的女性/男性,至今还暗中交往甚密。你觉得与女友/男友的约会枯燥乏味,而且丝毫提不起你的兴趣。可是,你却又极力维持你们之间的关系,不愿意和她/他分手,因此总是想讨她/他的欢心。总之,你的恋爱方式是:既不努力增进两个人的关系,又不想让关系恶化,保持着一种持续维持的形式。由于你害怕失恋会对你心理带来不安的情绪,害怕失去她/他会寂寞难耐,所以你极力维护现状,长久下去,你就会成为封闭、古怪的人。要知道,如果这样的恋爱再持续下去,对你、对她/他都没有什么好处,你必须冷静、全面地考虑你们之间的关系,重新安排你们的爱情生活
17~35分	你的恋爱方式很被动。由于你非常想让他/她喜欢你,害怕得罪他/她,因此,你从来不敢当着他/她的面指出他/她的缺点,有时,虽然你不同意他/她的观点,但是最终还是顺从他/她的意见。如果你真有这种想法的话,那么你的恋爱可能就不会长久,双方的关系也不会加深,而且即使你很爱他/她,处处顺着他/她,可是你却将你的不满与抱怨藏在心里,无法消除内心的痛苦。恋爱,无论在精神方面还是在心理方面,都需要双方的努力,应该由男、女双方共同承担责任。只有这样,恋情才会发展,双方的感情才会进一步地加深。你的这种恋爱方式,主要是由于你太缺乏主动性,遇到事情总是采取消极服从的态度,缺少自己的主见,从而使你们之间关系变得封闭、不平等造成的。如果你想在你与他/她之间建立起一种新型平等的关系,那么就应该做到相互尊重,并且一改消极被动的态度,要适时表达出自己的意见,这样,你们就能相互帮助,共同培育你们的爱情之花
36~54分	偶尔让他/她着急,也是爱他/她的表现。现在你与他/她的爱情一定很美满充实吧!你是一个热情的人,你对你的女友/男友一往情深,但却不会盲目地沉溺于爱河之中,因为你们的心灵相互沟通,所以你们的交往是不计较方式的,很随意,也很融洽,你们是一对很浪漫的情侣,现实不会对你们的爱情带来干扰。你能够很冷静地观察他/她,你不会把他/她理想化、美化,所以你对他/她失望很少。你在恋爱之前,一定经过深思熟虑,对他/她的为人与其他情况都很了解,所以一旦恋爱,很少有后悔之意,你们的爱情会很长久。你在他/她的眼里是一个充满魅力的女性/男性。你能够尊重他/她的意见,并且努力做到与他/她想法一致,所以你们在一起,一定很和谐和愉快,你在恋爱的方式上很少出差错。你是一个很聪明的女孩/男孩。所以,偶尔的幽默和玩笑,更能增加你的可爱。如果能够使他/她明白:有时候让他/她气恼,也是爱他/她的表现,那么你的魅力更会增大,你的爱情会更丰富美满

续表

总分	解释
55分以上	沉于幻想,总有一天会失望。你是一个为恋爱而恋爱的女性/男性。在你的心目中,爱情就是一切,一旦你陷入热恋之中,你的感情之火就会热烈地燃烧起来,会爱得不顾一切。诚然,这是你的优点,可是这种优点也会让你产生另外一种倾向:你的心上人在你的心目中过于理想化,是一个只有优点、没有缺点的人;或许,你有时也注意到了他/她的缺点,却不以为然,好像在这个世界上,他/她就是最完美、最理想的男性/女性。实际上,这种看法太不现实,太富于幻想了,这种幻想终究要破灭的。由于你的恋爱方式太追求自我中心,自我陶醉的倾向非常强烈,所以,一旦幻想破灭,你会受到极大的打击,会对对方失望,而原先的心中热情,从此也会一落千丈,从而失望、消沉、痛苦,甚至会对他/她破口大骂:"我没想到你会是这种人!"将自己的怒气发到他/她的身上。为了避免出现这种情况,你在平时应该冷静处理你们之间的关系,必须清楚地认识到自己有自我陶醉的倾向,而努力去克服它

【心理训练】

训练一:爱情价值观拍卖会

训练目的:

强化学生对自身爱情价值观的自我觉察。

训练内容:

1.拍卖活动:

a.海报上列出的12项爱情价值观(见附表),询问是否有人要补充。

b.由老师拍卖这些项目,假设每人手里有100万元,叫价以1万元为单位,直至12项卖完为止。

2.拍卖完,讨论下列题目:

a.大家各买到了什么?

b.经何考虑而买到自己所得的项目? 是自己所需或喜欢的吗?

c.依我们对每一个伙伴的认识,你认为他会买该项吗? 为什么?

d.若重选一次,结果是否相同? 如何选?

e.让选相同价值者合成一组讨论其合适度及理由。

f.当你的价值观与你的男(女)朋友相冲突或不同时,怎么办?

g.若以人生目标来看,会和爱情价值观相同吗? 工作、爱情、亲情、友情、爱好,何者最重要?

附表

项目	顺序
1.可以因他(她)而扩展生活领域	
2.可以和他(她)共同建立一个家庭	
3.可以因他(她)的提携、激励而成长进步	
4.可以多一个工作伙伴	
5.可以获得爱和支持的感觉	
6.可以有他(她)随时随地陪在你身边	
7.可以和他(她)一起赚很多钱	
8.可以去照顾和爱他(她)	
9.可以有他(她)照顾生活起居	
10.可以和他(她)一起生儿育女	
11.可以因他(她)而增加生活乐趣	
12.可以因他(她)而获得安定感	

训练二：爱情左右走

训练目的：

帮助学生解决爱情中的困惑，增进对异性的了解。

训练内容：

1.全体成员围成一圈，每个人在卡片上写出自己在异性交往中的困惑或最想知道关于异性的一个问题。

2.把卡片集中起来，指导者抽出其中的10张卡片，对这10个问题，大家一起讨论，出谋划策，解决彼此的困惑。

讨论：

1.该活动对你解决与异性相处的困惑有何帮助？

2.你从其他成员的分享中学到了什么？其他成员的观点和思维方式对你有什么新的启发？

3.其他成员对你的反馈和建议，让你对自己有什么新的发现？

第五章　学会管理情绪

处于青年时期的大学生,面临繁重的学业、复杂的人际关系、纷扰而充满诱惑的社会环境,心理上也经历着急剧的变化,情绪起伏波动大,情感体验丰富、复杂。因此,大学生十分容易陷入情绪困扰。这就要求大学生能够学会管理情绪,做自己情绪的主人。

第一节　情绪概述

一、情绪的概念界定

在人们的日常生活中,情绪作为一种常见的心理现象无处不在。早在古希腊哲学思辨中和中国古代医学中就有对情绪的论述。例如,中国古典医书《黄帝内经》中的《素问·宣明五气篇》云:"精气并于心则喜,并于肺则悲,并于肝则忧,并于脾则畏,并于肾则恐,是谓五并,虚而相并者也。"然而,长期以来学术界将情绪看成是非理性的存在,认为情绪是一种非理性的、粗糙的类似动物的现象,因此被排斥在学术殿堂之外。即使在当代社会,人们依然对情绪有着排斥心理。近年来,科学家们围绕情绪课题开展了一系列研究,取得了丰硕的成果。

(一)情绪的内涵

《心理学大辞典》将情绪定义为有机体反映客观事物与主体需要之间的关系的态度体验。情绪有三个典型特征:个体具有主观体验、明显的生理唤醒变化和单独的身心机制。

（二）情绪的特征

情绪中的认知成分是评价情绪性事件的内容、意义等方面。评价-兴奋理论指出，个体对情绪性事件意义的感知和评价能够使其产生情绪体验。之后，美国心理学家拉扎鲁斯（Lazarus）更将评价置于其理论的核心。他从人与社会环境相互作用的角度出发，认为情绪是通过认知评价对情绪性事件意义进行反应的。

情绪是多系统的现象。情绪包含生理、主观体验、行为三个基本成分，但在很多情况下，三种成分之间的变化可能不一致。例如，在阈下启动情绪研究中，被试并没有主观情绪体验，但情绪图片可以诱发被试的电生理反应。情绪不仅会让人产生主观感受，还会促使人们产生相应的行为。例如，在日常生活中，愤怒能够令人产生暴力行为，恐惧能够令人产生回避行为等。这些情绪性行为反应的内驱力与内分泌和植物神经的变化有关，这种变化能够预测相应的行为反应，从而为行为活动提供代谢支持。

表情是人的情绪变化的外部表现模式，表情包括面部表情、身段表情和言语表情。面部表情是面部肌肉活动所组成的模式，它能比较精细地表现出人的不同情绪和情感，是鉴别人的情绪和情感的主要标志。身段表情是指身体动作上的变化，包括手势和身体的姿势。言语表情是情绪和情感在说话的音调、速度、节奏等方面的表现。主观体验、生理唤醒和外部行为作为情绪的三个组成部分，在评定情绪时缺一不可，只有三者同时活动、同时存在，才能构成一个完整的情绪体验过程。并且一一对应，一旦出现不对应，便无法确定真正的情绪是什么。这也正是情绪研究的复杂性，以及对情绪下定义的困难所在。

与情绪有关的多系统变化很少是强制进行的。一是情绪可以由刺激引发生理反应，即从下到上的过程（bottom-up）；二是情绪反应也含有从上到下的过程（top-down），会和其他反应竞争认知资源。

（三）情绪的功能

1.适应功能

情绪是有机体适应生存和发展的一种重要方式。情绪直接反映着人们生存的状况，如通过愉快表示处境良好，通过痛苦表示处境困难；人们还通过情绪进行社会适应，如用微笑表示友好；通过移情维护人际关系；通过察言观色了解对方的情绪状况，以便采取适当的、相应的措施或对策；等等。也就是说，人们通过各种情绪了解自身或他人的处境与状况，适应社会需要，求得更好的生存和发展。

2.动机功能

情绪是动机的源泉之一，是动机系统的一个基本成分。它能够激励人的活动，提高人的活动效率。适度的情绪兴奋，可以使身心处于活动的最佳状态，进而推动人们有效地完成工作。研究表明,适度的紧张和焦虑能促使人积极地思考和解决问题。同时,情绪对于生理内驱力也具有放大信号的作用,成为驱使人们行为的强大动力。如人们在缺氧的情况下,产生了补充氧气的生理需要,这种生理驱力可能没有足够的力量去激励行为,但是,这时人们产生的恐惧和急迫感就会放大和增强内驱力,使之成为行为的强大动力。

3.组织功能

情绪是一个独立的心理过程,对其他心理活动具有组织的作用。这种作用表现为积极情绪的协调作用和消极情绪的破坏、瓦解作用。中等强度的愉快情绪,有利于提高认知活动的效果。而消极的情绪如恐惧、痛苦等会对操作效果产生负面影响。消极情绪的激活水平越高,操作效果越差。情绪的组织功能还表现在行为上,当人们处在积极、乐观的情绪状态时,容易注意事物美好的一面,其行为比较开放,愿意接纳外界的事物。当人们处于消极的情绪状态时,容易失望、悲观,放弃自己的愿望,有时甚至产生攻击性行为。

4.信号功能

情绪在人际间具有传递信息、沟通思想的功能。这种功能通过情绪的外部表现,即表情来实现。表情是思想的信号,在许多场合,只能通过表情来传递信息,如用微笑表示赞赏、用点头表示默认等。表情也是言语交流的重要补充,如手势、语调等能使语言信息表达得更加明确或确定。从信息交流的发生来看,表情的交流比语言交流要早得多,如在前语言阶段,婴儿与成人相互交流的唯一手段就是情绪,情绪的反应功能也正是通过信号交流作用来实现的。

二、情绪的种类

情绪本身是非常复杂的,因此要对情绪进行准确分类就显得尤为困难。综合一些学者的研究,我们从四个方面对情绪进行了分类。

(一)情绪的基本形式

人类具有四种基本的情绪:快乐、愤怒、恐惧和悲哀。快乐是一种追求并达到目的时所产生的满足体验。它是具有正性享乐色调的情绪,具有较高的享乐维度和确信维度,使人产生超越感、自由感和接纳感。愤怒是由于受到干扰而使人不能达到目标时所产生的体验。当人们意识到某些不合理的或充满恶意的因素存在时,愤怒会骤然发生。恐惧是企图摆脱、逃避某种危险情景时所产生的体验。引起恐惧的重要原因是缺乏处理可怕情景的能力与手段。悲哀是在失去心爱的对象或愿望破灭、理想不能实现时所产生的体验。悲哀情绪体验的程度取决于对象、愿望、理想的重要性与价值。在以上四种基本情绪之上可以派生出众多的复杂情绪,如厌恶、羞耻、悔恨、嫉妒、喜欢、同情等。

（二）情绪状态

依据情绪发生的强度、速度、紧张度、持续性等指标,可将情绪分为心境、激情和应激。

1.心境

心境是一种具有感染性的、比较平稳而持久的情绪状态。当人处于某种心境时,会以同样的情绪体验看待周围事物。例如,人在伤感时,会见花落泪、对月伤怀。心境体现了"忧者见之则忧,喜者见之则喜"的弥散性特点。平稳的心境可持续几个小时、几周或几个月,甚至一年以上。

2.激情

激情是一种爆发快、强烈而短暂的情绪体验。如在突如其来的外在刺激作用下,人会产生勃然大怒、暴跳如雷、欣喜若狂等情绪反应。在这样的激情状态下,人的外部行为表现比较明显,生理的唤醒程度也较高,因而很容易失去理智,甚至做出不顾一切的鲁莽行为。因此,在激情状态下,要注意调控自己的情绪,以避免冲动性行为的发生。

3.应激

应激是指在意外的紧急情况下所产生的适应性反应。当人面临危险或突发事件时,人的身心会处于高度紧张状态,引发一系列生理反应,如肌肉紧张、心率加快、呼吸变快、血压升高、血糖升高等。例如,当遭遇歹徒抢劫时,人就可能会产生上述生理反应,从而积聚力量以进行反抗。但应激的状态不能维持过久,因为这样非常消耗人的体力和心理能量。若长时间处于应激状态,可能导致适应性疾病的发生。

（三）正性情绪和负性情绪

根据情绪对人的作用,我们把情绪分为正性情绪和负性情绪。勇敢、自信、乐观、愉快、感激、同情、关怀等称为正性情绪,这些情绪就像"发电机",可以源源不断地产生能量,来推动人的各种活动;愤怒、怨恨、忧郁、痛苦、焦虑、恐惧、嫉妒、羞愧、内疚等称为负性情绪,这些情绪一般都会阻止或干扰正在进行的活动,它们与动力情绪相反,是耗损性情绪。负性情绪不仅影响人的心情,而且影响人的身体健康。经常、持久地出现消极情绪所引起的长期过度的神经系统紧张,往往会导致身心疾病,如神经系统功能紊乱、内分泌功能失调、免疫功能下降等。心理学家的大量观察已经证实,情绪对健康长寿有显著的影响;生理学家的观察也表明,情绪对人的衰老起着重要作用。正如长寿学者胡夫兰指出的,在一切对人不利的影响中,最能使人短命夭亡的就要算不愉快的情绪和恶劣的心情了。

（四）情绪ABC理论

情绪ABC理论是由美国心理学家阿尔伯特·埃利斯（Albert Ellis）创建的。埃利斯认为，激发事件A(activating event 的第一个英文字母)只是引发情绪和行为后果C(consequence 的第一个英文字母)的间接原因，而引起C的直接原因则是个体对激发事件A的认知和评价而产生的信念B(belief 的第一个英文字母)，即人的消极情绪和行为障碍结果(C)，不是由于某一激发事件(A)直接引发的，而是由于经受这一事件的个体对它不正确的认知和评价所产生的错误信念(B)直接引起的。错误信念也称为非理性信念。

在情绪ABC理论中，A(antecedent)指事情的前因，C(consequence)指事情的后果，有前因必有后果，但是有同样的前因A，产生了不一样的后果C1和C2。这是因为从前因到后果之间，一定会通过一座桥梁B(bridge)，这座桥梁就是信念和我们对情境的评价与解释。又因为，同一情境之下(A)，不同的人的理念以及评价与解释不同(B1或B2)，所以会得到不同结果(C1或C2)。因此，事情发生的一切根源在于我们的信念(信念是指人们对事件的想法、解释和评价等)。

埃利斯认为，正是由于我们常有一些不合理的信念，才使我们产生情绪困扰。如果这些不合理的信念存在太久，还会引起情绪障碍。情绪ABC理论中：A表示诱发性事件；B表示个体针对此诱发性事件产生的一些信念，即对这件事的一些看法、解释；C表示自己产生的情绪和行为的结果。

三、大学生情绪的特点

大学生正处于青春期中后期，具有青年人共有的情绪和情感特点，如热情、活泼、思维敏捷、接受新事物快、自我意识强烈等。同时，由于大学生这一群体独特的社会地位、知识水平、心理成熟度和生理发育状况，他们的情绪、情感又具有自己鲜明的特点，总体表现为矛盾的情绪情感反应和强烈的情绪情感体验。

(一)稳定性与波动性并存

大学生的情绪情感日趋稳定，对于事、物、行为的情绪情感反应能持续较长时间；对他人的情绪情感依赖和联结具有一定倾向性和专一性，互相之间以此确立身份并获得心理认同的情绪情感共识。但与成熟的成年人相比，大学生的情绪情感仍不成熟，变化大且频繁，忽冷忽热，忽高忽低。考试成绩好坏、人际关系亲疏、恋爱成败都会使大学生的情绪情感处于摇摆之中，甚至从一个极端走向另一个极端；同时，由于大学生的心理、生理和社会的需求处于不平衡的发展状态，大学生有时也会产生一些莫名其妙的情绪情感波动、交替。

(二)外显性与内隐性并存

处于青春期的大学生遇事反应强烈，对外界的刺激反应敏感、迅速，情绪情感写在脸上、言在嘴上、发在行为中,喜怒哀乐、爱恨情仇的表现都很具体。但有时大学生情绪情感的外部表现会与内在体验不一致,甚至恰恰相反,这就是大学生情绪情感的文饰现象。

(三)冲动性与理智性并存

大学生的情绪情感具有强烈性、爆发性和易激动性的特点,即"冲动性"。一方面,大学生可能因为一个不经意的玩笑或一件小事而大打出手,造成伤害。大学生之间发生的打架斗殴事件大多如此。另一方面,由于大学生自我意识的发展与成熟,大学生的理智感也随之增强,具有一定的控制情绪情感的能力,能够对强烈的情绪情感反应进行调适。

(四)强烈性与细腻性并存

大学生思维敏捷、感情细腻、需求强烈,在内心经历着强烈的情绪情感体验,可以说是酸甜苦辣、嬉笑怒骂无不体验。伴随着大学生社会化进程的加快,其社会需求和精神需要日趋强烈,情感尤其是高级情感在大学生内心逐步占据主导地位。

(五)阶段性与层次性并存

大学生情绪和情感的发展呈现出明显的阶段性和层次性的特点。一方面,随着年龄的增长、知识的积累和阅历的增加,不同年级的大学生各有特点;另一方面,同一年级的大学生由于成绩、能力等方面的差异,也表现出不同层次的情绪和情感特点。新生自豪感和自卑感混杂,放松感和压力感并存,新鲜感和恋旧感交替,情绪波动非常大。二三年级经过了一年级的适应过程,能够融入校园生活中,情绪较为稳定。毕业班学生面临恋爱及择业等多方面的重大问题,消极情绪多。另外,由于社会、家庭及自身要求、期望不同,能力、心理素质存在差别,大学生也会体现出不同的情绪状态。

第二节 大学生常见负性情绪及其管理

一、大学生情绪健康的标准

(一)情绪表达准确,合理释放宣泄

任何人都有情绪,情绪需要表达,也需要去释放和宣泄。情绪成熟的人不仅可以

通过语言、神态、行为来准确表达自己的情绪,而且所采用的方式是自己和社会能接受的方式。

(二)情绪引发有因,反应适时适度

情绪成熟的人所做出的情绪反应无论是积极的还是消极的,都应该能够找到引起情绪产生的原因。而且该情绪反应的强度与引起该情绪的情景相符合,反应发生和持续的时间与反应的强度相适应,能承受酸甜苦辣的生活考验,不会有偏激的情绪反应和行为反应。

(三)积极多于消极,总体趋向稳定

消极情绪并非洪水猛兽,其本身也有存在价值和合理因素,情绪成熟的人当然也会有消极的情绪反应。但总的来讲,一个情绪成熟的人,其积极的情绪反应多于消极的情绪反应,而且消极情绪反应的强度较轻,持续的时间较短。尤其是在消极情绪持续过程中,不会无缘无故地牵涉无关的人和事。

(四)积极适应环境,理性调控情绪

情绪成熟的人敢于面对现实、承认现实、接受现实,有良好的环境适应能力,能协调和控制情绪,保持良好的心态。虽然情绪受到客观情景和时间的影响,但同样的事发生在不同人的身上,情绪反应并不完全相同,实施的行为反应不同,得到的结果也不相同。在实践中,最终起决定作用的还是情绪、心态和信念。

二、大学生常见的负性情绪

(一)自卑

自卑是个体由于某种原因(生理的或心理的缺陷,或其他原因),在和别人比较的过程中产生的对自我评价过低的一种消极的情绪体验,主要表现为对自己能力或品质评价过低,怀疑自己,看不起自己,担心自己失去他人尊重的心理状态。有一个相貌不太好的女大学生,中学时刻苦学习,成绩优异。考上大学后,她发现自己并不太受人喜欢,加上不适应大学的学习生活,成绩直线下降,结果原本在中学建立起的自尊心和自信心受到了严重打击,许多理想都落空了,自尊转化为自卑,变得忧郁、孤僻、抱怨和烦躁,影响了正常的学习和交往。

大学生的自卑主要表现在如下几个方面。

1.对自己评价过低

对自己评价过低是自卑的实质。例如,某个学生认为自己的外貌、身高以及学习、交往能力明显不如他人而缺乏自信心。一个人自我评价过低是自卑,自我评价过高是自负,只有积极合理的自我评价才是自信、自尊。而自信、自尊是一个人最重要

的心理品质,是有所作为的根本条件。

2.有泛化性的特点

泛化性的特点是指大学生由于某种原因造成的自卑情绪容易泛化到其他方面。例如,一位男同学由于自己身材不好感到自卑,并认为同学看不起他,使他感到自己的言谈举止及社交能力均不如别人,这就是不合理的泛化。

3.具有敏感性与掩饰性

具有自卑感的大学生往往对自己的不足和别人的评价过于敏感,他们好从他人的言行中寻找、发现于己不利的评价;由于担心被人知道,对自己的缺陷和过失常常加以掩饰或否认,表现出较强的虚荣心。

自卑情绪的产生有外在和内在两种原因。从内在的心理过程看,自卑是人的自我意识发展不健康和自我评价不合理的结果。随着自我意识的发展,大学生日益关注自己的外貌、能力、自我价值、个性品质,以及别人对自己的评价等各个方面。自我意识的发展也促使大学生的自我概念中出现了理想的自我与现实的自我。由于理想与现实的差异较大,这两个自我的符合程度往往较低。也就是说,许多学生对现实自我的评价往往不能满足理想自我的标准,因此产生消极的自我评价和自卑的情绪体验。要克服自卑感,首先要正确分析产生自卑的原因和内在的心理过程,然后通过建立合理的积极的自我评价来消除自卑情绪。

(二)焦虑

焦虑是一种复杂的综合性的负性情绪,是人们在生活中预感到一些可怕的、可能造成危险的,或者需要付出努力和代价的事物,而又感到自己对此无法采取有效措施加以预防和解决,因此在心理上产生紧张担心的心情,表现出忧虑和不安,担心和恐慌。简言之,当人对一件事情情况不明,感到没有把握,无能为力,而产生担心紧张的情绪就是焦虑。引起大学生焦虑情绪的原因主要有以下几个方面:

第一,因生活不适应而产生焦虑。包括对生活环境、生活方式、生活习惯的不适应,这在大学新生中比较常见。

第二,因学习不适应而产生焦虑。由于不适应大学的学习特点、学习方式和方法,不会有效地利用图书馆、阅览室、实验室等资源,学习成绩下降,使一些学生对学习和前途感到忧虑不安,陷入焦虑状态之中。

第三,考试焦虑。这在大学生中是比较常见的焦虑表现,是由于担心考试失败或渴望得到更高的考分而产生的一种忧虑、紧张的心理状态。

第四,因为过分关注身体健康状况而产生焦虑。大学生因为学习紧张,高强度的脑力劳动有可能使人疲倦、注意力不集中、健忘、失眠,学习效率降低,自感身体不适等。这些因素作用于那些过分关注自己健康状况的大学生时,便可能产生焦虑情绪。怎样克服呢?主要是合理用脑,所谓"文武之道,一张一弛",就是要合理安排时间,注意劳逸结合,增加体育锻炼,不要过分关注自己的身体状况;因为过分关注自我容易产生不良的自我暗示,从而使身体的不适感加重,加重焦虑情绪。

(三)抑郁

抑郁情绪就是感到压抑和忧愁的情绪,是一种感到自己无力应付外界压力而产生的消极情绪,常常伴有厌恶、痛苦、羞愧和自卑等情绪体验,是大学生常见的不良情绪。抑郁情绪人人都曾体验过,对大多数人来说,它的出现是短时的,时过境迁很快消失。但也有少数人长期处于抑郁状态而导致抑郁症。

抑郁情绪的主要表现是:情绪低落,思维迟缓,自卑自责;郁郁寡欢,闷闷不乐,干什么都没精神;不愿社交,回避熟人,对生活没信心、没兴趣,并伴有食欲减退、失眠等情况。长期抑郁会严重伤害身心健康,使人无法有效地学习、工作和生活。抑郁情绪产生的原因,主要是遇到了不顺心、不顺利的负性生活事件而引起的,比如学习成绩落后、失恋、人际关系紧张等。但关键是一些大学生对这些负性事件不能正确认识,以及对自我价值的不合理评价而造成的。所以要克服抑郁情绪,必须要正确认识生活中的负性事件,合理积极地评价自我,学会自我疏导、自我排遣消极情绪,始终保持自信和自尊。

(四)恐惧

这里所说的恐惧是指病态的恐惧,即对常人一般不害怕的事物或情景感到恐惧,或者恐惧体验过于强烈,持续时间太久,远远超出常人的反应范围。常见的大学生恐惧症主要是"社交恐惧",也就是大学生在人际交往时,害怕见生人,特别是人多的场合或有异性在场的情况下,产生紧张、焦虑、出汗,以致手足无措、语无伦次的情绪反应,从而形成令人尴尬的场面。患有社交恐惧症的大学生往往表现出明显的焦虑和回避行为。这些学生可以通过系统脱敏等方法来克服和消除自身的各种恐惧反应。

(五)愤怒

大学生正处在热情高涨、激情澎湃的青年时期,有时候情绪情感爆发起来难以控制。容易发火是年轻人中常见的一种不良情绪。有的同学因为一句不顺耳的话、一件不顺心的事,就激动得暴跳如雷,或出口伤人,或挥拳相向,盛怒之后却后悔不已。正如古希腊学者毕达哥拉斯所言:"愤怒以愚蠢开始,以后悔告终。"愤怒是当客观事物与人的主观愿望相悖时产生的强烈情绪反应。愤怒对人的身心健康有明显的伤害作用。当人愤怒时,心跳加速,心律紊乱,严重的可导致心搏骤停,甚至猝死;由于愤怒而导致心悸、失眠、高血压、胃溃疡以及心脏病的例子不在少数。此外,愤怒会降低人的理智水平、阻塞人的正常思维,导致损物伤人,甚至违法犯罪。大学生中一些违法违纪事件,大多是在其愤怒失控的情绪下发生的。古希腊哲学家亚里士多德说过:"任何人都可能发火,这不难。但要做到为正当的目的,以适宜的方式,对适当的对象、适时适度地发火,这可不易。"这些话很值得我们品味,也就是我们应该学会有效地控制自己的愤怒,学会艺术地"发火",避免"乱发火"可能带来的不良后果。

(六)嫉妒

嫉妒是在大学生中有一定普遍性的不良情绪,是因为别人比自己强而产生的一种既羡慕又敌视的不良情绪。容易引起大学生嫉妒的因素主要有以下几类:外表、成绩、能力、物质条件、恋人、运气等。而那些自尊心过强、虚荣心过盛、自信心不足、以自我为中心、认知有偏差、自控能力弱的大学生更易产生嫉妒情绪,而且程度也较一般人更重。嫉妒会影响大学生的人际关系,造成同学间的隔阂甚至对立,同时使自己处于烦躁、痛苦的情绪中。

(七)压抑

压抑的情绪也是大学生中常见的情绪问题,相当多的大学生常常因为自己的情感不能得到尽情倾诉而感到压抑,近年来在大学中流行的"郁闷"情绪即是压抑的表现。

三、大学生负性情绪的自我管理

常见的负性情绪调适方法有放松训练法、合理情绪疗法、音乐疗法、宣泄法等。

(一)自我放松训练

自我放松训练是用于克服紧张、焦虑的方法,目的是使身心放松,使生理与心理活动趋于平衡,使人从烦恼、愤恨、紧张、忧愁等不良情绪中解脱出来,从而达到内心的平静与安宁。放松的具体方法有多种,如深度呼吸训练、静坐与冥想、自我暗示、意向训练、肌肉放松训练等。

1.深度呼吸训练

负性情绪往往是大脑的杏仁核充血过度造成的,那么如何抑制它的过度兴奋呢?就是当我们吸进来的气体经过杏仁核时,就会对杏仁核的充血产生抑制作用,所以我们要学会深呼吸。这种训练方法简单易行,不受场所、时间等条件的限制,行、站、坐、卧都可以进行。其目的是通过深度呼吸,使身体各组织器官与呼吸节律发生共振,从而达到身心放松的效果。下面让我们试做一次,看效果怎样?

现在请你放下手中正在做的事情。如果你身边有椅子,请你全身放松坐在椅子上,调整你的坐姿,直到感觉最好、最舒服为止。如果你在寝室,请你全身放松仰卧在床上。如果你身边什么也没有,就请你全身放松站在你认为最方便的地方。准备好了,我们就开始做放松训练。现在请深呼吸,全身放松,体察自己的呼吸与身体各部位的活动情况,注意体会自己的肺部在一张一合地呼吸,呼吸频率逐渐变慢,呼吸的深度逐渐加深,身体紧张的部位在逐渐放松。用感觉去体察身体各部位的状况,持续体验一段时间,当你感到身体各部位不那么紧了,请把注意力再转移到呼吸上来。你似乎在观察自己的呼吸,又似乎没有观察,感觉在有无之间。请用鼻子深吸一口气,再慢慢地、均匀地呼出,呼气时平和而舒畅。继续呼吸,慢慢地、均匀地、深长地、平和而舒畅地呼吸。

现在请让我们数一下呼吸的次数,1、2、3……10;再从头开始,从1数到10。你可以重复数10遍、20遍。注意一下你身体各部位的感觉,各部位感觉在渐渐地、渐渐地与呼吸节律趋向一致。全身的毛孔在随着肺部的一张一合有规律地开合、开合……现在你不仅仅是用肺呼吸,而且还在用身体来呼吸;吸气的时候,似乎空气从身体的毛孔中吸入,呼气的时候,气体又似乎从毛孔中呼出。吸进新鲜的空气,呼出污浊的气体,一次、二次、三次……渐渐地你会感觉到身体各个部位很放松、很通畅,仿佛整个身体融入大自然之中。好了,我们的放松训练要结束了,请慢慢闭上你的眼睛,静静地,不去想任何事情。过一两分钟就可以做你该做的事情了。

2.静坐与冥思

斯坦福大学的一些研究人员研究了一批社交焦虑障碍病人,发现病人冥想后的社交焦虑症状显著减轻,进一步借助磁共振观察发现,这些病人与注意调节相关的脑区活动在冥想后有了显著增加,而涉及自我概念的脑区活动却减少了。这说明冥想对于心理和生理上的综合征有着良好的临床效果。

3.自我暗示

自我暗示是运用内心语言或书面语言的形式来自我调节情绪的方法。这种方法既可用来放松过分紧张的情绪,使心理平静,也可用来调节身体局部或全身各部位的紧张状态。不仅如此,它对其他情绪问题也同样起作用,而且对生理上的疾病也有一定疗效。此外,这个方法还可用来激励自己的斗志。采用自我暗示的方法应注意以下几个问题:暗示的语言要简洁,不多于5个字;暗示的语言要积极、肯定,千万不要采用消极、否定的暗示语言;暗示时,意识的运用要温和,不要带强制性;暗示后就不要再去想暗示语了,过一段时间后,可重新自我暗示;每次自我暗示时,重复默念暗示语3~5次为最佳;在一段时间内,最好只用一种暗示语或某一特定暗示语。自我暗示调节情绪的具体方法是:首先要发现自己紧张或不舒服的身体部位,确定紧张或不舒服的症状反应;然后针对症状反应发出良好的信息,如"放松""冷静""别发火""我能行"等,每次重复3~5遍。如果经过一段时间还感觉到紧张或不舒服,就再重复第二步的过程。

4.意象训练

意象训练的基本原理就是通过想象轻松、愉快的情境(如大海、山水、瀑布、蓝天、白云等),达到身心放松、情绪舒畅的目的。意象训练的效果取决于想象的生动性和逼真性,意象越清晰生动,放松的效果就越明显。意象训练法不仅能消除疲劳、恢复精力,长时间坚持训练还可以达到开发智力的效果。

我们通过语言引导来试做一次意象训练:现在请你全身放松,闭上眼睛,静静地观察你头脑中闪现的每一个念头,不要去理它,任它来去。你可以想象秋天的天空,你站在高山云巅,仰望湛蓝的天空,它显得那么高远、那么幽深。天空中,行云如流水,又仿佛是一片片棉絮从天际涌出,悠悠然从顶空飘过,又消逝在无尽的远处……你可以重复想象上面描述的情境,渐渐地,一闭上眼睛,你的头脑中便会显现出秋天的景色,一幅动态的、有序的画面。你也可以想象自己所喜欢的静态画面,或是蓝天白云,或是绿水青山,等等。如果你的想象力很好,你可以做进一步的训练,把想象从外界转向体内。想象自己站在或坐在一朵金色的莲花上,周身金光四射,就像初升的太阳,照耀万物。这种训练方法你可以做几分钟至几十分钟,坚持不懈地进行训练,经过一段时间你会发现自己的身体素质、学习效率都会发生很大变化。

5.肌肉放松训练

肌肉放松训练是通过从头到脚的一步一步放松,并结合自我暗示,达到消除紧张、调节精神状态的目的。现在请你按下面的指导语,从头到尾做一次肌肉放松训练:全身松弛下来(平时训练最好闭上眼睛),全身肌肉、组织器官松而不散,以默念的方式暗示自己"放松",重复3~5次,再做几次深呼吸,次数不限。先把注意力转移到头部,头顶的肌肉放松,头后部的肌肉放松,颈椎放松;再把注意力转移到胸部,前胸部的肌肉放松,胸椎放松,内脏器官(心脏、肝脏、肺、脾等)放松;背部肌肉放松,肩部肌肉放松,肩胛骨放松,大臂的肌肉放松,肘关节放松,小臂的肌肉放松,手腕部关节放松,手掌放松,手背肌肉放松,手指各关节放松;现在把注意力转移到腰部和腹部,腹部肌肉放松,腰部两侧的肌肉放松,腰椎放松,肾脏、胃、肠放松,小腹部放松;现在把注意力转向下肢,臀部的肌肉放松,大腿内侧的肌肉放松,大腿外侧的肌肉放松,膝关节放松,小腿内侧的肌肉放松,小腿外侧的肌肉放松,踝关节放松,脚背的肌肉和骨骼放松,脚掌放松,脚趾各关节放松,好,现在全身都放松、放松……这个过程你可以重复做几次,十几次甚至更多,要看自己是否方便。如果你感到很疲劳或难以入睡,不妨试一试,或许会有不错的效果。

(二)合理情绪法

美国临床心理学家阿尔伯特·艾利斯(Albert Ellis)在20世纪50年代创立了理性情绪疗法,其核心是通过理性分析和逻辑思辨,改变不合理信念,建立正确的、合理的信念,从而控制、改变情绪及行为结果。

理性情绪理论认为,情绪并不是由某一诱发事件本身直接引起的,而是由经历这一事件的个体对这一事件的解释和评价所引起的。这一理论也称为情绪困扰的ABC理论。A是指诱发性事件;B指个体所遇到诱发性事件之后产生的相应信念,即他对这一事件的想法、解释和评价;C指在特定的情景下,个体的情绪及行为的结果。

比如,一名大学生因另一名同学不喜欢自己(A)而焦虑,甚至产生抑郁(C)。这是因为他有以下不合理信念:(B)所有人都应该喜欢他,否则情况就非常糟糕。合理的解释是未必所有人都会喜欢自己,要求所有人都喜欢自己是不合理的,做好自己是最重要的。

合理信念:基于事实,使自己愉快,达到目标,不介入麻烦,消除内心冲突。

不合理信念:基于臆测,使自己烦恼,远离目标,陷入麻烦中,造成内心冲突。

依据ABC理论,分析大学生日常生活中的一些具体情况,研究发现大学生的不合理观念常常具有以下三个特征。

1.绝对化的要求

绝对化的要求是指大学生常常以自己的意愿为出发点,认为某事物必定发生或不发生的想法。它常常表现为将"希望""想要"等绝对化为"必须""应该"或"一定要"等。例如"我必须成功""别人必须对我好"等。这种绝对化的要求之所以不合理,是因为客观事物都有其自身的发展规律,不可能以个人的意志为转移。对于某个人来说,他不可能在每一件事上都获得成功,他周围的人或事物的表现及发展也不会依他的意愿改变。因此,当某些事物的发展与其对事物的绝对化要求相悖时,他就会感到难以接受和适应,从而陷入情绪困扰之中。

2.过分概括的评价

过分概括的评价是一种以偏概全的不合理思维方式的表现,它常常把"有时""某些"过分概括化为"总是""所有"等。用艾利斯的话来说,这就好像凭一本书的封面来判定它内容的好坏一样。它具体体现在人们对自己或他人的不合理评价上,典型特征是以某一件或某几件事来评价自身或他人的整体价值。例如,有些人遭受失败后,就会认为自己"一无是处、毫无价值",这种片面的自我否定往往导致自卑自弃、自罪自责等不良情绪。而这种评价一旦指向他人,就会一味地指责别人,产生怨忿、敌意等消极情绪。我们应该认识到"金无足赤,人无完人",每个人都有犯错误的可能性。

3.糟糕至极的结果

这种观念认为如果一件不好的事情发生,那将是非常可怕和糟糕的。例如:"我没考上大学,一切都完了。""我没当上处长,不会有前途了。"这种想法是非理性的,因为对任何一件事情来说,都会有比之更坏的情况发生,所以没有一件事情可被定义为糟糕至极。但如果一个人坚持这种"糟糕观"时,那么当他遇到他所谓的百分之百糟糕的事时,就会陷入不良的情绪体验之中,不可自拔。

因此,在日常生活和工作中,遭遇各种失败和挫折时,要想避免情绪失调,就应多检查一下自己的大脑,看是否存在一些"绝对化要求""过分概括化"和"糟糕至极"等不合理想法,如有,就要有意识地用合理观念取而代之。

艾利斯认为,非理性信念主要包括以下十条:

（1）每个人都应该得到在自己生活环境中对自己重要的人的喜爱与赞许。

（2）每个人都必须能力十足，在各方面有成就，这样的人才是有价值的。

（3）有些人是坏的、卑劣的、恶性的，为了他们的恶行，他们应该受到严厉的责备与惩罚。

（4）假如发生的事情是自己不喜欢或不期待的，那么它是糟糕、很可怕的，事情应该是自己喜欢与期待的那样。

（5）人的不快乐是由外在因素引起的，一个人很少有或根本没有能力控制自己的忧伤和烦闷。

（6）一个人对于危险或可怕的事物应该非常挂心，而且应该随时考虑到它可能发生。

（7）逃避困难、挑战与责任要比面对它们容易。

（8）一个人应该依靠别人，而且需要有一个比自己强的人做依靠。

（9）一个人过去的历史对他目前的行为是极重要的决定因素，因为某事曾影响一个人，它会继续甚至永远具有同样的影响效果。

（10）一个人碰到种种问题，应该有一个正确、妥当及完善的解决途径，如果无法找到解决方法，那将是糟糕的事。

（三）心理暗示法

心理暗示，从心理学角度来讲，就是个人通过语言、形象、想象等方式，对自身施加影响的心理过程。这个概念最初由法国医师库埃（Emile Coue）于1920年提出，他的名言是"我每天在各方面都变得越来越好"。自我暗示分消极自我暗示与积极自我暗示。积极自我暗示在不知不觉之中对自己的意志、心理及生理状态产生影响，令我们保持好的心情，有自信、更好地发挥主观能动性。皮格马利翁效应也称自我实现预言，即积极的自我暗示产生积极的影响。而消极的自我暗示会强化我们个性中的弱点，唤醒我们潜藏在心灵深处的自卑、怯懦、嫉妒等负性情绪。当负面情绪袭来时，我们不妨尝试对自己进行积极的心理暗示，借助语言，动作，环境等多种形式，对自身施加积极的影响，从而达到减轻心理负担、调节消极情绪的目的。

1.语言暗示

心理学的实验表明，当一个人默默地说"勃然大怒""暴跳如雷""气死我了"等词语时，心跳和呼吸会加快，仿佛真的要发怒；相反，如果默念"喜笑颜开""兴高采烈""真高兴"之类的词语，心里会产生甜滋滋的感觉。因此，当我们遇到不良情绪时，可以充分利用语言的作用，用说或写的方式对自己进行暗示，缓解不良情绪，恢复心理平衡。比如，默念或默写"冷静""三思而后行""冲动是魔鬼""镇定"等词语。

2.行为暗示

情绪不佳的时候，我们还可以做一些特定的行为，如站在温暖的阳光下，张开双臂,舒展身体,做几次深呼吸或是对着镜子练习微笑,这些行为能够带给我们积极的暗示,有助于提升自信心、快乐感,并能够让积极的情绪感染他人,会让他人对我们的印象大为改观。

3.环境暗示

一个房子如果窗户破了,没有人去修补,隔不久,其他的窗户也可能莫名其妙地被人打破,这便是著名的"破窗效应"。环境可以对一个人产生强烈的暗示性和诱导性,也会对我们的心理和情绪产生很大的影响。当我们知晓了破窗效应之后,就应该做到让自己不能深陷其中,不做那个破窗的第一人,自己要做的就是控制好自己,通过调整或改变环境来对自己进行积极的暗示。

(四)注意力转移法

注意力转移法就是把注意力从引起不良情绪反应的刺激情境转移到其他事物上或其他活动上的方法。当人处于非常紧张状态的时候,就会本能地想去抑制紧张,想逃离这种状态。但是,紧张是难以控制的,越想控制紧张可能就越紧张,我们不要对抗它,当然也不要被它吓垮。当我们进入紧张状态的时候该怎么办?一个根本的办法就是要分散自己的注意力。你把注意力集中在一些具体的事上,这个时候我们用新的紧张替代原来的紧张,那么原来的焦点没有了,这种紧张就会降下来,就把一个大的紧张分成两个小的紧张,紧张水平就会下降。比如我们常用的深呼吸,这个时候你的注意力要集中在呼吸上,有的学生会说深呼吸我觉得很别扭,很不习惯,没关系,你就把注意力集中在这个不习惯上,集中在非常别扭的呼吸状态中,注意这个事了,过一会儿你就会发现紧张程度降下来了,而且深呼吸本身也有利于紧张的缓解。有的同学觉得深呼吸没有用,我们就可以想点别的事,想点老师夸奖的事,想想考完试干什么,想一点儿坚定信心的事。也可以把注意力转移到使自己感兴趣的事上,如出去走走、看看电影或电视、读读书、打打球、下下棋、找朋友聊天、换换环境等。一方面,这种方法中止了不良刺激源的作用,防止不良情绪的泛化、蔓延;另一方面,通过参与新的活动,特别是自己感兴趣的活动而达到增进积极情绪体验的目的。实践证明,凡是在不愉快的情绪产生时能很快将精力转移他处的人,不良情绪在他身上存留的时间都很短。比如因为考试失利导致很差的情绪状态,当意识到这点的时候,可以立刻找一些自己感兴趣的事情来做,如画画、打球,或者找朋友聊天等,以尽快转移自己的消极情绪。这种方法能够减少消极情绪带来的破坏性,减轻它对我们生活的影响。

(五)合理宣泄法

宣泄是指采用一定的方法,把内心的情绪体验充分表达出来。心理学研究表明,人在遇到挫折时,会产生抑郁、焦虑、苦闷、烦恼、不安、愤怒等不良情绪。如果压抑不良情绪,它们就会在心理上积蓄侵犯性的能量。这种能量不会自然消失,往往隐藏于潜意识之中,成为内心深处的癌瘤,在特定条件下以一种非常态的方式表现出来,向内表现为自伤或自残,向外表现为侵犯。因此,遇到不良情绪时,最简单的办法就是合理宣泄。

1.倾诉

美国心理学家罗杰斯认为,人不仅可以交流内心的思想,而且可以交流内心各种各样的情绪,包括内心的冲动、模糊的感受,甚至难以启齿的秘密都可以交流和沟通。当我们有负性情绪的时候一定要找个人倾诉,把我们内心的真实感受和想法跟另外一个人诉说出来。加州大学洛杉矶分校的心理学家通过大脑成像研究,发现将感受转化为语言的行为会减少杏仁核的大脑活动,杏仁核是大脑中参与处理情绪反应相关的主要区域之一,因此,一旦我们把自己的情绪用语言表达出来时,就会减少我们大脑中杏仁核对负面情绪的反应。这意味着倾诉可以减少负面情绪。

2.运动

运动很重要,因为负面情绪的发泄或化解最好的方法就是让自己动起来,千万不要躺在那儿、歇在那儿,老在想,越想越容易出问题。哈佛大学的一个心理学教授发现,有46%的人,就是有将近一半的人遇到了挑战、挫折、风险,心情不好的时候就不爱动,躺着、歇着,宅在家里各种分析和怀疑,这没有任何意义。要动起来,运动不只是锻炼身体,运动也是我们心理调整的一个特别重要的方法。运动就会让大脑分泌内啡肽,而内啡肽是人类解除内在的身心痛苦的有效激素。

3.闻香

我们的视觉、触觉等都要通过大脑思考才能产生情绪反应,但嗅觉不需要,它可以直接产生情绪反应。而人类的杏仁核是个很有意思的地方,它是不通过大脑就产生情绪反应的感官,那么香气是通过我们的嗅觉直接抑制杏仁核的兴奋程度,产生愉悦的感觉。所以,当负性情绪来袭,为了能让自己心情好受,可以闻香。平时可以在床头或者学习桌上准备香精、香油、香熏、香水等,这也符合中国古代一个特别重要的为人之道:"君子配香"。

4.写作

心情不好的时候,写作是很有疗效的自我宣泄方式。写作时要从第三人称的角度来写,不要以第一人称来写:我很痛苦,我很难受,我怎么这么倒霉,越这么写就越难受。假设我是张三,可以分析一下:张三为什么这么痛苦?张三为什么这么难受?这个叫作发现法,这个方法特别快、特别容易见效,特别有意义,能够对我们大脑的杏仁核产生最直接的作用。

宣泄还有很多种方式,如到空扩的山林田野大声呐喊发泄胸中怨气或大哭一场等。特别指出,在采取宣泄法来调节自己的不良情绪时,不要随便发泄不愉快的情绪,要采取正确的方式,选择适当的场合和对象,以免弄巧成拙。

拓展阅读 食物能改善你的情绪吗?

研究发现,大量食用橄榄油的人较少会抑郁,三文鱼(鲑鱼)和核桃也是非常好的 $\omega-3$ 脂肪酸的来源,这种必需的脂肪酸有助于改善情绪。一些研究还发现,人们在压力大或者焦虑的时候会倾向于吃那些高热量的食物,这可能是减少某些应激反应的"自然奖励"。

(六)自我安慰法

当一个人遇到不幸或挫折时,为了避免精神上的痛苦或不安,可以找出一种合乎内在需要的理由来说明或辩解。从心理健康的角度看,酸葡萄和甜柠檬心理都有一定的意义,其在某种程度上可以起到缓解消极情绪的作用。正如狐狸吃不到高处的葡萄,就说:"这葡萄是酸的,不合我的口味。"实在找不到食物吃时,找到了一个酸柠檬,于是自我安慰道:"这柠檬正合我的口味,我的柠檬挺甜的。"这种方法能够帮助人们在大的挫折面前接受现实,保护自己,避免精神崩溃。比如,对于失恋者来说,想到失恋总比结婚后再离婚要好得多,便可减轻因失恋带来的痛苦;用"胜败乃兵家常事""塞翁失马,焉知非福""破财免灾""比上不足比下有余"等话语来安慰自己,可以暂时摆脱烦恼、消除焦虑、减轻失望,也有助于保持情绪的安宁和稳定。但真正应付挫折不能只停留在自圆其说,当情绪稳定后,应该冷静、客观地分析达不到目标的原因,重新选择目标,或改进努力方式。同时,还可以尝试以下自我安慰的方法。

1.拥抱自己

身体是有记忆的,当我们饱含情绪时被触碰,触碰的部位都会记录当前的情绪,再次触碰时就会重新唤回。例如,最后一次与人甜蜜拥抱时被包裹的肩膀。自己给自己一个拥抱,可以减轻不少生活上的压力。选一个自己感觉舒服的地方,把左手放在右肩或右上臂,再把右手放在左肩或左上臂,闭上眼睛,双手轻轻向内挤自己,同时慢慢揉搓,保持1分钟或直到自己感觉恢复平静。

2.抚摸自己

威斯康星大学的哈罗教授在20世纪50年代做了个心理学实验,他把一些小猴子从小交给两个人为制造出来的妈妈抚养,一个是冰冷的金属身体但能给它们奶水的妈妈,一个是用软布包裹起来能给它们接触感的妈妈,看看这个小猴子在成长过程中,对哪一种母爱最为依恋。结论是小猴子最为依恋的并不是给它奶水的妈妈,而是那个有接触感的妈妈,小猴子每天有18个小时躺在有接触感的妈妈怀里,只有3个小时躺在有奶的妈妈怀里。所以说抚摸自己会增加我们愉悦感,在缓慢而刻意的抚摸过程中,人体会释放一定量的催产素,催产素有克服社恐、减压,改善紧张、焦虑情绪的作用。

（七）情绪升华法

奥地利心理学家弗洛伊德发现了"升华"的观念。升华是指一个人将受挫后的心理压抑向符合社会规范的、具有建设性意义的方向抒发的心理反应。大概意思就是，它会让你把消极的情绪、社会上不可接受的想法或行为，转化为其他积极的情绪，还有被社会接受的行为。情绪升华是改变不为社会所接受的动机、欲望，使之符合社会规范和时代要求，是对消极情绪的一种高水平的宣泄，它将消极情感引导到对人、对己、对社会有利的方向，将情绪的能量指向某种理想、信念，就是情绪升华表达的形式。当我们处于某种情绪中时，将其能量转化到某种理想、信念的追求中，从而使得情绪得以疏泄，并且也为高层次的需要提供了动力。比如，歌德在失恋的痛苦中写出《少年维特的烦恼》，作品完成之后的感受毫不逊色于得到爱情后的感受；某同学因失恋而痛苦万分，但他没有因此消沉，而是把注意力转移到学习中，立志做生活的强者，证明自己的能力。再如，当我们被愤怒冲昏了头脑时，情绪爆发是处理这些情绪的一种方式，但这种情绪的表达可能是有害的，可能会发现自己的人际关系受到损害。当意识到这一点时，我们可以将这些愤怒的情绪转化为某种体力活动，比如打扫房间、整理衣物，而不是一怒之下就爆发脾气。一旦我们的挫败感最终平息下来，就会得到一个积极的结果。这就是利用情绪升华将负面冲动转化为损害性更小甚至更有积极成效的行为。

事实上，每个人的一生只有两条道路，一条通往人生的天堂，一条通往人生的地狱。通向天堂的办法只有一个，就是转悲为喜，把自己的消极情绪引向积极的方向，化被动为主动，化悲痛为力量，化绝望为希望，化阻力为动力。

（八）音乐调节法

音乐作为一种艺术，是人的情绪情感的一种表现方式。在日常生活中，许多人心情不好时都会听听音乐或者唱唱歌。在所有的艺术形式中，音乐是最适宜抒发情感、最能拨动人心弦的艺术形式，它借助声音这个媒介来真实地传达、表现和感受审美情感。音乐在传达和表现情感上优于其他艺术形式，因为它所采用的感性材料和审美形式——声音，最符合情感的本性，最适宜表达情感。

音乐含有各种频率的声波。具有一定规模和变化频率的声音振动作用于人体各部位时，胃、肠、肌肉、心脏、脑电波等随之产生和谐共振，各器官节律趋于协调一致，各器官的紊乱状态随之改善，从而解除疾患、促进康复。曲调和节奏不同的音乐可以使人产生不同的情绪体验。古希腊人认为，不同的曲调代表不同的情绪：A调高扬，B调哀怨，C调和蔼，D调热情奔放，E调安静优雅，F调淫荡，G调浮躁。不同的音乐可以使人的生理产生不同的反应，如心率、血压、皮肤电位反应、肌肉电位和运动反应、内分泌和体内化物质（肾上腺素、去甲肾上腺素、内啡肽、免疫球蛋白）以及脑电波，等等。由于大脑皮层上的听觉与痛觉中枢的位置相邻,而音乐刺激造成大脑听觉中枢的兴奋,可以有效抑制相邻的痛觉中枢,同时音乐还可以促使血液中的内啡肽含量增加,所以音乐具有明显的镇痛作用。

音乐对治疗心理疾病具有特殊的作用。音乐调节主要是通过听不同的乐曲把人们从不同的病理情绪中解脱出来,在国外,音乐调节已应用到了外科手术及精神病、抑郁症、焦虑症等病症的治疗上。如忧郁烦恼时可以听《蓝色多瑙河》《卡门》《渔舟唱晚》等意境广阔、充满活力、轻松愉快的音乐;失眠时可以听莫扎特的《摇篮曲》、门德尔松的《仲夏夜之梦》等优雅宁静的乐曲;情绪浮躁时可以听《小夜曲》等宁静清爽的乐曲。每个人都可以根据自己的情绪状况,选择适合的音乐来调节自己的情绪状况。除了听以外,自己唱也能起到同样的作用。尤其高声歌唱是排除紧张、激动情绪的有效手段。当不满情绪积压在心中时,不妨选择适合自己的歌曲来唱,歌的旋律、词的激励、唱歌时有节律的呼吸与运动,都可以缓解紧张情绪。

(九)绘画表达法

绘画,是指用笔、板刷、刀、墨、颜料等工具和材料,在纸、纺织物、木板、墙壁等平面(二维空间)上塑造形象的艺术形式。绘画是表达人们内心世界的一个很好的途径,是潜意识的表达。潜意识隐藏在我们的意识下面,平常我们看不到、摸不着,但是却时时刻刻受到它的影响,就像弗洛伊德用的比喻,它就是一座冰山,在海平面上的这个冰山只是整个冰山的一角,这是我们可见的意识。但冰山的下面体积非常庞大,这便是我们的潜意识。我们太多的想法、行为和情绪都被潜意识所左右。绘画作品作为一种象征物,潜意识会通过作品的投射告诉我们平常不被理解的事情。

如果说情绪管理有一个从低到高的水平之分的话,那就应该是从无意识的压抑或发泄到有意识的宣泄与表达,再到有意识的觉察与成长。绘画表达的目标就是让我们学会正确地表达、察觉、梳理情绪。与无意识的情绪宣泄相比较,有意识的宣泄与表达的最大好处就在于我们知道自己是有情绪的,也知道自己是怎样表达的,更知道这样表达的原因在哪里,甚至我们还可以适当调整表达的效果,这样情绪就变得可控了。比如在主题为"情绪波动,身体知道答案"活动中,教师首先为学生提供一张人体轮廓图像,在讨论完"当我们愤怒时,身体会有怎样的感受"之后,再请学生用色彩在身体的相应部位涂鸦。学生大都在人体的头部、心脏、手部、脚部涂上了红色,还有的学生在手臂和腿部用红、黄、蓝三色以密集混乱的线条加以描述,尤其是在心脏的部位加重了描画。甚至有的同学把整个头部都涂上了红色,身体的部分用黑色涂满,只留出几块白色的菱形做点缀。学生说:"愤怒时,好像自己的整个血液都充满了头部,而整个身体是冰冷的麻木的,那种感觉真的是很难用语言来形容。"当他们重新审视和分享这些作品时,内心感到轻松了许多,也放下了许多。所以,当遭遇负面情绪时,我们可以通过绘画来表达自己的情绪,让自己内心压抑的情绪情感通过一个直观的、深刻的、安全的通道表达出来。在自我探索情绪问题的同时，提升对自我情绪的深层次察觉，整合心理资源来提高自我情绪管理能力。

（十）正念练习法

人的烦恼痛苦，大体上都是对过去的悔恨、懊恼、自责或者对未来的担心、焦虑、恐惧，只有不到20%是关于当下发生的事情，如学习当中的焦虑、紧张等负面情绪。从正面角度来说，当我们专注于当下，那这20%的负面情绪也会所剩无几。所谓的正念，就是有意识、有目的地关注和觉察当下的一切，不做评判，不做分析，也不做出任何反应，从而产生专注在当下的学习任务当中那种冷静的情绪，这样负面的情绪也会随之消散。

正念是对当下的觉察，美国心理学教授乔恩·卡巴金说：正念是"一种主动地、不加判断地、如实客观地留意当下而出现的觉知"。第一，觉察。以冥想/静坐或者其他方式练习过程中，让自己的意识关注在某个事情上，同时，有目的地关注自己身体的变化，认真觉察身体和意识的体验，注意自己身体和外界的联系。第二，关注当下。主要通过关注自己的呼吸让意识和思绪回到当下，因为人不可能离开呼吸，呼吸是最代表当下的。同时，注意呼吸的节奏，但不要刻意改变它，而要专注感受呼气与吸气的过程。在不断关注呼吸时，加上不断觉察身体和意识的体验，人们飘忽不定的意识和思绪就会不断回归到当下。第三，对意识和思绪不做任何判断。对脑海中涌现出的各种思绪和念头不要做任何是非判断，而是不断接受这些思绪和念头，当接纳所有的想法和念头时，就不会因为一些念头而产生后悔和内疚的情绪。这样，会有利于正能量的产生。

1.呼吸觉察

刚开始练习正念就以感官觉察为主。比如，正念呼吸侧重于"觉察"呼吸状态，而不是像吐纳一样"控制"呼吸。此时此刻不管呼吸的节奏如何，只需要安心地感受呼吸时气息在鼻孔流动的感觉、身体起伏等。当然，一旦我们将注意力放到呼吸上，呼吸自然会变得柔绵细长。呼吸觉察是所有觉察的支点，北京大学第六医院睡眠科主任医师孙伟将"呼吸觉察"形象地称为"意识锚"。当意识溜走时，首先想到的是把注意力放在呼吸上。

2.身体觉察

身体觉察又称为"身体扫描"，带着主动意识去感受自己的身体。身体觉察的形式很多，随时随地、任何姿势均可，用心去感受肌肤的任何感觉，包括酸痛与紧绷、与衣物接触的丝滑感或颗粒感等，不要去想是否喜欢这种感觉，只需要做到"不加判断地觉知"。

3.味觉、视觉、听觉、嗅觉和触觉

任何一种感觉都能作为正念练习的途径。比如吃东西，重要的不是我们品尝到

什么，而是关注吃东西时口腔感受到的味道，咀嚼、吞咽等动作所带来的即刻感受。比如我们平常洗碗，可能匆忙地洗完没什么感觉，但当带着正念去洗碗时，能感受洗碗过程的细节，比如手与盘子、与水接触的感觉，是硬的还是软的等。正念练习可随时随地开展，动静皆宜。比如觉察抬腿过程中肌肉的感觉，落脚的那一刻脚与地面接触的感觉，伸展过程中肌肉的松弛或紧绷感觉，都可以作为正念练习的入口。

几乎所有的正念项目都会加上一些瑜伽动作和积极心理行为暗示练习，练习行为和思想保持一致，随时随地做任何事情时都可以加以练习。坚持正念练习能够使内心日益平静，情绪更加平和。

📖 拓展阅读　理发有助于缓解心理压力

一个人的情绪好坏，似乎与理发扯不上任何关系。然而，意大利心理学家莱森斯却建议人们在情绪欠佳时，不妨去理发店理发，这样可以调节心理的不平衡。理发时处于被动安闲状态，发型的改变可获得心理上的轻松和愉悦，使情绪好转。人在理发时头部在剪、修、洗中受到刺激，以增加脑血供应，大脑中枢发生应激反应，从而改善心理状况。

研究人员发现，从美发厅出来的女性，不仅看起来漂亮，而且她们的情绪也明显变好。另外，通过将电极接到女性身上的实验观察到，在洗头、梳理并吹干的过程中，她们的精神变得愉快，同时心率亦变缓，血压呈现下降趋势。这位心理学家还认为，一个人在情绪变坏时，若能改变一下发型，可以抑制坏情绪的早期发作及抑郁症激素的产生。

📖 拓展阅读　自我催眠

自我催眠是人类与生俱来的一种能力，每个人身体里都住着一个催眠师，因此，自我催眠的过程就是潜意识与自己内心的催眠师沟通的过程。意识决定一切，当人在自我催眠之前告诉自己要听着自我录音进行催眠时，意识就会跟着录音引导自己进入催眠状态。人们可以选择一个适合自己的方法，自我录制催眠录音，进行自我催眠，让潜意识帮助人们寻求各种方法与资源提升记忆力。另外，当自我催眠导入催眠状态后，在放松而警觉的状态中，大脑的想象力特别活跃，所学内容会被图像化、形象化、生动化。同时，大脑的思维也会变得活跃，所学内容会进入潜意识，内化为自身知识系统的一部分，从而帮助学生减轻学习压力，提高学习效率。自我催眠一般可以分为以下四个阶段。

1.准备阶段

找一个安静的地方坐下来。最好在安静简单、光线柔和、温度适宜的房间里。最好坐在后脚能接触到地、背部有靠的地方,座椅最好柔软舒适。腿和膝盖自然分开,以一种舒服的姿势坐着,怎么舒服怎么来。如果是在床上,就找个舒适的姿势躺下。另外,可以放一些轻音乐或者催眠曲,音量不要太大。

2.诱导阶段

深呼吸法:调整呼吸,深深地吸气,吸到腹部,再慢慢地呼出。深呼吸的方式就是,先慢慢地把空气吸进来,让空气进入你的肺,当肺部充满空气的时候,稍微停顿一下,再慢慢地把空气吐出去,接着开始下一轮的呼吸,这里的关键点是深而慢。

3.加深阶段

自己从20数到1,在数每一个数字的时候,可以根据自己的步调进入催眠状态。充分体验这种感受,想象的时候要完全集中注意力,有时候,想象的图像不一定十分清晰。经过练习之后,图像会越来越清晰,可以根据自己的喜好来设定想象不同的场景,可以是在海边的沙滩上晒太阳,或在大草原上奔驰,在清晨的山顶呼吸新鲜空气等图像。总之,根据自己的需要进行最适合自己的想象。如果在加深阶段想睡的话,任自己睡去就好,不一定要把自己唤醒。

4.唤醒阶段

对自己说一句非常正面积极的话,一直说20遍以上。比如,醒来后我会非常自信,或者我今天精力非常旺盛等。要缓慢、坚定、确信地在心里对自己说,这样才会有好的效果。

第三节　大学生挫折心理及自我调适

一、挫折的含义

挫折是指个体在从事有目标的活动时受到难以克服的阻碍或干扰,致使其需要不能得到满足,动机不能实现时产生的情绪状态。挫折情绪并非单一的情绪状态,而是包括了痛苦、失望和焦虑等多种情绪状态。挫折包含三个方面内容:

一是挫折原因,是指个体在从事有目的的活动时,受到阻碍或干扰的具体对象或情境。这种对象或情境可能是物,也可能是人,总之,是一切能够引起个体产生痛苦、失望或焦虑等多种情绪状态的刺激性生活事件。

二是挫折认知,是指人们对挫折的感觉、认识和评价。

三是挫折反应,专指个体在从事有目的的活动时,因受到阻碍而产生的一系列消极心理状态。因此,挫折认知是挫折的核心因素,它决定着人们对挫折的反应和承受力。因此,当面对同样的挫折时,反应是因人而异的。

二、大学生挫折心理的形成原因

大学生正处于自我意识逐渐成熟的过程中,因理想自我的引导,会对自己的未来有许许多多的设想、规划,为将其变成现实,实现自我价值,他们会付出种种努力。如很多大学生为在学业上获得进一步深造,认真刻苦学习。然而不是所有努力都能达到预期的目标,可能努力之后依然是失败。这种失败即我们常说的挫折。当挫折持续时间长、影响范围广,使人产生失望、压抑、沮丧、忧郁等紧张心理状态和情绪反应时,我们将其称为挫折感或挫折心理。

大学时代,因为常常会遇到学业的担忧、爱情的困惑、社交的烦恼而体验到挫折心理。此外,大学生正处于人生发展的青年期,身心都处于逐步完善发展的过程中,其挫折感会更加明显。究其原因主要有以下两个方面。

(一)挫折产生的外部因素

1.自然原因

大自然给每个人提供了生存所需的物质生活条件,如空气、阳光、土壤等。同时,因为非人力所造成的时间、空间的限制,或者无法预料的天灾人祸等因素,如地震、洪水、车祸、水灾、亲人亡故等,又在某种程度上极大地限制了人们的活动空间和生存方式,给个体的发展带来种种阻碍,致使个体的需要得不到满足而受挫。此外,在生活中,人力所不可及的情况也经常发生。这些原因都会导致大学生产生挫折感。

2.社会原因

随着时代的变迁,经济的全球化发展,我国改革开放的深入推进,西方各种社会思潮与多元价值理念不断涌入,青少年在进行价值取舍时有了更多的参照,也给他们带来了观念震荡和价值冲突。此外,越来越多的大学生在走向工作岗位时,面临"毕业即失业"的尴尬境地,再加上社会中存在的就业不公正现象等一系列问题强烈地冲击着大学生对未来美好生活的向往,在强烈反差的困惑中,大学生也容易产生强烈的挫折感。

3.家庭因素

家庭是人成长的第一所学校,也是最重要的一所学校,家庭对每个人的影响是巨大的,无论将来离开家庭多远,每个人的思维和处世方式都有家庭的烙印。有相当一部分大学生的心理问题与家庭环境有关。此外,家庭发展所需的经济基础、父母对子女的态度和教养方式等也是大学生痛苦的根源,从而成为引发挫折心理的另一个重要因素。

(1)经济贫困

我国是一个发展中国家,经过40多年的改革发展,在看到改革取得成就的同时,我们也清楚地看到我国是人口大国,经济基础薄弱,区域经济发展不平衡,城乡、城镇居民收入差距较大,导致经济条件欠佳,容易引发心理问题。

(2)教育方式不当

现在大学生大多数是"00后",且大多数是独生子女,父母往往不惜代价满足孩子的要求,将他们视为"小公主""小皇帝",造成他们缺乏生活磨炼,因此心理脆弱,一旦遇到困难就灰心丧气、萎靡不振,耐挫折能力差。

(3)离异家庭增多

随着社会经济发展及开放社会中多元文化的冲击,解体家庭逐年增多,社会上出现了相当数量的单亲家庭。单亲家庭结构的不完整性使亲情变得淡漠,限制了家庭功能的发挥,造成很多孩子得不到家庭的温暖和父母的关爱,对其成长产生影响,使其容易产生挫折心理。

4.学校因素

学校是教育个体接受社会文化的主要渠道,是造就人才的重要途径。

(1)学习生活环境差

一些学校的学习环境较差,如图书馆里图书陈旧、数量少、更新太慢,实验室设备陈旧、实验器材少,教学楼少且空间狭小。一些学校的生活环境恶劣,如食堂伙食差、卫生条件不达标、住宿环境差、洗浴不方便等。这些都会使大学生产生不适应心理,进而导致挫折心理的产生。

(2)教育理念滞后

虽然教育界近来一直倡导要将应试教育转向素质教育,然而当面临升学压力时,素质教育总是变得黯淡失色。学校教育往往围绕着提高学生的智育成绩而忽略了对学生进行人生观、价值观的教育以及对抗挫折能力的培养,使学生在面临挫折时变得不知所措。另外,虽然我国学校心理健康教育得到了长足的发展,但从全国各校实行的实际情况来看还是不容乐观。很多中小学校及高校还没有设立专门的心理健康教育机构并缺乏专业人员,或者设立了也没有开展相关工作,更谈不上什么心理咨询。因此,青少年学生遇到了挫折也无处寻求及时的心理援助。

(3)学校、组织环境不良

学校、组织环境不良主要体现在:一是政治思想工作不得力;二是学校管理作风和方式不妥当;三是校风不佳,事情完全不是想象中那么完美;四是学校人际关系不良,工作安排不妥;五是学校限制过多、守旧,缺少创新环境,影响学生的创造性思维发挥。

(二)挫折产生的内部因素

1.生理因素

在现实生活中,某些大学生的身高、容貌以及某些生理缺陷、疾病所带来的限制,导致其需要不能满足或动机不能实现。比如,女大学生就业面临着用人单位的挑剔,同等条件下因为性别原因而被拒之门外。此外,色盲、口吃、近视等缺陷往往也使某些大学生失去与他人平等竞争的机会,因而产生自卑感,甚至悲观厌世等情绪。

2.心理因素

(1)认知因素

所谓认知,是指人们看待事物的方式,包括一个人的思想观点、阐述事物的思维模式、评价是非的标准、对人对事的基本信念等。很多心理问题和心理障碍都有其认知的根源,正所谓"所知决定所感,所感决定所行",感觉和行为往往是外显的,人们容易捕捉到,但是认知却是内隐的,它决定人们的行为,人们却常常没有察觉。大学生人生经历少、生活单一、缺乏认知的客观性,从而产生挫折心理,其表现形式有以下几点:

第一,对事物不正确的认知,即用以偏概全的不合理思维方式来认识世界。在大学生心理特点的作用下,遇到困难、挫折时,大学生容易否定一切,认为这一事物或这个世界一无可取,用以偏概全的不合理思维方式来认识周围,甚至从此一蹶不振,长期沉浸在消极状态下不能自拔。

第二,对自己不正确的认知。大学生受阅历限制,在对自己进行认知时,常常从唯我的心理出发,从自己的意愿出发,不能客观地了解自己的兴趣、能力、特长、观念,过于自信,过高估计自己的能力,对自己提出不切实际的要求,制定根本无法达到的目标。当通过自己的努力还不能达到目标后,就会体验到挫折,之后又会走向过分概括化的错误思维,从而全面否定自己,认为自己什么都不行,从此不再相信通过努力能够获得成功,因而体验到巨大的挫折感。

第三,对挫折情境的不正确认知。同一个情境对有些人而言是平常事,而对有些人来说就是挫折产生的根源,从而造成痛苦。任何事情都有它的两面性。大学生应辩证地看待问题,用辩证思维去发现事物美好的一面,如果仅仅看消极面,会被事物的负面情绪影响,阻碍自身的发展和进步。

(2)自我意识

矛盾性是大学生自我意识发展的最为突出的一个特点。从心理上看,主要缘于大学生正处于从心理不成熟向成熟的发展过程中,因此心理发展显现出不平衡性、两面性和两极性等特点,很容易造成心理上的不平衡状态。从社会上看,这缘于大学生缺乏社会经验、人生历练,对挫折没有足够的精神准备,常使想法还简单的他们带着高昂的热情走向复杂的生活,而在现实中碰到不顺时又手足无措。具体主要表现在现实自我和理想自我的差异、独立性和依赖性的盘根错节、自信与自卑的搭伴、追求成功与避免失败等一系列的矛盾心理。

（3）动机冲突

丰富多彩的大学生活及纷繁复杂的社会背景为大学生的全面发展提供了有利的条件和广阔的天地,但也给大学生带来了选择的冲突,这种冲突的实质是不同需要无法同时满足的结果。当若干个动机同时存在而难以取舍时,就会形成动机冲突。其基本形式有以下四种。

一是双趋冲突。当人们同时遇到两个或两个以上都想达到的目标而又不能都达到时所产生的动机斗争。往往是鱼与熊掌不可兼得,就出现了难以取舍的冲突。比如,有的大学生在大学时代,既想静下心来好好学习,又想到外面去参加社会实践活动;毕业既想报考研究生继续深造,又想抓住就业求职的招聘机会。

二是双避冲突。双避冲突是一种左右为难的心理困境。人们在同时面临两种或两种以上的不愉快或不称心的目标时所发生的动机斗争。比如,既不想用功学习,觉得读书太苦了,又怕考试不及格被退学而丢面子。

三是趋避冲突。人们同时面临两种截然相反的目标和结果时所产生的动机冲突。如既想多参加社会活动,又怕占时太多影响学习;既想独立,又怕失去依靠。

四是双趋避冲突。人们同时面临两个目标时,两个目标又各有所长、各有所短而产生的动机冲突。比如,大学生毕业求职时,面临着两种不同的就业机会,这两个就业机会各有优劣,从而产生矛盾心理。此外,随着社会的发展,人们的选择冲突也会增加。

（4）个性因素

个人的性格特征、个人兴趣、世界观都对挫折承受力有重要作用。性格开朗、乐观、坚强、自信的人,其挫折承受力强;性格孤僻、懦弱、内向、心胸狭窄的人,其挫折承受力弱。另外,一个人的适应程度、心理准备、生活态度、人生观、价值观(如理想、信念、信仰)、气质类型和态度特征等与挫折感的产生也有直接关系。

三、挫折对大学生的影响与挫折心理管理

在学习、生活、社会活动中,大学生不可避免地会遭受挫折,在处理挫折和紧张情绪时,每个人自觉不自觉地都有一种想摆脱困境、减轻不安、稳定情绪、重新达到心理平衡的倾向。但因个体的身体状况、个性特征、心理承受能力、生活态度的不同,每个

人在面对挫折时的表现也不同。

(一)挫折对大学生的影响

1.生理反应

当目标未达到,情绪低落、消沉时,人的神经、心血管、内分泌、消化等系统均会出现反应,如心率加快、血压升高、呼吸加快、出汗等。如果紧张、焦虑情绪长期持续,会出现面色苍白、四肢发冷、心悸、气急、腹胀等一系列生理反应,危害人的身心健康。

2.情绪反应

遭遇挫折后,人们的反应截然不同:有人对鸡毛蒜皮的小事大发脾气、大哭大闹、怒不可遏,反应过于强烈,而对于一般人感到痛苦、惧怕或悲伤的事情却无动于衷、冷漠无情,甚至连正当的愤怒也不敢表达,过分压抑自己的情绪,以保持内心的安宁,使自己避免痛苦。最常见的挫折情绪反应有愤怒、焦虑、沮丧、失望、压抑、抑郁等。

3.行为反应

应对挫折的外显行为反应因人而异,根据对大学生受挫后情况的观察了解,主要可分为积极的行为反应和消极的行为反应两种。一些拥有坚忍不拔、自强不息等优秀个人意志品质的大学生在遭受挫折后,能采取积极进取的态度和行为对待挫折,称为积极反应;而消极的行为反应是指个体在受挫后,常常会表现出一些失控的、失去目标导向的,甚至对自己、对他人、对社会产生危害的行为反应。因此,要高度关注大学生的消极行为反应。下面让我们一起来认识大学生受挫后的积极行为反应和消极行为反应。

挫折的积极反应主要表现在以下四个方面:

一是认同。认同是指当一个人遇到挫折之后,自觉地模仿他人的优良品质,从而使得自我的思想、言行更加适应环境、社会的要求。例如,有的大学生在追求人生理想的路上跌倒,但他们没有被吓倒,没有放弃,而是把那些历史名人、科学家及当代社会中自强不息的模范人物作为自己认同的对象,以他们为学习的榜样。同时,客观分析自己所遇困难的原因,然后采用正确方法应对,通过自己的自信和努力走出困难,继续向既定目标前进。

二是升华。所谓升华,就是把因受各种因素制约而无法实现的目标或不能为社会所接受的目标加以改变,用另外一种更高尚的、富有建设性和社会价值的目标取而代之,以此来减轻挫折带来的精神痛苦。例如,"化悲痛为力量"就是心理上的升华。这表明升华不仅需要具备理性思考的能力,而且需要有坚强的意志品质和开阔的胸襟。

三是补偿。在社会生活中,由于主客观条件的限制,常常会使个人的某一目标无法实现,行为主体往往以新的目标代替原来的目标,以现实取得的成功体验去弥补原有的失败的痛苦,即所谓"失之东隅,收之桑榆"。

四是幽默。当大学生遭遇挫折、身处逆境、面临尴尬局面时,使用比喻、夸张、寓意等手段,以机智、委婉、风趣的方式来表达自己的意图或意见,从而达到化解困境、摆脱失衡状态的目的,这就是幽默。大学生采用幽默的方式来化险为夷,将大事化小、小事化了,摆脱困难,维护心理平衡,是人格成熟、修养较高的一种表现,是值得称道的一种积极应对方式。

挫折的消极反应主要表现在以下十一个方面:

第一,攻击。大学生在遭遇挫折后,引发愤怒的情绪,为了发泄,对引起自己挫折感的人、物进行报复(直接攻击),或将愤怒发泄在别人身上,以宣泄、消除挫折带来的痛苦(转向攻击)。攻击是一种非常消极的破坏性行为,应加以引导和控制。

第二,固执。当个体反复遭到同样的挫折,或经受过多严厉的惩罚和指责,就会慢慢失去信心,失去随机应变的能力,以刻板的反应方式面对挫折,固执盲目地重复同样无效的行为。比如,一些大学生因屡次努力后仍然失败,经常受到父母的批评、教师的打击以及同学的嘲笑,使得这些大学生从此不愿意努力,形成了破罐子破摔的固执心理,学习成绩更是一落千丈。正是由于这个原因,对于内向、倔强、看问题片面的大学生进行教育时,应谨慎使用惩罚方式。

第三,退化。退化是个体受到挫折后表现出的与自己年龄、身份很不相称的幼稚行为。通常情况下,人们遇到挫折之后,若是以成人的方式面对挫折,就会在心理上产生焦虑、不安,而这类受挫者为了避免上述情况,往往会使用幼稚的方式去应对。表现这种行为方式的大学生往往对自己缺乏信心,看不到自己的力量,像孩子一样依赖他人。比如,有的大学生因为专业考试未能顺利通过,知道成绩时无法理智对待,当场又哭又闹,完全不理会身处公众场合。

第四,逃避。逃避即躲避使自己受到挫折的现实,不敢面对,不能正视。逃避有三种主要的表现方式:一是逃到另外一个现实世界,二是逃到幻想世界,三是逃向疾病。比如,有的大学生不能正视自身处境,不主动寻求解决问题的办法,而是选择以沉溺网络的方式逃避现实,或靠幻想使自己挣脱挫折感。

第五,反向。通常个体对其内心所希望得到的东西或所喜爱的活动,在行为上会很自然地表现出来。但在个体受挫以后,就会产生某些不符合社会规范或不为他人接受的动机,为维护自尊或避免造成更多的挫折,于是在外表上就以一种截然相反的态度或行为表现出来,以掩盖自己的本意,减轻内心的压力,这种行为就是反向。例如,非常自卑的大学生往往表现得自傲自大,内心生怕别人看不起自己,装出不屑一顾的样子等反向做法。

第六,冷漠。冷漠是指个体遭受挫折后,表现出对挫折情境漠不关心或无动于衷的态度。当大学生对引起挫折的对象无法攻击且没有适当替罪羊可以攻击时,便将其愤怒的情绪压抑下去,表现出一种冷漠、无动于衷的态度,失去正常的喜怒哀乐,行动上表现为茫然不知所措、妥协退让。比如，一些学生干部一向敢于同班上的不良现象作斗争，但在受到一些同学的非议、讽刺、打击后，转而对不良现象采取冷淡态度，漠然视之。

第七，逆反。当个体受到挫折后，不去总结经验教训，而是根据自己的情绪，对正确的事物盲目地反抗、抵制与排斥，这种行为反应称为逆反。大学生正处于自我意识发展的过渡期，其独立性和叛逆心理日益增强，在迫切希望摆脱成人监护的同时，又无法彻底摆脱父母的管教。为了表现自己的"独特"，就对任何事物倾向持批判态度。此外，教育者采用生搬硬套、千篇一律的教育手段、方法，也会使大学生产生逆反心理。

第八，否定。对已发生的事实加以否认，认为它根本没有发生过，以此减轻或避免由此事实造成的痛苦与内疚。所谓"掩耳盗铃""眼不见为净"等都属于这类反应。比如，某大学生因为长期旷课，学分过低，最后学校给予开除学籍的处分，而该生坚持认为是写错了名字，不肯承认事实，也不愿面对现实。

第九，轻生。轻生是个体受到挫折后所表现的最为消极的行为反应。当个体在遭遇挫折后，烦恼和苦闷发展到一定程度时，对事态产生恐惧，对生活失去信心，对现实感到绝望，万念俱灰之后采取的唯一的、最后的、无奈的"自我保护"的手段。

第十，文饰。文饰又称自我安慰或合理化，指无法达到追求的目标时，或表现的行为不符合社会的价值标准时，为避免精神上的痛苦与不安，给自己一个好的借口来解释，用来解释的借口往往是不真实的、不合逻辑的，甚至有自欺欺人的味道，但防御者本人却能借此说服自己，感到心安理得。比如，"酸葡萄效应""甜柠檬效应"都属于这种反应。

第十一，投射。投射又称推诿，是指把自己的不良品质、愿望、冲动、思想观点或造成失败的原因强加给别人，归咎于客观，以推卸自己的责任，借此减轻自己的焦虑和不安。比如，某大学生在应聘时屡遭失败，毕业后就成了啃老族，父母教育他应自食其力，可该生却说："因为父母没有本事，所以自己才找不到工作。"以此来减轻内心的紧张和压力。

总之，无论是大学生受挫后的积极反应还是消极反应，实际上都是大学生为避免再次受挫折而采取的一种自我防卫。其中，积极的行为反应有助于大学生适应挫折、化解困境，促进身心发展；消极的行为反应虽然能暂时缓冲大学生的心理矛盾，减轻痛苦、焦虑、不安，但问题并未真正解决，受挫机会仍然存在。对于大学生的挫折心理如果任其继续发展而不加以引导，势必对大学生未来的发展带来不利影响。

(二)挫折的自我调适方法

1.情绪宣泄法

宣泄的心理实质就是将积蓄的情绪通过言语或行为进行代偿性的输出，是一种尽快达到心理平衡和心理净化的手段。当大学生受到委屈和心生愤怒时,不妨向自己的亲朋好友诉说心中的不平和痛苦;或是跟自己倾吐,诉诸文字,让心中的苦水随笔尖流出;或是在适当场合大哭一场,将心中的不快之气发泄出来。这就是通过合理宣泄平复不良情绪。

2.注意力转移法

把注意力从原来集中关注的某一目标上转移到自己感兴趣的事情和集体活动中,如郊游、游泳、打球、听音乐或参加各种竞赛活动,通过丰富的活动来改变内心由挫折情境造成的心理压力和紧张,以及焦虑与不愉快的情绪体验。

3.主动进攻法

个体在遭遇挫折后审时度势、冷静分析,以积极进取的态度改善挫折情境、减轻挫折压力。如果是由于自身知识、能力不足而受挫折,那么就要继续挖掘潜力、增强实力,以更加坚定的毅力与信心致力于既定目标,以期获得成功。如果是由于个人的身高、容貌、经济状况及某种生理缺陷产生挫折感,那么就要寻求自己的个性特点,发挥个体优势而弥补不足,扬长避短,战胜挫折。

4.寻求社会支持

我们每个人都生活在社会中,并不是孤立存在的,当心灵受到创伤后,要有效地应对挫折,更需要从周围的人及相关的机构那里获得相应的信息、策略,借助别人的安慰、劝导,以及专业心理咨询的帮助,减轻精神上的痛苦。俗话说得好,"一个好汉三个帮",就说明了社会支持力量在个人应对挫折过程中所起的重要作用。借助社会力量,在他人或群体、组织的大力支持和引导下,逐步调整自我行为,这样才能摆脱由挫折引发的烦恼。

(三)可以自我运用的心理疗法

1.行为疗法

行为疗法是使用通过实验而确定的有关学习的原理和方法,克服不适应的行为习惯的过程。行为疗法理论认为:人的行为,不管是正常的还是病态的,都是经过学习而获得的,并可以通过学习而更改、增加或消除。行为疗法包括:系统脱敏疗法、满灌(冲击)疗法、厌恶疗法、逆转意图疗法、模仿学习疗法、强化疗法等。其适应证主要有恐怖症、强迫症、焦虑症、性变态和性障碍、烟酒嗜好、考试综合征、学习障碍、游戏和网络综合征等。

(1)系统脱敏疗法

系统脱敏疗法是诱导患者缓慢地暴露于导致焦虑和恐怖的情境,并通过心理的放松状态来对抗这种焦虑或恐怖情绪,从而达到消除焦虑和恐怖反应的目的。脱敏疗法的创始人沃尔帕认为,人的肌肉放松状态与焦虑状态,是对抗的过程,一种状态出现必然会对另一种状态起抑制作用。根据这一原理,在心理治疗时就应从能引起患者较低程度的焦虑或恐怖反应的刺激开始,等这种刺激不再能引起患者焦虑或恐怖的反应时,再向患者呈现比上一次刺激略强一点的刺激。这就是脱敏疗法的治疗过程。

（2）满灌（冲击）疗法

满灌疗法也叫暴露疗法、冲击疗法、快速脱敏疗法。其原理是:由于恐怖是经过经典和条件作用而学习得来的,因此,恐怖行为是一种条件反射。某一事物或情境在一个人身上所引起的恐怖体验,会激发其产生逃避行为,而不管此事物或情境是否真的构成对他的威胁。这种逃避行为会影响恐怖体验的强弱,从而起负强化作用。因此,专家认为,与其逃避不如让患者直接面对。一旦患者毅然正视恐怖,恐惧就会减轻。

（3）厌恶疗法

厌恶疗法也叫对抗性条件反射疗法,它是应用惩罚的厌恶性刺激,以消除或减少某种适应不良行为的方法。其原理是:利用回避学习的原理,把令人厌恶的刺激,如电击、催吐、语言责备、想象等,与患者的不良行为相结合,形成一种新的条件反射,以对抗原有的不良行为,进而消除这种不良行为。厌恶疗法运用于医治烟酒嗜好、性变态、强迫观念、不良习惯等。

（4）逆转意图疗法

逆转意图疗法也叫矛盾意向疗法,它是让患者故意从事感到害怕的活动,从而使患者对该活动的发生感到无所谓,达到使害怕反应不再发生的心理治疗方式。逆转意图有欲擒故纵的意思。例如,让失眠的人故意坚持不睡,通宵达旦不准入睡,白天从事正常的活动,当患者无论如何也抵挡不了睡眠的需要时,经过补偿性睡眠后,再让患者恢复正常的作息时间;对于每天吵架,用各种办法惩罚对方的夫妻,让他们每天必须吵架两个小时,要他们主动找借口,寻找一切可以作为舌战武器的生活嫌隙,直到全部打完,互相愿意休战为止。

（5）模仿学习疗法

模仿学习疗法是利用人类通过模仿学习获得新的行为反应倾向来帮助某些具有不良行为的人,以适当的反应取代其不适当的反应,或帮助某些缺乏某种行为的人学习那种行为。

（6）强化疗法

强化疗法也叫操作条件疗法,是指系统地应用强化手段增进某些适应性行为,以减弱或消除某些不适应行为的心理治疗方法。如一个小女孩在公开场合唱歌,观众的掌声激发她唱得更欢;一个小孩因撒谎而遭家长的训斥,使他不敢再撒谎等都是强化的结果。

2.认知疗法

认知疗法是根据人的认知过程影响其情绪和行为的理论假设,通过认知和行为技术来改变患者的不良认知,从而达到矫正适应不良行为的心理疗法。认知疗法强调,一个人的非适应性或非功能性心理和行为,常常是受不正确的扭曲的认知影响而产生的。如果更改或修正扭曲的认知,则可改善他的心理和行为。所以,心理治疗的中心在于,更改或修正扭曲的认知而不是适应不良的行为。认知疗法的代表人物贝克说:"适应不良的行为与情绪,都缘于适应不良的认知,因此,行为矫正疗法不如认知矫正疗法。"例如,一个人一直认为自己表现得不好,连父母也不喜欢自己,因此,做什么事都没有信心,很自卑,心情也不好。认知疗法的策略,就在于帮助他重新构建认知结构,改变他对父母的认识,他就会重新评价自己,重新对自己充满信心。

认知疗法可分为两个步骤:首先是划界,患者应当把脱离现实而导致适应不良的想法(错的认知)与真实的客观的想法(对的认知)区分开来;然后是滤离,即争取正确的取舍,把对的认知留下并巩固下来,把错的认知筛出滤离。

拓展阅读　老太太的烦恼

一个老太太有两个女儿,大女儿是卖阳伞的,二女儿是卖雨靴的。每到晴天,老太太就发愁:"二女儿又要赔钱了。"到了雨天,老太太又愁:"大女儿又要赔钱了。"结果,不管雨天晴天,老太太都发愁。后来,有人告诉她说:"老太太,你这样想:晴天呢,大女儿挣钱了,雨天呢,二女儿挣钱了。不管雨天晴天,你的女儿都能挣钱。多好哇!"老太太一想,果然就天天都高兴了。

3.森田疗法

森田疗法是日本慈惠医科大学森田正马教授于1920年创立的,是一种顺其自然、为所当为的心理治疗方法,是被国际公认的一种有效实用的心理疗法。

森田认为,人们常把某些场合可能产生的感觉,如过度用脑时的头昏、紧张时的心悸等,误认为是疾病而恐惧,注意力越集中在这些症状上,感觉越敏锐,症状越严重,形成恶性循环。森田称之为精神交互作用。

森田还认为,人的精神活动存在一种类似屈肌和伸肌的互相调节的拮抗作用。在某种情况下产生一种观念、情感和意象,同时也会产生与此相反的观念、情感和意象以调节人的行为。森田称之为精神拮抗作用。比如:恐惧时出现的不要怕心理;受表扬时出现的内疚心理;出现对某人不敬的念头时会想到这个念头说出来会招来不幸而放弃这个念头的心理。因此,森田疗法的原理可概括为以下两点。

(1)顺其自然的治疗原理

森田认为,要达到治疗目的,说理是徒劳的。正如道理上认识到没有鬼,但夜间走过坟地时照样感到恐惧一样,单靠理智上的理解是不行的,只有在感情上实际体验到才能有所改变。而人的感情变化有它的规律,注意越集中,情感越加强;顺其自然,不予理睬,反而逐渐消退;对同一感觉习惯了,情感就变得迟钝;对患者的苦闷、烦恼不加劝慰，任其自然发展到顶点，也就不再感到苦闷烦恼了。因此，患者首先要承认现实，不必强求改变，要顺其自然。

顺其自然，具体地说就是要老老实实地接受症状，真正认识到对它抵制、反抗或用任何手段回避压制都是徒劳的。要一面接受症状不予抵抗，一面带着症状从事正常的工作学习，不把躯体和心理症状当作自己身心内的异物，对它不加任何排斥和压抑，采取"有，就让它有去"的态度。森田认为，顺其自然要做到：第一，认识情感活动的规律，接受不安等令人厌恶的情感。森田指出，人类的情感活动有五条规律：一是要顺应情感的自然发生，听任情感的自然发展，情感过程一般构成山形曲线，一升一降最后消灭；二是如果人的感情冲动得到满足，挫折可迅速平静；三是情感对同一感觉的惯性，逐渐变得迟钝，直至无所感受；四是情感在某种刺激继续存在以及对此集中注意时，就会逐渐强化；五是情感是通过新的经验，经过多次反复，在逐步加深对它的体验中培养的。第二，认清精神活动的规律，接受自身可能出现的各种想法和观念。第三，认清症状形成和发展的规律，接受症状。第四，认清主客观之间的关系，接受事物的客观规律。

（2）为所当为的治疗原理

森田把与人有关的事物分为两类：可控制的事物和不可控制的事物。所谓可控制的事物是指通过人的主观意志可以调控、改变的事物；不可控制的事物是指个人主观意志不能决定的事物。森田要求患者不去控制不可控制的事物，如人的情感，但要注意为所当为，即控制那些可以控制的事物，如人的行动。在顺其自然的态度指导下行动。忍受痛苦，为所当为；面对现实，陶冶性格。

森田疗法不是对症状消极忍受、无所作为，也不是对症状放任自流、听之任之，而是按着事物本来的规律办事，任凭症状存在，不去抗拒排斥，带着症状积极地生活。顺其自然、为所当为疗法原则的着眼点是：打破精神互交作用，消除思想矛盾，陶冶性格。意志不能改变人的情感，但意志可以改变人的行为；通过改变人的行为来改变人的情感，陶冶人的性格。

其他的心理治疗方法还有认知领悟疗法（中国精神分析疗法）、咨客中心疗法、悟践疗法、疏导疗法、暗示疗法、娱乐疗法、婚姻疗法、家庭疗法等。

？ 思考与训练

【分析与讨论】

阅读两个小故事，思考下列问题。

1.荒岛上的鞋子推销员

两个鞋子推销员到一个荒岛上，发现荒岛上的人都不穿鞋。一个感到非常失望，因为他认为这个岛上的人都不愿穿鞋，要成功推销是没有希望的；另一个感到非常兴奋,因为他认为这个岛上的人还没有鞋子穿,成功推销的希望极大。

2.半杯水

两个人都十分口渴,当见到有半杯水时,他们产生了不同的情绪反应。A:"还好,还有半杯水"——满足。B:"怎么只剩半杯水了"——不满!

(1)思考:上述故事中,为何对同一件事,不同的人会产生截然不同的情绪?

_____

_____

_____

_____

(2)练习:请根据以下事件,尽可能多地写出你的想法,并注明每一种想法下的情绪。

事件:你的好友说周末会找你出去玩,但整个周末他都没有和你联络。

想法1:_____ 情绪1:_____

想法2:_____ 情绪2:_____

想法3:_____ 情绪3:_____

想法4:_____ 情绪4:_____

例:

想法1:这个人一点儿都不讲信用。 情绪1:讨厌、生气

想法2:他根本不当我是朋友。 情绪2:气愤

3.课堂讨论

通过以上练习你发现了什么? 对你有什么启示?

_____

_____

_____

讨论步骤与要求:

(1)每个人先在白纸上把自己详细的观点和看法逐条写出来。

(2)分组讨论:6~8人组成一个小组,小组成员之间先讨论,然后形成一致认可的文字材料。

(3)课堂讨论:每组选派一名司学,代表小组同学参加课堂讨论发言。

【心理测试】

情绪自评量表

1.看到自己最近一次拍摄的照片,你有何想法?

    A.觉得不称心   B.觉得很好   C.觉得可以

2.你是否想到若干年后会有什么使自己极为不安的事?

    A.经常想到   B.从来没想过   C.偶尔想到

3.你是否被朋友、同事、同学起过绰号、挖苦过?

    A.这是常有的事   B.从来没有   C.偶尔有过

4.你上床以后,是否经常再起来一次,看看门窗是否关好、炉子是否封好?

    A.经常如此   B.从不如此   C.偶尔如此

5.你对与你关系最密切的人是否满意?

    A.不满意   B.非常满意   C.基本满意

6.你在半夜的时候,是否经常觉得有什么值得害怕的事?

    A.经常   B.从来没有   C.极少有这种情况

7.你是否经常因梦见什么可怕的事而惊醒?

    A.经常   B.没有   C.极少

8.你是否曾经有多次做同一个梦的情况?

    A.有   B.没有   C.记不清

9.有没有一种食物使你吃后呕吐?

    A.有   B.没有   C.记不清

10.除去看见的世界外,你心里有没有另外一种世界?

    A.时常   B.没有   C.偶尔有

11.你是否时常觉得你不是现在的父母所生?

    A.有   B.没有   C.记不清

12.你是否曾经觉得有一个人爱你或尊敬你?

    A.有   B.没有   C.记不清

13.你是否常觉得你的家庭对你不好,但你又确知他们的确对你好?

    A.是   B.否   C.偶尔

14.你是否觉得没有人十分了解你?

    A.是   B.否   C.说不清楚

15.你在早晨起来的时候最经常出现的感觉是什么?

    A.忧郁   B.快乐   C.讲不清楚

16.每到秋天,你经常出现的感觉是什么?

    A.秋雨霏霏或枯叶遍地 B.秋高气爽或艳阳天 C.不清楚

17.你在高处的时候,是否觉得站不稳?

    A.是   B.否   C.有时是这样

18.你平时是否觉得自己很强健?

    A.否   B.是   C.不清楚

19.你是否一回家就立刻把房门关上?

    A.是   B.否   C.不清楚

20.你坐在小房间里把门关上后,是否觉得心里不安?

    A.是   B.否   C.偶尔是

21.当一件事需要你做决定封,你是否觉得很难?

    A.是   B.否   C.偶尔

22.你是否常常用抛硬币、玩纸牌、抽签之类的游戏来测凶吉?

    A.是   B.否   C.偶尔

23.你是否常常因为碰到东西而跌倒?

    A.是   B.否   C.偶尔

24.你是否需用一个多小时才能入睡,或醒得比你希望的早一个小时?

    A.经常这样   B.从不这样   C.偶尔这样

25.你是否看到、听到或感觉到别人觉察不到的东西?

    A.经常这样   B.从不这样   C.偶尔这样

26.你是否觉得自己有超越常人的能力?

    A.是   B.否   C.不清楚

27.你是否曾经觉得因有人跟你走而心里不安?

    A.是   B.否   C.不清楚

28.你是否觉得有人在注意你的言行?

    A.是   B.否   C.不清楚

29.当你一个人走夜路时,是否觉得前面潜藏着危险?

    A.是   B.否   C.偶尔

30.你对别人自杀有什么想法?

    A.可以理解   B.不可思议   C.不清楚

评分标准

以上各题的答案,选A得2分,选B得0分,选C得1分。请将你的得分统计一下,算出总分。得分越少,说明你的情绪越佳,反之越差。

结果解释

总分	解释
0~20分	表明你的情绪稳定、自信心强,具有较强的美感、道德感和理智感。你有一定的社会活动能力,能理解周围人们的心情,顾全大局。你一定是个性情爽朗,受人欢迎的人

总分	解释
21~40分	说明你情绪基本稳定,但较为深沉,对事物的考虑过于冷静,处世淡漠消极,不善于发挥自己的个性。你的自信心受到压抑,办事热情忽高忽低。瞻前顾后,踌躇不前
41分以上	说明你的情绪极不稳定,日常烦恼太多,使自己的心情处于紧张和矛盾之中
50分以上	是一种危险信号,你务必寻求专业帮助

【心理训练】

训练一:“我演你猜”

训练目标:

通过活动让学生了解情绪的类别及健康情绪。

训练内容:

1.教师准备6张“情绪卡片”,卡片上分别写上“喜、怒、哀、惧、爱、恶(厌恶)”。

2.让自愿上台的学生随机抽出一张卡片,用表情、动作等非语言信息表达卡片上所写的情绪,不能用言语表达。让台下的同学猜测台上的同学要表达什么情绪。

3.请出6名同学表演6张“情绪卡片”上所写的内容。

4.情绪通常有喜、怒、哀、惧、爱、恶六大种类。

5.组织学生讨论:情绪有好坏之分吗? 为什么?

6.学生交流并请代表发言。

附:六大类情绪

喜:满足、幸福、愉悦、骄傲、兴奋、狂喜等。

怒:生气、不平、烦躁、敌意、恨意等。

哀:忧伤、寂寞、忧郁、沮丧、绝望等。

惧:焦虑、紧张、忧心、疑虑、慌乱、警觉等。

爱:友善、和善、亲密、信赖、宠爱、痴恋等。

恶:轻视、轻蔑、讥讽、排斥等。

训练二:“镜子”活动

训练目标:

让学生明白假装有某种情绪会真的产生某种情绪。

训练内容:

1.学生两个人一组,相对而坐,甲学生做出各种愉快的表情,乙学生作为“镜子”模仿甲的各种表情。

2.双方互换角色。

3.学生围绕刚才的活动讨论分享。

(1)看到"镜子"的表情,你有什么感受?

(2)情绪可传染吗?

(3)在努力做各种愉快表情时,你的情绪有变化吗?

第六章　学会职业生涯规划

职业生涯规划对大学生而言,就是在自我认知的基础上,根据自己的专业特长,结合社会环境与市场环境,对将来要从事的职业以及要达到的职业目标所做的具有方向性的方案。所以,大学期间是职业生涯规划的黄金阶段,对大学生个人的未来职业走向和职业发展具有十分深远的影响。

第一节　职业生涯规划概述

一、职业生涯规划

(一)职业生涯规划定义

1.职业

职业是指一个人从事的相对稳定的、有收入的、专门类别的工作。它是人们对生活方式、经济状况、文化水平、行为模式、思想情操的综合反映,也是个人权利、义务、职责和社会地位的一般性表现。

2.职业生涯

广义的职业生涯是指从职业能力的获得、职业兴趣的培养和职业的选择、确定,直到完全退出职业劳动这样的完整的职业发展过程。从狭义上讲,职业生涯从进入社会、从事工作之前的职业学习或者岗位训练开始,直到职业劳动的最终结束、离开工作岗位为止。

根据中国职业规划师协会定义:职业生涯就是一个人的职业经历,它是指一个人一生中所有与职业相联系的行为与活动,以及相关的态度、价值观、愿望等连续性经历的过程,也是一个人一生的学业、职位的变迁及工作、理想的实现过程。在这个重要而漫长的过程中,每个人的职业生涯都会受到教育、家庭、性格、兴趣、价值观、性别、健康状况、环境、机遇等主客观因素的影响。

3.职业生涯规划

职业生涯规划简称职业生涯,又叫职业生涯设计,是指个人与组织相结合,在对一个人职业生涯的客观条件进行测定、分析、总结的基础上,对自己的兴趣、爱好、能力、特点进行综合分析与权衡,根据自己的职业倾向和时代特点,确定最佳职业目标,并为实现这一目标而奋斗且做出行之有效的计划。本书中职业生涯规划部分的内容针对大学生群体,把大学生作为职业生涯规划的主体对象。

(二)职业生涯规划内容

职业生涯规划包括两个层次的内容:一个是生涯角色间和生涯形态的规划,另一个是生涯角色内和生涯目标的问题。第一个层次的生涯形态问题,是指在空间和时间的维度下,如何组合各种角色;第二个层次的生涯目标问题,是在各个角色中,要追求哪些职务或实现哪些目标。生涯规划的两个问题并不是孤立的,而是互相联系的,通过对这两个层次问题的思考和规划,能够寻求满足生涯需求、实现人生价值的途径。

(三)大学生职业生涯规划现状

随着高校扩招和组织结构的变化,社会对高素质人才的要求越来越高,毕业人数也显著增加,因此大学生的就业意愿和现实矛盾产生冲突,应试教育模式、高校应对劳动力市场的反应速度和能力欠缺、企业单位用人制度越发灵活等方面问题都导致了大学生就业难的现状。45%的企业招不到合适的人,50%的人找不到合适的工作;35.4%的应届毕业生希望去党政机关工作,而只有3%的人能实现这个愿望。结构性失业,解决后者要加强对劳动力的教育和培训。所以,大学生就业难,问题关键在于传统的学校教育和变化的市场需求使得许多大学生无法适应人才需求和人才流动的市场化趋势,也就出现无法从客观现实出发设计自己的职业定位的情况。

目前,许多高校主要依靠开设大学生职业生涯规划课程这一形式开展职业生涯规划教育,从理论上让每一名大学生都懂得为什么,以及如何去规划和发展自身的职业生涯。然而,用传统的方法讲述各种职业生涯理论并配合案例分析,做一些测验和探索,无法吸引当代大学生的兴趣,他们不想听过多的理论而想要学习能够和自身发展相联系的案例,以便自己能参与其中的训练。从根本上说,就是面临种种急剧变化而富有挑战的工作世界,希望自己能够尽可能具备规划自己发展的有效决策能力和自我管理能力。同时,把职业生涯规划教育和大学生就业有效结合起来,指导学生顺利毕业,也是大学生职业生涯规划教育面临的挑战。

二、职业生涯规划的目的、基本原则和基本理论

(一)职业生涯规划的目的

1.帮助大学生全面认清自我、准确定位

大学生从紧张的高三生活进入全新的大学空间,无论在学习模式、生活方式还是心理上都会发生巨大的变化,在相对轻松的大学校园环境中,有些学生可能会在短期内无法做出适应和调整,学习上的懒散、生活中的放纵难免会表现出来,导致大学生在新的校园环境中出现盲目跟风、焦虑、"空心病"等现象。大学生职业生涯规划是对大学生一生的职业长远规划的动态发展,通过加深大学生的自我认知和对个人优势的把握,整合外部环境的有利资源,并通过可靠的量表工具,评估职业倾向、能力倾向和职业价值观,帮助大学生确立正确、科学的职业目标,并不断认清自我,弥补自我缺点,发挥优势和才能,摆脱在职业生涯规划中的迷茫和困惑。

2.提高大学生职业规划意识的自觉性

随着新时代经济的飞速发展和教育水平的不断提高,除了需掌握的必要理论知识,高校大学生渴望提高实践能力、丰富眼界和培养创新意识,在相对自由的校园生活中激发自己的学习主动性和积极性,将之转化为兴趣和内在动力,也是强化大学生职业生涯规划的主要因素。大学生可通过合理安排学习知识和实践技能,丰富职业素养,提高职业诉求,明确职业目标,制订职业计划,并以自觉性和能动性促进职业生涯目标的早日实现。

3.培养大学生职业灵敏度和环境适应能力

科学的职业生涯规划影响人一生的职业生涯道路,通过正确的职业生涯规划和指导,可以帮助大学生选择正确的职业生涯方向,并在职业生涯中获得自我价值的实现。在大学生职业生涯规划的过程中,在充分了解职业目标后,需要大学生对外界环境的变化做出适应和调整,冷静客观地应对职业竞争中的压力,并对职业的变化保持高度的灵敏性,面对环境的变化和计划,不断调整自己的心态和目标,在不断学习中改正自己的缺点,达到组织的人才需求标准,完成职业生涯规划的目标。

(二)职业生涯规划的基本原则

1.人职和谐原则

人职和谐原则,就是指寻找并从事个人喜爱的、擅长的职业,使人在职业中得到更多的满足,使工作因为有了合适的人而更加出色,实现人与职业的和谐与双赢发展,更大程度地促进社会的繁荣稳定及文明进步。

2.效益最大化原则

效益最大化原则,就是指使个人单位生命能量获得尽可能大的价值或者说使个人的单位时间尽可能取得最大化的效益。这种价值和效益包含个人与社会两个方面,涉及金钱和生命意义两项内容。职业对个人而言,依然是一种谋生的手段,在谋取个人福利的同时,也创造了社会财富,为社会做出贡献。人们谋求职业时的第一动机,常常是尽可能多地获取经济利益,使个人生活幸福。效益最大化原则要求人们在不违背社会效益的基本前提下,在做职业规划时,必须认真考虑自己的预期收益,尽可能使预期效益转化为最大化的实际收益,从而实现幸福的最大化。值得注意的是,收益在很大程度上是用物质财富衡量的,但物质财富绝不是全部。

(三)职业生涯规划基本理论

1.职业生涯选择理论

(1)人职匹配理论

人职匹配理论是由帕森斯(Parsons)提出的。1908年1月13日,帕森斯创立了波士顿职业局并出版著作《选择职业》(*Choosing Career*),第一次系统概括阐述了人职匹配理论的基本定义。其核心是个体差异是世界普遍存在的一个不变定律,每一个个体生来就具备和其他个体不一样的人格特质,没有任何个体与另一个个体是相同的,其自身的独特气质也会随着外界环境不断改变。

(2)心理动力论

心理动力论(Psychodynamic approach)的理论基础出自精神分析学派。该理论以弗洛伊德个性心理分析理论为基础,结合特质–因素论等相关概念和分析技术,由此可见,心理动力论强调了人类进行职业选择的过程中都存在力图满足个体心理需求,避免心理焦虑的现象。

(3)人格类型理论

霍兰德(Holland)根据帕森斯1959年提出的特质–因素论,在此理论基础之上提出了人格类型理论,这在当时极具反响并轰动一时。在研究过程中,霍兰德大胆推测并首次将所有的职业总和归纳概括为六种典型的"工作环境"中的一种,这表明了职业的总和就是六种不同的职业性向。他根据已有的研究和发现,将劳动者的心理素质和择业倾向作为划分的主要维度,并以此将所有的社会劳动者划分为六种基本类型:实际型(Realistic type)、研究型(Investigative type)、社会型(Social type)、艺术型(Artistic type)、企业型(Enterprising type)、常规型(Conventional type)。霍兰德提出的六角模型可以解释六种兴趣类型之间的关系,帮助我们对人格特质类型与职业环境类型之间的适配性进行评估。

在霍兰德的理论中,职业性向理论实质就是劳动者的职业性向与职业类型的互相匹配、互相适应,从而得到同一类型的劳动者与职业互相结合的最佳效果,这就是霍兰德认为的最佳职业适应状态。

2.职业生涯阶段理论

个体的职业生涯贯穿整个人生的全过程,这也就表明了个体必定会面临许多的职业选择和职业道路,在任何一个选择中又有许多不同的阶段需要度过,每一次的选择意味着每一阶段的差异性,其表现为不同阶段的相同职业具有不同的职业特征和职业技能需求标准,同一阶段中不同职业又有不同的职业要求和职业素养的约束。心理学家根据人的生命周期,对职业生涯规划进行不同阶段的划分。

(1)舒伯职业生涯五阶段理论

舒伯认为人的职业发展生涯分为五个阶段。

第一个阶段:成长阶段(14~15岁)

儿童开始辨认他们周围的事物,并逐渐开始意识到自己的兴趣所在,以及和职业相关的一些最基本的技能。他们这个阶段发展的任务是:发展自我形象和对工作世界的正确态度,并了解工作的意义。

第二阶段:探索阶段(15~24岁)

青少年开始通过个人尝试一些自己感兴趣的职业活动,对自我能力及角色、职业进行探索。职业倾向趋向于某些特定的领域。

第三阶段:建立阶段(25~44岁)

个体开始尝试过选择适合自己的职业领域。这个阶段发展的任务是个体致力于工作上的稳定,大部分人处于最具创造力的时期。

第四阶段:维持阶段(45~64岁)

个体通过不断努力来获得职业生涯的发展和成就,并逐渐能在自己的领域中占有一席之地。这一阶段发展的任务是维持既有成就与地位。

第五阶段:衰退阶段(65岁以上)

由于生理及心理机能日益衰退,个人职业角色的分量逐渐减少,开始考虑退休并享受自己的晚年生活。

(2)职业循环发展理论

舒伯在后期提出,一个人一生的事业发展过程中,职业发展的五个阶段是一个循环再循环的过程。职业发展的五个阶段并不完全和年龄相关,而且各阶段时间并不存在严格的界限,可能有交叉。人生中的不同时期,都可能经历由这五个阶段构成的一个"小循环"。职业生涯发展是一个循环往复的过程。

三、职业生涯规划对大学生发展的意义

（一）生涯发展需求分析

职业生涯规划应有的三个要素分别是自我了解、了解环境和决策技术。

1.自我了解和了解环境

面对不断变化的就业形势,高校人才培养需要充分吸收和广泛运用新的科研成果和方法,提升高等教育品质。在大学生职业生涯规划中经常引入SWOT分析能够有效促进大学生培养的可持续发展,SWOT分析法又称态势分析法,S代表优势（Strength）,W代表劣势（Weakness）,O代表机会（Opportunity）,T代表威胁（Threat）。一般来说,优势和劣势属于个人自身,而机会和威胁属于外部环境（包括组织环境和社会环境）（见图6-1）。通过SWOT分析法可以把内外因素进行矩阵式排列,把各种因素相互匹配,可以得出学生就业的内部优势和劣势、外部机会和威胁,帮助学生利用优势弥补弱势,把握机遇、化解威胁。

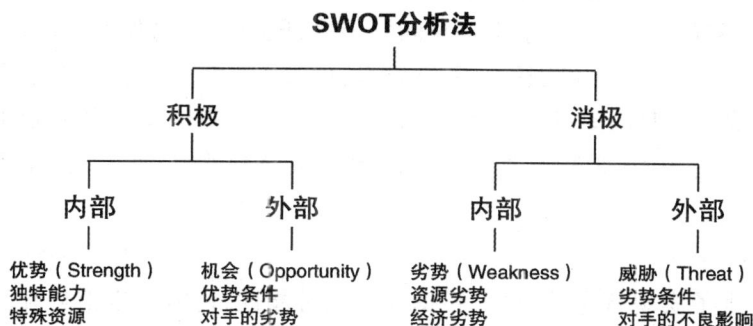

SWOT分析法

```
                      SWOT分析法
              ┌───────────────┴───────────────┐
             积极                            消极
        ┌─────┴─────┐                  ┌─────┴─────┐
       内部        外部               内部        外部
```

优势（Strength） 机会（Opportunity） 劣势（Weakness） 威胁（Threat）
独特能力 优势条件 资源劣势 劣势条件
特殊资源 对手的劣势 经济劣势 对手的不良影响

图6-1　SWOT分析法

SWOT分析理论根据高校大学生所具有的不同优势和劣势以及所面临的不同机遇和挑战,为帮助当代大学生进行职业生涯规划,SWOT分析理论提供了四种战略模式选择,分别是优势—机会策略（SO战略）、优势—风险战略（ST战略）、劣势—机会战略（WO战略）和劣势—风险战略（WT战略）。

（1）"SO"战略模式

此战略模式要善于把握内部优势,利用外部机会。"SO"战略模式是四种战略模式中最为有利的一种发展模式。处于这种战略模式下,说明自身具有很强的优势而且拥有良好外部环境,个人的职业选择会很广泛,职业前景很好。因此,这种战略模式下高校学生需要充分发挥自身优势,努力发现并能够抓住外部机遇,从而做出有利于对自身未来发展的职业选择。

（2）"WO"战略模式

此战略模式要善于巧妙利用外部机会,同时需要不断努力克服内部的自我劣势。处在这种战略模式下会发现,当外部机会来临时而自身优势却不足,难以抓住机会,错失良机,造成就业失败。因此"WO"战略模式的大学生拥有良好的外部环境,然而自身存在不足,比如缺乏就业经验等,会对顺利就业造成影响。这种情况下,高校学生应充分利用有限的条件不断丰富社会实践经验,提升自身实力,调整知识结构,努力把握外部机遇,充分依靠外部优势来弥补自身不足。

（3）"ST"战略模式

此战略模式需要个人依靠自身的内部优势,同时还要回避外部威胁。此战略模式下的高校大学生,自身拥有很好的优势,但却处于非常不利的外部环境中。因此,高校学生需要尽可能地分析出外部环境所带来的潜在威胁,尽量回避潜在的威胁。这种战略模式下的高校学生可以选择先就业再择业,在工作实践中获得宝贵的实践经验,从而使自己的专业技术知识和业务水平获得有效提升,为今后更好地发展做准备。

（4）"WT"战略模式

此战略模式需要高校学生尽可能地减少内部劣势,同时还要回避外部威胁。处在这种战略模式下的高校大学生自身问题很多,同时所处的外部环境也十分不利。面对这种情况,个人也无须气馁,更不能自暴自弃,应当对职业生涯进行积极的规划,尽量努力去克服自身的缺点和不足,同时可选择暂时回避外部可能存在的威胁,比如可考虑继续深造、出国留学、推迟就业等,等到自身优势明显、外部环境有利时再进行职业选择。

2.决策技术

决策是为了实现特定的目标,根据客观的可能性,占有一定信息和经验的基础上,借助一定工具、技巧和方法,对影响目标实现的主要因素进行分析、计算和判断优选后,对未来行动做出决定。决策要有明确的目标,要有多个备选方案,选择后的行动方案必须付诸实施。决策的基本原则有以下几个。

(1)差距、紧迫和"力及"原则(在确定决策目标时运用)

差距:现实与需要之间的差距问题。

紧迫:决策目标不但是需要解决的差距性问题,并且具有紧迫性,是影响工作的主要矛盾。

"力及":解决是力所能及的、主客观条件允许的、可实现的。

(2)瞄准和差异原则(准备备选方案时运用)

瞄准:方案必须瞄准决策目标。

差异:备选方案所采取的路线、途径和实施必须是互不相同的。

(3)"两最"、预后和时机原则(方案选优时运用)

"两最":利益最大、弊失最小和可靠性最大、风险最小。

预后：有应变性的预防措施。

时机：决策应该在信息充分或时机恰当时做出。

(4)跟踪和反馈原则(在决策实施过程中运用)

跟踪：决策实施后要随时检验查证。

反馈：决策与客观情况一旦有不适应，要及时采取措施，进行必要的修改和调整。

(5)信息原则

信息是决策的基础，所以做决策时所掌握的信息要尽可能全面。

(6)可行性原则

决策能否成功，取决于自身和环境是否成熟，科学决策不仅要考虑自身发展需要，还要考虑到外部环境和内部条件各方面是否有决策实施的可行性。

(7)满意原则

由于决策者不可能掌握很充分的信息和做出十分准确的预测，对未来的情况也不能完全肯定，因此，决策者不必追求做出最优化决策，选择相对满意的决策即可。

(二)职业生涯规划对大学生的意义

1.增进自我了解

通过有效的职业生涯规划，可以使大学生认识到自身的个性特质、现有和潜在的资源优势；对自己的综合优势和劣势进行对比分析，着力培养某些职业特质；比较客观地评估自己的个人目标与现实之间的距离，运用科学的方法、采取切实可行的步骤和措施，不断增强职业竞争能力，实现自己的职业目标与理想。

2.促进潜能开发

通过职业生涯规划和实践锻炼，能够激发学生的内驱力，使每一个学生先天获得的遗传素质得到充分发展，获得当今社会所需要的各种品质；使某些本来不具备的素质或在心理和能力上有不足的方面得到弥补和完善；使每个学生不同的认知特征、不同的兴趣爱好、不同的动机需要、不同的价值取向和不同的创造潜能得到尊重和体现，个性得以发展，各方面的潜能得到开发。

3.适应社会需要

21世纪，人们的职业视角逐步转移到重视未来、强调发展、缔造有意义的人生上来。开展职业生涯规划，能够帮助学生学会学习、学会做事、学会共同生活、学会发展自我、学会正确处理个人和社会的关系，在社会中寻找个人恰当的位置，最终实现终身学习社会所要求的人的发展目标。

4.实现个体价值

通过职业生涯规划的开发与管理，可以帮助人们通过获得合理的报酬来满足衣、食、住、行等基本的需要。在此基础上，通过提高需求层次，获得别人的赞赏、尊重，获得地位、荣誉，实现人生价值。

第二节　大学生职业生涯规划的心理问题

一、大学生职业生涯规划的心理发展过程

当前很多高校只是在毕业前夕对大学生进行短暂的就业指导,没有详尽的大学生职业规划方案,或局限于关注毕业生在就业合同等方面的困惑,有可能导致学生的就业发展不如人意。大学生从进入大学校园到毕业,在不同学习阶段对职业生涯问题有着不同的思考和认识,他们的职业生涯心理也在不断变化,并表现出不同的特点。这与他们所受的教育过程的阶段性相吻合。大学生的职业生涯心理也表现出一定的阶段性,主要有以下三个阶段。

(一)大学早期的职业生涯心理

进入大学校门以后,随着对未来生活的向往,职业生涯规划会在大学生的内心深处渐渐萌生。一般情况下,大学初期他们往往会关注本专业的就业前景,甚至在他们选择专业时,就已受到未来职业发展的影响,学生们总是愿意选择就业前景较好的专业。大学生根据自己的意愿和家长的期望选定了专业方向,期望用自己的一技之长,在喜爱的领域有所作为、有所成就,从而实现自己的人生价值。但当客观现实与本人的心理期望形成反差时,又不得不重新思考,认识自己、分析现实,寻求理想自我和现实自我的统一。由于这时距实际就业时间还远,加之处于大学生活的适应期,其心理特征表现为对未来就业的担心和期望,尤其是对所学专业发展前景的关注。这一阶段大学生职业生涯心理开始萌芽并逐步形成。

(二)大学中期的职业生涯心理

经过一个学期或是更长时间的学习、生活实践,大部分学生的情绪趋于稳定,这是大学生按照专业培养目标全面塑造自己的开始。专业知识的积累更明确了大学生的兴趣、方向,更激发了大学生服务人类、贡献社会的信念。社会活动的增加,交际范围的扩大,使大学生学会了如何适应环境,在各方面严格要求自己,努力学习,开发智力。在这个阶段,大学生的就业心理得到巩固和发展。

(三)毕业时期的职业生涯心理

在这个阶段,大学生关心的是怎样才能使自己学有所成,最大限度地使自己的价值得以体现,多数大学生会根据自身的特点和优势,积极投身于求职择业的实践中

去,在实践中检验自己的能力,更加全面地了解自己、锻炼自己、完善自己,寻找理想的职业。这时大学生的职业生涯心理趋于稳定和成熟。

大学生在大学四年期间分别制定早期、中期、毕业期的职业规划,使就业生涯更为明朗化,且更具备主动性,在做职业发展规划时不过分依赖教师、辅导员等他人的建议,应紧跟形势发展并结合自身特点进行规划。

二、大学生职业生涯规划一般心理问题

(一)焦虑心理

就业焦虑是指毕业生在落实工作之前表现出来的焦虑不安。个体对多种生活环境的担忧或对现实危险性的错误认识直接导致了焦虑。美国心理学家贝克的研究表明:焦虑水平与对伤害的不现实期望和幻想有关,所期望和幻想的伤害越严重,焦虑水平就越高。大学毕业生若个人自我定位不当,面对就业时就会遭受挫折,精神就会处于一种焦虑状态。有的毕业生认为社会是复杂多变的,进入社会后无论从事何种职业都必须面对复杂的人际关系,而这些人际关系是他们在大学生活中少有接触的。他们认为大学校园是一块净土,踏出这块净土,失去了它的庇护,便没有勇气去面对所谓深不可测、复杂多变的社会。大学毕业生的这种过度或持久的焦虑体验,形成就业焦虑心理,严重影响了正常的生活和就业。

(二)自卑心理

自卑是一个人对自己的不满、鄙视等否定的情感,是对个体的得失、荣辱过于强烈的一种心理体验。具体表现为不喜欢自己、讨厌自己的缺点,常常抱怨和责备自己,希望自己变成另外一种人。当这种自卑心理严重时就可能发展为自暴自弃,甚至失去生活乐趣。学生刚进入大学时都较为自信,然而在日后与同学的比较中发现自己无论在能力、成绩以及特长、素质等方面都很一般,甚至不少方面落后于优秀学生时,强烈的自卑感就会严重地困扰他们,在就业时他们受当前就业环境中不良因素的影响,面对招聘过程中出现的各种苛刻条件和问题,不是以积极的态度去争取,而是悲观地认为自己不如人,以消极的态度面对,在求职择业过程中缺少必要的主动性,往往与许多适当的机会失之交臂。久而久之,就会形成自卑保守型心理,不敢正面对待就业问题,在激烈的竞争面前不战而败。

(三)抑郁心理

抑郁是指在长期持续的精神刺激因素作用下产生的一种以情绪低沉、忧郁、沮丧、自责、压抑为主要表现的精神状态。这种心理一般是由于就业困难及理想与现实的差距较大等因素的长期困扰而产生的。同时由于抑郁的心理又阻碍了其正常的就

业，由此产生的挫败感又将加深抑郁，如此恶性循环长期持续就会产生反应性抑郁症。尤其大学生频频向其向往的单位投递求职材料，但往往得不到回复，在漫长的等待中，在希望与失望之间，情绪低落，心情紧张而压抑，有的甚至对求职失去了信心。此类心理问题更增加了他们就业的难度。

（四）盲目心理

在求职择业过程中，大学生在面对社会上各种各样的人才招聘会和求职择业过程中千头万绪的事情，心情浮躁不安。他们对于选择继续学习、先就业再调整择业、找不到合适的工作拒绝就业、是选择专业对口的单位还是挑选单位的地理位置等问题感到困扰、混乱，很容易没有主见、盲目从众、心态浮躁，最终可能错失顺利升学或就业的机会。

（五）不满情绪

大学生在面临毕业时，很可能对周遭的人或事物产生不满情绪，比如对自己所在的学校、省市、就业管理政策户籍限制等不满，对家庭成员的指导干涉或家庭条件的限制等不满，对招聘信息中就业机会不平等不满等。这种不满情绪根据个体关注点及实际情况而所有不同。

三、大学生职业生涯规划心理问题成因

大学生择业过程中产生心理偏差的原因既与社会因素、学校因素、家庭因素有关联，也与学生的个性特点密切相关。

（一）客观因素

1.家庭因素的影响

家庭教育尤其是家庭的期望对一个人的成长和发展具有重要影响。以父母价值观念为主导的家庭对子女就业选择往往抱有一种特定期望，深刻影响学生心理活动和价值判断。

2.学校因素的影响

大学生群体中心理健康教育是素质教育的重要组成部分，是培养高质量人才的重要环节。长期以来，由于人们对心理健康教育认识不足，忽视心理健康教育的重要地位，只注重知识、技能的传授，轻视心理品质的培养，造成了学生心理畸形发展，特别是部分大学生心理变态发展。

3.社会因素的影响

大学生就业制度改革现在仍处于过渡时期。毕业生就业体制本身存在一些局限，不利于调动各方面的积极性。比如，社会舆论尚未形成有利于毕业生就业的导

向,人才"高消费"现象比较普遍等。

(二)主观因素

1.对现实过于理想化

大学生富于理想和幻想,对未来充满憧憬。但是,在实现理想的过程中,他们对学习、工作、生活的条件和环境及人际关系常常提出过高的要求,忽略客观条件的限制,期望一切都是现成的和顺利的。一旦在现实中遇到一些挫折,就大失所望,导致内心压力过大,心理失去平衡。

2.自我意识不稳定

大学生自我评价能力不足,缺乏社会经验,容易产生自我评价的偏差,自视过高,不能正确估价自己的能力。一旦他们发现现实生活的我并不是理想中的我时,便会产生心理上的不安和焦虑。

3.应对策略与能力欠缺

很大一部分学生对生活事件的应对策略与生活对他们的要求很不相称。当他们遇到某些事情难以处理时,虽然能够对自己的心理变化过程及内外原因进行一番分析,但这种策略和能力方面的限制使他们不能有效地处理各种生活事件,不能积极地面对各种压力,不能很快恢复自己的身心平衡,而是经常处于一种紧张的应激状态,容易产生消极依赖的心理偏差。

第三节 大学生择业心理偏差调适

一、大学生择业心理偏差

(一)盲目攀比

很多大学毕业生在选择就业单位时,往往是拿自己周围同学的就业标准来定位自己的就业标准,这是妨碍求职就业的一种不健康的心理状态。在这种心理作用下,即使某单位非常适合自身发展,但因某方面不及同学选择的就业单位,就不从发挥自身优势的角度出发,不考虑自己的竞争能力,甚至不考虑自己的专长爱好。他们选择职业并非心甘情愿而是为了面子,这样不利于自身价值的实现和长远发展,最终在择业中容易受挫。

（二）患得患失

具有理想化趋向的大学生在就业过程中还会出现患得患失、决策犹豫心理,苛刻追求最满意的结果,且很有可能在毕业关头手忙脚乱,从而与就业机会失之交臂。

（三）从众

随着社会把经济价值作为体现和衡量个人价值的过分积极的评价标准,很容易导致大学生忽视自身的个体特异性与自我的创造性,形成价值取向上的从众心理。在就业问题上表现为愿意去大城市、大公司或公务员岗位等而忽略自身价值和自我需求。这其实是一种从众心理的表现。

（四）依赖

在择业中,部分大学生对自己缺乏清晰的认识,择业信心不足,择业依赖父母、依赖社会关系、依赖学校和老师。这是一种缺乏自我选择决断能力的表现,大学生不能积极主动地去竞争和营销自己。依赖现象普遍存在,往往源自自卑心理。较重的自卑心理会导致大学生在与人交往中不自觉地把自己放在配角位置,心甘情愿地接受别人的支配。大学生在成长过程中难免有既想摆脱父母的掌控,又觉得面临困难问题时无力独自解决的矛盾。

（五）不平衡

部分大学生或因自身综合素质和能力不足,或因时机把握不准而找不到理想的工作单位,但这些大学生往往不正确归因而怨天尤人,从而产生不平衡心理。这种心理往往导致一些大学毕业生对社会、对人生产生偏颇看法。

二、就业心理准备

对初次择业的大学生来说,除了必须了解自身的性格、气质、兴趣、知识、能力等各方面条件,对自己有一个实事求是的评价外,还要根据择业的现实需要,积极调整自己的心态,从以下三个方面做好择业的心理准备。

（一）正确认识当前就业形势,调整择业期望值

据国际劳工组织的研究报告显示:全世界30亿经济活动人口中,失业人口有1亿~5亿,不充分就业人口有7亿~9亿,中国的就业形势同样严峻。首先,高校连续几年的扩招,增幅较大,势必造成高校毕业生高存量、高膨胀,给高校毕业生就业带来新的压力和难度,使我国人力资源在出现就业机会增多的同时,就业的难度增大。其次,国内产业结构总体不平衡。主要表现为:一是地理不平衡性。地区各种因素差异明显决定着我国的就业形势在不同地区的差异性,人才需求也因而显现出一定的地

区差异。二是结构性矛盾突出。不同学科、不同专业的就业乐观程度差异明显。

上述新形势、新情况对面临就业的大学生来讲,毫无疑问既增加了就业的难度,又使他们面临难得的机遇。正视社会现实是大学生择业必备的健康心态之一。目前,随着知识经济时代的到来,社会越来越尊重知识、尊重人才,而毕业生就业制度的改革,就业对人才吸引政策的深化,使社会将尽可能地为大学生求职择业提供较好的环境,职业选择的机会将大大增加,这必定为大学生施展自己的才能提供广阔的天地,有利于大学生自身的发展与成才。所以,大学生要从实际出发,更新择业观念,在求职过程中,适时调整择业期望值。

(二)做好就业准备,顺利实现角色转换

高考使高中生转变为大学生,脱离家庭,开始独立生活,在这一时期,他们所扮演的社会角色发生了转变。而同样从大学毕业到择业再到就业这一阶段,大学生所扮演的社会角色也需要发生变化。角色转换是艰苦长期的过程,需要坚持不懈的努力,学生角色与职业角色有明显差异,一个是受教育、掌握本领,并仍接受父母经济供给和资助,逐步完善自己;另一个却是需要通过参加具体的工作为社会付出,为自己的行为承担责任,并取得相应的报酬,使自己可以不再依靠父母而有经济来源进行独立生活。大学生即将进入社会,开始独立的生活,就不能像学生时期一样一直依靠父母经济供给,应正视自己已经是一个独立的个体,要对自己的行为负责。人处于不同的社会地位,从事不同的社会职业,都需扮演不同的社会角色,从学生到职业人士是一次重要的角色转换。有些大学生由于家里的经济条件太过优越,从小娇生惯养,致使他们无法适应社会,无法脱离学生角色,对自身的心理造成一定程度的影响。对于面临择业的大学生而言,应该以一个职业人士的标准来要求自己,热爱自己的本职工作,虚心学习以提高工作能力,培养独到见解并勇挑工作重担以锻炼自己,走上工作岗位后,大学生将成为社会认可的具有独立资格的社会人。因此,大学生应尽快适应角色的转换。

(三)加强自身素质训练,提高承受挫折的能力

大学生择业体现了市场经济的竞争法则,求职实质上是一个竞争上岗的过程,要在自身的能力上不断提高。实力是求职成功的资本,是大学期间自身努力的结果,包括学习成绩、工作能力、社交能力、处事能力等。大学生既要勇于竞争,还要善于竞争,掌握竞争的方法和策略,成功地推销自己。然而,面对市场竞争、就业压力,大学生的求职总会遇到许多困难、挫折甚至是委屈,如有些专业"热门"、有些则"冷门",女大学生找工作容易受到歧视等。首先,在就业市场化、需求形势不佳、就业竞争激烈的条件下,求职失败是在所难免的,不能期望自己每次求职都能成功。要对可能出现的求职挫折有充分的心理准备。其次,自己求职失败并不一定就是因为自己的能力

不行。出现求职失败有许多原因,可能是因为你选择求职的方向不对、价值观与企业文化不符等因素。其实就业的过程也是大学生重新认识自己、认识社会,并主动调整自我、适应社会的过程。

(四)客观评价自己,积极寻求机遇

每个个体都应该有客观和正确的自我效能感,这样才能在求职中抓住机遇,避免盲目和减少失败。目标适当,从自己的人格特质、职业兴趣等来制订求职计划,明确目标。剖析潜意识需求,对职业的发展有长远分析,在激烈的职业竞争中掌握主动权,避免被周围的环境影响。

三、心理偏差调适

(一)自我激励法

在大学生不断择业的过程中,个体乐观和悲观人格会产生很大的影响。自我激励是指个体具有不需要外界奖励或惩罚作为激励手段,能为设定的目标去努力的一种心理特征。用生活中的榜样事迹或明智的思想来不断激励自己,寻求挑战,树立自己的远景目标,防止倒在自己的舒适区,即使遇到意外事件出现择业受挫,也要鼓励自己不要惊慌失措、冲动、急躁,而是开动脑筋、冷静思考、寻找对策。自我激励法能帮助个体把握好情绪,迎接恐惧,直面困难,找出自身情绪高涨期来不断激励自己,在情绪低落时放松调整自己,做好计划的调整。大学生在择业过程中,要相信自己的实力,通过自我激励,增强自信心,消除自卑感,保持良好的情绪和心态。

(二)注意转移法

注意转移法即把注意力从消极情绪转移到积极情绪上。当不良情绪出现时,可以采取转移注意力的方法寻找一个新颖的刺激,采取迂回的办法,把自己的感情和精力转移到其他活动中去,激活新的兴奋中心以抵消或冲淡原来的兴奋中心,使不良情绪逐渐消失。例如听音乐、参加体育运动、进行自我娱乐、感受大自然、参加有兴趣的活动等,使自己没有时间沉浸在因各种原因引起的不良情绪反应中,这种暂时回避的方式能够有效地缓解不良情绪,以求得心理平稳。

(三)适度宣泄法

当遇到各种矛盾冲突引起不良情绪时,应尽早进行调整或适度宣泄,使压抑的心境得到缓解和改善。切忌把不良心情埋藏于心底,忧患隐藏得越久,受到的伤害就越大。宣泄的较好方法是向你的密友、师长倾诉你的忧愁、苦闷,使不良情绪得到疏导,在倾诉烦恼的过程中,可以获得更多的情感支持和理解,获得认识和解决问题的新思

路,增强克服困难的信心。也可通过打球、爬山等运动量较大的活动,消除压抑心理恢复心理平衡,但应注意场合、身份、气氛适度,宣泄应是无破坏性的,也可以通过书写宣泄,就是通过写信、日记、绘画等形式发泄自己的不满,将自己的不良情绪记录下来,等到心情平复之后,可以拿出来看一看,总结其中的挫折经验,更好地控制自己的情绪。一般来说,受挫时由于负面情绪的干扰,个体容易变得思维狭窄、固执、偏激、缺乏对行为后果的预见性,应通过适度宣泄,放松情绪,恢复正常认知。

(四)自我安慰法

自我安慰法又称为自我慰藉法,关键是自我忍耐。在择业中大学生常常会遇到挫折,当经过主观努力仍无法改变时,可适当地进行自我安慰,说服自己适当让步,不必苛求自己,承认现实,以缓解动机的矛盾冲突,解除焦虑、抑郁、烦恼和失望情绪,这样有助于保持心理稳定。在因受挫折而情绪困扰时,可用"亡羊补牢,犹未为晚""塞翁失马,焉知非福"等话语来自我安慰、解脱烦恼。

(五)合理情绪疗法

合理情绪疗法认为,人们的情绪困扰是由于不正确的认知即不合理信念所造成的,因此,通过认知纠正,以合理的思维方式代替不合理的思维方式,就可以最大限度地减少不合理信念给人们的情绪带来的不良影响。例如,有的大学生因择业不顺利而怨天尤人,认为"人才市场提供的岗位太少""用人单位要求太高",其原因就在于他只从客观上找原因,认为"大学生择业应当是顺利的""社会应该为大学生提供充足的岗位",等等。正是由于这些不正确的认知信念,造成了他的不良情绪,而这种不良情绪恰恰来自他自己。所以,如果能改变这些不合理的观念,调整认知结构,不良情绪就能得到克服。

大学生运用合理情绪疗法时要把握三点:第一,要认识到不良情绪不是源于外界,而是由于自己的非理性信念所造成的;第二,情绪困扰得不到缓解是因为自己仍保持过去的非理性信念;第三,只有改变自己的非理性信念,才能消除情绪困扰。自我调适的方法还有很多,如环境调节法、自我静思法、广交朋友法、松弛练习法、幽默疗法等。

总之,在择业求职过程中,大学生应提高自我调适的自觉性,立足于自身的努力使自己保持一种良好的心态。同时,社会、学校和家庭各方面也应提供热忱的关注和积极的引导,帮助学生面对现实,排除心理困扰,缓解不必要的心理压力,促使他们尽快实现角色转换,顺利走向工作岗位。

思考与训练

【分析与讨论】

1.价值观探索

在你的生命历程中,影响最深的事情有哪些? 你最想做的事情是什么? 完成下面10个句子,看看你内心的答案。

(1)如果我有1000万元,我会(　　　　　　　　　　)

(2)我最欣赏的一个理念是(　　　　　　　　　　)

(3)在这个世界上,我最想改变的是(　　　　　　　　　　)

(4)我一生中最想要的是(　　　　　　　　　　)

(5)我最关心的是(　　　　　　　　　　)

(6)我幻想最多的是(　　　　　　　　　　)

(7)我生命中最大的喜悦是(　　　　　　　　　　)

(8)我父母最希望我能(　　　　　　　　　　)

(9)我认为我自己是(　　　　　　　　　　)

(10)熟悉我的人认为我是(　　　　　　　　　　)

2.课堂讨论

完成上面的10个句子,你更加明确自己的职业价值观了吗? 请分享你的感受。

讨论步骤与要求:

(1)每个人先在白纸上把自己详细的观点和看法逐条写出来。

(2)分组讨论:6~8人组成一个小组,小组成员之间先讨论,然后形成一致认可的文字材料。

(3)课堂讨论:每组选派一名学生,代表小组发言。

【心理测试】

霍兰德职业兴趣测试

测试说明:本问卷共90道题目,每道题目是一个陈述,请根据自己的真实情况对这些陈述进行评价,符合实际情况就在相应的题目前打"√",否则打"×"。

1.强壮而敏捷的身体对我很重要。

2.我必须彻底了解事情的真相。

3.我的心情受音乐、色彩和美丽事物的影响极大。

4.和他人的关系丰富了我的生命并使它有意义。

5.我自信会成功。

6.我做事必须有清楚的指引。

7.我擅长于自己制作、修理东西。

8.我可以花很长的时间去想通事情的道理。

9.我重视美丽的环境。

10.我愿意花时间帮别人解决个人危机。

11.我喜欢竞争。

12.我在开始一个计划前会花很多时间去计划。

13.我喜欢使用双手做事。

14.探索新构思使我满意。

15.我通过寻求新方法来发挥我的创造力。

16.我认为能把自己的焦虑和别人分担是很重要的。

17.成为群体中的关键任务执行者对我很重要。

18.我对于自己能重视工作中的所有细节感到骄傲。

19.我不在乎工作把手弄脏。

20.我认为教育是个发展及磨炼脑力的终身学习过程。

21.我喜欢非正式的穿着,尝试新颜色和款式。

22.我常能体会到某人想要和他人沟通的需要。

23.我喜欢帮助别人不断改进。

24.我在决策时通常不愿冒险。

25.我喜欢购买小零件做成成品。

26.有时我长时间阅读,玩拼图游戏,冥想生命本质。

27.我有很强的想象力。

28.我喜欢帮助别人发挥天赋和才能。

29.我喜欢监督事情直至完工。

30.如果我面对一个新情景,会在事前做充分的准备。

31.我喜欢独立完成一项任务。

32.我渴望阅读或思考任何可以引发我好奇心的东西。

33.我喜欢尝试创新的概念。

34.如果我和别人摩擦,我会不断尝试化干戈为玉帛。

35.要成功就必须定高目标。

36.我喜欢为重大决策负责。

37.我喜欢直言不讳,不喜欢拐弯抹角。

38.我在解决问题前,必须把问题进行彻底分析。

39.我喜欢重新布置我的环境,使其与众不同。

40.我经常借着和别人交谈来解决自己的问题。

41. 我常想起草一个计划,而由别人完成细节。

42. 准时对我来说非常重要。

43. 从事户外活动令我神清气爽。

44. 我不断地问为什么。

45. 我喜欢自己的工作能够抒发我的情绪和感觉。

46. 我喜欢帮助别人找可以和他人相互关注的办法。

47. 能够参与重大决策是件令人兴奋的事情。

48. 我经常保持清洁,喜欢有条不紊。

49. 我喜欢周边环境简单而实际。

50. 我会不断地思索一个问题,直到找出答案为止。

51. 大自然的美深深地触动我的灵魂。

52. 亲密的人际关系对我很重要。

53. 升迁和进步对我极重要。

54. 当我把每日工作计划好时,我会较有安全感。

55. 我不害怕过重的工作负荷,且知道工作的重点。

56. 我喜欢能使我思考、给我新观念的书。

57. 我希望能看到艺术表演、戏剧及好的电影。

58. 我对别人的情绪低潮相当敏感。

59. 能影响别人使我感到兴奋。

60. 当我答应一件事时,我会竭尽监督所有细节。

61. 我希望粗重的肢体工作不会伤害任何人。

62. 我希望能学习所有使我感兴趣的科目。

63. 我希望能做些与众不同的事。

64. 我对别人的困难乐于伸出援手。

65. 我愿意冒一点儿险以求进步。

66. 当我遵循成规时,我感到安全。

67. 我选车时,最先注意的是好的引擎。

68. 我喜欢能刺激我思考的话。

69. 当我从事创造性的事时,我会忘掉一切旧经验。

70. 我对社会上有许多人需要帮助感到关注。

71. 说服别人依计划行事是件有趣的事情。

72. 我擅长检查细节。

73. 我通常知道如何应付紧急事件。

74. 阅读新发现的书是件令人兴奋的事情。

75. 我喜欢美丽、不平凡的东西。

76.我经常关心孤独、不友善的人。

77.我喜欢讨价还价。

78.我花钱时小心翼翼。

79.我用运动来保持强壮的身体。

80.我经常对大自然的奥秘感到好奇。

81.尝试不平凡的新事物是件相当有趣的事情。

82.当别人向我诉说他的困难时,我是个好听众。

83.做事失败了,我会继续努力。

84.我需要确切地知道别人对我的要求是什么。

85.我喜欢把东西拆开,看看能否修理它们。

86.我喜欢研读所有的事实,再有逻辑地做出决定。

87.没有美丽事物的生活,对我而言是不可思议的。

88.人们经常告诉我他们的问题。

89.我常能借着资讯网络和别人取得联系。

90.小心谨慎地完成一件事是件有成就感的事情。

评分标准

现实型		研究型		艺术型		社会型		企业型		常规型	
1		2		3		4		5		6	
7		8		9		10		11		12	
13		14		15		16		17		18	
19		20		21		22		23		24	
25		26		27		28		29		30	
31		32		33		34		35		36	
37		38		39		40		41		42	
43		44		45		46		47		48	
49		50		51		52		53		54	
55		56		57		58		59		60	
61		62		63		64		65		66	
67		68		69		70		71		72	
73		74		75		76		77		78	
79		80		81		82		83		84	
85		86		87		88		89		90	

请算出每种类型打"√"的数目,并填在下面:

现实型 ＿＿＿ 研究型 ＿＿＿ 艺术型 ＿＿＿ 社会型 ＿＿＿ 企业型 ＿＿＿ 常规型 ＿＿＿

将上述分数从高到低依次排好,并填在下面:

第一位 ＿＿ 第二位 ＿＿＿ 第三位 ＿＿＿ 第四位 ＿＿＿ 第五位 ＿＿＿ 第六位 ＿＿＿

结果解释

结果	解释
艺术型(A)	喜欢艺术性的工作,如音乐、舞蹈、唱歌、演员、艺术家、美术家、音乐家、设计师、编辑、作家和文艺评论家等。这种取向类型的人往往具有某些艺术上的技能,喜欢创造性的工作,富于想象力。这类人通常喜欢同观念而不是事务打交道的工作。他们较开放、好想象、独立、有创造性
传统型(C)	喜欢传统性的工作,如秘书、办事员,以及测算办公室人员、接待员、文件档案管理员、秘书、打字员、会计、出纳员等。这种人有很好的数字和计算能力,喜欢室内工作,乐于整理、安排事务。他们往往喜欢同文字、数字打交道的工作,比较顺从、务实、细心、节俭、做事利索、很有条理性、有耐性
企业型(E)	喜欢诸如推销、服务、管理、企事业领导、经理、商业主任、销售员和人寿保险员等工作。这类人通常具有领导才能和口才,对金钱和权力感兴趣,喜欢影响、控制别人。这种人喜欢同人和观念而不是事务打交道的工作。他们爱户外交际、冒险、精力充沛、乐观、和蔼、细心、有远大抱负
研究型(I)	喜欢各种研究型工作,如实验室研究员、医师、产品检验员、数学、物理学、化学、生物学等自然科学研究者和图书馆技师、计算机程序编制等和电子技术工作者等。这类人通常具有较高的数学和科研能力,喜欢独立工作,喜欢解决问题;喜欢同观念而不是人或事务打交道。他们逻辑性强、好奇、聪明、仔细、独立、安详、俭朴
现实型(R)	喜欢现实性的实在的工作,如机械维修、木匠活、烹饪、电气技术、管子工、电工、机械工、摄影师、制图员等,也称"体能取向""机械取向"。这类人通常具有机械技能和体力,喜欢户外工作,乐于使用各种工具和机器设备。这种人喜欢同事务而不是人打交道的工作。他们真诚、谦逊、敏感、务实、朴素、节俭、腼腆
社会型(S)	喜欢社会交往性工作,如教师、教育行政人员、社会学家、社会工作者、咨询顾问、护士等。这类人通常喜欢周围有别人存在,对别人的事很有兴趣,乐于帮助别人解决难题。这种人喜欢与人而不是事务打交道的工作。他们助人为乐、有责任心、热情、善于合作、富于理想、友好、善良、慷慨、耐心

【心理训练】

生涯畅游

训练目的:

帮助参与者对未来职业激发热情、兴趣、幻想。

训练内容：

1.每人准备一只眼罩,跟随指导语进行冥想。

2.(请戴上眼罩)现在假设你即将踏上一列开往未来的列车,这辆列车将穿过时光隧道到达你理想的未来……现在列车到达的第一站是距离现在3年以后的某年某月某日上午几点。好的,现在请你想象一下这个时候你在哪里,你在做什么,周围环境如何,你的心情如何,(请摘下眼罩)请简单记录下来。

3.(请戴上眼罩)现在列车到达的第二站是距离现在5年以后的某年某月某日上午几点。好的,现在请你想象一下这个时候你在哪里,你在做什么,周围环境如何,你的心情如何,(请摘下眼罩)请简单记录下来。

4.(请戴上眼罩)现在列车到达的第三站是距离现在10年以后的某年某月某日上午几点。好的,现在请你想象一下这个时候你在哪里,你在做什么,周围环境如何,你的心情如何,(请摘下眼罩)请简单记录下来。

5.冥想之后分享个人心得。

第七章　珍爱生命

　　人的生命能来到这个世界，本身就是奇迹。母亲卵巢里的50万个卵子每个月只有一个被排出，每个卵子只有24小时的生命，如果24小时内父亲的精子没有进入卵子，卵子就会死亡。想要竞争这个机会的精子有4亿个之多，但是一路上的关卡考验层出不穷，只有最迅速、最强大的才能拼搏到最后。精子为了在24小时内赶到，竭尽全力，但是有的体力不支，有的选择放弃，有的献出了生命，有的迷失了方向。能够到达卵子附近的精子，从最初的4亿个剩下了100个。最后一场考验是必须穿破卵子壁才能开始孕育生命。最终只有一个最强壮、最有生命力的精子成功与卵子合为一体，在母亲的子宫中经过约280天的孕育分娩而出，成为一个独立的生命个体。可以说，我们每个人的诞生，都是一个极小概率的事件，我们曾在人生开启之前的一场战役中全面胜出——这是生命的奇迹。

　　卡耐基曾说："你应庆幸自己是世上独一无二的，应该把自己的禀赋发挥出来。经验、环境和遗传造就了你的面目，无论是好是坏，你都得耕耘自己的园地；无论是好是坏，你都得弹起生命中的琴弦。"生命的诞生是伟大的奇迹，生命是人生的载体，生命是无价之宝，生命只有一次。无论是达官贵人还是平民百姓，生命一旦消逝就再也无法挽回。人的生命是一段不可重复的单向旅程。这段旅程让每个人经历了初生的无知、少年的天真、青年的冲动、中年的成熟、老年的沧桑，不论哪个阶段都具有独特的色彩。我们要好好把握生命，让自己的人生旅途流光溢彩。

第一节 探索生命的意义

一、生命意义是什么

生命意义这一概念很难用统一的标准来界定。从宏观的视角来看,人在世界上存活的时间是有限的,人类作为一个整体,其存在期间有300多万年,在宇宙诞生至今130多亿年的时间长河中显得那么渺小。由此引发了最初对生命意义的追问——"人类为何存在、生命本身的价值是什么?"美国存在主义心理学家亚隆将哲学这一层次的生命意义称为生命的"宇宙意义",重在回答人类或者生命作为一个整体的意义。而心理学上生命意义的概念则是从生命个体的角度来理解每个个体的生命价值是什么。

美国心理学家斯特格认为生命意义是联系、理解和解释的网络,它可以帮助我们理解我们的经历;引导我们制订计划去实现我们期望的未来;让我们意识到我们的生命是重要的,是有价值的,它们不仅仅是我们每一秒、每一天、每一年的总和。具体来说,强调了以下三个方面:

(1)一致性,即我们是否可以用一种可预测和一致的方式理解自己的存在、经历以及外在世界。我们的生活中发生了什么? 我生活的世界为什么是这样的? 我今天为什么会来到这里,我在这里做什么? 我做这些事情为了什么? 也就是说,每个人出生在一个什么样的家庭,是怎样走到今天这个地方,成了一个怎样的自己,将来又会怎样? 这一连串的问题是一脉相承的,它们一起构成了一个人独特而连贯的人生轨迹。

(2)目标性,强调我们对生活中有价值的目标和理想的追求,这些目标和理想是指向未来的,是根据个人的世界观和人生取向来决定的,给我们的生活指明了方向和动力,同时也对我们当前的行动产生重要影响。这一维度涉及如下问题:生活对我有什么要求? 我要如何度过这一生? 对我来说,生活中真正重要的是什么?

(3)重要性,强调的是我们对自己生命价值的评估,即我的生命或生活有价值吗? 什么样的生命或生活才是有价值的、值得过的? 我们可以从以下两个角度来理解重要性:一个是个人与他人关系的角度,即:"我重要吗?""其他人在乎我吗?""如果我离开会有人想念我吗?"如果答案是肯定的,那么表明你在生活中能够感知和体验到与他人的情感联结和归属感；另一个是从个人贡献的角度来思考："我所做的事情对他人、对社会是有益的、有贡献的吗？""我会给这个世界留下什么？"

也就是说，当一个人说自己的生活是有意义的，就意味着：第一，这个人对自己、对自己所做的事，以及自己存在的这个世界有一种可理解、可预测的感觉，而不是感觉到混乱和不安；第二，这个人有指向未来的目标和理想，并会为此充满激情、投入行动；第三，这个人会感觉到自己的生命是值得存在的。显然，每个人在描述生命意义时所指向的内容都是不同的。那么，当你在思考生命意义的时候，你所在意的是生命意义的哪一部分呢？

二、生命意义在哪里

你认为生命意义是存在的吗？如果存在，那么在你看来，什么样的生活可以被称之为是有意义的呢？你的生活中存在这样的标准和规范吗？如果生命意义本身就是不存在的，那么对你来说，又该如何在这无意义的世界中自处呢？

（一）人的存在就是意义

有的人或许会认同这样的观点：存在本身就是有意义的。从生命存在的角度来看，我们每个人来到这个世界是一个极小概率的事件，是一个奇迹。每一个生命都是来之不易、独一无二、不可再现的，生命存在本身就是有价值、有意义的。尤其是在以血缘为纽带的关系中，一个人的存在就是价值。一旦失去，就会让人体验到丧亲之痛，而且永远无法弥补。存在主义哲学强调每个个体都是在存在的过程中创造他自己的生命意义。美籍奥地利裔心理学家维克多·弗兰克尔认为，终极意义和目标已经先于个体存在于这个世界上，但这种抽象的意义并不重要，重要的是每个人需要承担起责任去发现属于自己的人生意义。所以生命意义是否已然存在并不重要，重要的是在人生经历和生命过程中通过自己的选择和行动去寻找、发现和构建自己生命的意义。我们每个人存在的过程便是人生意义之所在，你能否在你的存在中看到属于你的生命意义？

拓展阅读 **人物介绍**

维克多·弗兰克尔(1905—1997)是美籍奥地利裔临床心理学家，维也纳第三心理治疗学派——意义治疗与存在主义分析的创办人。弗兰克尔在心理学上的贡献，主要在于他靠自身体验所创的意义治疗。所谓意义治疗，是指协助患者从生活中领悟自己生命的意义，借以改变其人生观，进而面对现实，积极乐观地活下去，努力追求生命的意义。意义治疗的本质是一种存在分析方法。它与精神分析的不同之处，是它站在一种更广阔的视野,立足于人性问题,深入探讨人生问题,通过人生问题的诊断,使治疗对象获得人生的意义。著作有《活出生命的意义》《意义的意愿》《无意识的上帝》《听不见的要求——意义的呼声》等。

(二)需求的满足就是意义

也许有人会认为过得快乐,各种需要可以被满足就是意义。或许我们需要更进一步思考,什么样的快乐在你眼中是有意义的? 满足什么样的需要才能让你体验到生命的意义,是物欲生活还是精神需求?

我们的各种需要会激发我们在生活中去寻求意义,在不断满足需要的过程中,我们就能活得有意义。美国心理学家鲍迈斯特总结并概括了生命意义的四项基本需求:(1)目的需求。人们在生活中需要目标感,当我们了解自己做事的动机和希望获得的结果时,我们可以感知到当前活动的意义。(2)价值需求。我们希望自己的行为具有积极的价值。(3)效能需求。我们需要想起并感觉到自己能够在某些重要的方面产生影响。(4)自我价值需求。我们需要积极的自我价值感,并会寻找方法来证明自己是优秀的、令人钦佩的、值得尊敬的、有可取品质的人。鲍迈斯特让我们相信,如果这四种需要能够得到满足,个体就会感觉到自己的生命充满着意义。当然,他还特别指出:要实现和满足我们的每一欲望充其量永远只能是一种想法。一旦我们达到了既定的目标,我们也就失去了目标。为了不让自己在百无聊赖中度日,我们就要为自己寻找、设定新的目标。

马斯洛的需求层次理论认为,在低层次的需要获得满足以后再迈向高层次的需要这一过程中,个体将获得更加丰富的生命意义。当我们的生理需要,比如呼吸、饮食无法得到足够满足时,最重要的是想让自己如何活下去,此时来讲,活着便是意义;而当生理需要、安全需要得到满足后,我们才能够去思考友谊、亲情、爱情对我们的重要性,才会去追求成就、名声以及充分发挥自己的潜能,对生命意义的定义才会更丰富、更自由。生命的意义既来自个体需要不断被满足的过程,又来自自我实现的过程中,甚至自我实现本身就是一种意义,认识和发展自己最好的禀赋,成为自己所能够成为的人。

(三)相信并投入就是意义

究竟是看见了生命意义的存在才相信生命是有意义的,还是相信了生命是有意义的,才能看见生命意义呢? 这或许也是一个值得思考的问题,不过持相对主义观点的学者给出了他们的看法,即相信了才能看见。从相对主义的视角来看,生命意义没有预先设定的限制,他们也不关心哪种信仰体系更好,而是认为无论何种信念体系(比如崇拜神佛、信仰科学)都能够指导人们获得生命的意义,关键在于我们对人生的积极关注、对人生理想和生活目的的坚信以及投入其中的程度。如果我们认为自己的生命是有意义的,那么这表示我们正在形成一些关于"生命是有意义的"信念,从这些信念中产生自己人生的目标以及让自己努力地去实现这些目标的动力,经历这样的过程就能获得一种积极的意义感。从这一角度来说,生命意义是否存在,在于你相信什么并是否投入其中。

三、生命意义缺失可能导致的心理问题

(一)更容易感到无聊空虚

如果我们失去或未能制定有意义的生活目标,长期生活在无意义感之中,内心会产生强烈的虚无感,这种"存在空虚"会带来无聊感和消极的情绪体验。而长期的无聊感也会带来各种各样的负面影响,比如使得个体的注意力涣散,难以专注于当前所从事的任务,缺乏沉浸于某件事带来的愉悦、享受的体验,同时无聊感还常常伴随抑郁、焦虑等负性情绪,严重影响人们的精神状态,并且将会进一步影响我们的生命意义体验。

(二)更容易感到心理痛苦

弗兰克尔认为,人类的特征是对意义的意志:一种寻找生命意义的内在动力,而未能实现意义会导致心理痛苦。从现实经验来看,当生活中缺乏意义感时,个体的心理状态会受到极大的影响,其所经历的心理痛苦也是令人难以忍受的。具体来说,生活中缺乏生命意义感时,我们可能会有更高的抑郁、焦虑的水平,对自我的评价更消极(例如,更低的自我价值、自尊感),对生活会感到更不满意,也更少能体验到幸福感以及对未来的希望感,生命意义缺失的个体对心理治疗的需求也会更大。当然,人是具有主观能动性的,意义缺失同样也会激发我们重构意义的动机,引导我们进行意义追寻,但关于生命意义的答案却并非触手可及,追寻的过程也会带来存在主义的绝望,伴随着绝望感、无助感和无价值感以及对自我的否认、怀疑、自责等,同时也会带来压力、焦虑、痛苦等消极体验。

(三)更容易感到悲观绝望

人们,尤其是那些可能正在考虑自杀的人们,面临的一个关键问题是:"我为什么要活?"当人们找不到活下去的理由时,自杀就成为一种自然的选择。生命意义的重要性维度强调我们对自己生命价值的评估,"我的生命有价值,是值得活的感觉"是一件攸关生死的事。弗兰克尔指出当个体缺乏生命意义感时,会出现"存在空虚"的状态,个体体验到一种完全的空虚感,缺乏继续活下去的动力和目标。这种状态与消极的情感状态有关,如烦躁不安,以及由此产生的不适应行为,如攻击或自杀,意义缺失带来的最致命的行为便是自杀。有关大学生的研究发现,自杀的大学生缺乏对"存在"的重要信念和价值的理解,那些没有找到"存在意义"的大学生在面对压力时倾向

于选择放弃努力并产生无助感,在面对严重压力时他们甚至会选择以自杀的方式来获得解脱。

（四）更容易消极应对苦难

当你经历了如学业受挫、失恋分手、家庭关系不和,甚至心理疾病等不如意之后,你会如何面对? 是从此一蹶不振,就此自暴自弃,还是努力让自己的生活向好的方向发展? 生命意义感缺失的个体,会有更严重的创伤后应激障碍症状,也会更加容易受到压力事件的威胁,在客观压力相同的情况下,也更容易感受到更大的压力,同时会产生消极情绪及一系列的健康问题。

（五）更容易感到忙乱疲惫

在日常生活中,我们经常看到那些忙忙碌碌的人,他们没日没夜地学习、工作,看上去很充实、很忙碌,却疲惫不堪,即使长期这样身心疲惫,他们也不愿意让自己放松、休息。如果问他们为什么这么辛苦,他们总是会说,为了取得更好的成绩,为了赚更多的钱,为了能更快地升职……弗兰克尔认为,如果人们不能感受到值得为之而活的意义,即人类的意义意志遭受了挫折,在一些情况下,对意义的追求可能被对权力、金钱、享乐的追求所替代和补偿。

拓展阅读　空心病

"空心病"是由北京大学心理健康教育与咨询中心副主任徐凯文提出的一种心理现象。该现象是近年来在大学校园里讨论比较多的一个话题。空心病的典型表现就是内心有着强烈的孤独感和无意义感、无价值感,这也是当前在大学生群体中出现的比较常见的问题。引发空心病的原因是大学生对自我的焦虑,对生活意义的迷茫。虽然家庭条件、学习成绩等方面都不错,但是这并不能让大学生获得成就感和满足感。患空心病的大学生内心感到空虚,并不知道自己真正想要什么。

四、探索生命意义的途径

生命意义在个人面临危机和遭受重大挫折时所发挥的作用是独一无二、无可替代的。当个体拥有较高意义感时,就会带来积极心理效应,如建立自我认同感,促进生理与心理健康,以积极的观点看待事件等。相反,当个体生命意义感比较低落时,其忧郁情绪、焦虑情绪、自杀倾向或行为可能随之提升。可见,存在合理的理由或生命的意义应当是心理健康和人格完善的重要源泉。

那么,大学生如何探寻自身生命的意义呢? 弗兰克尔认为有三种途径可以获得生命的意义,分别是创立某项工作或从事某种事业、体验某种事情或面对某个人,以及在忍受不可避免的苦难时采取某种态度。这三种探索生命意义的途径分别对应三种基本价值,即创造性价值、经验性价值以及态度性价值。

(一)创立某项工作或从事某种事业

个体可以通过创立某项工作或从事某种事业实现创造性价值。工作是发现生命意义的一个重要途径,工作使个体的特殊性在对社会贡献中体现出来,从而使个体的创造性价值得以实现。但简单的机械工作是不够的,个体必须把握背后的意义和动机,只有这样,个体才能在对工作的价值和意义的感悟中实现生命的意义,用积极的、创造性的、有责任感的态度,赋予工作以意义。

(二)体验某种事情或面对某个人

个体可以通过体验某种事情(如自然和文化)或体验另一个人的独特性(如去爱某个人)实现经验性价值,从而发现生命的意义。弗兰克尔认为,爱是深入人格核心的一种方法,它可以发现人的潜能,使他们理解到自己能够成为什么,应该成为什么,从而使他们原来的潜能发挥出来;爱可以让人体会到强烈的责任感,能够激发人们的创造性,在体验爱的过程中,可以发现生活的意义和价值。意义疗法引导人们学会乐于接受爱,以及伴随而来的责任。

(三)在忍受不可避免的苦难时采取某种态度

对不可避免的苦难所采取的态度对应的是态度性价值。弗兰克尔认为个体对命运的选择完全取决于个体的精神态度,即使面对无法抗拒的命运力量,个体仍然可以选择自己的态度和立场。通过实现态度性价值个体可以改变看待事物的视角,了解对于自己而言什么是最重要的,从中获得新的认识。个体面对苦难时,重要的是其对于苦难采取什么样的态度,用怎样的态度承担苦难。弗兰克尔认为,许多症状都是由不良态度导致的,通过改变态度可以使这些症状得到缓解。

大学生可以从弗兰克尔提出的寻求人生意义的三个途径中获得启示,在自己的生活学习中,实现生命的价值,从而超越空虚,获得生命意义感,达到良好的心理健康状态,使自己的人生更加精彩。

第二节　心理创伤及危机应对

当听到"心理创伤"与"心理危机"这两个词的时候,你的第一反应是什么呢?是否会有一种本能的抗拒,希望这两个词永远不要和自己有关系?但创伤和危机离我们每个人都不远,是生命中客观存在的部分。每个人的一生都是在一边失去、一边成长,我们总会在某些时刻经历危机,体会到强烈的无助与脆弱,这与坚强、健康、优秀与否无关,是个体在面对艰难处境时暂时性的正常反应。创伤与危机并不是只有消极影响,我们每一个个体都有强大的自愈能力,能度过危机,走出创伤,把创伤后的心理压力转化为自我成长的动力。

一、心理创伤

(一)心理创伤的定义

心理创伤也叫精神创伤,通常都与危机事件的发生有关,如果经历了危机事件但通过各种资源能够自我恢复,不会构成创伤;但如果危机反应成为一种常态,很长时间无法平复,对正常生活造成影响,则可能造成创伤。心理创伤是一种复杂的、强烈的内在负性情绪反应,使个体处于一种无助状态,阻碍个体应对环境的功能,影响身体、认知、情绪与行为的功能。

(二)心理创伤的种类

1.急性应激障碍

急性应激障碍是指在遭受急剧、严重的精神创伤性事件,或目睹他人、关系密切的亲友遭遇创伤事件后,所体验到的侵入性症状、负性心境、分离、回避和唤起等表现。持续时间通常为创伤事件后的3天至1个月。

侵入性症状是指有关创伤事件的反复的、非自愿的和不受控制、自动涌入脑海的痛苦记忆,如做噩梦、反复回忆创伤事件等。负性心境是指不能体验到正性的情绪,如不能体验到快乐、满足或爱的感觉等。分离表现为一种不真实、恍惚感,或是无法回忆起经历过的创伤事件。回避症状是指尽量压抑与创伤事件有关的感受或是避免接触能够唤起创伤事件的人、物、情境等。唤起表现为难以入睡、易激惹、过度警觉等。

急性应激反应是遭遇突发危机事件后的自然反应,是个体处于失衡状态下的表现,需要一段时间来重新建立内心的平衡。大多数个体如果有一定的社会支持,脱离创伤情境后都能够逐渐恢复正常的生活。只有当这一反应严重影响到学习、工作、社交等正常生活时,才可以称之为障碍,需要专业人士的协助。

2.创伤后应激障碍

绝大部分个体经历应激事件之后的"异常"状态经过一段时间的调整均可自愈,但是也有一些个体的反应会延续较长时间,并严重影响到正常的生活,我们称之为

"创伤后应激障碍(PTSD)",指因为受到超常的威胁性、灾难性的创伤事件,而导致延迟出现和长期持续的身心障碍。

PTSD最初是用来描述越南战争带给士兵的影响,称为"战争疲劳"。在1980年出版的《精神疾病诊断与统计手册(第3版)》中引入了"创伤后应激障碍"的概念。后来发现,其引发原因既可以是严重的创伤事件,也可能是看似不那么可怕的事件,关键在于个体对事件的心理解读。近年来,随着民众对心理健康的关注,创伤后应激障碍成为社会关注的重点。PTSD的表现有四类:

(1)侵入性再度体验创伤事件。侵入性再度体验创伤事件表现为在不自愿的情况下回忆起曾经发生的事情,曾经的创伤记忆、情境突然涌入脑海,或是以噩梦的方式重现。

(2)避免接触任何可能引发创伤回忆的刺激源。这种反应会进一步形成恶性循环,个体会逐步压缩生活空间,变得退缩,虽然看似暂时缓解了痛苦,但是从长远来说,更难走出创伤。

(3)产生负面认知与情绪。难以感受到快乐,难以与他人亲近,似乎与周围的人、世界都失去了联结,感到孤立与隔阂。

(4)因创伤而引发消极反应。表现出情绪不稳定、易激惹、睡眠质量变差、过度警觉等反应。

需要强调的是,精神疾病的诊断标准需要不断更新。创伤后应激障碍的界定也是一个连续体,经历创伤并不一定会患上创伤后应激障碍。创伤后应激障碍的成因、诊断与治疗是非常复杂的,不要擅自对号入座,而是要咨询专业人士。

3.替代性创伤

替代性创伤最初是指助人者帮助他人时由于感同身受导致的身心困扰,更广泛的含义是指通过接触危机相关信息,如新闻、文章,或讨论该事件等方式间接暴露于危机事件时,所产生的与亲身遭受灾难的个体类似的心理反应。替代性创伤的高发人群主要包括现场救援人员、医护人员、参与救援的相关人员、媒体工作者、心理咨询师与社工等。由于媒体的发达,普通大众如果过多接触有关危机的负面信息,也可能引发替代性创伤,特别是以前遭遇过类似危机或是本身有心理障碍、易感性特质的人更要有所警惕。

没有亲历危机是一种幸运,珍惜自己当下所拥有的、过好自己的每一天就是最有价值的助人。危机来临时我们可以从以下几个方面进行调整:(1)有选择性地获取有关危机的权威信息,避免接收包含强烈冲击画面或是激烈言辞、强烈情感的信息。(2)尽可能按照原本习惯的生活方式去安排每一天。(3)警惕自己的情绪状态,如果发觉自己的心理状态与现实处境不相符,要有意识地做出行为方面的调整,如屏蔽负面信息、做自己喜欢的事情,也可以选择向信任的家人或朋友表达与倾诉,向专业咨询师求助也是不错的选择。

（三）如何面对心理创伤

最初有关创伤的理论、研究、干预等都集中于创伤的消极影响,似乎这是显而易见的事实,创伤让人们陷入痛苦,身心遭受重创。其实,创伤之后不只有消极面,也有积极面。过去人们都只关注创伤的破坏性影响,创伤后的积极变化与成长一直被忽视。1987年3月6日,一艘名为"自由进取先锋号"的大型客轮发生海难事故,193人丧生,幸存者经历了常人难以想象的创伤经历。心理援助项目在帮助幸存者走出创伤的过程中,意外发现部分幸存者会谈起他们生活中的积极变化。研究者在3年后的调查中加入了新的内容:你对生活的看法在灾难前后是否有所变化? 如果有变化,是变得更积极还是更消极? 虽然有46%的人说他们对生活的看法变得更消极了,但同时还有43%的人认为他们对生活的看法变得更积极,这也打开了创伤研究的新领域——创伤后成长。

理查德·特德斯奇和劳伦斯·卡尔霍恩在20世纪90年代中期提出了"创伤后成长"一词,最能体现创伤的疗愈与转化。虽然遭遇创伤之后的人生道路充满艰难,甚至痛苦难挨,但随着时间的流逝,创伤后的心理压力可以转化为自我成长的动力,让个体对自我、他人以及彼此之间的关系有更深刻的理解。创伤迫使人们走到生命的十字路口,选择走向何处,这将给其一生带来深刻的影响。那么如何疗愈自身的心理创伤呢? 可以参考以下几种方法。

1.直面创伤

学习有关创伤的专业知识,理解自己现阶段的各种正常的"异常"表现,知道那些糟糕的情绪、可怕的念头是遭遇创伤后的必经阶段。了解这些常识能够让我们更接纳自己的各种创伤反应,不会被自己吓到,也知道自己并没有"疯"。

每个个体度过急性反应期的方式各不相同,有的适合放松训练,有的适合学习稳定化技术,但核心都是要逐渐直面痛苦的创伤记忆,直到可以去"言说"这段创伤经历。人们在经历创伤后,本能地想要回避任何与创伤有关的人、事、物以及情境,这种回避行为短期内或许让我们暂时免于痛苦,但是从长远来说,回避行为会导致个体更加退缩,离回归正常生活越来越远。

直面创伤能够帮助个体学会稳定自己的情绪,跳出回避的恶性循环,至少可以恢复基本的社会功能。但这只是创伤疗愈的第一步。当人们最初的创伤反应有所缓解,可以直面创伤而不至于崩溃之后,很多人会开始走向创伤的转化阶段,他们会开始思考这段经历对他们的人生意味着什么。

2.写情绪日记

可以尝试写"情绪日记",仔细思索生活中到底有哪些事会让你有情绪过激的反应。把这类事情记录下来,借着情绪日记,可以帮助我们省察、思考。

也可以追溯记忆中悲伤或快乐的事件和过去的家庭历史,然后做生命线的分析,方法如下:在纸上画一条横线,左端写零岁,右端是现在的年龄。线的上方记录生命中较喜乐、有建设性的事件,下方则写下曾受伤害的历史。

借助情绪日记与生命线分析,更深入了解自己的情绪及与他人之间的心理互动,对于自己的成长、心理复健很有帮助。

3.找到一个安全的人保守秘密

情绪性或经验性上的学习远胜过只在知识性上的学习。当你在回顾时,身旁最好有个安全的人,这个人是很了解你的朋友,也是可以让你做真正自己的人。这个人可以是亲人、朋友,也可以是专业心理咨询师。当我们能真正倾听、接纳、了解彼此时,便在其中获得医治。而这种心灵相契、具矫正性的情绪治疗经验,是心灵医治过程中最重要的一环。

4.转化创伤,重塑自我

创伤疗愈过程中最重要的一点是,当事人必须承认创伤的发生是客观事实,他们的人生已经发生了改变,他们再也无法回到过去,他们内心原有的部分信念被击碎。但这也给了他们机会重新审视自己面对人生与自我的方式,他们需要重新思考人生的重要事项,重新建构自己生活的意义。在这个阶段,没有标准与现成的答案,终归要靠自己去找寻属于自己的答案。创伤的转化并不代表我们欢迎创伤,或是否认创伤带给我们的痛苦。创伤引发的痛苦是客观存在的,但也正是这份痛苦促使人们完成转化与蜕变。这绝不是一件容易的事情,却是人生得以继续的必经之路。

在转化心理创伤的过程中,如果所遇到的只是些小小的不愉快,那么可以自己进行调整。对于比较大的创伤,诸如被袭击、死亡恐惧、性侵害等引发的创伤,以及发展型创伤,则需要找专业人员(心理专家或心理咨询师)来协助。但不管是运用哪种方法,不管曾经的创伤有多大,请你一定相信,它都是可以被疗愈的。

二、心理危机

(一)心理危机概述

1.心理危机的概念

心理危机是指个体在面临突然或重大生活事件时,认为凭借自身能力和资源无法解决问题时产生的一种心理严重失衡状态。造成心理危机的事件通常是当事人不能实现或没有预想到的,具有极大的意外性,因而极易造成强烈的心理冲击,甚至产生极端的应激反应。当然,心理危机带有很强的主观性,其本质是当事人对所发生事件的一种主观感受状态。也就是说,面对同一突然或重大生活事件,不同的人由于认知水平、情感特点、心理承受能力等方面的不同,可能产生不同的心理应激反应,有的出现危机,有的只是一般性的情绪波动。

2.心理危机的主要类型

(1)境遇性心理危机。境遇性心理危机是指在生活中出现的由于个人对其无法预测和控制的罕见或超常的事件而产生的危机。境遇性危机带有随机性、突然性、强烈性、意外性、震撼性和灾难性等特点,如意外交通事故、被绑架、被强奸、突发的重大疾病、亲人或同学好友的死亡、父母离异、重大自然灾害等。这种危机由于事发突然、变化剧烈,给当事人带来极大的震动,容易引发剧烈的心理反应,如果处理不当,就会产生严重后果。

(2)冲突性心理危机。冲突性心理危机也叫"存在性心理危机",是一种伴随着重要的人生问题而出现的内部冲突和焦虑。这是一种基于现实性冲突的危机,如理想与现实的冲突、多重趋避冲突、双避冲突等。这种危机往往与重大的人生问题和选择相关联,如人为什么活着、活着的目的和意义是什么、人生的意义何在、我该如何选择等。冲突性心理危机不易觉察,持续时间长,内心痛苦大,也易出现极端事件。

(3)成长性心理危机。成长性心理危机也叫"发展性心理危机",这是一种在每个人一生中不同阶段都会出现的危机,如环境适应、人际矛盾、恋爱困扰、婚姻困境、家庭冲突、学业压力、考试焦虑、就业困难等。成长性心理危机表现不剧烈,进程缓慢,持续时间长,一旦成功化解,将有助于当事人朝着更加成熟的方向发展。但如果成长性危机事件已远远超出当事人的应对能力,则需要进行干预。

(4)病理性心理危机。病理性心理危机是由某些严重心理障碍、神经症或精神病性问题所引发的心理危机,比如抑郁症、焦虑症、强迫症、恐惧症、精神分裂症等。也有的病理性心理危机是由失范行为或犯罪行为引发的危机,比如品行障碍、违纪违法等。病理性心理危机需要进行专业的干预才能解决,精神病性的问题必须接受精神科专业医生的诊疗。

3.心理危机的一般反应

由于个体与环境的差异,每个人在面对危机时都会有自己的反应模式,但由于危机的普遍特点,这些反应在差异之外还是具有一定的规律性。提前了解常见的心理危机的反应,可以让我们更具有敏感性,从而能及时察觉自己或他人的危机状态,寻求干预与支持。心理危机的一般反应可以分为认知、心理、生理与行为四个层面。

(1)认知层面。感到自己的问题解决能力与应对机制暂时受到打击,还有一些内在的观念可能会发生改变,例如,丧失对世界的安全感,对他人失去信任,对自己全面否定。

(2)心理层面。短暂的震惊状态之后,随之而来的是否认、混乱、害怕、恐惧、沮丧、情绪麻木、怀疑、易怒与静不下来等感受,以及生还者的罪恶感、绝望与无助。

(3)生理层面。出现没有器质性原因的各种不适,如心跳与呼吸频率的改变、睡眠变差、做噩梦、胸口憋闷等。

（4）行为层面。社会功能方面会暂时受到影响，如人际退缩，回避学业与工作，花过多时间在网络、手机、小说等方面，出现过度饮酒、抽烟等行为。

（二）心理危机在生活中的征兆

在应对心理危机的过程中，觉察是至关重要的一步。我们要对心理危机可能出现的表现与状态有一定的敏感性，能够及时发觉自己或他人处于危机状态，越早发觉，干预的效果也就越好。

如果发现自己或身边的人有以下表现，就可能是出现了心理危机的征兆，我们要学会关心自己、关爱他人，积极寻求家人、老师、朋友和专业人士的帮助。

（1）长时间睡眠障碍、情绪低落、思维迟缓，无法正常学习，不能完成简单的作业、考试，学习成绩全面下降。

（2）孤僻，人际交往明显减少，人际关系恶化；认为每个人都在和自己作对，甚至要伤害自己；无缘无故地生气或与人敌对。

（3）生活、学习习惯突然发生改变，如从不缺课的人突然不上课，睡眠、饮食或体重明显增减，过度疲劳，体质或个人卫生状况下降。

（4）出现幻觉、妄想等异常心理，总是听到别人在议论自己，感到有人在跟踪自己或监视自己，感到有人想谋害自己。

（5）遭遇家庭变故、失恋、意外伤害或性侵犯、重大挫折等生活事件。

（6）情绪明显异常，如特别烦躁，高度焦虑，恐惧，易冲动；或情绪异常低落，或情绪突然从低落变为平静；有强烈的自责自罪感，觉得自己不配活在世界上，直接表露自己处于痛苦、抑郁、无望或无价值感中；易激惹，过分依赖，持续不断的悲伤或焦虑，常常流泪；异常兴奋，连续几天不睡觉、不进食。

（7）不明原因地突然给同学、朋友或家人送礼物、请客、赔礼道歉、述说告别的话、烧毁日记，行为紊乱或古怪。

（8）有生理缺陷，或者长期患病。

（9）开自杀方面的玩笑，看有自杀情节的电视、电影或相关文学作品，在网络空间或其他发挥想象力的作品中流露出主题为无望、脱离社会、愤怒、绝望、自杀或者死亡的信息。

（10）已经出现自伤或自杀行为。

（三）心理危机的应对

1.心理危机自我应对的步骤

个体在遇到危机时，首先要努力使自己的情绪镇定下来，然后按以下步骤进行思考，通常可以应对危机。

一是我到底遇到了什么事。仔细回想事情的起始，把每个细节都想到，然后坦然面对现实,尽量放松,也不要抱怨和愤恨。

二是我现在的感受是什么,有助于摆脱困境吗？遇到困境发生心理危机,感到软弱、慌乱和悲哀,是正常的应激反应,要明确自己当前的紧迫任务是控制心理失衡状态。进行自我暗示:我现在最需要理性思考,我应该尽力找到战胜困境的对策。一旦稳定情绪,开始理性思考,消极的情绪就会减轻。

三是现在具体有哪些情况对自己不利。明确存在的问题,才能找到解决困境的突破口;要全面分析遇到的问题,找出主要矛盾和矛盾的主要方面,然后思考解决矛盾的办法,一旦找准了问题,就有了解决问题的目标,行动才更有效。

四是眼前的事情会有几种结果。分析问题是解决问题的前提,要分析问题就必须用全面、发展的眼光。对一件事的利弊得失要尽可能都想到,眼睛不能只盯着一点,思路不开阔,往往会使人陷入绝境。

五是我能从哪里得到哪些方面的帮助。遇到困难要积极求助,调动一切可以调动的资源;确定后马上行动,越早与外界沟通并得到支持,越有利于缓解危机。

六是怎样才能争取一个对自己真正有利的结果。真正对自己有利的结果应该是既能使自己战胜眼前困境,又能使自己在危机过后的日子里快乐地工作和生活。在自己最失望、准备放弃努力之前,最好再做一次努力,这往往便是成功的转折点;在自己准备一搏的时候,最好在实施行动前睡上一觉、等待一天,那可能就是你清醒的机会。世界上任何事物都是一分为二的,心理危机潜藏着危险,也暗含着机遇。战胜危机,生命就实现了一次飞跃,使人增添智慧、积累经验。

2.心理危机自我应对的原则

(1)主动寻求帮助,不要等待。

(2)相信有人愿意帮助你。但是你得将自己真实的困难和痛苦告诉你信任的人,否则他们对此一无所知。

(3)可以向学校的心理咨询中心寻求帮助。

(4)可以向心理热线或校外的心理咨询人员寻求帮助。

(5)解决心理危机通常需要一个过程,可能需要反复多次去见心理咨询人员或心理医生。

(6)如果医生开药,就按医嘱坚持服用。

(7)避免用酒精麻痹你的痛苦。

(8)不要冲动行事。强烈的痛苦会使你更难做出合理的决定。

3.专业心理求助的资源与途径

(1)中国心理危机与自杀干预中心救助热线

座机拨打:800-810-1117　手机拨打:(010)62715275

(2)希望24热线－生命教育与危机干预中心

电话：4001619995

学生专线：4001619995 按1

抑郁专线：4001619995 按2

生命热线：4001619995 按3

（3）各省市的心理危机干预热线、精神卫生中心热线

各地心理危机干预热线、精神卫生中心热线及相关机构的联系方式可在网上进行搜索。

三、自杀风险

（一）对自杀的错误理解

1.误区一：询问自杀问题会让对方产生自杀念头

事实：询问当事人有什么感觉不会让他产生自杀念头，就像医生询问病人胸部有什么感觉不会让他产生胸痛一样。

2.误区二：说自杀的人不会真的自杀，真正自杀的人不说自己想死

事实：自杀事件并不是没有先兆可循、防不胜防的，多数自杀死亡者会告诉别人一些自己想死的意图，大部分自杀者都有一些信号：有的是求助；有的是矛盾和犹豫；有的是做出最后的安排，如跟好友道别、兑现承诺、将贵重物品送人等。说自杀的人也许是内心世界的投射，周围的人应认真对待危机干预的机会，趁还来得及时及时干预。

3.误区三：人在情绪低落时才会自杀，自杀未遂后自杀危险就结束了

事实：自杀最危险的时候可能是情绪高涨时期，即当想自杀的人严重抑郁后变得情绪活跃起来的时候。一个危险的迹象是在抑郁或者自杀后出现的欣然期，所以，对自杀未遂者解救过来后，依然要加强看护。

4.误区四：他不会这么做，因为他刚刚有一个很好的度假计划；他知道家人多么爱他，知道老师和同学多么牵挂；他找到了一个比较满意的工作……

事实：想死的念头可以强过任何理性的对抗念头。

5.误区五：如果一个人真的想死，你没有办法阻止，多次、操纵性自杀未遂意味着他只想获得关注

事实：多数自杀念头是潜在的可治疗的因素导致的。只要干预及时，自杀是可以有效阻止的。需要对有自杀姿态的人进行详细的评估与治疗。多次自杀未遂者自杀死亡的危险性更高。

6.误区六:自杀总是一种冲动行为

事实:有些自杀是冲动行为,但大多数自杀是在仔细考虑之后才实行的,是长期的痛苦无法摆脱后实施的。有人把自杀者分为情绪型和理智型两种。情绪型的自杀常常由于爆发性的情绪所引起;理智型的自杀是由于自身经过长期的评价和体验,进行了充分的判断和推理以后,逐渐地萌发自杀的意向,并且有目的、有计划地采取自杀措施。

7.误区七:正常人不会有自杀念头

事实:大部分学生或成年人,表示曾有过自杀念头。重要的是自杀意念的强度和频密程度。一次性的念头不会有太多问题,经常性的、认真的、强烈的求死念头代表着严重的自杀危险。

8.误区八:自杀者患有精神病或抑郁症

事实:有一小部分自杀未遂者和自杀成功者患有精神疾患,如抑郁症、精神分裂症等。他们中也有很多人是因遇到重大的负性生活事件,如失恋、被虐待、受打击、人际冲突等而产生强烈的抑郁、孤独、绝望、无助等情绪体验。处于这种慢性痛苦时期,一些事件的出现就会起到扳机的作用,触发自杀。但是,除了精神病或抑郁症,导致自杀的原因还有很多。

9.误区九:一个想自杀的人开始表现慷慨和分享个人财产时,表明这个人有好转和恢复的迹象

事实:大多数想自杀的人在情绪好转后,才有精力开始做出一定的计划,安排他们的财产。这种安排个人财产的行为有时候类似于最后的愿望和遗嘱,这恰恰表明自杀者的危险性越来越高。

(二)自杀的识别与评估

1.自杀的征兆

(1)言语上的征兆

直接表达或通过网络表达。例如,直接对人说"我想死""我不想活了",间接向人表达"我所有的问题马上就要结束了""现在没有人可以帮助我""没有我,他们会过得更好""我再也受不了了""我的生活毫无意义"等。

谈论与自杀有关的事或开自杀方面的玩笑。谈论自杀计划,包括自杀方法、日期和地点,流露出无助或无望的心情。

(2)行为上的征兆

出现突然的、明显的行为改变。例如,抑郁的表现;突然与亲朋好友告别;将自己珍贵的东西送人;有条理地安排后事;频繁出现意外事故;饮酒量增加;社交退缩,中断与周围人的联结,自我封闭;等等。

2.自杀风险的确认

确认自杀风险最好的方式是直接询问。例如，你可以询问一个处于危机中的个体，"你告诉了我你的问题和感受，我想知道，是否有些时刻你冒出一个念头，想要结束自己的生命？"这样的问题不会唤起自杀企图。恰恰相反，有时自杀个体会觉得主动向他人表达他们的自杀倾向是非常困难的，有一些人会为他们有自杀念头感到羞耻，有时他们会害怕被谴责、不被理解。因此，如果有人能够和他们坦诚地、不带评判地讨论自杀想法，他们会感到被支持、被理解，能够直面自己的处境。

3.自杀风险的评估

希瑞尔在《解读自杀心理》一书中指出，自杀风险可以分为慢性的与急性的。慢性自杀风险指个体存在一定危险因素，但不太可能会在近期实施自杀行为，因此需要密切地关注与追踪；急性自杀风险则意味着自杀行为可能会在近期出现。急性自杀风险有三个非常有用的指标因子：一是个体不久前才尝试过严重的自杀行为；二是个体存在危险的、可能导致自杀的精神病性症状；三是个体流露出自杀意图，表明自己已经拥有成熟的近期自杀计划。

上述三者任意一个因素存在，都意味着个体可能在近期实施自杀行为，即使本人强烈反对，也要考虑住院治疗。

4.如何帮助有自杀风险的人

一些想要自杀的人或许不愿意与父母或老师言说痛苦，但愿意对朋友敞开心扉。如果你发现你身边同学的心理状态有些异常，不用害怕，直接询问，你可以清晰地表达自己的担忧。比如你可以说："你看起来很丧，我很担心你。你会有结束生命的想法吗？""你是不是感觉很糟糕，以至于想自杀？"如果他没有这种想法，一句询问也不会把自杀想法植入在他的脑中；但如果他真的在考虑自杀，那么你的关心对于他来说无异于救命稻草。

如果你身边的同学向你表达了自杀念头，你要相信他们说的话，一定要认真对待。与此同时，你要保持冷静，不要表现得很震惊，这会拉开你与他之间的距离。你可以让他倾诉自己的感受，认可他表露出的情感。以下是你在倾听时可以采纳的方法和一些注意事项：

(1)找一个私密的空间，让他有充足的时间表达自己的想法。

(2)告诉对方你注意到了他行为上的变化。

(3)认真地、不加评判地倾听。

(4)不要做出不切实际或无法兑现的承诺。

(5)告诉他：你很重要，我很关心你，我愿意陪着你。

除此之外，你还要尽快采取一些具体的措施：

(1)立即告知当事人的监护人、辅导员或学校心理咨询中心。

（2）不要承诺会替他保密。处理自杀是一件困难的事，很难独自完成。

（3）与他一起讨论接下来要采取什么行动，一起列出可以寻求帮助的人的名单。

（4）尽量不要让其独处，让他的亲人和朋友参与到支持和干预行动中，比如一起劝说他去寻求专业人员的帮助，参与的人越多，安全性越高。

（5）鼓励他向心理医生、心理咨询师等专业人员寻求帮助。

第三节　健康的生活方式

美国著名的思想家和文学家爱默生曾说过："健康是人生第一财富。"健康对人一生的影响举足轻重。世界卫生组织将影响健康的因素总结为：健康=60%生活方式+15%遗传因素+10%社会因素+8%医疗因素+7%气候因素。现代人所面临的身体疾病、情绪困扰以及不良行为等问题，与其生活方式密切相关。因此，在大学阶段要选择健康的生活方式，以适应今后充满挑战和变化的社会生活。

一、合理饮食

（一）饮食过量与肥胖

一个人的身体是否健康，体重是一个简易指标。体重与健康的关系呈倒U形曲线，过重或过轻都不健康。过于消瘦或过于肥胖，都意味着更高的死亡风险。

体重的维持取决于能量摄入与消耗之间的平衡。一个是进，一个是出。一方面，我们从食物中获取能量；另一方面，身体的新陈代谢和活动消耗能量。当饮食不足，摄入的营养物质不能满足身体新陈代谢和活动的需要时，体重就下降；反之，体重就增加。体重增加容易产生超重或肥胖，肥胖正是因为身体堆积了过量的脂肪。如今，肥胖人群的数量远远超过体重过轻的人群。世界卫生组织报道，1975年以来，世界肥胖人数已增长近3倍。2016年，有超过19亿成人超重，6.5亿多人肥胖。

肥胖不仅令人体态臃肿，不符合大多数现代人的审美观，更糟糕的是容易引起疾病甚至死亡。据世界卫生组织报道，每年至少有280万人的死亡可归咎于超重或肥胖。肥胖不仅会对个体的身体造成负担，还会引发糖尿病、高血压等疾病，甚至会造成心理问题，如自卑、沮丧等消极情绪，更有可能会进一步影响寿命。

为什么有些人会肥胖呢？导致肥胖的首要原因是饮食过量，准确地说是摄入食物的热量超出了人体日常新陈代谢和活动的所需。如今，食物数量增加了，种类更丰富了,食不果腹的日子早已远去。食物不仅能填饱肚子,还能让人们在享受美食时产生愉悦的感受。婴儿一旦尝过甜味的食物,就会拒绝淡而无味的食物。甜食是导致人们饮食过量的原因之一。甜食中所含的糖是能量极大但营养成分极少的物质。它刺激味蕾,给人甜美愉悦的感受,让人们胃口大开,摄入过多的食物。此外,食物种类的丰富让人们总是可以吃到不同味道的食物,而对某一种食物吃到餍足的情况极少发生。因此,常常看到酒足饭饱的人们仍然可以吃下餐后甜点和水果,其结果自然是热量超标。

除了饮食过量,低体力活动和多静态活动致使人们的活动量越来越少,这也是造成肥胖的另一个主要原因。

(二)节食减肥

人们已经意识到肥胖的危害,并且在媒体对清瘦身材鼓吹的影响下,越来越关注减肥。减肥的方式有许多种,节食是最常见的。节食,顾名思义就是减少食物的摄入,具体的操作方法却是五花八门。

无论哪一种节食方法,基本原则都是限制热量摄入。热量摄入减少的过程中,减肥者的身体有着怎样的变化呢？如果将每日摄入的热量适当减少,并且加上一定运动,就可以缓慢瘦身,不影响正常生活,也不会带来营养不良和食欲失控问题。但如果每日摄入的热量减少过多,极易发生营养不良和食欲暴涨的情况,甚至还可能出现明显的健康损害。

节食的过程中,减肥者的心理同样发生着变化。早在20世纪50年代,研究者就开展了一项关于饥饿的生理效应研究。36名身体健康的志愿者参与了此项研究,研究者要求志愿者在实验结束后体重减轻至之前的75%。研究者让志愿者的食物摄入量减半,但仍然很细心地让他们摄入足够的营养,以确保他们不会处于真正的饥饿危险中。刚开始,志愿者的体重下降得很快,但减肥的速度并没有持续。为了让体重持续减轻,志愿者不得不进一步减少食物的摄入,这让他们遭受了很大的折磨。尽管如此,绝大多数志愿者都完成了全程6个月的实验,他们中的大部分都完成了减轻25%体重的目标。但研究者发现,节食过程中志愿者对食物越来越执着,用餐时间成为他们生活的中心,他们倾向于吃得很慢,对食物的味道也越来越敏感。更让研究者吃惊的是,起初志愿者大多是乐观、愉快的,然而这种积极的情绪很快消失了。他们变得易激怒、有攻击性,开始与自己较劲,这些行为表现与他们之前的个性完全不符。这些人在6个月的挨饿阶段既出现了好斗的行为,又有冷漠的表现,尽可能地避免身体活动,忽略自己的外表甚至恋人。由此可见,极度的节食、热量摄入过低不利于个体的身心健康。

我们常见到减肥者采用不正确的方式节食,其主要原因是没有明白"减肥"的真正含义。减肥,并不是简单地减去体重,而应是减去身体内多余的脂肪。确切地说,减肥实际上应是"减脂"。盲目的节食不仅没有减去脂肪,反而让人丢失了对人体十分重要的水分和肌肉。所以说,节食减肥听起来简单,但如何吃得少、吃得饱又吃得营养健康却是门技术活。

(三)进食障碍

节食是人们控制体重时最常用的方法。但是有些人对体重过于忧虑,对进食有关的行为完全失去控制,以致形成进食障碍。进食障碍是一种不当的饮食行为,神经性厌食症是进食障碍的一种类型。目前,受到进食障碍困扰的人数比例正在上升,尤其是年轻女性,受到"以瘦为美"的社会影响,即使体重在健康范围内,仍过度控制饮食,以致严重危害健康。接下来,让我们详细了解一下进食障碍。

1.什么是进食障碍

进食障碍是指会造成不利于健康后果的进食习惯严重紊乱。这种紊乱并非因为无法获得足够的食物导致的挨饿和因缺乏营养知识导致的不健康饮食,也不是异食癖(如吃毫无营养的塑料、木材等东西)等异常进食行为。心理学家认为,对身材的不满意是罹患进食障碍的重要前提。并且,那些真正发展为进食障碍的人还认为:变瘦是人生其他问题的解决方案。这些通过对身材的关注转移内心痛苦、专注于身材以解决内心不满的人,通常都具有导致进食障碍的错误认知。这些认知包括只要变瘦就可以让自己变得幸福。

2.进食障碍的类型

目前,进食障碍主要有三种类型:神经性厌食症、神经性贪食症和暴食障碍。

(1)神经性厌食症。神经性厌食症是由于人们因追求瘦而使自己挨饿引起的。有些人会执行严苛的减肥计划,这些减肥计划几乎就是禁食计划。这种进食障碍在高成就动机的年轻女性中常有发生。她们通常对自己的身材很不满意,而且相信变瘦能够解决生活中的大多数问题。

尽管变得消瘦,神经性厌食症患者对自己身体的意象是歪曲的,总认为自己极胖,需要减掉更多体重。他们与体重增加的强烈恐惧作斗争。只有在完全控制了饮食并且体重正在减轻时,他们才会对自己有较好的评价。体重减轻也使厌食症个体处于慢性疲劳的状态,但是他们还会强迫自己做过量运动。

(2)神经性贪食症。神经性贪食症患者往往在暴食过后采用极端行为(如自我诱导性呕吐)防止体重增加,由此形成恶性循环。大体上讲,贪食症患者更有可能出现抑郁或强迫的症状,进而可能出现酗酒、药物滥用、偷窃等问题。同时,贪食症患者比其他类型的进食障碍患者更有可能在童年时遭遇过身体虐待或性虐待,对自己的身体更加不满,用暴饮暴食作为一种应对策略。

(3)暴食障碍。暴食障碍与神经性贪食症类似,但是暴食障碍者不会经常性地进行清除、禁食或过度锻炼来弥补暴食行为。暴食障碍者可能在一天内持续不断地进食,没有计划地用餐。另一些人由于压力、焦虑感或者抑郁,则间歇性地暴食。他们进食的速度非常快,进食时似乎处在恍惚状态。暴食障碍患者通常超重甚至肥胖,而且和贪食症患者一样,常常伴随冲动控制问题或其他心理问题。

3.进食障碍的治疗

(1)神经性厌食症。神经性厌食症患者常有治疗动机不足、抵触甚至拒绝治疗的问题存在,严重低体重者常常因加重了病态歪曲的认知而加大了治疗的障碍。对BMI(身体质量指数)低于15的患者,医生通常建议住院治疗,以保证营养改善和体重增加,促进治疗疗效。住院治疗主要解决严重营养不良、严重合并症,加深患者对疾病的认识,增强治疗动机,保证出院后的后续治疗成为可能。研究显示,认知行为疗法和家庭疗法可以有效地治疗神经性厌食症。

(2)神经性贪食症与暴食障碍。神经性贪食症与暴食障碍患者的治疗动机常常强于厌食症患者,且营养不良的程度较轻,所以选择门诊治疗者居多,常以自我监督的自助式治疗结合门诊心理治疗、药物治疗来进行。住院治疗仅用于清除行为(如呕吐、导泻、利尿、服用减肥药等)严重的、门诊治疗无效的、或自伤、自杀倾向严重的患者。认知行为疗法被证明是减少神经性贪食症及暴食障碍症状和防止复发的最有效疗法。人际疗法、支持—表达心理动力学疗法和行为疗法也可以有效治疗神经性贪食症。

此外,抗抑郁药物也可以减轻神经性厌食症、神经性贪食症及暴食障碍的症状。

(四)合理饮食的建议

饮食习惯对我们的身心健康有着非常重要的影响,那么,什么才是更为合理的饮食习惯呢? 2022年4月,中国营养学会发布的《中国居民膳食指南(2022)》为我们解答了这一问题。《中国居民膳食指南(2022)》提炼出了八条平衡膳食准则,解决了我们"吃什么,怎么吃"的问题,让我们吃出健康的身体。

准则一:食物多样,合理搭配

坚持谷类为主的平衡膳食模式;每天的膳食应包括谷薯类、蔬菜水果、畜禽鱼蛋奶和豆类食物;平均每天摄入12种以上食物,每周25种以上,合理搭配;每天摄入谷类食物200~300克,其中包含全谷物和杂豆类50~150克,薯类50~100克。

准则二:吃动平衡,健康体重

每天运动,食不过量,能量平衡。推荐每周5天中等强度身体活动,比如一些家务活动、快走、自行车、舞蹈、瑜伽、太极拳等,每周运动累计时长150分钟以上。每天走6000步,每周2~3天进行高强度有氧运动,比如慢跑、球类、跳绳、游泳等运动,加强抗阻运动;不宜久坐,每小时起来动一动。

准则三:多吃蔬果、奶类、全谷、大豆

餐餐有蔬菜,每天不少于300克新鲜蔬菜,深色蔬菜应占二分之一;天天吃水果,每天200~350克新鲜水果,不能用果汁代替;吃各种各样的奶制品,摄入量相当于每天

300毫升以上液态奶;经常吃全谷物、大豆制品,适量吃坚果。

准则四:适量吃鱼、禽、蛋类、瘦肉

鱼、禽、蛋类和瘦肉平均每天120~200克。每周吃鱼两次或300~500克,每周蛋类300~350克,禽畜肉300~500克;少吃深加工肉制品;吃鸡蛋不弃蛋黄;优选鱼,少吃肥肉、烟熏和腌制的肉制品。

准则五:少盐少油,控糖限酒

培养清淡饮食习惯,少吃高盐和油炸食品。成年人每天摄入食盐不超过5克,烹调油25~30克;控制添加糖的摄入量,每天不超过50克,最好控制在25克以下;反式脂肪酸每天摄入量不超过2克;不喝或少喝含糖饮料;儿童青少年、孕妇、乳母以及慢性病患者不应饮酒。成年人如饮酒,一天饮用的酒精量不超过15克。

准则六:规律进餐、足量饮水

合理安排一日三餐,定时定量,不漏餐,每天吃早餐;规律进餐、饮食适度,不暴饮暴食、不偏食挑食、不过度节食;足量饮水,少量多次。在温和气候条件下,低身体活动水平成年男性每天喝水1700毫升,成年女性每天喝水1500毫升;推荐喝白水或茶水,少喝或不喝含糖饮料,不用饮料代替白水。

准则七:会烹会选、会看标签

在生命的各个阶段都应做好健康膳食规划。认识食物,选择新鲜的、营养素密度高的食物;学会阅读食品标签,合理选择预包装食品;学习烹饪、传承传统饮食,享受食物天然美味;在外就餐,不忘适量与平衡。

准则八:公筷分餐、杜绝浪费

选择新鲜卫生的食物,不食用野生动物;食物制备生熟分开,熟食二次加热要热透;讲究卫生,从分餐公筷做起;珍惜食物,按需备餐,提倡分餐不浪费;做可持续食物系统发展的践行者。

二、坚持运动

(一)运动的类型

1.按能量供应主要形式可分为有氧运动和无氧运动

有氧运动是指人体在能保证充分的氧气供给下进行体育锻炼。如快走、慢跑、踢足球等。特点为强度较低,有节奏,运动时间较长,能改善和增强心肺功能。

无氧运动指的是肌肉在缺氧的状态下进行高速剧烈运动。如举重、100米短跑等。大部分无氧运动负荷强度大,易产生乳酸,因此消除疲劳时间相对较慢,但对增加肌肉和巩固健身效果具有良好作用。

271

2.按运动强度可分为低、中、高强度运动

低强度运动:呼吸频率和呼吸深度变化不大,可以正常交流,身体轻微出汗。

中强度运动:呼吸比较急促、心率加快,只能用简短的语言进行沟通,身体明显出汗。

高强度运动:呼吸急促、心率明显加快、费力,不能言语交流,且身体大汗淋漓。

3.按运动技能表现形式可分为闭合式运动和开放式运动

闭合式运动基本不因外界影响而改变自己的动作,多数为周期性重复动作,如慢跑、骑自行车等。闭合式运动常为单人运动,较为枯燥乏味。

开放式运动需要根据外界环境变化而改变自身动作,且动作表现出多样化或非周期性的特点,如踢足球,需要判断来球方向、思考如何传球,与队友配合得分等。开放式运动一般需要多人参与,更具有趣味性。

(二)运动的好处与风险

运动对于保持健康的益处是多方面的:

(1)增进心肺功能,改善耐力和体能。

(2)提高代谢率,增加胰岛素的敏感性,改善内分泌系统的调节。

(3)提高骨密度,预防骨质疏松症。

(4)保持体重,减少体内脂肪蓄积,控制体重。

(5)降低血脂、血压和血糖水平。

(6)调节心理平衡,减轻压力,缓解焦虑,改善睡眠。

(7)肌肉力量的训练对骨骼、关节和肌肉的强壮作用更大,有助于延缓老年人身体活动功能的衰退。

(8)降低肥胖引起的心血管疾病、Ⅱ型糖尿病等慢性病的风险。

运动是增进健康、益寿延年的重要手段。然而,运动量并非越大越好,运动过量也会使机体免疫功能受到损害,影响健康。运动过量还会导致身体处于疲劳状态,出现负面情绪,精力耗竭,甚至会抑郁。

(三)坚持运动的建议

一口吃不成一个胖子,运动也不可能一天就能见效。运动减脂至少需要3个月的时间,而为了健康的体魄,我们更应该坚持终身运动。《中国居民膳食指南(2022)》指出,各个年龄段的人群都应该天天运动,保持能量平衡和健康体重。

尽管运动的益处是显而易见的,但制订健身计划的人中,放弃计划的比例相当高。如何能做到坚持运动呢?以下有六点关于坚持运动的建议供大家参考。

1.确定每天锻炼的时间

想好哪个时间段对你来说最适合,选择清晨或者午饭后或者晚上进行锻炼,每天

都是这个时间,并且尽可能地不去改变。如果你没有定下一个确切的时间,那么你很可能会找借口把锻炼推迟到第二天,然后再拖延几次就完完全全破坏掉了运动的习惯。

2. 开始时运动量不要过大

这条建议也许是最有用的。开始阶段如果运动的强度过大,身体无法适应,会导致整个运动计划早早报废。因此,最开始时每天锻炼15~20分钟,并且不要做强度太大的运动。关键在于迈出第一步,让你的身体逐渐适应每天锻炼,然后慢慢地养成这个习惯。

3. 逐步加大运动量

一旦你的身体开始适应日常锻炼,你就可以慢慢地加大运动量和运动强度。不过至少在两周之后再试着这样做——因为你的身体需要这么久的调整时间。当20分钟的锻炼时间已经让你觉得很轻松时,你就可以试着30~40分钟,甚至逐渐地增加到1个小时。当你做到这些之后你就可以逐渐地提高运动强度了——比如跑得更快一些。不要试着同时加大运动量和运动强度。

4. 各种运动项目穿插进行

多加入几个项目可以避免日常锻炼变得枯燥。不同的运动能锻炼身体不同部位的肌肉。

5. 一周"休息"一天

恢复是非常重要的。如果你只是每天做少量的运动,只锻炼20分钟,那么也许不用专门休息你也没有什么问题。但是,最好每周你能抽出一天做些与另外6天所不相同的运动。你不能直接跳过这一天,什么都不做,那样的话你锻炼的持续性就被打破,不利于运动习惯的养成。如果你需要更多的休息,不妨散步20分钟,或者冥想一会儿。

6. 一天都不要间断

"没问题,我已经连续做了5天了……今天就不做了吧。"很多人会这么说。但是这只会让你的习惯更难养成。坚持,这是关键中的关键。但是,如果你哪天偷懒不做了,不要责备自己——每个人都会有这样的问题,并且习惯的养成是一个需要练习的技能。你要做的只是重新开始一个30天计划,明确自己的目标,然后坚持下去。

三、科学睡眠

睡眠是每个人日常生活中的一部分。人们常说,人的一生中有三分之一的时间是在睡眠中度过的,但是越来越多的数据显示,人们的平均睡眠时间在减少,其中大学生的睡眠时间数据尤为突出。越来越多的大学生疲于考试、学习、就业和人际的压力,产生焦虑沮丧的负面情绪,更加难以入睡。

(一)中国大学生睡眠质量现状

据中国青年网校园通讯社2020年的问卷调查,超三成大学生零点之后睡觉且睡眠不足7小时,半数大学生对睡眠质量不满意,八成大学生有过失眠状况。

另外,由中国社会科学院发布的《社会蓝皮书》显示,大学生睡眠质量一般,仅有约四分之一(24.6%)的大学生认为睡眠质量非常好。大学生作息不规律,"刷夜"现象普遍,2019年调查数据显示,只有13.67%的大学生在11点之前入睡。86.33%的大学生都是在晚上11点之后才上床睡觉,近一半(53.53%)的大学生在晚上11点至12点之间睡觉,32.8%的大学生都是在晚上12点以后才上床入睡。

大学生对自己的睡眠质量是否满意呢? 中国青年网调查显示,56.97%的大学生认为不满意;其次为满意,占34.39%;还有8.64%认为无所谓。

大学生在睡觉之前都会做些什么呢? 中国青年网记者调查显示,超九成大学生选择玩手机,其次为听音乐和聊天。

睡眠质量差,就容易导致失眠。那么,大学生是否有过失眠状况呢? 调查显示,80.95%的大学生有失眠的状况,其中偶尔失眠占72.31%,经常失眠占8.64%。仅有19.05%的大学生没有失眠状况。

(二)长期睡眠质量不好的危害

1.扰乱内分泌

有很多重要的激素会在睡眠期间分泌,如甲状腺激素、性激素、褪黑素。睡眠不足会引起身体应激反应,使机体交感神经过度兴奋,分泌更多的皮质醇激素,容易引起血糖调节障碍、血糖增高,增加罹患糖尿病的风险。

2.损伤大脑

应激诱导的高皮质醇释放水平与海马体体积减小有关。如果睡眠时间不足会导致人体认知功能受损,睡眠障碍会造成健忘、恍惚、难以集中精神等问题。

3.心脑血管受伤

有研究显示,以6~9小时为"合适睡眠区间",如果睡眠时长不在此区间内,排除危险因素后,睡眠不足或睡太多都会增加心脏病风险。

4.降低免疫力

伤口一般在睡觉的时候愈合,红肿炎症等也是在睡觉时消退的,很少是在白天。睡眠不足会降低白细胞的吞噬能力,免疫系统无法工作,身体就无法对细菌、病毒、癌细胞等进行抵抗,导致疾病乘虚而入。

5.阻碍机体代谢

睡眠状态下,吞噬细胞会主动吞噬坏死组织,进行新陈代谢,将坏死的组织、毒

素、代谢产物排出体外,让白天酸痛的关节、肌肉得到休息。

6.加速皮肤衰老

人的皮肤之所以柔润而有光泽,是依靠皮下组织的毛细血管来提供充足的营养。睡眠质量差会引起皮肤毛细血管瘀滞,循环受阻,使得皮肤的细胞得不到充足的营养,因而影响皮肤的新陈代谢,加速皮肤的老化,使皮肤颜色显得晦暗而苍白。尤其眼圈发黑,且易生皱纹。

7.诱发心理疾病

睡眠时长太短或过长易导致焦虑、抑郁等,长此以往还可能诱发心理疾病,也会导致脱发。

(三)如何改善睡眠质量

1.睡前发会呆

失眠多因情志所伤,要学会放下纠结的事,不要带着愤怒或焦虑入睡,每晚睡前发一会儿呆是最简单的减压方式。有研究显示,心无杂念、脑子里什么也不想的时候,大脑中的α脑电波得到加强。这种特殊的脑电波可以让注意力和意念更加集中,从而缓解焦虑不安。

2.拒绝看电子产品

应杜绝睡前及夜间醒时看手机、电视、电脑、平板、听广播等不良习惯。同时,最好在卧室挂上遮光窗帘,以确保入睡时不受干扰。对于部分夜间不易产生困意、夜间醒后难以入睡的人,可以选择一本较为枯燥乏味、缺少情节的书籍,以备睡眠前或夜间醒时阅读。但对于具有钻研精神的人,则不建议阅读书籍,而要寻找更适合自己的助眠方式。

3.晚餐有节制

饮食不节是导致失眠的一个重要因素,吃少、吃多、吃偏,或致气血不足,或致痰湿内阻,都会造成心神不安。建议下午3点以后避免摄入含酒精的饮品,晚餐后至少2~3小时再试图睡觉。

4.经常泡脚

足部有一些与睡眠关联密切的穴位,可起到调理失眠的作用。临睡前适当泡脚,可以促进血液循环,有效改善睡眠质量。建议按压位于脚底的涌泉穴,平时也应多活动一下脚趾,以促进气血流通,健脑益智。

5.开窗通风

睡眠质量不高和失眠者,应每日适当为居室通风,以改善室内空气质量。有条件的可选择到空气清新、氧含量高的地方居住一段时间,更好地吸收大自然清气,也可以每天练习半小时吐纳呼吸法。

6.听助眠音乐

中医认为,五音宫、商、角、徵、羽对应五脏,适合的音乐疗法可对调理失眠具有积极作用。乐曲的选择要因人而异,感觉能让心沉静下来的就是适合自己的。

7.调整居室寝具颜色

中医认为,五色入五脏,不同的颜色对身体的不同脏腑有修复和治疗作用,现代研究也发现人体对不同颜色的反馈不同。

红色是刺激色,它可以提高机体温度,促进血液循环,失眠者尽量避免;白色能够清除消极情绪,让人变得宽恕和接纳;黑色是保护色,可以帮助特别敏感的人安静下来;黄色给人温暖的感觉,有助于平衡整个肠胃系统,但过多会让人产生焦虑;绿色是镇静的颜色,主宰平衡,让身、心得到休整,有安神的效果;蓝色是最为沉静的颜色,具有镇静的效果,能安静人心,起到冷却和放松的作用;紫色有助于改善睡眠。

除了卧室布置和配饰的色彩搭配以外,失眠者还可以通过在画板上涂抹令人舒缓的颜色来助眠。

8.让居室清香

五味入五脏,特别是芳香药物大多具有芳香走窜、疏理气机的作用,而经络是气血运行的主要通道。芳香类药物可以帮助经络运行气血,营养全身,抵御外邪等。也可在枕边摆放切开的苹果、橘子、橙子等,让清新果香帮助入眠。

9.白天适当运动

动静适宜有助于失眠康复和防止失眠复发,对于失眠患者来说,要格外注意运动的时间。建议慢性失眠患者可以在午前(上午10点至12点之间)进行户外锻炼,以顺应大自然阳气运行规律。

10.选择舒适的床品

枕头高低、软硬合适,被子薄厚适当。有睡眠障碍的人可考虑选择药枕,可用粗茶叶浸泡晾干后,直接放在枕套中,也可加入适量的茉莉干花,有助于愉悦心情,酣然入梦。

拓展阅读 **人体科学睡眠时间安排表**

1.晚上9:00—11:00

人体淋巴的排毒时间,免疫系统活跃起来,此时,你应该静下心来,听听音乐,使自己尽量地保持安静。这样免疫系统就会很顺利地完成排毒工作,让你的免疫力增加。

2.晚上11:00—1:00

肝脏开始排毒你就应该熟睡了,不要熬夜,此时你不睡觉的话,你的肝脏就会很累,甚至受损。

3.夜里1:00—3:00

是胆排毒的时间,此时亦应该继续熟睡,以便有利于肝胆的排毒。

4.半夜到凌晨4:00

正是人的脊椎造血时段,必须要熟睡,千万不要熬夜。

5.凌晨3:00—5:00

人的肺开始排毒了,平时咳嗽的人此时会加重咳嗽,但是,不应该立即服用止咳药,以免抑制肺积物的迅速排出。

6.早晨5:00—7:00

人的大肠在排毒了,此时就是你上厕所的最佳时机。

7.早晨7:00—9:00

人的小肠开始大量吸收营养素的时间,在这之前,你理应吃早餐,不然,你一天的营养就会匮乏。治疗疾病的人最好6:30之前吃,养生的人可以在7:30前吃。

8.什么时间睡觉最好

人类最佳睡眠时间应是晚上10点到清晨6点;老年人稍提前,为晚9点到清晨5点;儿童为晚8点到清晨6点。

思考与训练

【分析与讨论】

1.你认为生命的意义是什么呢?

_____

_____

_____

2.你人生的五样

(1)拿出白纸,在白纸的顶端写下"×××的五样"。

(2)用笔在白纸上写下自己生命中最重要的五样东西。可以是实在的物体,如水、钱等;也可以是自己最看重的人,如爱人、父母等;也可以是爱好习惯,比如旅行、摄影等;也可以是抽象的事物,如哲学、祖国等。注意,不要思考太多,脑海中涌出什么念头,就提笔写出来,也不用考虑顺序等。

(3)请静静地看一分钟你写出来的五样至爱。

(4)然后,想象一下,你生命中现在出现了一些意外的状况,不得已要从这五样中拿走一样,你会最先放弃哪一项?把你决定放弃的项目用黑笔完全涂黑。

(5)现在,请你在剩下的四样至爱中再删掉一项,尽管很残酷,但仔细斟酌后,必须要这样做。依此方法,逐渐删去第三样、第四样。最后你的白纸上,只剩下一样东西,这就是你生命中最宝贵的东西,被删掉的顺序就是你心目中划分的主次。请记住这个顺序,当你在生活中无所适从的时候,这个顺序也许会帮到你,找到适合你的答案。

小组分享:

(1)分享自己游戏过程中的感受,你生命中最重要的五样是什么?为什么是这五样?

(2)自己最先删掉了什么?然后又删掉了什么?为什么是这个顺序?

(3)最后你生命中留下的最宝贵的东西是什么?为什么?你现在拥有它吗?如果没有,为什么?

3.课堂讨论

通过"你人生的五样"这个游戏,你们小组的同学得到哪些启示?

讨论步骤与要求:

(1)每个人先在白纸上把自己详细的观点和看法逐条写出来。

(2)分组讨论:6~8人组成一个小组,小组成员之间先讨论,然后形成一致认可的文字材料。

(3)课堂讨论:每组选派一名同学,代表小组参加课堂讨论发言。

【心理测试】

阿森斯失眠量表

测试说明:

量表共8个条目,每条从无到严重分为0、1、2、3四级评分。如果你在过去的1个月内,每星期至少经历3次以下问题中所陈述的情况,你就需要进行测评,以了解自己是否已经出现了失眠的情况,并及时就医以免进一步影响你的心境和工作学习能力。

①入睡时间(关灯后到睡着的时间)

    0:没问题

    1:轻微延迟

    2:显著延迟

    3:延迟严重或没有睡觉

②夜间苏醒

    0:没问题

　　1：轻微影响

　　2：显著影响

　　3：严重影响或没有睡觉

③ 比期望的时间早醒

　　0：没问题

　　1：轻微提早

　　2：显著提早

　　3：严重提早或没有睡觉

④ 总睡眠时间

　　0：足够

　　1：轻微不足

　　2：显著不足

　　3：严重不足或没有睡觉

⑤ 总睡眠质量（无论睡多长）

　　0：满意

　　1：轻微不满

　　2：显著不满

　　3：严重不满或没有睡觉

⑥ 白天情绪

　　0：正常

　　1：轻微低落

　　2：显著低落

　　3：严重低落

⑦ 白天身体功能（体力或精神，如记忆力、认知力和注意力等）

　　0：足够

　　1：轻微影响

　　2：显著影响

　　3：严重影响

⑧ 白天思睡

　　0：无思睡

　　1：轻微思睡

　　2：显著思睡

　　3：严重思睡

评分标准

把每题得分相加计算出总分。

结果解释

分数	解释
总分小于4	无睡眠障碍。建议您继续保持良好生活作息
总分在4~6	可疑失眠。建议您调整生活作息,或参考专业人士的建议
总分在6分以上	失眠。建议您及时就医,提高改善睡眠质量,以避免引发其他问题

【心理训练】

训练一:我的手掌

训练目标:

了解生命的独特性,增进自我的接纳程度。

训练内容:

1.请你将右手放在白纸上,然后用左手执笔,沿着右手手指和手掌的轮廓,把你右手完完整整地画下来,画到手腕上约一寸处为止。

2.请你把这张纸拿起来,仔细端详一分钟,想一想,这只手伴随了你多少岁月,帮助你做了多少事情? 如果把画有你这只手的纸和画有其他手的纸混一起,你还能找到你的这只手吗?

3.在组内,找到其他组员,把他们的右手也用同样的办法画下来,要至少得到5张这样的画纸。

4.用剪刀把纸上手的轮廓剪下来,得到手的剪纸。

5.把你剪的手轮廓的剪纸叠加在一起,看一看,是否有两只手能够完全重叠。

6.然后,在这些叠加在一起的"手"中,你能找到你的那只吗?

7.学生分享:

(1)你找到你的"手"了吗? 是很容易就找到,还是费了一番力气? 在你收集的"手"中,有和你的"手"大小形状完全一样的吗? 这给了你什么启示?

(2)你的"手"是修长的还是粗短的,它漂亮吗?

(3)和其他的"手"相比,你的"手"有哪些特点? 你了解你的手吗? 它最擅长做什么? 和其他的"手"相比,它有哪些不同?

训练二:洞口余生

训练目标:

明确自己生命的重要性以及对他人重要性的珍视。

训练内容：

1.班级成员分成5~6人一组。每组围圈坐下，尽量缩短相互之间的距离，留一个出口。

2.为增强气氛可以拉上窗帘、关灯，出口处最好靠近门或窗。

3.教师铺设情景："现在大家到郊外旅游，不巧遇到泥石流倾泻，全部被困在几米的地下，只有一个出口，只可以过一个人，而出口随时有倒塌的危险，谁先出去就有生的希望。请每个人依次说出自己求生的目的及将来可能对社会做出的贡献，然后大家协商，看谁可以最先逃出，并排出次序。然后，全体一起讨论活动过程及自己的感受。"

4.思考：讨论的重点集中到自己能否说出将来生活的指向，听了别人的意见后，是否想修改自己原有的想法，小组内以什么为标准决定逃生者的次序。

5.分享：通过这次活动，你有何感受？

附　录

一、抑郁自评量表(SDS)

测试说明：下面20道题，请仔细阅读每一题，每个题目后有四个选项(对应1~4分)，分别为：A.没有或偶尔；B.有时；C.经常；D.总是如此。请根据你最近一个星期的实际情况进行选择。

注意：测试结果不能作为诊断结果，如怀疑自己存在抑郁症倾向，请务必前往精神专科医院，由医生做出诊断。

1.我感到情绪沮丧、郁闷

　　A.没有或偶尔　　　　B.有时　　　　　　C.经常　　　　　　D.总是如此

★2.我感到早晨是心情最好的时刻

　　A.没有或偶尔　　　　B.有时　　　　　　C.经常　　　　　　D.总是如此

3.我要哭或想哭

　　A.没有或偶尔　　　　B.有时　　　　　　C.经常　　　　　　D.总是如此

4.我夜间睡眠不好

　　A.没有或偶尔　　　　B.有时　　　　　　C.经常　　　　　　D.总是如此

★5.我吃饭跟往常一样多

　　A.没有或偶尔　　　　B.有时　　　　　　C.经常　　　　　　D.总是如此

★6.我的性功能正常

　　A.没有或偶尔　　　　B.有时　　　　　　C.经常　　　　　　D.总是如此

7.我感到体重减轻

　　A.没有或偶尔　　　　B.有时　　　　　　C.经常　　　　　　D.总是如此

8.我为便秘烦恼

　　A.没有或偶尔　　　　B.有时　　　　　　C.经常　　　　　　D.总是如此

9.我的心跳比平时快

　　A.没有或偶尔　　　　B.有时　　　　　　C.经常　　　　　　D.总是如此

10.我无故感到疲劳

    A.没有或偶尔   B.有时   C.经常   D.总是如此

*11.我的头脑像往常一样清楚

    A.没有或偶尔   B.有时   C.经常   D.总是如此

*12.我做事情像平时一样不感到困难

    A.没有或偶尔   B.有时   C.经常   D.总是如此

13.我坐卧不安,难以保持平静

    A.没有或偶尔   B.有时   C.经常   D.总是如此

*14.我对未来感到有希望

    A.没有或偶尔   B.有时   C.经常   D.总是如此

15.我比平时更容易激怒

    A.没有或偶尔   B.有时   C.经常   D.总是如此

*16.我觉得决定什么事情很容易

    A.没有或偶尔   B.有时   C.经常   D.总是如此

*17.我感到自己是有用的和不可缺少的人

    A.没有或偶尔   B.有时   C.经常   D.总是如此

*18.我的生活很有意义

    A.没有或偶尔   B.有时   C.经常   D.总是如此

19.假若我死了别人会过得更好

    A.没有或偶尔   B.有时   C.经常   D.总是如此

*20.我仍旧喜爱自己平时喜爱的东西

    A.没有或偶尔   B.有时   C.经常   D.总是如此

评分标准

正向计分:A=1,B=2,C=3,D=4;反向计分:A=4,B=3,C=2,D=1;

反向计分项目:2,5,6,11,12,14,16,17,18,20(共10道题反向计分)

将所有题目得分相加,再乘以1.25后取整数部分(舍小数,取整数),就是最后的

标准分

结果解释

标准分	结果解释与参考建议
53分以下	你无抑郁体验
53~62分	你有轻度抑郁,但是请别担心,请适当调整
63~72分	你有中度抑郁,请及时调整自己的心态,或寻求他人帮助
72分以上	你有重度抑郁,已经影响到了日常生活,建议您立即寻求精神科医生或专业心理咨询师的帮助

二、焦虑自评量表(SAS)

测试说明：下面有20道题目，请仔细阅读，每道题均有四个选项，分别表示：A.没有或很少时间；B.小部分时间；C.相当多时间；D.绝大部分或全部时间，根据你最近一个星期的实际情况进行选择。

注意：测试结果不能作为诊断结果，如怀疑自己存在焦虑症倾向，请务必前往精神专科医院，由医生做出诊断。

1.我觉得比平时容易紧张或着急
    A.没有或很少时间　　　　　　　　B.小部分时间
    C.相当多时间　　　　　　　　　　D.绝大部分或全部时间

2.我无缘无故会感到害怕
    A.没有或很少时间　　　　　　　　B.小部分时间
    C.相当多时间　　　　　　　　　　D.绝大部分或全部时间

3.我容易心里烦乱或惊恐
    A.没有或很少时间　　　　　　　　B.小部分时间
    C.相当多时间　　　　　　　　　　D.绝大部分或全部时间

4.我觉得我可能将要发疯
    A.没有或很少时间　　　　　　　　B.小部分时间
    C.相当多时间　　　　　　　　　　D.绝大部分或全部时间

*5.我觉得一切都很好，也不会发生什么不幸
    A.没有或很少时间　　　　　　　　B.小部分时间
    C.相当多时间　　　　　　　　　　D.绝大部分或全部时间

6.我手脚发抖打颤
    A.没有或很少时间　　　　　　　　B.小部分时间
    C.相当多时间　　　　　　　　　　D.绝大部分或全部时间

7.我因为头痛、颈痛和背痛而苦恼
    A.没有或很少时间　　　　　　　　B.小部分时间
    C.相当多时间　　　　　　　　　　D.绝大部分或全部时间

8.我容易衰弱和疲乏
    A.没有或很少时间　　　　　　　　B.小部分时间
    C.相当多时间　　　　　　　　　　D.绝大部分或全部时间

*9.我觉得心平气和,并且可以保持安静坐着
    A.没有或很少时间　　　　　　　　B.小部分时间

C.相当多时间   D.绝大部分或全部时间

10.我觉得心跳加快

  A.没有或很少时间   B.小部分时间

  C.相当多时间   D.绝大部分或全部时间

11.我因为一阵阵头晕而苦恼

  A.没有或很少时间   B.小部分时间

  C.相当多时间   D.绝大部分或全部时间

12.我有晕倒出现或具有晕倒倾向

  A.没有或很少时间   B.小部分时间

  C.相当多时间   D.绝大部分或全部时间

★13.我吸气呼气都很自如

  A.没有或很少时间   B.小部分时间

  C.相当多时间   D.绝大部分或全部时间

14.我手脚麻木和刺痛

  A.没有或很少时间   B.小部分时间

  C.相当多时间   D.绝大部分或全部时间

15.我因为胃痛和消化不良而苦恼

  A.没有或很少时间   B.小部分时间

  C.相当多时间   D.绝大部分或全部时间

16.我常常要小便

  A.没有或很少时间   B.小部分时间

  C.相当多时间   D.绝大部分或全部时间

★17.我的手脚常常是干燥温暖的

  A.没有或很少时间   B.小部分时间

  C.相当多时间   D.绝大部分或全部时间

18.我脸红发热

  A.没有或很少时间   B.小部分时间

  C.相当多时间   D.绝大部分或全部时间

★19.我容易入睡并且一夜睡得很好

  A.没有或很少时间   B.小部分时间

  C.相当多时间   D.绝大部分或全部时间

20.我做噩梦

  A.没有或很少时间   B.小部分时间

  C.相当多时间   D.绝大部分或全部时间

评分标准

正向计分:A=1,B=2,C=3,D=4;反向计分:A=4,B=3,C=2,D=1;

反向计分项目:5,9,13,17,19(共5道题反向计分)

将所有题目得分相加,再乘以1.25后取整数部分(含小数,取整数),就是最后的标准分

结果解释

标准分	结果解释与参考建议
50分以下	没有焦虑
50~59分	你有轻度焦虑,在最近一段时间里偶有焦虑,在面临极大压力或者心情不好的时候,会在一定程度上产生焦虑感觉,但是其焦虑症状轻微,经过及时的调适,一般都会迅速缓解
60~69分	你有中度焦虑,建议你要充分关注自己的心理状态,在有焦虑、不安的时候,审视自己的观念是否有错误,或进行适当宣泄,比如进行创作或运动,使自己放松;同时,交一些能交心的知心朋友,经常谈心,加强体育锻炼,必要的话寻求专业心理咨询师的帮助
69分以上	你有重度焦虑,已经影响到了日常生活,建议立即寻求精神科医生或专业心理咨询师的帮助

三、职业价值观测试

简介:职业价值观测试是美国心理学家舒伯于1970年编制的,用来衡量工作中和工作以外的价值观以及激励人们工作目标。量表将职业价值分为三个维度:一是内在价值观,即与职业本身性质有关的因素;二是外在价值观,即与职业性质有关的外部因素;三是外在报酬,共计13个因素:利他主义;美感;智力刺激;成就感;独立性;社会地位;管理;经济报酬;社会交际;安全感;舒适;人际关系;追求新意。

指导语:请仔细阅读下面的52道题目,每个题目都有5个备选答案,请根据自己的实际情况或想法进行作答。

注意:选项中的"重要"有时候是指"喜欢"或"希望"

1.你的工作必须经常解决新的问题。

    A.非常重要   B.比较重要   C.一般   D.较不重要

    E.很不重要

2.你的工作能为社会福利带来明显效果。

    A.非常重要   B.比较重要   C.一般   D.较不重要

    E.很不重要

3.你的工作奖金很高。

    A.非常重要   B.比较重要   C.一般   D.较不重要

    E.很不重要

4.你的工作内容经常变换。

    A.非常重要   B.比较重要   C.一般   D.较不重要

    E.很不重要

5.你能在你的工作范围内自由发挥。

    A.非常重要   B.比较重要   C.一般   D.较不重要

    E.很不重要

6.你的工作能使你的朋友非常羡慕你。

    A.非常重要   B.比较重要   C.一般   D.较不重要

    E.很不重要

7.你的工作带有艺术性。

    A.非常重要   B.比较重要   C.一般   D.较不重要

    E.很不重要

8.你的工作能使人感觉到你是团体中的一分子。

    A.非常重要   B.比较重要   C.一般   D.较不重要

    E.很不重要

9.不论你怎么干,你总能和大多数人一样晋升和加工资。

    A.非常重要   B.比较重要   C.一般   D.较不重要

    E.很不重要

10.你的工作使你有可能经常变换工作地点、工作方式和工作内容。

    A.非常重要   B.比较重要   C.一般   D.较不重要

    E.很不重要

11.在工作中你能接触到形形色色的人。

    A.非常重要   B.比较重要   C.一般   D.较不重要

    E.很不重要

12.你的工作上下班时间比较随便、自由。

    A.非常重要   B.比较重要   C.一般   D.较不重要

    E.很不重要

13.你的工作使你获得成功感。

    A.非常重要   B.比较重要   C.一般   D.较不重要

    E.很不重要

14.你的工作赋予你高于别人的权力。

A.非常重要   B.比较重要   C.一般   D.较不重要

E.很不重要

15.在工作中,你能试行一些你的新想法。

A.非常重要   B.比较重要   C.一般   D.较不重要

E.很不重要

16.在工作中你不会因为身体或能力等因素,被人瞧不起。

A.非常重要   B.比较重要   C.一般   D.较不重要

E.很不重要

17.你能从工作的成果中,知道自己做得不错。

A.非常重要   B.比较重要   C.一般   D.较不重要

E.很不重要

18.你的工作经常要外出、参加各种集会和活动。

A.非常重要   B.比较重要   C.一般   D.较不重要

E.很不重要

19.只要你干上这份工作,就不会被调到其他意想不到的单位和工种上去。

A.非常重要   B.比较重要   C.一般   D.较不重要

E.很不重要

20.你的工作能使世界更美丽。

A.非常重要   B.比较重要   C.一般   D.较不重要

E.很不重要

21.在你的工作中,不会有人常来打扰你。

A.非常重要   B.比较重要   C.一般   D.较不重要

E.很不重要

22.只要努力,你的工资会高于其他同年龄的人,晋升或涨工资的可能性比干其他工作大得多。

A.非常重要   B.比较重要   C.一般   D.较不重要

E.很不重要

23.你的工作是一项对智力的挑战。

A.非常重要   B.比较重要   C.一般   D.较不重要

E.很不重要

24.你的工作要求你把一切事情安排得井井有条。

A.非常重要   B.比较重要   C.一般   D.较不重要

E.很不重要

25.你的工作单位有舒适的休息室、更衣室、浴室及其他设备。

A.非常重要　　　　　B.比较重要　　　　C.一般　　　　　D.较不重要
E.很不重要

26.你的工作有可能结识各行各业的知名人物。
　　A.非常重要　　　　　B.比较重要　　　　C.一般　　　　　D.较不重要
　　E.很不重要

27.在你的工作中,能和同事建立良好的关系。
　　A.非常重要　　　　　B.比较重要　　　　C.一般　　　　　D.较不重要
　　E.很不重要

28.在别人眼中,你的工作是很重要的。
　　A.非常重要　　　　　B.比较重要　　　　C.一般　　　　　D.较不重要
　　E.很不重要

29.在工作中你经常接触到新鲜的事物。
　　A.非常重要　　　　　B.比较重要　　　　C.一般　　　　　D.较不重要
　　E.很不重要

30.你的工作使你能常常帮助别人。
　　A.非常重要　　　　　B.比较重要　　　　C.一般　　　　　D.较不重要
　　E.很不重要

31.你在工作单位中,有可能经常变换工作。
　　A.非常重要　　　　　B.比较重要　　　　C.一般　　　　　D.较不重要
　　E.很不重要

32.你的作风使你被别人尊重。
　　A.非常重要　　　　　B.比较重要　　　　C.一般　　　　　D.较不重要
　　E.很不重要

33.同事和领导人品较好,相处比较随便。
　　A.非常重要　　　　　B.比较重要　　　　C.一般　　　　　D.较不重要
　　E.很不重要

34.你的工作会使许多人认识你。
　　A.非常重要　　　　　B.比较重要　　　　C.一般　　　　　D.较不重要
　　E.很不重要

35.你的工作场所很好,比如有适度的灯光,安静、清洁的工作环境,甚至恒温、恒湿等优越的条件。
　　A.非常重要　　　　　B.比较重要　　　　C.一般　　　　　D.较不重要
　　E.很不重要

36.在工作中,你为他人服务,使他人感到很满意,你自己也很高兴。

A.非常重要　　　　B.比较重要　　　C.一般　　　　D.较不重要

E.很不重要

37.你的工作需要组织和计划别人的工作。

A.非常重要　　　　B.比较重要　　　C.一般　　　　D.较不重要

E.很不重要

38.你的工作需要敏锐的思考。

A.非常重要　　　　B.比较重要　　　C.一般　　　　D.较不重要

E.很不重要

39.你的工作可以使你获得较多的额外收入,比如常发实物、常购买打折扣的商品、常发商品的提货券、有机会购买进口货等。

A.非常重要　　　　B.比较重要　　　C.一般　　　　D.较不重要

E.很不重要

40.在工作中你是不受别人差遣的。

A.非常重要　　　　B.比较重要　　　C.一般　　　　D.较不重要

E.很不重要

41.你的工作结果应该是一种艺术而不是一般的产品。

A.非常重要　　　　B.比较重要　　　C.一般　　　　D.较不重要

E.很不重要

42.在工作中不必担心会因为所做的事情领导不满意,而受到训斥或经济惩罚。

A.非常重要　　　　B.比较重要　　　C.一般　　　　D.较不重要

E.很不重要

43.在你的工作中能和领导有融洽的关系。

A.非常重要　　　　B.比较重要　　　C.一般　　　　D.较不重要

E.很不重要

44.你可以看见你努力工作的成果。

A.非常重要　　　　B.比较重要　　　C.一般　　　　D.较不重要

E.很不重要

45.在工作中常常要你提出许多新的想法。

A.非常重要　　　　B.比较重要　　　C.一般　　　　D.较不重要

E.很不重要

46.由于你的工作,经常有许多人来感谢你。

A.非常重要　　　　B.比较重要　　　C.一般　　　　D.较不重要

E.很不重要

47.你的工作成果常常能得到社会或上级、同事的肯定。

A.非常重要　　　　　B.比较重要　　　　　C.一般　　　　　D.较不重要

E.很不重要

48.在工作中,你可能做一个负责人,虽然可能只领导少数人,你信奉"宁做兵头,不做将尾"的俗语。

A.非常重要　　　　　B.比较重要　　　　　C.一般　　　　　D.较不重要

E.很不重要

49.你从事的那种工作,经常在报刊、电视中被提到,因而在人们的心目中很有地位。

A.非常重要　　　　　B.比较重要　　　　　C.一般　　　　　D.较不重要

E.很不重要

50.你的工作有数量可观的夜班费、加班费、保健费或营养费等。

A.非常重要　　　　　B.比较重要　　　　　C.一般　　　　　D.较不重要

E.很不重要

51.你的工作比较轻松,精神上也不紧张。

A.非常重要　　　　　B.比较重要　　　　　C.一般　　　　　D.较不重要

E.很不重要

52.你的工作需要和影视、戏剧、音乐、美术、文学等艺术打交道。

A.非常重要　　　　　B.比较重要　　　　　C.一般　　　　　D.较不重要

E.很不重要

评分标准

1.选项分值

A=5,B=4,C=3,D=2,E=1

2.下面是13个因子对应的题号,请分别计算出13个因子分

利他主义:<2>+<30>+<36>+<46>

美感:<7>+<20>+<41>+<52>

智力刺激:<1>+<23>+<38>+<45>

成就感:<13>+<17>+<44>+<47>

独立性:<5>+<15>+<21>+<40>

社会地位:<6>+<28>+<32>+<49>

管理:<14>+<24>+<37>+<48>

经济报酬:<3>+<22>+<39>−<50>

社会交际:<11>+<18>+<26>+<34>

安全感:<9>+<16>+<19>+<42>

舒适:<12>+<25>+<35>+<51>

人际关系：<8>+<27>+<33>+<43>

追求新意：<4>+<10>+<29>+<31>

3.将13个因子分从高到低排序

4.测评结果取前面最高的三项(从高到低显示)取分数最高的三项,可并列显示:如第三和第四分数相同,则显示4项。

结果解释

利他主义	利他主义在你的职业价值观中的得分较高。这表明你工作的目的和价值,在于直接为大众的幸福和利益尽一份力。重视利他的你适合从事教师、心理咨询师、社会工作者、医生、护士等工作,这些工作有很多机会可以帮助到他人。从行业方面看,你可以进入教育、医疗、公益等行业,这些行业都是为他人或社会服务的,不论你在其中做任何职位,都可以直接或间接地帮助到他人。持有利他主义价值观的人最容易遇到的问题是帮助他人与金钱报酬之间的冲突。通常的解决方法是在职业早期先进入到报酬可以满足自己生活开销工作中,利用业余时间帮助他人,当时机成熟时再全职做一些公益的事情
美感	美感在你的职业价值观中的得分较高。这表明你需要在工作中能不断地追求美的东西,得到美感的享受。重视美感的你适合从事与艺术和创作有关的工作,如产品设计、广告设计、UI设计、市场策划、电影电视编导等职位。行业方面,你可以进入与艺术和设计有关的行业,如广告、电影等;也可以进入其他行业中的市场或设计部门。然而,追求美感并不意味着您必须具有深厚的艺术功底,也不意味着你一定要直接从事艺术方面的工作。在日常工作中,例如排版一份文档,或者修改一个产品的细节,你都可以发挥自己的主动性,将美感融入每天的工作中
智力刺激	智力刺激在你的职业价值观中的得分较高。这表明你需要在工作中不断动脑思考,学习和探索新事物,解决新问题。重视智力刺激的你适合从事设计、开发、产品经理、咨询顾问、研究等工作,这些工作经常会面临新的问题,需要经常学习和思考才可以解决,可以满足你对智力刺激的需要。从行业类型上来看,你适合进入曙光或朝阳行业,如互联网、金融、教育培训、医疗、文化传媒、新能源等,这些行业由于兴起不久,有许多以前没遇到过的问题需要解决,可以满足你对动脑思考、学习和探索新事物的需要
成就感	成就感在你的职业价值观中的得分较高。这表明你工作的目的和价值,在于不断创新、不断取得成就、不断得到领导与同事的赞扬或不断实现自己想要做的事。重视成就感的你适合从事可以明确衡量业绩的工作,如市场、销售、生产、研发等,后勤和支持类的职位并不是最佳选择。从组织类型上看,民企或创业公司会有更多的机会令你获得成就感,事业单位比较不容易获得成就感。绝大多数人都希望在工作中获得成就感,如果你工作中的成就不易显现,不容易得到领导和同事的赞扬,你可以主动创造一些条件来获得成就感,如记录每天工作中最有成就的事情,每周或每月总结自己的成就等。将工作中的一点一滴记录下来,积累到一定程度以后,自然会感到极大的成就感

独立性	独立性在你的职业价值观中的得分较高。这表明你很看重在工作中能充分发挥自己的独立性和主动性,按自己的方式、步调或想法去做事,不受他人的干扰。重视独立性的你比较适合的职业类型有培训师、销售、设计、技术等可以独立工作、发挥自己专长的职业,通常可以向专家型角色发展。你比较适合组织结构较扁平的公司,如互联网公司、小型创业公司等。上下级分明的组织,如大型国企、事业单位等并不适合你,因为在其中你需要更多照顾到领导的想法,而不能完全按照自己的方式做事
社会地位	社会地位在你的职业价值观中的得分较高。这表明你期望自己从事的工作在人们的心目中有较高的社会声望,从而使自己得到他人的重视与尊敬。重视社会地位的你比较适合从事社会主流认可的工作。依据中国的现状,你比较适合的职业类型有公务员、大学老师、医生、大型企业员工等。你适合的组织类型主要有政府机关、事业单位以及规模较大的公司等。你适合的行业类型主要有金融、文化教育、IT/互联网等。值得注意的是,社会的观念是会随时间改变而变化的,每个年代人们所看重的东西都不同,坚定自己的信念,找到自己认可的价值才是最重要的
管理	管理在你的职业价值观中的得分较高。这表明在工作中你希望可以获得对他人或某事物的管理支配权,能指挥和调遣一定范围内的人或事物。重视管理的你比较适合从事与管理有关的职业,如企业或政府中的各类管理职位、管理咨询顾问、律师、政治或经济学者等。在组织类型或行业方面,对你来说并没有什么特殊的限制。除了在组织内部成为管理者,你也可以考虑自行创业,这样可以实现您对管理的追求。然而创业需要很多准备,你可以尝试创业准备度测试,看看自己是否准备好创业了
经济报酬	经济报酬在你的职业价值观中的得分较高。这表明在工作中你非常重视报酬,期望工作使自己有足够的财力去获得自己想要的东西,使生活过得较为富足。重视经济报酬的你比较适合从事回报较高的职业,如销售、讲师和互联网技术人员等,这些职业可以在较短时间内获得较高的回报。从行业类型上看,你适合进入正在快速上升的行业,互联网、金融、教育培训、医疗等行业是可以重点考虑的。经济报酬是伴随着工作能力的增强而提高的,在现有岗位和行业上坚持提升自己的能力比频繁地更换工作会获得更大的经济报酬。此外你还可以了解如何计算职业的隐形报酬
社会交际	社会交际在你的职业价值观中的得分较高。这表明你期望在工作中能和各种人交往,建立比较广泛的社会联系和关系,甚至能和知名人物结识。重视社会交际的你适合从事较多与人接触的工作,例如销售、公关人员、人力资源、记者、导游、培训师、咨询师、社工等。你需要工作可以与人接触,行业并不是最关键的因素,不过公关、媒体、广告、会展等行业会有更多的机会与不同的人接触,你可以重点关注这些行业

安全感	安全感在你的职业价值观中的得分较高。这表明你希望在工作中有一个安稳局面，不会因为奖金、工资、工作调动等经常提心吊胆、心烦意乱。重视安全感的你适合进入政府、事业单位或者大型国企等组织，这些类型的组织工作环境较稳定，能满足你对安全感的需求。你不适合进入小型民企或创业公司，因为这些公司所处的市场环境变化较快，公司员工流动性较大，会让你感到不安
舒适	舒适在你的职业价值观中的得分较高。这表明你希望工作可以作为一种消遣、休息或享受的形式，追求比较舒适、轻松、自由、优越的工作条件和环境。重视舒适的你适合从事行政管理类的工作，这类工作流程明确，作息规律，能满足你对舒适的要求；与业务直接有关的工作并不适合你，因为业务部门的工作压力往往要大于支持部门。从组织类型上看，你适合进入大型外企、国企、政府、事业单位等，这些组织的工作环境较好，餐饮和办公条件较好，作息也比较规律，能满足你对舒适的需要。一些大型互联网公司的工作环境也非常舒适，有些公司还为员工配备了健身房等生活娱乐设施，这些公司的工作时间也很自由，一定程度上能满足你对舒适的需要。但是由于互联网公司工作压力较大，时常加班，所以是否适合需要你个人权衡
人际关系	人际关系在你的职业价值观中的得分较高。这表明你希望一起工作的大多数同事和领导人品较好，相处在一起感到愉快、自然，认为这就是很有价值的事，是一种极大的满足。重视人际关系的你应该重点考虑一些成员平均年龄与你的年龄相近的公司，在这样的组织中，同事跟你年龄相仿，更容易相处。你比较不适合一般的国企和事业单位，因为这些组织中人际关系相对复杂，并不是你所喜欢的。从行业方面看，从事教育、公益等行业的人相对容易相处，但也并非绝对的。值得注意的是，人际关系是绝大多人都会看重的职业价值观，并且人际关系与职位和行业的关系较小，因此在选择职业时仅适合作为参考因素。处理人际关系是一项技能，需要在工作中不断练习，当你具备处理人际关系的能力的时候，在哪儿工作都不是问题了
追求新意	追求新意在你的职业价值观中的得分较高。这表明你希望工作的内容应该经常变换，使工作和生活显得丰富多彩，不单调枯燥。追求新意的你适合从事有创造性的不重复不枯燥的工作，例如市场策划、互联网产品、广告创意设计等。在行业方面你比较适合进入曙光或者朝阳行业，如互联网、文化教育、金融、新媒体、新能源等，这些行业刚刚兴起不久，有很多不确定性，会让你觉得工作丰富而不单调；传统制造业和服务业的工作流程相对固定，不适合你。从组织类型上看，民企或创业公司更能满足你对新鲜感的追求，而大型国企、政府、事业单位的工作相对较为稳定，流程相对单一，并不适合你。值得注意的是，大多数职位在初级阶段都会经过重复枯燥的过程，这个过程是必经的，当积累了一定经验之后，你将会负责更多新的任务，工作就会变得丰富多彩起来

四、大学生幸福感测试量表

测试说明:以下问卷涉及你在生活中所遇到的一些情况、你的一些做法或看法。请仔细阅读每道题目,并根据自己的第一感觉尽快做出回答。请选择最符合你的情况的答案代码。(①很不同意;②不同意;③一般;④有点同意;⑤非常同意)

1. 我能很好地适应周围环境。
① ② ③ ④ ⑤

2. 我有一个和睦的家庭。
① ② ③ ④ ⑤

3. 我喜欢和我的朋友们在一起。
① ② ③ ④ ⑤

4. 我每天都过得很充实。
① ② ③ ④ ⑤

5. 父母给我营造了一个好的家庭氛围。
① ② ③ ④ ⑤

6. 我有一些知心的朋友。
① ② ③ ④ ⑤

7. 我是一个愿意接受改变,不断得到成长的人。
① ② ③ ④ ⑤

8. 我满意现在的学习、生活环境。
① ② ③ ④ ⑤

9. 总的说来,我对自己是肯定的,并对自己充满信心。
① ② ③ ④ ⑤

10. 随着时间的流逝,我不断地加深对自己的认识。
① ② ③ ④ ⑤

11. 相信毕业后我能找到一个满意的工作。
① ② ③ ④ ⑤

12. 无论做什么事情,父母都能理解并支持我。
① ② ③ ④ ⑤

13. 我和朋友之间能够互相理解。
① ② ③ ④ ⑤

14. 每天醒来,我都浑身上下充满力量。
① ② ③ ④ ⑤

15.当我有困难的时候,朋友总能及时地帮助我。
①②③④⑤

16.我对自己的学业充满了信心。
①②③④⑤

17.我不保守,是一个愿意接受新鲜事物的人。
①②③④⑤

18.一提到爱情我就会高兴。
①②③④⑤

19.我有一个好的学习氛围。
①②③④⑤

20.我清楚自己的人生目标是什么。
①②③④⑤

21.我能很好地融入我周围的环境。
①②③④⑤

22.任何年龄的人都应该成长与发展。
①②③④⑤

23.我对未来充满了干劲。
①②③④⑤

24.一回到家我就有一种安全感。
①②③④⑤

*25.我的生活环境很糟糕。
①②③④⑤

26.我能积极主动地完成自己制订的计划。
①②③④⑤

27.我觉得世界上没有真正的友谊。
①②③④⑤

*28.一想到爱情我就觉得虚无缥缈。
①②③④⑤

29.和家人在一起时我感到无比的幸福。
①②③④⑤

30.我从友谊中获益匪浅。
①②③④⑤

*31.我感到自己在感情上很空虚。
①②③④⑤

32.我不得过且过,真正地思考过未来。

　　①②③④⑤

33.生活是一个不断学习、变化和成长的过程。

　　①②③④⑤

34.我和我的朋友们互相信任。

　　①②③④⑤

35.我的家人都很健康、快乐。

　　①②③④⑤

36.我相信爱情。

　　①②③④⑤

37.我的人生有方向和目标。

　　①②③④⑤

38.我能很好地安排我的学习。

　　①②③④⑤

39.我的家人都非常关心我。

　　①②③④⑤

评分标准

　　请按照每个因子所对应的题号进行计分,①②③④⑤分别计1分、2分、3分、4分、5分,其中,25、28、31题反向计分,即①②③④⑤分别计5分、4分、3分、2分1分,然后填入每个因子所对应的空格中。

环境适应性		家庭满意度		友谊满意度		生活充实感		个人成长		自我信心		爱情满意度		目标感	
题号	得分	题号	得分	题号	得分	题号	得分	题号	得分	题号	得分	题号	得分	题号	得分
1		2		3		4		7		9		18		20	
8		5		6		14		17		10		28		32	
21		12		13		19		22		11		31		37	
25		24		15		26		33		16		36			
		29		27		38				23					
		35		30											
		39		34											

　　环境适应性:＿＿＿＿＿＿＿　　家庭满意度:＿＿＿＿＿＿＿

　　友谊满意度:＿＿＿＿＿＿＿　　生活充实感:＿＿＿＿＿＿＿

　　个人成长:＿＿＿＿＿＿＿　　自我信心:＿＿＿＿＿＿＿

爱情满意度：_____ 目标感：_____

总分：_____

结果解释

维度	解释
环境适应性	主要体现为对自己生活的内外环境的适应能力。8分以下说明对外界环境的适应能力不强,需要多学习适应环境的方法与技巧;9~14分说明环境适应能力较强;15分以上说明你的环境适应能力很强,有很好的心理承受能力应对各种复杂的环境变化
家庭满意度	主要体现为对自己所处的家庭地位、关系、生活细节的满意程度。12分以下说明满意程度不高,需要针对具体问题进行家庭关系修复;13~24分说明你比较满意你的家庭状况,还需进一步提高家庭成员的认同度;25分以上说明你很满意你的家庭,氛围融洽,生活很幸福
友谊满意度	主要体现为你对人际交往和人际关系的满意程度。12分以下说明你对你的交际状况很不满意,缺乏人际信任,交往的圈子很窄,需要努力拓宽你的交际面和信任朋友;13~24分说明你的人际交往一般,有一定的人际圈,但数量并不多,熟悉的较信任满意,不熟悉的则不太信任满意;25分以上说明你的人际交往很广,重视友谊,能很好地取得朋友信任
生活充实感	主要体现为对生活事件的满意程度。10分以下说明你感到生活很无聊,得过且过,这需要你积累生活经验,掌握生活技巧,寻找生活乐趣;11~17分说明你对生活有一定的兴趣,还需要进一步完善;18分以上你的生活独立能力很强,对各种生活事件都充满热情,能很好地体验生活快乐
个人成长	主要体现为对自己生理和心理成长变化的认可程度。8分以下说明你对自己的成长变化不认可,受过去事件的影响较深,需要加强自我成长训练,寻求心理援助;9~14分说明你比较认同你的成长,但易受现实突发事件的影响,需要学习应对成长烦恼的方法与技巧;15分以上说明你对你的个人成长经历很满意,且能很好地应对各种烦恼
自我信心	主要体现为对自己处理问题和应对挫折能力的自信程度。10分以下说明自信心不足,对很多事持比较悲观的态度,缺乏处理和应对的勇气,需要锻炼毅力,增强自信,学习解决问题方法与技巧;11~17分说明有一定自信,但还不全面完善,需要增加多种兴趣爱好和各种能力的深度,进一步增强自己的人格魅力;18分以上说明你很自信,有自己独特的人格魅力
爱情满意度	主要体现为你对爱情、恋爱的看法及满意程度。8分以下说明你不太相信爱情,不太满意自己的爱情和恋爱现状,需要先从基本人际交往开始,在互信交往中增进感情,并学习处理好各种分歧矛盾的方法,避免恋爱偏见;9~14分说明你有一些满意自己的感情状况,但易受恋爱感情分歧影响,除学习恋爱方法外,还需要有主动处理、真诚、理解和宽容的心态;15分以上说明你很满意你的爱情和恋爱状况

维度	解释
目标感	主要体现为你对各种学习、生活、事业目标的方向感。6分以下说明你没有目标方向感,对各种事情不能有明确清晰的认识,空虚感很强;7~11分说明有一些目标,但易受任务的困难阻碍,半途而废;12分以上说明你的目标比较明确
总分	将所有的题分数进行汇总得出总分,反映你在总体上的幸福感程度如何。65分以下说明你的总体幸福感很弱,需要从各方面进行调整;66~140分说明你的总体幸福感一般,有一些幸福感受,也有一些记忆深刻的痛苦经历,需要处理好愉悦与困惑之间矛盾心理的平衡,不必过于纠缠在某一事件;141分以上说明你总体幸福感很强,愉悦心情较多

五、心理压力自测量表

测试说明:下面有20道测试题,每题有"是""否"两种答案。选"是",加1分,选"否"不加分。测试完毕后,将所有分数相加得到总分。对照后面的测试结果分析,即可知道自己处于什么状态。

1.站立时有头晕感觉。

2.有口腔溃疡的现象,并且舌言出现异常现象,如颜色加重、舌苔增厚等。

3.有耳鸣现象出现。

4.经常感到喉咙或咽喉疼痛,嗓子干涩不适。

5.食欲下降,即使很饿或者面对喜欢吃的东西,也提不起胃口,并且进食后有难以消化的感觉。

6.经常便秘或腹泻,并感觉腹胀、腹痛。

7.肩膀、脊椎僵硬,并伴有酸痛感觉。

8.常患伤风感冒等小毛病,并不易痊愈。

9.感觉眼睛肿胀、干涩、容易疲劳。

10.经常出现手脚冰凉现象。

11.有心慌、心悸等感觉出现。

12.常感觉胸闷气短、胸痛、呼吸困难,甚至有窒息感。

13.常有头晕眼花症状出现,并感觉头部沉重或大脑不清晰。

14.体重下降。

15.清晨起床困难,常有不愿起床的倦怠感。

16.经常感觉疲劳,注意力下降,精神不集中。

17.情绪烦躁、暴躁、易怒。

18.不愿与人交际,甚至有厌倦感。

19. 出现鼻塞症状。

20. 睡眠质量不好, 容易做梦, 甚至做噩梦; 醒来之后不易入睡。

评分标准

将所得分数相加, 得出总分。

结果解释

总分	解释
低于5分	你承受的压力很小
6~10分	属于正常情况, 说明压力在你的承受范围之内, 没什么大碍
11~15分	你的压力较大, 已经给你的身体造成不适感, 要及时进行防范和调整
16~20分	你的压力太大了, 已经处于严重的紧张状态之中, 并对身体造成严重的危害, 威胁到了健康, 建议及时寻求专业帮助

主要参考文献

[1]理查德·格里格,菲利普·津巴多.心理学与生活[M].北京:人民邮电出版社,2016.

[2]戴维·迈尔斯.社会心理学[M].北京:人民邮电出版社,2016.

[3]林崇德.发展心理学[M].北京:人民教育出版社,2018.

[4]俞国良.大学生心理健康[M].北京:北京师范大学出版社,2018.

[5]黄希庭,郑涌.大学生心理健康教育[M].上海:华东师范大学出版社,2020.

[6]郑雪.积极心理学[M].北京:北京师范大学出版社,2014.

[7]郭永玉,贺金波.人格心理学[M].北京:高等教育出版社,2011.

[8]白学军.心理学基础[M].北京:中国人民大学出版社,2020.

[9]胡平.职业心理学[M].北京:中国人民大学出版社,2015.

[10]李霞.职业心理与测评[M].北京:北京师范大学出版社,2018.

[11]张海燕.团体心理教育训练实用手册[M].上海:格致出版社,2016.

[12]阳志平,彭华军等.积极心理学团体活动课操作指南[M].北京:机械工业出版社,2016.

[13]刘慧.大学生团体心理咨询实务[M].北京:中国人民大学出版社,2015.

[14]刘儒德.教育中的心理效应[M].上海:华东师范大学出版社,2013.

[15]葛思华.大学生积极心理教育:大学新生活携手新成长[M].上海:华东师范大学出版社,2016.

[16]胡岳.大学生心理健康与调适[M].北京:科学出版社,2018.

[17]连榕,张本钰.大学生心理健康[M].北京:教育科学出版社,2021.

[18]江光荣.大学生心理健康素养[M].长沙:湖南师范大学出版社,2020.

[19]维克多·弗兰克尔.活出生命的意义[M].北京:华夏出版社,2010.

[20]亚伯拉罕·马斯洛.动机与人格[M].北京:中国人民大学出版社,2012.

[21]西格蒙德·弗洛伊德.性学三论与爱情心理学[M].武汉:武汉出版社,2013.

[22]陈琦,刘儒德.当代教育心理学[M].北京:北京师范大学出版社,2019.

[23]张海鹰.大学生心理健康教育[M].长春:吉林大学出版社,2015.

[24]钱铭怡.心理咨询与心理治疗[M].北京:北京大学出版社,2016.

[25]钱铭怡.变态心理学[M].北京:北京大学出版社,2006.

[26]爱德华·伯克利,梅利莎·伯克.动机心理学[M].北京:人民邮电出版社,2020.

[27]张云.公关心理学[M].上海:复旦大学出版社,2007.

[28]刘儒德.学习心理学[M].北京:高等教育出版社,2010.

[29]刘永芳.管理心理学[M].北京:清华大学出版社,2021.

[30]彭聃龄.普通心理学[M].北京:北京师范大学出版社,2019.

[31]杨路,杨洪泽.当代大学生成才与心理健康[M].沈阳:辽宁人民出版社,2000.

[32]杨路,杨洪泽,刁凤鸣.当代大学生实用心理学[M].沈阳:辽宁人民出版社,2001.

[33]申小莹,钞秋玲.大学生心理健康教育教程[M].西安:西安交通大学出版社,2002.

[34]贺淑曼.大学生心理优化辅导[M].北京:高等教育出版社,2005.

[35]张成山,庄郁馨,刘砚冰.当代大学生心理健康教育[M].长春:吉林人民出版社,2006.

[36]高校教材编委会.大学生心理健康教育导论[M].沈阳:辽宁大学出版社,2007.

[37]葛宝岳.大学生心理健康双向教本:我心飞扬[M].长春:吉林大学出版社,

2009.

[38]明晓辉,曹炳志,魏桂娟.大学生心理健康教育实用教程[M].长春:吉林大学出版社,2009.

[39]张大均,吴明霞.大学生心理健康[M].北京:清华大学出版社,2007.

[40]郑淑杰.大学生心理健康教育[M].北京:教育科学出版社,2014.

[41]高兰,赵慧勤,宋明刚.大学生心理健康教育:心灵成长自助手册[M].北京:教育科学出版社,2015.

[42]张明园,何燕玲.精神科评定量表手册[M].长沙:湖南科学技术出版社,2015.

[43]樊富珉,费俊峰.大学生心理健康十六讲:2版[M].北京:高等教育出版社,2020.

[44]叶浩生,杨莉萍.心理学史(第二版)[M].上海:华东师范大学出版社,2021.

[45]马丁·塞利格曼.认识自己,接纳自己[M].杭州:浙江教育出版社,2020.

[46]马建青.大学生心理健康教程(第四版)[M].杭州:浙江大学出版社,2023.

[47]施琪嘉.创伤心理学[M].北京:人民卫生出版社,2013.

[48]阿尔弗雷德·阿德勒.自卑与超越[M].北京:中国友谊出版公司,2018.

[49]雷雳.发展心理学[M].北京:中国人民大学出版社,2017.

[50]郑日昌.沟通心理学[M].北京:北京师范大学出版社,2015.

[51]彭凯平.活出心花怒放的人生[M].北京:中信出版社,2020.

[52]任俊.《写给教育者的积极心理学》[M].北京:中国轻工业出版社,2019.

[53]阿尔伯特·埃利斯.我的情绪为何总被他人左右[M].北京:机械工业出版社,2021.

[54]阿尔伯特·埃利斯.理性情绪[M].北京:机械工业出版社,2021.

[55]樊富珉,何瑾.团体心理辅导:2版[M].上海:华东师范大学出版社,2022.

后 记

习近平总书记在党的二十大报告中明确提出:"重视心理健康和精神卫生。"对新时代做好心理健康和精神卫生工作提出了明确要求。习近平总书记在党的十九大报告中也明确提出,要"加强社会心理服务体系建设,培育自尊自信、理性平和、积极向上的社会心态"。习近平总书记在全国高校思想政治工作会议上也指出,要培育理性平和的健康心态,加强人文关怀和心理疏导。2018年,中共教育部党组印发了《高等学校学生心理健康教育指导纲要》(教党〔2018〕41号),文件指出,心理健康教育是提高大学生心理素质、促进其身心健康和谐发展的教育,是高校人才培养体系的重要组成部分,也是高校思想政治工作的重要内容。要培育学生自尊自信、理性平和、积极向上的健康心态,引导学生正确认识义和利、群和己、成和败、得和失,促进学生心理健康素质、思想道德素质和科学文化素质协调发展。2021年,教育部印发了《教育部办公厅关于加强学生心理健康管理工作的通知》(教思政厅函〔2021〕10号),通知要求,加强心理健康课程建设。发挥课堂教学主渠道作用,帮助学生掌握心理健康知识和技能,树立自助互助求助意识,学会理性面对挫折和困难。

鉴于此,我们对2012年出版的《当代大学生心理健康与训练》一书进行了全面修订,希望能够从大学生的心理实际和与大学生密切相关的问题出发,广泛运用心理学基础理论,突出强调在大学生学习、生活、交往、爱情及成功等方面,给予大学生常识性、应用性、训练性的指导,进而增强教材的实用性、可读性、趣味性。教材编写过程中,坚持注重理论与实际应用的结合、培养与训练的结合、教育与调试的结合的理念,在各章中加入了"思考与训练"模块,为大学生自我学习、自我提高提供了指导和条件,希望可以激发大学生主动阅读的积极性。

辽宁科技大学早在1996年就开设了"青年心理学"公共选修课程,后来又逐渐开设了"发展心理学""社会心理学""消费心理学""幸福学"等公共选修课。1997年,在本书主编杨洪泽倡导下,学校成立了"大学生心理咨询室",2006年成立大学生心理健康教育研究中心,2019年更名为大学生心理健康教育服务中心。在长期心理健康教育与咨询工作中,我们积累了丰富的经验,并在总结经验的基础上,先后出版了《当代大学生实用心理学》《当代大学生心理健康教育》《当代大学生心理健康与训练》等著作和教材。其中,《当代大学生心理健康与训练》经过辽宁科技大学教材委员会评审,被确定为我校《心理健康教育》必修课的教材。本书即是在《当代大学生心理健康与训练》(2012年版、2018年版)基础上的修订版,是集体智慧的结晶,是长期实践工作的总结。在成书过程中,我们查阅了大量大学生心理健康教育类著作和教材,受益匪浅,我们将所有参考文献展列在附录中以示敬意。东北大学大学生心理中心陈阳教授对本书提出了宝贵意见,辽宁科技大学教务处樊增广处长提出大量有益的修改意见,在此一并表示感谢。

在本书的修订过程中,张虹婷负责绪论、第一章、第七章的编写和"思考与训练"的收集整理工作,张嘉卉负责第二章、第三章、第四章的编写工作,何冬妹负责第五章的编写工作,陈静负责第六章的编写工作。杨洪泽、陈亮、庄郁馨对本书进行了统稿。

虽然我们为成书做了大量努力,但是受学术水平限制和实践经验的制约,书中难免存在不足之处,恳请专家学者和大学生朋友们批评指正。

编 者
2023年5月